· 毛泽东谈文论史全编 ·

顾 问：龙新民　郑欣淼　陈　晋　阎晓宏

读 元 曲

MAOZEDONG DU YUANQU

毕桂发　主　编

陈锡祥　副主编

中国文史出版社

图书在版编目（CIP）数据

毛泽东读元曲 / 毕桂发主编 . —— 北京：中国文史出版社 , 2023.12
（毛泽东谈文论史全编）
ISBN 978-7-5205-4573-0

Ⅰ . ① 毛… Ⅱ . ① 毕… Ⅲ . ① 毛泽东著作研究 ② 元曲 - 文学评论
Ⅳ . ① A841.691 ② I207.37

中国国家版本馆 CIP 数据核字 (2023) 第 245028 号

责任编辑：窦忠如
特约编辑：王德俊　窦广利　赵增越　张幼平　邓文华　张永俊

出版发行：中国文史出版社
社　　址：北京市海淀区西八里庄路 69 号院　邮编：100142
电　　话：010-81136606　81136602　81136603（发行部）
传　　真：010-81136655
印　　装：廊坊市海涛印刷有限公司
经　　销：全国新华书店
开　　本：787 毫米 × 1092 毫米　1/16
印　　张：23.25
字　　数：343 千字
版　　次：2024 年 1 月北京第 1 版
印　　次：2024 年 8 月第 3 次印刷
定　　价：96.00 元

总　序

2023 年 12 月 26 日，是中国人民的伟大领袖毛泽东同志诞辰 130 周年。经过多年酝酿策划和组织编撰，我们于今年正式出版发行《毛泽东谈文论史全编》（以下简称《全编》）以示隆重纪念。

十年前，习近平总书记在纪念毛泽东同志诞辰 120 周年座谈会上的重要讲话中指出："毛泽东同志是伟大的马克思主义者，是伟大的无产阶级革命家、战略家、理论家，是马克思主义中国化的伟大开拓者，是近代以来中国伟大的爱国者和民族英雄，是党的第一代领导核心，是领导中国人民彻底改变自己命运和国家面貌的一代伟人。"同时，毛泽东同志又是世所公认的伟大的文学家、史学家、诗人和作家。在深入学习贯彻党的二十大精神、纪念毛泽东同志诞辰 130 周年的重要时间节点上，组织编撰出版这一大型项目图书，为人们缅怀毛泽东同志的丰功伟绩，学习毛泽东同志的伟人品格、政治智慧和文化思想，提供了一套非常重要的文化历史资料；对于弘扬中华优秀传统文化，学习贯彻党的二十大报告中关于"推进文化自信自强，铸就社会主义文化新辉煌"的重要精神，具有十分宝贵的启示和积极的意义。

在组织编撰这部大型项目图书的过程中，我们坚持以习近平新时代中国特色社会主义思想为指导，认真学习党中央关于历史问题的三个决议精神，特别是十九届六中全会通过的《中共中央关于党的百年奋斗重大成就和历史经验的决议》精神，对全部书稿的政治观点和思想内容进行了认真把关，使其符合三个决议精神，也符合习近平总书记十年来有关论述毛泽东同志历史功绩和毛泽东思想指导地位的重要讲话精神，以及关于学习党史国史和弘扬中华传统文化的重要讲话精神。

《全编》计27种40册1500万字。编撰者耗费数十年心血收集、整理、阐析、赏评，把毛泽东在各个时期的文章、诗词、书信、讲话、谈话中引用、化用、批注、圈阅、点评、编选的古今人物和文史作品，把毛泽东传记、年谱、回忆录中提及或引用和评点的古今人物和文史作品，即使片言只语、寸缣尺楮也收集入册，希望能够集散为专、分门别类，尽量避免遗珠之憾，力求内容全面系统、表述科学客观。

　　这部《全编》有以下几个特点：

　　资料齐全。毛泽东同志一生酷爱读书，可以说是博览群书、通古贯今。他曾说："饭可以一日不吃，觉可以一日不睡，书不可以一日不读。"他熟读《二十四史》《资治通鉴》等中国历代著名历史著作，熟读中国历代优秀的诗词文学作品，且不动笔墨不读书，读书时做了大量批注和圈画，还常常在自己的文章、诗词、讲话、谈话中引经据典、巧妙运用，真可谓博学约取、学以致用。这就给我们留下了浩如烟海的珍贵史料。在编著这部《全编》时，我们想最大限度地收集、整理、汇编其所涵盖的各个方面的文献史料，力争做到文献可靠、史料精准，可读性、知识性和趣味性兼具，使其成为研究毛泽东思想特别是毛泽东文化思想的重要资料。

　　分类精细。毛泽东同志喜欢中国古代文学，阅读、圈评了大量各类体式的文学作品，他的诗词创作尤为脍炙人口。因此，收录《全编》中关于毛泽东同志的文史资料，浩瀚如海，编撰者都进行了认真严格的划分整理，将其分三辑，文学类就有两辑，所占分量最大。比如，编撰者将其细分为评点名诗、名词、散曲、辞赋、小说、散文、戏曲的"毛泽东同志评点中国传统文化赏析"7种19册，以及《跟着毛泽东学诗词》《毛泽东诗话》《周世钊论毛泽东诗词》《毛泽东致周世钊书信手迹》与毛泽东读唐诗、宋词、元曲、古文等的"毛泽东与中国诗词曲赋"8种9册。

　　评述允当。在这部《全编》中，编撰者将每篇作品分为毛泽东评点、人物、事件评述或毛泽东评点、原文和赏析，力求评述或赏析允妥、适当，即深刻理解毛泽东原文含义，紧扣毛泽东的评点，不作过多发挥，文字力求简明生动。同时，编撰者注重史料收集整理的文献性，兼顾知识性和趣味性，这就使得这部大型项目图书兼具很强的可读性。

这部《全编》还有一个最突出的重要特点，那就是比较集中地梳理和呈现了毛泽东同志的历史自信和文化自信。习近平总书记在纪念毛泽东同志诞辰120周年座谈会上的讲话中明确指出，毛泽东同志"是马克思主义中国化的伟大开拓者，是近代以来中国的爱国者和民族英雄"。这个评价反映在毛泽东同志学习和运用、继承和发展中华优秀传统文化方面，鲜明地体现为他的历史自信和文化自信。因此，我们认为这部《全编》的编撰出版，有益于读者更深入体会党的二十大报告论述的"坚持和发展马克思主义，必须同中华优秀传统文化相结合"的重大论断。在这部《全编》中，有关毛泽东圈阅、评点历史人物和文史作品的材料，就很具体地体现了他作为"马克思主义中国化的伟大开拓者"，是如何运用马克思主义的世界观和方法论，去激活中华优秀传统文化的；又是如何通过继承、运用和发挥中华优秀传统文化，为坚持和发展马克思主义提供深厚滋养的。

《全编》除了引用毛泽东同志的相关评点外，主要篇幅是介绍、叙述和评论毛泽东同志评点的对象即历史人物和文史作品，所引毛泽东的评点内容都出自公开的出版物并注明出处。从目前已出版的各类关于毛泽东同志的书籍来看，这是目前更加全面系统反映伟人毛泽东同志的一部大型丛书，但每册又可独立成书，以满足不同读者的阅读喜好与多样需求。当然，限于编撰者的水平和时间，这部《全编》的体例编排和文字表述等方面还有改进和完善空间，恳请专家学者和广大读者朋友不吝批评指正。

《毛泽东谈文论史全编》编委会

2023 年 12 月 18 日

目 录

散 曲

剧　曲

散曲

元曲是曲的一种体式。和诗、词一样，用于抒情、写景、叙事，无宾白科介（说白及动作提示），便于清唱，有别于剧曲。包括杂剧和散曲，有时专指杂剧。杂剧，宋代以滑稽调笑为特点的一种表演形式。元代发展成戏曲形式，每本以四折为主，在开头或折间另加楔子。每折用同宫调同韵的北曲套曲和宾白组成。如关汉卿的《窦娥冤》等。流行于大都（今北京）一带。明清两代也有杂剧，但每本不限四折。

元曲四大家指关汉卿、白朴、郑光祖、马致远四位元代杂剧作家。四者代表了元代不同时期、不同流派杂剧创作的成就，因此被称为"元曲四大家"。

散曲元代称为"乐府"或"今乐府"，是配合当时北方流行的音乐曲调撰写的合乐歌词，是一种起源于民间新声的音乐文学，是当时一种雅俗共赏的新体诗。散曲之名最早见之于文献，是明初朱有燉的《诚斋乐府》，不过该书所说的散曲专指小令，尚不包括套数。散曲一般称为乐府或词，有小令（和词中的小令不同）和套数两种基本形式。小令通常以一支曲子为独立单位，但可以重复，各首用韵可以互异，又有以两支或三支曲调为一个单位的"带过曲"，也属于小令的一体；散套通常用同一宫调的若干曲子组成，长短不齐，一韵到底的。

散曲之所以称为"散"，是与元杂剧的整套剧曲相对而言的，如果作家纯以曲体抒情，与科白情节无关的话，就是"散"。它是一种可以独立存在的文体。

其特性有三点：一是它在语言方面，既需要注意一定格律，又吸收了口语自由灵活的特点，因此往往会呈现口语化以及曲体某一部分音节散漫化的状态。

二是在艺术表现方面，它比近体诗和词更多地采用了"赋"的方式，加以铺陈叙述。

三是散曲的押韵比较灵活，可以平仄通押，句中还可以衬字。北曲衬字可多可少，南曲有"衬不过三"的说法。衬字，明显地具有口语化、俚语化，起到使曲意明朗、活泼、穷形尽相的作用。

（一）小　令

　　小令，又叫叶儿，取其小的意思，是元朝散曲的一种，原是民间的小调，元时宋词渐渐凋零，伶人多向民间小调寻求突破。文人的小令多半较典雅，民间的小令语言俚俗。小令以描写为主，比起唐、宋诗词通俗生动，确有一番独特风格与精神。一般58字以内为小令，但近世学者多舍弃以字数的分类，《四库全书总目》卷一百九十九引《类编草堂诗余提要》说："词家小令、中调、长调之分自此书始。后来词谱依其字数以为定式，未免稍拘，故为万树《词律》所讥。"

　　小令通常以一支曲子为独立单位，但可以重复，各首用韵可以不同。曲以地域分，有南曲、北曲；以作用分，有散曲、剧曲。散曲无科白，剧曲有科白。所谓科白，即动作和宾白。散曲又大别为散套和小令。散套联合同宫调或管色相同之曲而成，首尾一韵；小令大多数为只曲，每首各自为韵。小令有以下四种：

　　一、寻常小令：指单阕之曲，为曲中至简者，与诗一首、词一阕相当。如黄钟中的节节高、贺圣朝。

　　二、摘调小令：指从套曲中摘出之曲调，有如词中之摘编，所摘之调必是套中精粹者。如《中原音韵·作词十法》所附定格四十首中之"雁儿落带得胜令"，题下注一"摘"字即是。

　　三、带过曲：即作者填一调毕，意犹未尽，再续拈一他调或二他调，而其间音律又适能衔接。北带北如《正官·脱布衫带小梁州》《南吕·骂玉郎带感皇恩》《采茶歌》，南带南如《双调·朝元歌带朝元令》，南北兼带如《南中吕·红绣鞋带北红绣鞋》。

　　四、集曲：即集合数调之美声而腔板可以衔接者次为一新曲，此南曲为盛。如《仙吕·九回肠》乃集《解三酲首至七》《三学士首至合》《急三枪四至末》而成。另一种集曲乃以一曲保留首尾而犯以他调，此亦南曲为盛，如《吕二·犯桂枝香》乃合《桂枝香首至四》《四季花四至合》《皂罗袍五至八》《桂枝香九至末》而成。

1、白　朴

白朴（1226—1306），原名恒，字仁甫，后改名朴，字太素，号兰谷，汉族，祖籍隩州（今山西河曲附近），元代著名的文学家、曲作家、杂剧家。后徙居真定（今河北正定），晚岁寓居金陵（今南京），入元后，终身未仕。他与关汉卿、马致远、郑光祖合称为元曲四大家。其代表作主要有《唐明皇秋夜梧桐雨》《裴少俊墙头马上》《董月英花月东墙记》等。白朴的词流传至今的有一百余首，大致为怀古、闲适、咏物和应酬。词风受宋豪放派影响，但也不乏清丽之作。清朱彝尊评论说："原出苏辛而绝无叫嚣之气。"白朴的散曲，内容大抵是叹世、写景和闺怨之作，艺术上以清丽见长。今存小令 37 首，套数 4 首。后人辑有词集《天籁集》、散曲《天籁集摭遗》。

【仙侣】醉中天《佳人脸上黑痣》

毛泽东在读顾名编《曲选》三《小令》所载【仙侣】醉中天《佳人脸上黑痣》一曲时，在曲题上方天头空白处用墨笔画了一个大圈，在倒后四句各点了两个墨点，并将倒后二三两句末的句号改为逗号，末句点了三个墨点。（中央档案馆整理：《毛泽东评点诗词曲精选·曲选》，中央档案出版社 1998 年版，第 13 页）

这支曲子的原文是："疑是杨妃在，怎脱马嵬灾？曾与明皇捧砚来。美脸风流杀。叵奈挥毫李白，觑着娇态，洒松烟点破桃腮。"

杨贵妃，即杨玉环。明皇，即唐明皇李隆基。"后宫佳丽三千人，三千宠爱在一身"，李隆基宠爱杨贵妃，无以复加。但后来安史之乱中，因军队哗变，杨贵妃不得已被迫自缢。起首二句用典，作者怀疑这位美人是杨贵妃死而复生，她怎么躲过马嵬的灾难呢？杨贵妃深得唐明皇欢心，自然形影不离，捧砚磨墨之事自不可免。进一步写出她受的恩宠，恩宠中又见出美貌："美脸风流杀"，才正面写美人之美。后三句继续用典，据文献记载，诗仙李白在天宝初年曾奉诏入宫，在沉香亭畔当着唐明皇和杨贵妃的面，写成《清平调》三首，也许杨贵妃实在太漂亮了，致使仙风道骨、不食人间烟火的李白不觉忘情，手中的墨笔点在了杨贵妃的杏脸桃腮上。绝代佳人的粉面上，平添了一颗黑痣，更加惹人怜爱。这首小令题名《美人脸上黑痣》，而又无只字直写，想象丰富离奇，用语出神入化，生动活泼，异趣横生，充分体现出散曲的艺术特色。

2、马致远

马致远（约1250—约1321后），一说字千里，号东篱，（一说名不详，字致远，晚号东篱），元大都（今北京）人，著名戏曲家、散曲家、杂剧家。被后人誉为"马神仙"，与关汉卿、郑光祖、白朴并称"元曲四大家"，其作品《天净沙·秋思》被称为秋思之祖。

马致远原籍河北省东光县马祠堂村，年辈与关汉卿、白朴相近而稍晚，青年时期仕途坎坷，曾任江浙行省官吏，晚年不满时政，隐居田园，以衔杯击缶自娱，卒于泰定元年（1324）以后，死后葬于祖茔。

马致远所作杂剧今知有15种，现存《汉宫秋》《荐福碑》《岳阳楼》《任风子》《陈抟高卧》《青衫泪》以及同别人合写的《黄粱梦》七种。《汉宫秋》是其代表作。剧作多表现逃避现实、向往仙道的消极思想，但也显示出对当时社会的不满；散曲120多首，有辑本《东篱乐府》，其中《天净沙·秋思》《夜行船·秋思》较著名。

（1）【越调】天净沙《秋思》

毛泽东在读光华书局出版的顾名编的《曲选》三《小令》所载本曲的天头上画了一个大圈，在前二句旁加了两个墨点，后三句旁各加两个圆

散
曲

5

圈，并将第二句末二字"平沙"圈去。（中央档案馆整理：《毛泽东评点诗词曲精选·曲选》，中央档案出版社 1998 年版，第 14 页）

毛泽东还曾量词手书过这支小令。（中央档案馆整理：《毛泽东手书选集》第十卷《古诗词下》，北京出版社 1996 年版，第 174—175 页）

这支曲子的原文是："枯藤老树昏鸦，小桥流水人家，古道西风瘦马。夕阳西下，断肠人在天涯。"

这是马致远的代表作，也是元人小令中的佳品，素有"秋思之祖"（周德清《中原音韵·小令定格》）之誉。当然，在中国文学史上第一个写秋思的是战国楚人宋玉。他在《九辩》中说："悲哉，秋之为气也！萧瑟兮，草木摇落而变衰；憭栗兮，若在远行：登山临水，送将归。"从此，悲秋成了我国文学描写秋天的主调。所以，秋思是一种萧条、寂寞、悲凉的情思。这种情思之所以冠以"秋"字，就是因为它是"秋景"引发的。那么，这支曲子写了哪些秋景呢？你看：藤是枯的，树是老的，鸦是昏的，桥是小的，水是流动的，家是别人的，道是古的，风是从西方刮来的，马是瘦弱的。前三句十八个字写了九种事物：每句中三种事物为一组，共三组，形成三个画面，但三组画面又密不可分，共同组成了一幅完整的秋色图。"夕阳西下"一语，使上面九种事物都笼罩在一片浑黄的暮霭之中。末句"断肠人在天涯"，为画龙点睛之笔。末句写人，使前四句写景有了中心，强化了感情色彩；前四句写景，则为末句写人提供了典型环境，更衬托出"断肠人"沦落天涯的奇酷酸辛。

此曲写景全用白描，抒情重在衬托，情景交融，妙合无垠。清王夫之《姜斋诗话》中谈到情与景的关系时说："情景名为二，而实不可离。神于诗者，妙合无垠。"此曲中的情景，景中有情，情中有景，堪称妙合无垠。这种被认为是我国古典诗词曲画中的最高境界。秋思是抽象的，作者通过那位断肠人的所见所感，把秋思写活了：写秋色之悲凉全用景物缀成，二十八个字，写了十种景物，一个人物。寓秋思于如诗如画的白描图景之中，又烘托出天涯游子孤寂无依的情怀与心境，并从作品中透露出当时沉闷的时代气息，思想和艺术都达到了很高的水平。

毛泽东非常喜欢这支小令，曾两次手书过，并在阅读时加以圈点，足见其对此曲的赞美之情。

（2）【南吕】四块玉《叹世》

毛泽东在读光华书局出版的顾名编的《曲选》三《小令》中所载这支小令时，在第三句旁加了三个墨点，后三句各加一个墨点。（中央档案馆整理：《毛泽东评点诗词曲精选·曲选》，中央档案出版社1998年版，第14页）

【南吕】四块玉《叹世》，共9首，此是第5首，载《梨园乐府》《乐府群珠》一。原文如下：

> 带月行，披星走。孤馆寒食故乡秋，妻儿胖了咱消瘦。枕上忧，马上忧，死后休。

《叹世》是元散曲中常见的题目，由于元代知识分子地位低下，因而他们常常借这一类散曲发泄胸中的愤懑和不平。一般以看破红尘嚣攘，主张恬淡隐居、及时行乐为主要内容。这首小令，抒写为妻儿衣食奔走担忧的心境。起首二句化用成语披星戴月，写作者日夜奔忙、艰辛备尝之状；三四两句是说在寒食节一个人孤零零地待在旅馆里，一年到头在外奔波，但只要妻子儿子胖了，自己瘦削不堪也心甘情愿。末三句抒情，极言不管梦中还是路上，无时无刻不在担忧、愁闷，一直到死为止。为了妻子儿女过得好些，将不辞劳苦，竭心尽力，至死方休。

毛泽东阅读这支曲子，在后四句旁加了圆点，表示他对此曲是比较欣赏的。

（3）【双调】湘妃怨《和卢疏斋西湖》

毛泽东在读光华书局出版的顾名编的《曲选》三《小令》载此曲时，在题头上方空白处画了一个大墨圈，在前二句和第四句旁各加两个墨点，三句加三个墨点；后四句各加两个墨圈，并将倒二句末的句号改为逗号。（中央档案馆整理：《毛泽东评点诗词曲精选·曲选》，中央档案出版社1998年版，第14—15页）

【双调】湘妃怨《和卢疏斋西湖》，共四首，与卢挚原作，皆载于《阳春白雪》前集卷二。卢疏斋，即卢挚，疏斋是他的号，元散曲家。《西湖》四首，分咏春、夏、秋、冬四景，以西湖比西施，末句分别作"是××的西施"。马致远的和作，也是分咏四景，末句则用"××煞××的西施"。

这是第三首，原文是："金厄满劝莫推辞，已是黄柑紫蟹时。鸳鸯不管伤心事，便白头湖上死。爱园林一抹胭脂，霜落在丹枫上，水飘着红叶儿，风流煞带酒的西施。"这是咏西湖秋景的。作者采取比拟手法，把西湖比作西施来写。开头二句写时届秋天，"黄柑紫蟹"，正是秋天物品；古代美女西施在金杯中斟满美酒殷勤劝客。接下来二句，写西湖上鸳鸯鸟成双成对，在西湖上嬉戏，直到老死。好像与西施毫不相干，实则既体现了悲秋特色，又切合西施的身份，可谓闲句不闲。因为鸳鸯乃是动物，有成双成对的习性，但与人的感情不同。有情者乃西施也。西施作为越国美女，去国离乡，为吴王夫差作妃，自然无限伤情、满腹幽怨。后四句重笔浓彩写西湖秋色，你看，四围山上，枫林欲燃，西湖水面，片片流红，山上湖中，红成一片，像西施艳若桃花的脸上透着红晕，更加妩媚动人，这便是"风流煞带酒的西施"。

总之，这首曲子写西湖的秋景，黄柑、紫蟹、胭脂、丹枫，黄中透红，以红为主，拟作美人带酒，别出新意。宋代苏轼有"欲把西湖比西子，淡妆浓抹总相宜"的诗句，此曲所写秋景，应是西子"浓抹"之时，十分准确地写出了西湖秋景的美丽动人。从毛泽东读这首曲子的圈点来看，他是相当喜爱的。

（4）【双调】寿阳曲廿三选二

从别后，音信杳，梦儿里也曾来到。问人知行到一万遭，不信你眼皮儿不跳。

心间事，说与他，动不动早言两罢。罢字儿碜可可道是要，我心里怕那不怕。

毛泽东在读光华书局出版的顾名编的《曲选》三《小令》所载这两支

曲子时，仅将"廿三远二"的"远"字改正为"选"，未加圈点。其实这两支曲子都是写情人离别之后的相思的，也不错。

3、刘秉忠

刘秉忠（1216—1274），初名侃，字仲晦，自号藏春散人，邢州（今河北邢台）人，祖籍瑞州（今江西高安），元代政治家、文学家。

刘秉忠是一位很具特色的人物，在元初政坛，年十七即为邢台节度使府令史，寻弃去，隐居武安山中，为僧人。后游云中，为元世祖所重，以征大理、攻南宋。至元初，拜光禄大夫，位至太保，参与中书省事，对元代开国制度多有建树。又曾主持建上都、中都两城。立国号"大元"，以中都为大都，皆其力。他对一代政治体制、典章制度的奠定发挥了重大作用。同时，他又是一位诗文词曲兼擅的文学家。秉忠自幼善学，至老不衰，一生著述丰富，有《藏春诗集》六卷、《藏春词》一卷、《平沙玉尺》四卷、《玉尺新镜》二卷，又有诗文集三十卷。《元史》有传。刘秉忠逝世后，元世祖赠太傅、赵国公，谥号文贞。元成宗时赠太师，谥文正。元仁宗时，又进封常山王。

刘秉忠是元朝国都元大都的规划设计者，奠定了北京市最初的城市雏形。

（1）【南吕】干荷叶

毛泽东在读光华书局出版的顾名编的《曲选》三《小令》所载这支小令的天头空白处用毛笔画了一个大圈，在前三句旁各加了两个墨点，后三句旁各加了两个墨圈，并将"都因昨夜一场霜"句末的"句号"改为"逗号"。（中央档案馆整理：《毛泽东评点诗词曲精选·曲选》，中央档案出版社1998年版，第15页）

【南吕】，曲调名。干荷叶，曲牌名，又作翠盘秋，原是以"干荷叶"

起兴的民间小调。刘秉忠以此曲牌自度小令八支（见《全元散曲》，后四支有人疑为误收）《乐府群珠》收录时，在调名下题作"即名漫兴"。这是其一。原文是："干荷叶，色苍苍，老柄风摇荡。减了清香越添黄，都因昨夜一场霜，寂寞秋江上。"

这支小令就曲调名立意遣词，写荷叶在深秋风霜的侵凌下翠减香销的形状和情态。你看，枯干的叶子，由深绿变成枯黄，由老柄擎举着，在秋风中摇来荡去。作者由形到色，由静至动，层次分明地写出了残荷的形象。接着作者又用"减了清香越添黄"继续状写，"添""减"之间，更突出了衰荷翠减香销的形象。上面四句描绘出荷叶柄老、叶干、香销、色黄的憔悴形态。原因何在呢？"都因昨夜一场霜"，给出答案，原来是一场寒霜所致。末句"寂寞秋江上"，又以拟人手法，表现出荷叶的气韵，使本是无知无情的残荷变得有知有情，一种萧疏寂寞之气扑面而来，那种因美的事物受到摧残、被毁灭的同情与怜悯油然而生，也许寄寓着作者青春不在、年华易逝的人生体味吧！

从毛泽东的圈点来看，他对这支曲子的思想内容与艺术表现是赞同的。

（2）【南吕】干荷叶《即事咏南宋》

毛泽东在读光华书局出版的顾名编的《曲选》三《小令》所载这支曲子正文天头空白处画了一个大墨圈，在末二句旁各加了两个墨点，并把"一场空"句末的句号改为逗号（中央档案馆整理：《毛泽东评点诗词曲精选·曲选》，中央档案出版社1998年版，第15页）。

毛泽东还曾手书【南吕】干荷叶《即事咏南宋》［中央档案馆整理：《毛泽东手书选集·古诗词》（下），北京出版社1996年版，第162页］。

此曲的原文是：

"南高峰，北高峰，惨淡烟霞洞。宋高宗，一场空，吴山依旧酒旗风，两度江南梦。"

这是第五首。作者笔触离开对荷叶本身的刻画，而把南宋都城杭州作为描写对象，以抒写南宋的建立及覆亡的感慨。曲的前二句点出杭州南、北高峰及山下的烟霞洞，以代表杭州。而且一二句中的"高"字和第四句中的"宋高宗"的"高"字一脉相牵，把其地、其人连接起来，十分巧妙地展示了南宋偏安一隅的历史。但接以"一场空"又把这段历史抹去，回到现实，只有吴山上的酒旗空自翻转。"酒旗风"，出自唐杜牧《江南春》："千里莺啼绿映红，水村山郭酒旗风。"作者写"酒旗风"，其视角也着眼于杭州曾偏安于江南的王朝的兴废；"依旧"二字，更寓有风景不殊、人事已非的感慨。最后结以"两度江南梦"，余意不尽。一是指五代时吴越王钱镠龙德三年（923）称吴越国王，建都杭州，后向北宋纳贡称臣，吴越灭亡；一是指南宋高宗赵构在北宋灭亡后，逃到南方，建都杭州，史称南宋。后又被元朝灭亡。当初吴越亡于北宋开国领袖赵匡胤，其不肖子孙又被元人推翻，历史何其相似乃尔，极富讽刺意味。但要说明的是，刘秉忠在元军攻占杭州的1276年前一年多就已去世，他作为元朝宰相，并没有看到这一天，所以这只是个预言而已。

毛泽东生前多次攀登南高峰、北高峰，对历史又极娴熟，自然喜欢刘秉忠的这支曲子，曾加以圈阅并手书过，说明他对此曲饶有兴趣。

4、吕止庵【仙侣】后庭花

吕止庵，别有吕止轩，疑即一人。生卒、经历不详。散曲作品内容多感时悲秋，自伤落拓不遇，间有兴亡之感，可能是一宋亡不仕的遗民。明·朱权《太和正音谱》评其词"如晴霞结绮"，以《后庭花》十首得盛名。今存于《词谱》及《阳春白雪》中。所做散曲作品现存小令三十三首，套数四套。近人隋树森《全元散曲》即将作品合并，皆署吕止庵。

毛泽东在读光华书局出版的顾名编的《曲选》三《小令》所载本曲时，在前五句的烟柳、云树旁、罗袜、华裾、冷泉字旁都加了墨点并将首句末的逗号改为顿号，次句"两峯云树分"的"云"字改为繁体的"雲"。（中央档案馆整理：《毛泽东评点诗词曲精选·曲选》，中央档案出版社 1998 年版，第 16 页）

此曲的原文是："六桥烟柳釐，两峰云树分。罗袜移芳径，华裾生暗尘。冷泉春，赏心乐事，水边多丽人。"

作者有同题作《冷泉亭》曲五首，分咏"冷泉东""冷泉西""冷泉南""冷泉北"和"冷泉亭"景色。此曲是一支描写杭州西湖春游的曲子。作者先从大处落笔，写西湖景色之美。先写外湖苏堤上的六座桥梁及苏堤两旁烟笼雾锁中的依依杨柳，这就是著名的"苏堤春晓"：远望湖西，南高峰、北高峰在烟云绿树之中，一分为二，这就是"双峰插云"。接下来二句写游人之盛。花径之上，游人如织，摩肩擦踵，脚步轻盈，罗袜和美服的衣襟上也沾满了灰尘。末三句写游人之乐。"冷泉春"三字，不可小看，它既点名了时令——春游，又聚焦了冷泉这个游赏中心，使游赏达到高潮。"赏心乐事"，欢畅的心情、快乐的事情，语出南朝宋·谢灵运《拟魏太子邺中集诗八首序》："天下良辰、美景、赏心、乐事，四者难并。"点醒题意。你想，在这风光旖旎的西湖岸边，有很多妙龄女郎，士女杂沓，异性相吸，更能激起人们的游兴，自然逼出末句"水边多丽人"。此是化用唐杜甫《丽人行》"三月三日天气新，长安水边多丽人"入曲，不着痕迹，确是制曲高手。

总之，这支小令，写西湖春游，远山近桥，细描芳径，聚焦冷泉，全用白描，写来层次井然，最后点出题旨，不愧为上乘佳作。

从毛泽东对这支曲子的圈点和改正标点与错字来看，他读得十分认真。

5、卢挚【双调】落梅风《送别》

卢挚（1242—1314 以后），字处道，一字莘老；号疏斋，又号蒿翁，涿郡（今河北涿州）人，元代文学家。元世祖忽必烈至元五年（1268）进士，任过廉访使、翰林学士。诗文与刘因、姚燧比肩，世称"刘卢""姚卢"。与白朴、马致远、珠帘秀均有交往。散曲成就更高，多写闲情，与姚遂齐名，世称"姚卢"。著有《疏斋集》（已佚）《文心选诀》《文章宗旨》。有的写山林逸趣，有的写诗酒生活，而较多的是"怀古"，抒发对故国的怀念。今人有《卢书斋集辑存》，近人隋树森《全元散曲》录存其小令120首。

毛泽东在读光华书局出版的顾名编的《曲选》三《小令》所载此曲时，在后两句旁各加了两个墨点。（中央档案馆整理：《毛泽东评点诗词曲精选·曲选》，中央档案出版社1998年版，第16页）

这是一支送别曲。别本题作《别珠帘秀》。珠帘秀，原名朱帘秀，元代著名杂剧演员、散曲作家。卢挚写了这支送别曲送给她，她也写一首【双调】落梅风《答送》回赠卢挚。

此曲的原文是："才欢悦，早间别，痛煞俺好难割舍。画船儿载将春去也，空留下半江明月。"

这支曲子，作者巧妙地把人物、时间、地点和分别时的情态交织在一起，写得真切动人。前三句纯用白描，以口语入曲，又以"才"与"早"构成对比，以"痛煞俺"活现作者捶胸顿足之态，把二人分别时难割难舍的情态，写得淋漓尽致。曲的后两句"画船儿载将春去也，空留下半江明月"，"春"字是题眼。古诗词曲中的"春"，有春情、春色、春机等多重含义。春情，即情欲，语出《诗经·召南·野有死麇》："有女怀春，吉士诱之。"作者与珠帘秀这位女友是挚友，还是恋人，我们不好断定。但好像珠帘秀一去，春的温暖、春的明媚、春的生机与活力，都被那只彩绘雕饰的船儿载走了，于是作者眼前一片空白，心中一阵空虚寂寞、凄凉惆怅之情油然而生，字里行间把那种丧魂失魄的强烈感情透露了出来。

通观全篇，前三句极俗，后二句极雅；前三句明朗，后二句含蓄，在这么短的篇幅中，作者却能熔雅俗于一炉，使明朗与含蓄相统一，绝非通常作者所能为。

毛泽东读这支小令时，对后二句加了圈点，说明他还是比较欣赏的。

6、珠帘秀【双调】落梅风《答送》

珠帘秀，姓朱，排行第四，艺名珠帘秀，生卒年不详，元代著名的杂剧女演员。她在杂剧舞台上非常活跃，主要活动在元至元、大德年间，初在大都（今北京）演出，南宋灭亡后，南下江淮演出。曾一度在扬州献艺，后来在杭州嫁一道士，晚景不幸。她"姿容姝丽"，杂剧独步一时，《青楼集》说她"杂剧为当今独步，驾头、花旦、软末泥等，悉造其妙"。名公文士颇推重之，后辈称之为"朱娘娘"，可见她在元杂剧演员中的地位。现存小令一首、套数一套。其曲作语言流转而自然，传情执着而纯真。

毛泽东在读光华书局出版的顾名编的《曲选》三《小令》所载此曲时，在后二句旁分别加了两个、四个墨点。（中央档案馆整理：《毛泽东读诗词曲精选·曲选》，中央档案出版社 1998 年版，第 16—17 页）

此曲的原文是："山无数，烟万缕，憔悴煞玉堂人物。依蓬窗一身儿活受苦，恨不得随大江东去。"

珠帘秀和卢挚交谊甚深，或有一段情缘。终因双方地位悬殊，得不到社会认可，最后还是分手了。分手时，卢挚有【双调】落梅风《送别》写他目送珠帘秀乘船东去，十分伤感。此曲是答卢挚的，题作《答送》，表达了离别时的痛苦心情。"山无数，烟万缕"，起首二句从写景入手，既是眼前景色，渲染了氛围，也有起兴和象征意义。"憔悴煞玉堂人物"，第三句由写景转到写人，说出送别人的悲凉情绪，也反衬出自己的感伤。"玉堂人物"，泛指显贵的文人，此指卢挚。玉堂，官署名。汉侍中有玉堂署，宋以后翰林院亦称玉堂。卢挚曾官翰林院学士，故称他为玉堂人物。后二句写自己："依蓬窗一身儿活受苦，恨不得随大江东去。"

"蓬窗"，船窗。"大江东去"，语出宋苏轼《念奴娇·赤壁怀古》："大江东去，浪淘尽，千古风流人物。""风流人物"，指英俊的、杰出的，对一个时代有很大影响的人物。有时也指举止潇洒或惯于调情的人。此指后者。意谓自己依着船窗回望送别的挚友乘船东去，越走越远，想到从此天涯孤旅，孑然一身，孤枕难眠，实在是"活受苦"，便想沉江，一死了之，做鬼也风流，表现了珠帘秀的一腔热血豪情，不再留恋人生的悲愤，也是对封建等级制度的抗议。

毛泽东读这支曲子时，在后两句旁加了墨点，表明他还是喜欢的。

7、姚 燧

姚燧（1238—1313），字端甫，号牧庵，洛西（今河南洛阳）人，元代文学家。祖籍营州柳城（今辽宁朝阳）。他的祖先在辽、金两代做过高官，伯父姚枢，金亡后仕蒙，后来加入忽必烈幕府，是元初著名的汉族儒臣。姚燧三岁那年父亲姚格亡故，由伯父姚枢抚养。及长，为国子监察酒许恒所赏识，38岁为秦王府文学，历任奉议大夫、提刑按察司副使、翰林学士承旨、集贤大学士等。仁宗时为太子宾客、太子少傅等官。76岁卒于家。能文，与虞集并称。所作碑志甚多，大都为歌颂应酬之作。散曲有不少随意抒写心情与描绘儿女风情之作，语言浅白，笔调流畅，时人把他与卢挚并称，是士大夫里有意采取散曲这种形式而成就较高的作家，在散曲发展史上影响较大。原有集，已散失，清人辑有《牧庵集》36卷，内有此曲2卷，门人刘时中为其作有《年谱》。

（1）【越调】凭阑人《寄征衣》

【越调】凭阑人《寄征衣》原文如下："欲寄君衣君不还，不寄君衣君又寒。寄与不寄间，妾身千万难。"

此曲题作《寄征衣》，写居家的妻子对在外征战或旅游的丈夫寄不寄征衣的矛盾心理。征衣，泛指旅人之衣，特指出征将士之衣。曲的前两句写妻子寄不寄征衣的心理活动："欲寄君衣君不还，不寄君衣君又寒。"转眼冬天就要到了，她怕丈夫受冻，想把冬衣寄去，但转念一想，寄去冬衣他就不回来了；不寄冬衣，又怕丈夫受冻，一正一反，一波一折，把思妇对征人的思念刻画得十分细腻。后两句则是对前两句矛盾心理的扩展与延伸："寄与不寄间，妾身千万难。"到底是寄好，还是不寄好，千难万难，一时难以决断。短短四句，将思妇的矛盾心理刻画得真实自然，非常动人。语言明白如话，自然流畅，看是随口道出，实则颇为精警，表现出一种"炼俗为雅"的特色。

毛泽东在读光华书局出版的顾名编的《曲选》三《小令》中所载这支小令时，在题头的天头空白处，画了一个大墨圈，全文每句都加了两个套圈（中央档案馆整理：《毛泽东评点诗词曲精选·曲选》，中央档案出版社1998年版，第18页）），说明他很感兴趣。

（2）【中吕】醉高歌《感怀》

【中吕】醉高歌《感怀》原文是："十年燕市高歌，几点吴霜鬓影。西风吹老鲈鱼兴，晚节桑榆暮景。"

此题共四首，此为第一首。这支曲子是作者感于游宦半生，晚年思归家园而作。首句"十年燕市高歌"，是说壮年的时候，游宦燕市（今北京），经历过夜夜笙歌、寻欢作乐的生活。"吴"，古国名。战国时吴国和三国时孙吴政权皆称"吴"，据有今长江下游一带地方。"几点吴霜鬓影"，次句说，游宦半生，到经历吴地风霜的时候，已经老了，鬓发也像霜雪那样点点斑白了。"西风吹起鲈鱼兴"，三句用典。晋人张翰，是吴郡人，曾入洛阳做官。因秋风起，他忽然想起自己家乡的莼菜和鲈鱼的美味，就说："人生贵得适志，何能羁官数千里，以要名爵乎？"于是就坐着车子回家乡去了。由于作者是洛阳人，又正在吴地做官，就借用张翰的故事，写自己思归的情怀。"晚节桑榆暮景"，晚节，晚年的节操。语出《宋书·良吏传·陆徽》："年暨知命，廉尚愈高，冰心与贪流争激，霜情与晚节弥茂。"桑榆，桑树和榆树。日落时光照桑树和榆树顶端，因以指日暮，比喻人的晚年，垂老之年。语出《文选·曹植〈赠白马王彪〉》："年在桑榆间，影响不能追。"李善注："日在桑榆，比喻人之将老。"作者于至大四年（1311）告归，已经70多岁。所以，末句说，自己已是晚年，该回归家园了。

这支曲子，确如题目标示，作者是有感而发，前两句自叙游宦经历，后两句寄托思归情怀，转接自然，着墨不多，读来真挚感人。

毛泽东在读光华书局出版的顾名编的《曲选》三《小令》所载此曲时，在全曲各句旁都加了两个墨点，并将第二句末句的逗号改为句号（中央档案馆整理：《毛泽东读诗词曲精选·曲选》，中央档案出版社1998年版，第18页），说明他读得十分认真，还是比较欣赏的。

8、真氏【仙侣】解三酲《自述》

真氏，名真真，建宁（今福建建瓯）人，元代女艺人。约元前期人。宋代理学名儒真德秀的后代。据陶宗仪的《辍耕录》卷二十二"玉堂嫁妓"条载，"父官朔方时，禄薄不足以给，侵贷公币无偿，遂卖入娼家"。后流落大都（今北京）。时姚燧为承旨，一日宴集翰林院。真氏歌曲，所操闽音。姚询之，知其身世后，遂告丞相三宝奴，请为落籍，并助奁房，使之与翰林属官王棣（一本作黄棣）结为夫妻。京师传为一时盛事。元代名士，多有歌诗咏之。今存者有贝琼《真真曲》（见《清江贝先生诗集》卷一）、王逢《真氏女》二首（见《梧溪集》卷五）、高启《贞氏女》（见《高太史大全集》卷七）。

【仙侣】解三酲《自述》原文是："奴本是明珠擎掌，怎生的流落平康？对人前乔做作娇模样，背地里泪千行。三春南国怜飘荡，一事东风没主张。那里有珍珠十斛，来赎云娘。"

此曲为歌妓真氏所作。真实地反映了妓女的苦难生活和哀怨。"奴本是明珠擎掌，怎生的流落平康？"自叙其不幸落入风尘的经历。真氏本是官宦之女，父母爱之如掌上明珠。据说她是南宋诗人真德秀的后人，其父在朔方做地方官，俸禄微薄。挪用公款，无力偿还，遂把她卖作官奴。平康巷是唐代官妓聚居之所，流落平康，就是人前卖笑，供人驱使。从一个娇小姐，流落为卑贱的妓女，一下跌入万丈深渊，巨大的反差，真氏如何受得起？"怎生"二字，呼天抢地，悲愤异常。"对人前乔做作娇模样，背地里泪千行。"三、四两句采用对比手法，写官妓生活的艰辛。官妓要随时承应官吏的一切公私宴会，进献歌舞，侑酒娱宾。内心酸楚，确需强颜欢笑、假装妩媚，博取买笑者的欢心，有泪只能在无人处暗自抛洒，这是何等的酸辛。"三春南国怜飘荡，一事东风没主张。"接下来二句进一步写自己流落已久和身不由己的苦难生活。这种苦难生活整整三年（三春），沦为官妓，使自己就像东风小草一样随风飘摇，完全失去了自主能力。末句"那里有珍珠十斛，来赎云娘"前，他本有"添悲怆"，更好。写真氏的悲愤和从良的愿望。妓女要想除掉乐籍获得自由，只有两个办法：或靠家人重金赎身，或嫁士大夫弃贱从良。父母无钱，前路已断；嫁士大夫，亦非易事。所以她只能突发奇想：像晋代巨富石崇用"珍珠十斛"赎买绿珠一样，来解除唐代澧州官妓崔云英，或谓唐代小说《裴航》中的仙女云英。真氏还真有个喜剧结局：一次偶然的机会，他有幸得遇翰林学士、散曲家姚燧。姚燧怜其不幸，报告丞相三宝奴，为之脱籍，认为义女，嫁于其属官王棣为妻，这是不幸中的万幸，而一般妓女是无此福分的。

此曲自述身世，现身说法，风尘女写风尘事，情真意切，感人至深。

毛泽东在读光华书局出版的顾名编的《曲选》三《小令》所载此曲时，在前四句旁各加了两个墨点，后三句旁分别加了2、2、3个套圈（中央档案馆整理：《毛泽东评点诗词曲精选·曲选》，中央档案出版社1998年版，第17页），表明他是比较欣赏的。

9、张可久

张可久（约1270—约1350），字小山（《尧山堂外纪》记载：名伯远，字可久，号小山；《四库全书总目提要》记载：字仲远，号小山），浙江庆原路（今浙江宁波鄞州）人，元朝著名散曲家、剧作家，与乔吉并称"双璧"，与张养浩合为"二张"。以路吏转首领官，又漫游江、浙、赣、闽、湘、皖等地，晚年定居杭州。一生奔波，不太得志，专力写散曲，张可久是元曲作家中作品最多者，数量之冠，传世、保存小令作品800余首，多描绘自然风景，咏歌颓放生活，也有不少写闺情及应求之作。散曲集有《小山乐府》《张小山小令》《张小山北曲联乐府》等。近人隋树森《全元散曲》收存其小令855首，套曲9首。

（1）【中吕】珠履曲《隐士》

张可久【中吕】珠履曲《隐士》原文是：

> 叹孔子尝闻俎豆，羡严陵不事王侯。百尺云帆洞庭秋。醉呼元亮酒，懒上仲宣楼，功名不挂口。

"叹孔子尝闻俎豆，羡严陵不事王侯。"此曲开头二句提出入世与出世、做官与归隐两种对立的人生态度。孔子是儒家学说的创始人，其基本的人生道路是读书做官、经邦济世。俎豆之事，指祭祀、礼仪一类事情。俎和豆都是古代祭祀时用来盛肉食的器皿。《论语·卫灵公》："卫灵公问陈于孔子。孔子对曰：'俎豆之事，则尝闻之矣；军旅之事，未之学也。'"严陵，即严光，子陵是他的字，东汉隐士。他年轻时与刘秀共同游学。刘秀当了皇帝，他急忙隐名埋姓。后被刘秀访得，授予他谏议大夫之职，他却拂袖而去，归隐今浙江桐庐之富春江，以垂钓为乐。这种放着官不做，而去做隐士，是一种不与统治者合作的道路，作者极为钦羡。"百尺云帆洞庭秋"，三句描写云帆高挂，浪迹江湖，是决意归隐的形象描绘。接下来，"醉呼元亮酒，懒上仲宣楼"，两个对句进一步描写了作者想象中的隐士生活。东晋大诗人陶潜字元亮。陶氏做过83天彭泽令，后因不肯折腰而归隐田园，过着亦耕亦隐的生活，以诗酒自娱。仲宣是三国魏建安七子王粲的字；仲宣楼，即今湖北当阳城楼。王粲曾到荆州依刘表，不受重用，他登上当阳城楼，眺望故乡，写下了著名的《登楼赋》，抒发他怀才不遇、客居思乡的情思。"懒上"二字表明他连王粲忧思怀乡之情也没有了，只有归隐一条路了。所以说"功名不挂口"，意谓不再提功业和名誉之事，一心一意去做隐士，篇末点题，表明对功名利禄的鄙视。

毛泽东在读光华书局出版的顾名编的《曲选》三《小令》所载此支小令时，在前两句旁各点两个墨点，并将二句末的逗号改为句号；在第三句旁画了两个墨圈，后三句旁各画一个墨圈（中央档案馆整理：《毛泽东评点诗词曲精选·曲选》，中央档案出版社1998年版，第18页），说明他还是比较喜欢的。

（2）【中吕】满庭芳《春晚》

此曲的原文是：

> 知音到此，舞雩点也，修禊羲之。海棠春已无多事，雨洗胭脂。谁感慨兰亭古纸？自沉吟罗扇新词。急管催银字，哀弦玉指，忙过赏花时。

此曲一本题作《春晓梅友元帅府席上》。这首小令描写了春天的傍晚一群好友在修禊之后听歌吟诗的情事，表现了及时行乐的思想。"知音到此，舞雩点也，修禊羲之。"起首三句写亲朋好友、志同道合之人，在春天的傍晚一起做修禊的事。这里用了两个典故：一个是孔子的弟子曾晳说："莫春成，春服既成，冠者五六人，童子六七人，浴乎沂，风乎舞雩，咏而归。"夫子喟然叹曰："吾与点也。"（《论语·先进》）这种做法，后来延以成习，定于农历三月上旬的第一个巳日到水边嬉戏，以祓除不祥，便是所谓修禊。另一个是东晋穆帝永和九年（353）三月三日，著名书法家王羲之和当时的名士孙绰、孙统、谢安、支遁等41人，为过修禊日，宴集于会稽山阴兰亭。王羲之的《兰亭集序》记载了这次宴集的盛况与观感。用此二典，指明修禊之事。修禊在暮春三月，海棠花多凋谢，胭脂红的花色变得浅淡了，故说"雨洗胭脂"，三四句点明时令。"谁感慨兰亭古纸？自沉吟罗扇新词"，接下来二句由修禊过渡到听歌吟诗。意谓人们谁还为修禊之事而感叹？各自都在低声吟诵自己喜爱的新曲，反映出人们欣赏趣味的变化，作者对这种情况不无感慨。"急管催银字，哀弦玉指，忙过赏花时。"意谓镶有银字的笙、笛等乐器奏出节奏急促的声调，美人的手指弹奏出悲凉的乐声，好像急急忙忙抢着过这赏花的好时节。字里行间，流露出一种时不我待、及时行乐的思想情绪。

　　毛泽东在读光华书局出版的顾名编的《曲选》三《小令》所载此曲时，在2、3两句旁画了直杠，在"海棠春"以下四句旁各加了两个墨点，并把"海棠春"和"急管"二句末的句号改为逗号。（中央档案馆整理：《毛泽东评点诗词曲精选·曲选》，中央档案出版社1998年版，第18—19页）从圈点的情况来看，他是比较喜爱的。

（3）【正宫】醉太平《感怀》

此曲的原文是：

> 人皆嫌命窘，谁不见钱亲？水晶丸入面糊盆，才沾粘便滚。文章糊了盛钱囤，门庭改做迷魂阵，清廉贬入睡馄饨，葫芦提倒稳。

　　此曲一作《叹世》。它辛辣地讽刺了某些不择手段追求金钱的无耻之徒的卑鄙行径，深刻地揭露了元代社会的态与腐败。"人皆嫌命窘，谁不见钱亲？"起手二句以议论开端，在元代社会，人人都怨恨自己命运贫困，谁不见钱眼开？概括了这种现象的普遍性，揭露出贪财乃是社会腐败的根源。接着铺写这种腐败风气的具体表现："水晶丸入面糊盆，才沾粘便滚。""水晶丸"，好像一个状如水景的荔枝，或水晶做的圆环。这两句说，整个元代社会就像一个面糊盆、大染缸，就是本质洁白的人，一掉进去，也会受沾染，营私舞弊，拼命去捞钱。"文章糊了盛钱囤，门庭改做迷魂阵，清廉贬入睡馄饨，葫芦提倒稳。"后四句是说，在这个唯钱是亲的社会里，文章无人去读，只能用来糊制盛钱的器具，标志着一个家族的门户，竟变成了专门坑别人的圈套、捞足钱财的陷阱，不贪财的清正廉洁的人，被弄成站不起来的"睡馄饨"，那么，怎么办呢？"葫芦提"，糊里糊涂。只有糊里糊涂，反倒觉得安稳。这是一种无可奈何的喟叹，其实是一种激愤不平的反语。

毛泽东在读光华书局出版的顾名编的《曲选》三《小令》所载此曲时，在 1、2、4、8 句旁各加了一个墨圈，在其他四句旁各加了两个套圈，并将倒数第二句末的句号改为逗号。（中央档案馆整理：《毛泽东评点诗词曲精选·曲选》，中央档案出版社 1998 年版，第 19 页）从圈点情况来看，毛泽东是十分欣赏这支曲子的。

（4）【商调】山坡羊《春睡》

此曲的原文是：

> 云松罗髻，香温鸳被，掩春闺一觉伤春睡。柳花飞，小琼姬，一片声小下呈祥瑞，把团圆梦儿生唤起。谁？不做美。呸，却是你。

此曲写嗔怪一个小丫头报告下雪唤醒"团圆梦"，来表现女主人对离人的思念，构思十分精巧。前三句叙事："云松罗髻，香温鸳被，掩春闺一觉伤春睡。"作者为我们描写了一幅美人春睡图。你看她，头发蓬松，螺髻半散，鸳鸯被中露出雪白的肌肤，透出一股馨香，虚掩着房门，睡得正香，正做着一个好梦。不料，却被小丫头一声下雪打破了。"柳花飞，小琼姬，一片声小下呈祥瑞，把团圆梦儿生唤起。""柳花飞"，点明时在暮春。柳花，又叫柳絮，白色。琼姬，仙女名，此指丫鬟。这个小丫鬟看到柳絮飞舞，误认为是下春雪了，就一片声喊"雪下呈祥瑞"，硬是把少妇的团圆梦惊醒了。末四句再把笔触转向少妇。当这位少妇睡眼惺忪地问了句："谁？"嗔怪道："不做美。"意即搅了人家的好梦。当发现是她的小丫鬟干的，便不那么客气了："呸！却是你！"少妇的娇嗔薄怒之态、无可奈何的心理，跃然纸上。

毛泽东在读光华书局出版的顾名编的《曲选》三《小令》中所载此曲时，在"掩春闺"和"一片声"二句旁各加两个墨点，在"把团圆梦"句旁加了三个墨点，在后四句旁各加一个墨点，并将"一片声"句末的逗号改为句号。（中央档案馆整理：《毛泽东评点诗词曲精选·曲选》，中央档案出版社 1998 年版，第 19 页）从毛泽东对这支曲子的圈点来看，他还是比较喜爱的。

（5）【越调】凭阑人《暮春即事》

此曲的原文是：

> 小玉阑干月半掐，嫩绿池塘春几家？乌啼芳树丫，燕衔黄柳花。

《暮春即事》原作二首，此是第二首。此曲写暮春景色生动如画。"小玉阑干月半掐，嫩绿池塘春几家？"前二句写静景，在暮春的池塘边，绿草如茵，波平如镜，邻水的台榭，小巧玲珑的玉石阑干形如半圆新月。"嫩绿池塘"显系由谢灵运《登池上楼》"池塘生春草"化出。元代诗论家元好问《论诗绝句》评论谢诗时说："池塘春草谢家春，万古千秋五字新。""池塘生春草"，透露出春天的气息，所以被元好问誉为"谢家春"。这里以"春几家"发问，不难看出二者之间的联系。"乌啼芳树丫，燕衔黄柳花。"后二句仍用白描，写动景。你看，小鸟（一说"乌"，乌鸦）在散发着花香的树枝上啼叫，燕子这位被誉为春天的使者，在悠闲地衔食鹅黄色的柳花。全曲写暮春景色，一静一动，动静结合，相映成趣。

毛泽东在读光华书局出版的顾名编的《曲选》三《小令》中所载此曲时，把第二句末的句号改为问号，三句末的句号改为逗号，说明他读得很认真，很有兴致。

（6）【中吕】朝天子《游庐山》

此曲的原文是：

> 朝霞，晚霞，妆点庐山画。仙翁何处炼丹砂？一缕白云下。客去斋余，人来茶罢。叹浮生指落花。楚家，汉家，做了渔樵话。

此曲描绘了庐山风景如画的自然景观和人文景观，抒发了世事变迁的感慨。庐山在今江西九江南长江边上，是我国著名的风景胜地。"朝霞，晚霞，妆点庐山画。"开头三句，总写庐山自然风光之美。游庐山，登高峰，看瀑布，俯视大江，远眺鄱阳湖，阴晴雨雪，各具面目，但庐山最美的时候，莫如朝霞满天、夕阳西下之时，它宛然一幅天然图画。"仙翁何处炼丹砂？一缕白云下。"接下来二句写庐山的人文景观。庐山文物古迹很多，作者只选取了一个最有代表性的仙人洞来写。位于牯岭西北佛手岩下的仙人洞，相传是八仙之一的吕洞宾居住炼丹之处，下临深涧，白云缭绕，置身洞前，可以纵览云飞，景色非常优美。"客去斋余，人来茶罢。"下面二句从写景过渡到寄慨。信徒们斋戒后离去，客舍空了，人们来到这里，吃茶之后，便天南海北、古往今来地闲聊起来。"叹浮生指落花。楚家，汉家，做了渔樵话。"意谓有的指着残败的落花，而感叹人生沉浮不定；有的则大谈项羽与刘邦争夺天下的楚汉战争。这些人生意义的探讨和楚汉战争这样大的历史事件，如今都成了捕鱼和打柴人茶余饭后的谈资。抒发了作者对世事变迁的感慨。

此曲以《游庐山》为题，前半写景，后半寄慨，过渡自然，浑然一体，确有特色。

毛泽东在读光华书局出版的顾名编的《曲选》三《小令》中所载此曲时，在题目上方天头空白处用墨笔画了一个大圈，在1、2、9、10句旁各加一个墨圈，在3、4、5、8、11句旁各加两个墨圈，在6、7两句旁各加一个墨点。（中央档案馆整理：《毛泽东评点诗词曲精选·曲选》，中央档案出版社1998年版，第20页）从圈点的情况看，毛泽东是比较欣赏的。

10、乔 吉

乔吉（1280—1345），一作乔吉甫，字梦符，号笙鹤翁、惺惺道人，太原（今山西太原）人，元散曲家、戏曲作家。后居杭州，乔吉现存杂剧作品都是写爱情、婚姻故事的，散曲风格清丽。乔吉的散曲以婉丽见长，内容多消极颓废，精于音律，工于锤炼，喜欢引用或融化前人诗句，与张可久的风格相近。不同的是，乔吉的风格更为奇巧俊丽，还不避俗言俚语，具有雅俗兼备的特色。后人称其与张可久为元散曲两大家。他自己则说：

"作乐府亦有法，曰'凤头，猪肚，豹尾'"六字是也。大概起要美丽，中要浩荡，结要响亮；尤贵在首尾贯穿，意思清新。苟能若是，斯可以言乐府矣。"（陶宗仪《南村辍耕录》卷八）作品有今人辑本，名《梦符散曲》。所作杂剧今已知有11种，现存《两世姻缘》《金钱记》《扬州梦》3种。

（1）【越调】天净沙《即事》

此曲的原文是：

> 莺莺燕燕春春，花花柳柳真真。事事风风韵韵，娇娇嫩嫩，停停当当人人。

此题共四首。《即事》是其总题目。即事者，就眼前之事物有感而发也，四首皆写男女情思，但抒情主人公并非一人口吻。这支曲子所写的女子真真，当是一个侑酒佐欢的歌姬。这支曲子赞美罗真真和其他女子的美艳和风度。首句用春天的黄莺和燕子，比喻宴会上众多的姬妾和歌妓，也含有莺歌燕舞形容她们的超群技艺之意。"莺莺燕燕"，比喻天真活泼的少女。宋苏轼的《张子野年八十五上尚妇闻买妾述古今作诗》："诗人老去莺莺在，公子归来燕燕忙。""春春"，春天。次句则用特写镜头单写罗真真的容貌艳丽和体态轻盈。"花花柳柳"，旧指冶艳女郎或妓女。"真真"，古美女名。此指罗真真。作者另有【双调】折桂令《赠罗真真》："罗浮梦里真仙，双锁螺髻，九晕珠钿，晴柳纤条，春葱细腻，秋藕匀园。酒盏儿央及出些腼腆，画幅上换下来的婵娟。试问尊前，月落参横，今夕何年？"后三句则赞美罗真真言谈得宜，举止大方，事事都很有风度，富于韵致，她又娇美年轻，一切都恰到好处，妥帖入微，真是个无可挑剔的可意美人。"风风韵韵"，即风韵，风度，韵致。语出《晋书·桓石秀传》："石秀，幼有令名，风韵秀彻。"本指一个人的风度和韵致，后多以形容女子的风流神态。"停停当当"，即停当，妥帖，妥当。形容体态、动作的优美。"人人"，用以称亲昵的人，多指女性。宋欧阳修《蝶恋花》："翠被双盘金缕凤。忆得前春，有人人共。"

散
曲

25

这支曲子，通篇叠字，音韵谐美，一气如注，确有"大珠小珠落玉盘"之妙。

毛泽东在读光华书局出版的顾名编的《曲选》三《小令》中所载此曲时，在每句旁都加了两个墨点（中央档案馆整理：《毛泽东评点诗词曲精选·曲选》，中医大出版社1998年版，第20—21页），表明他认为这支曲子还是比较好的。

（2）【双调中吕】卖花声《香茶》

此曲的原文是：

> 细研片脑梅花粉，新剥真珠豆蔻仁，依方修和凤团春。醉魂清爽，舌尖香嫩，这孩儿那些风韵。

这是一支咏物曲，题目是《香茶》。香茶，指孩儿茶。前三句写孩儿茶的成分和炮制过程：先把龙脑香和新剥的珍珠般的豆蔻仁研成粉末，按照一定比例成分制成茶饼。"凤团春"原是宋代的贡茶，是说此茶的名贵。后三句写其特点和风味。爽心醒神，香甜可口，是孩儿巷茶的风味。"孩儿"一词，语义双关，既指孩儿香茶，宋元时又是一种昵称，指心爱的人物，读者倍感亲切、风趣，是咏物之作中的佳作。

毛泽东在读光华书局出版的顾名编的《曲选》三《小令》中所载此曲时，仅将第三句末的逗号改为句号，说明他是认真读了的，但评价不高。

11、郑光祖【双调】蟾宫曲《梦中作》

郑光祖（1270前—1324前），字德辉，平阳襄陵（今山西临汾附近）人，元代戏曲家、散曲作家。曾以儒补杭州路吏，为人正直不阿，不妄与人交。病卒后火葬于西湖灵芝寺。以杂剧知名，钟嗣成称其"名香天下，声振闺阁，伶伦辈称'郑老先生'，皆知其为德辉也。"（《录鬼薄》）。杂剧与关汉卿、马致远、白朴齐名，号称"元曲四大家"之一。散曲亦工，朱权称其词"如九天珠玉"，"出语不凡，若咳唾落乎九天，临风而生珠玉，诚杰作也"。（《大和正音谱》）。所作杂剧共十八种，今存八种：《伊尹耕莘》《三战吕布》《无盐破环》《王粲登楼》《周公摄政》《老君堂》《翰林风月》《倩女离魂》。其中《伊尹耕莘》《无盐破环》《老君堂》是否确为郑作，尚存疑问。另有《月夜闻筝》存残曲。《迷青锁倩女离魂》为其代表作。《全元散曲》录存其小令六首，套曲两套。

【双调】蟾宫曲《梦中作》的原文是：

> 半窗幽梦微茫，歌罢钱塘，赋罢高唐。风入罗帏，爽入疏棂，月照纱窗。缥缈见梨花淡妆，依稀闻兰麝余香。唤起思量，待不思量，怎不思量！

此曲写梦中与情人幽会，醒来后茫然若失的情景，表现了对情人的刻骨相思。前三句写梦中的欢会。二、三句用典。"歌罢钱塘"，用的是南齐钱塘名妓苏小小的故事。《春渚纪闻》记载她的《蝶恋花》词一首，词中有"妾本钱塘江上住，花落花开，不管流年度"之句。"钱塘"，即杭州，曾为南宋都城，古代歌舞繁华之地。"赋罢高唐"，高唐，战国时楚国台馆名，在古云梦泽中。相传楚怀王游高唐，梦见巫山神女与其欢会，见宋玉《高唐赋》。作者的构思很特别，他细致地、绘声绘色、描述梦境中幽静美妙而又凄寂的景物。凉风入帏，清爽宜人，月照窗纱，好像隐约见到白衣淡妆的情人。"风入帏罗"缥缈，隐约、仿佛。"梨花淡妆"，形容女子装束素雅，像梨花一样清淡。"罗帏"，用细纱做的帐子。疏棂，稀疏弥漫着兰麝的馨香。这是由追忆而引起的一连串的想象。此句化用白居易《长恨歌》"玉容寂寞泪阑干，梨花一枝春带雨"诗意。"依稀"，仿佛。兰麝，兰香与麝香，均为名贵的香料。

末句写醒后的思量。"唤起思量"不言而喻。"待不思量"是由于思量太苦，也是诗人故作铁石心肠。因为"怎不思量"，爱情的力量岂能抗拒！三处"思量"，经历了一个"一无一有"的曲折，通过这欲罢不能的一笔，更见出了诗人的一往情深与愁绵恨长。

全曲写梦境，写幻觉，惝恍迷离，虚实相生。全曲感情真切、辞藻华美。结尾三句反复咏叹，尤见其一往情深。

毛泽东在读光华书局出版的顾名编的《曲选》三《小令》所载此曲时，在第一句旁加了两个墨圈，第二句旁加了一个墨圈，在"赋罢高唐"以下四句和末三句旁都加了一个套圈，并把"依稀闻兰麝余香"句末的分号改为句号。（中央档案馆整理：《毛泽东评点诗词曲精选·曲选》，中央档案出版社 1998 年版，第 21 页）从毛泽东的圈点情况看，他是很欣赏这支曲子的。

12、萨都剌【梁州第七】（摘）《使女蹴鞠》

萨都剌（约 1272—1355），字天锡，号直斋，回族（一说蒙古族），元代诗人、画家、书法家。其先世为西域人，出生于雁门（今山西代县），元泰定帝泰定四年（1327）进士。授应奉翰林文字，擢南台御史，以弹劾权贵，左迁镇江录事司达鲁花赤，累迁江南行台侍御史，左迁淮西北道经历，都是九品至七品的小官。晚年居杭州，寻幽探胜，寄情山水，后入方国珍幕府，卒。

萨都剌善绘画，精书法，尤善楷书，有虎卧龙跳之才，人称雁门才子。他的文学创作，以诗歌为主，诗词内容以游山玩水、归隐赋闲、慕仙礼佛、酬酢应答之类为多，思想价值不高。间有反映民间疾苦、揭露黑暗之作。萨都剌词作虽然不多，但颇有影响，尤以【念奴娇】《登石头城》、【满江红】《金陵怀古》等为最著名。后人曾推崇他是"有元一代词人之冠"，并非溢美之词。萨都剌还留有《严陵钓台图》和《梅雀》等画，现珍藏于北京故宫博物院。

【梁州第七】（摘）《使女蹴鞠》的原文是：

素罗衫、垂彩袖、低笼玉笋，锦鞠袜、衬乌靴、款蹴金莲。占官场立站下人称羡：似月殿里飞来的素女，甚天风吹落的神仙？拂花露榴花荏苒，滚香尘绣带蹁跹。打着对合扇拐、全不斜偏。踢着对鸳鸯扣、且是轻便。对泛处、使穿膁抹膝的撺搭，揎俊处、使拂袖沾衣的撒演，妆翘处、使回身出鬓的披肩。猛然，笑喘。红尘两袖纤腰倦，越丰韵，越娇软，罗帕香匀粉汗妍，拂落花钿。

　　这套曲子包括【一枝花】【梁州】和【尾声】三支曲子。顾名编的《曲选》摘编的是【梁州第七】一曲。题目《使女蹴鞠》，一作《妓女蹴鞠》。

　　【南吕】一枝花的原文是："红香脸衬霞，玉润钗横燕。月弯眉敛翠，云弹鬓堆蝉。绝色婵娟，毕罢了歌舞花前宴，习学成齐云天下圆。受用尽绿窗前饭饱茶余，拣择下粉墙内花阴日转。"大意是说，蹴鞠使女是一位绝色女子，她能歌善舞，又善蹴鞠。在宴会上歌舞之后，来到花园粉墙边的蹴鞠场地。

　　【梁州第七】一曲专写她蹴鞠的高超技艺。蹴鞠是我国古代一种足球运动，用以练武、娱乐、健身。开头六句，写使女的打扮：她身穿白绸子上衣，彩袖低垂，笼罩着她那玉笋般的小手，足蹬长筒丝袜，穿着黑色皮靴，俨然是一副运动员打扮。接下来三句，写她飘飘欲仙的气质和风度。她往运动场上一站，就使人人称羡不已：说她是月宫嫦娥下界，又像天风吹落的神仙。"拂花露"二句，写她开始蹴鞠，石榴裙轻轻飘舞，绣制的飘带上下翻飞，汗水涔涔，香尘滚滚。接下来四句，写她踢了"合扇拐""鸳鸯扣"两个花样动作，愈发精彩。接下来六句，写她又踢了"使穿膁抹膝的撺搭""使拂袖沾衣的撒演""使回身出鬓的披肩"三个高难动作，使蹴鞠表演达到高潮。"猛然"一下七句，写她蹴鞠后的娇态：她突然收住招式，笑着喘作一团。她两袖尘土、腰肢倦软，丰满的体态，更显得娇软，她连忙用手帕轻匀粉面，不小心，把乌发上的花钿首饰也掉了下来。

　　【尾声】则曰："若道是成就了洞房中惜玉怜香愿，媒合了翠馆内，清风皓月筵，六片儿香皮做姻眷。荼蘼架边，蔷薇洞前，管教你到底团圆不离了半步儿远。"写作者愿与这位美貌而又多才多艺的女子结为亲眷，进一步衬托出蹴鞠女子的美丽可爱。

毛泽东在读光华书局出版的顾名编的《曲选》三《小令》所载此曲时，在"素罗衫""垂彩袖""锦勒袜""衬乌靴""打着对合扇拐""踢着对鸳鸯扣""对泛处""揆俊处"和"妆翘处"等句后，都添了顿号；并在"红尘"和"罗帕"两句旁各加了两个墨点，其他"猛然"等五个短句旁各加一个墨点。（中央档案馆整理：《毛泽东评点诗词曲精选·曲选》，中央档案出版社1998年版，第22页）毛泽东在读这支曲子时，添加了9处标点，并在后7句旁都加了墨点，说明他读得十分认真，比较喜欢。

13、贯云石

贯云石（1286—1324），字浮岑，号成斋，疏仙，酸斋，元代散曲作家。出身高昌，回鹘畏兀儿人贵胄，祖父阿里海涯为元朝开国大将。原名小云石海涯，因父名贯只哥，即以贯为姓。自号酸斋，当时和号"甜斋"的徐再思齐名，都以擅长乐府闻名，世称"酸甜乐府"。初因父荫袭为两淮万户府达鲁花赤，让爵于弟，北上从姚燧学。仁宗时拜翰林侍读学士、中奉大夫，知制诰同修国史。不久称疾辞官，隐于杭州一带，改名易服，在钱塘卖药为生，自号"芦花道人"。他善作散曲。据传他所创的曲调，传给浙江澉浦杨氏，后称为"海盐腔"，流传至明代，为"昆腔"的先驱。存小令70余首，套数8套，有专集《酸斋乐府》，近人任讷所辑。

（1）【中吕】红绣鞋

此曲的原文是：

挨着靠着云窗同坐，偎着抱着月枕双歌，听着数着愁着怕着早四更过。四更过，情未足。情未足，夜如梭。天哪！更闰一更儿妨甚么？

此曲在《乐府群珠》中题作《欢情》。是写一个青年女子在自己的房中和她的情人偷情。前三句描绘二人纵情欢洽的情态："挨着靠着"，写女子和她的情人初见时，便在华丽的窗户下，你挨我靠地坐在了一起，欢乐之状初见；"偎着抱着月枕双歌"，两人共坐了一会之后，便你偎我抱地同床共枕，云雨情欢，并乐不可支地唱起了情歌。以上是叙事；以下均为心理描写："听着数着愁着怕着"，听、数、愁、怕，四种心态，都用叠字表现，写出了二人动作和心态的连续性，"早四更过"，旧时把一夜分为五更，即一更、二更、三更、四更、五更。每更约今两小时。四更指凌晨1—3时；"四更过，情未足；情未足，夜如梭"，四句用顶针续麻手法，着意渲染"欢娱嫌夜短"的矛盾心理。"天哪！更闰一更妨什么？"末二句想入非非，直呼苍天，提出闰"更"的无理要求，看似违反常理，却是至情的流露、感情的高潮。语常而意新，思巧而情挚，给人以极新极美的艺术享受。

毛泽东在读光华书局出版的顾名编的《曲选》三《小令》中所载此曲时，在该曲题头上方空白处画了一个大墨圈；在前三句和末句旁各画了三个墨圈；在"早四更过"以下五句旁各画了一个墨圈（中央档案馆整理：《毛泽东评点诗词曲精选·曲选》，中央档案出版社1998年版，第22—23页），说明他对这支曲子十分欣赏。

（2）【双调】寿阳曲

此曲的原文是：

> 新秋至，人乍别，顺长江水流残月。悠悠画船东去也，这思量起头儿一夜。

这是一支送别的曲子。被送之人身份不明，但作者却抒发了一种因离人远去而产生的惆怅伤感之情，可见二人关系密切。起首二句交代送别的节候、时间和事由。节候是初秋，时间是拂晓，地点是长江边，事由是离人乘船东下。在初秋拂晓之时，残月在天，照着载着离人的船只，顺着长江，渐渐远去，而此时江岸上仅余兀然独立，出神地向远处眺望。这种意象使我们想起李白《黄鹤楼送孟浩然之广陵》的结语："孤帆远影碧空尽，惟见长江天际流。"二者同一机杼，但又有不同：李诗是篇终接混茫，寓情于景；而此曲却是卒章显其志，以景写情："这思量起头儿一夜。"强调"这思量"是开头的第一夜，寓含着此后的离别相思之苦，将是绵绵无期。至此，作者内心感情的抒发达到了高潮，全曲的主题也得到升华，意蕴深远，令人回味无穷。

毛泽东在读光华书局出版的顾名编的《曲选》三《小令》所载此曲时，只在"顺长江水流残月"句旁加了两个墨点（中央档案馆整理：《毛泽东读诗词曲精选·曲选》，中央档案出版社1998年版，第23页），说明他认为这支曲子还是清新可读的。

14、徐再思

徐再思（约1280—1330），字德可，因喜食甘饴，故号"甜斋"，浙江嘉兴（今浙江嘉兴）人，元代散曲作家。生卒年不详，与贯云石为同时代人，因贯号"酸斋"，故二人散曲，世称"酸甜乐府"。今存所作散曲小令约103首。今人任讷又有将贯、徐二人散曲合为一编，名为《酸甜乐府》。

徐再思的散曲以恋情、写景、归隐等题材为主，也有一些赠答、咏物为题的作品。他虽与贯云石齐名，风格却不尽相同，贯云石以豪爽俊逸为主，徐再思却以清丽工巧见长。《太和正音谱》评他的作品如"桂林秋月"。他的写景作品以【喜春来】《□亭晚泊》、【水仙子】《惠山泉》为佳，意境高远而奇巧，可以看出他工于炼字造句的特色。【水仙子】《夜雨》以"一声梧叶一声秋，一点芭蕉一点愁"来描绘凄婉的羁旅之情，细腻动人。他的写恋情作品，善于学习民间歌谣的表现手法，与贯云石的同类作品有相似之处。【蟾宫曲】《春情》写一害相思的女子身似浮云，心如飞絮，气若游丝，空一缕余香在此的情态，运用了散曲中连环句、韵字复用等形式特点，颇能尽其情致。【沉醉东风】《春情》又写出一女子猛然见到情人时的复杂的心理，她想招呼，又怕被人瞧破，情态传神，人物灵动。这一部分作品清新活泼，成就较高。

（1）【双调】清江引《相思》

此曲的原文是：

> 相思有如少债的，每日相催逼。常排着一石愁，准不了三分利。这本钱见他时才算得。

少债，欠债，即借别人的财物等没有偿还或应给人家的事物还没有给。欠债和相思本是风马牛不相及的两种事物，作者独具慧眼，抓住二者的相似之处，构思比喻，设喻新奇。这支小令，以负债的沉重压力，比喻相思的无法解脱；以债务的日日催逼，比喻相思的时时纠缠。一旦，旧制十斗为一石。石，计算容量的单位，或作计重量的单位，120斤为一石。三分利，十分之三的利息。前二句说，相思就像欠别人的债，每天都来催逼。接下来二句说，常常是你挑着120斤的重担，还抵不了三分利息，更不要说还本钱了。末句说，只有见到他昼思夜想的情人才能还本付息，了却相思。这支曲子，明白如话，俗中见巧，表现出作者很高的语言技巧。

毛泽东在读光华书局出版的顾名编的《曲选》三《小令》中所载此曲时，在题头上方空白处画了一个大墨圈，前四句旁每句各加了两个墨点，末句旁加了三个墨点，并将"准不了三分利"句末的逗号改为句号。（中央档案馆整理：《毛泽东评点诗词曲精选·曲选》，中央档案出版社1998年版，第23页）从毛泽东的圈画情况来看，他还是比较欣赏的。

（2）【双调】折桂令《题情》

此曲的原文是：

> 平生不会相思，才会相思，便害相思。身似浮云，心如飞絮，气

若游丝。空一缕余香在此,盼千金游子何之?证候来时,正是何时?灯半昏时,月半明时!

起首三句,连用三个"相思",直接擒题,并为叠韵,少妇哀怨之独语仿若可闻,痴情少妇的一往情深可见。由"不会",到"才会",进入了纯洁的初恋。"才会相思"是情窦初开,然而还未来得及品味幸福的感觉,"便害相思"。

次三句,以春景写春情,铺陈了相思的情态:像浮云之坐卧不宁,像飞絮之魂不守舍;像游丝之恹恹欲病,对偶工整,形容尽致。游丝,蜘蛛等昆虫吐的丝,因其飘荡在空中,故曰游丝。

再次二句,借一缕余香,写出引起相思的原因:离别后,缥缈余香空留,正如不定芳踪难觅。千金,古时把富贵人家的未婚女孩称为"千金小姐",现在含义已经扩展至所有未婚女子。游子,通常指出门在外或者离开家乡在他乡生活的人。

末四句,明知故问,自问自答,以"时"字重复押韵,回环反复,写出相思症发,就在惨淡的气氛下,灯半昏,月半明,长夜孤寂、相思难堪之时。证候,征兆,迹象。

这首《春情》写一个男子爱上一个美女而引起的相思之情。全篇不过数十字,把对于恋人的相思之意、相思的感觉表达得淋漓尽致。被认为是"镂心刻骨之作,直开玉茗、粲花一派"。

毛泽东在读光华书局出版的顾名编的《曲选》三《小令》中所载此曲时,在题头上方空白处画了一个大墨圈,在前六句旁画了一个粗重的直杠;在后四句旁各画了两个套圈。(中央档案馆整理:《毛泽东评点诗词曲精选·曲选》,中央档案出版社1998年版,第24页)从毛泽东的圈画情况来看,他对这支曲子是非常欣赏的。

（3）【双调】水仙子《红指甲》

此曲的原文是:

落花飞上笋牙尖，宫叶犹将冰箸粘，抵牙关越显得樱唇艳。怕阳春不卷帘，捧菱花红印妆奁。雪藕丝霞十缕，镂枣斑血半点，掐刘郎春在纤纤。

这是一首咏物曲，咏的是女子染的红指甲。这支小令对红指甲进行了多侧面、多角度的描绘。前三句从正面着笔，紧扣指甲红艳的特点，比喻生动。意谓落花飞上了手指尖，指甲壳还把白净的手指粘。倚在嘴边越发显出樱桃小嘴鲜艳。"笋牙尖"，此以嫩笋尖芽比喻女子手指甲的尖细娇嫩。"宫叶"，此宫中红叶喻指甲红。"冰箸"，指屋檐间雪水结成冰条，像冰筷子，以此比喻女子手指洁白。接下来四句对红指甲的描写转为抒情，意谓害怕阳春窗帘也不卷。捧着菱花，指香印在镜匣间，像十缕雪藕般的彩霞，镂镶着红枣半点。"菱花"，镜子。古代铜镜在日光映照下发光影如菱花，故称。"霞"，彩霞，形容指甲。"镂枣斑"，雕镂的枣形斑纹，此形容红指甲。末句用典，意谓捏那情郎哥，春意就在这手指纤纤。掐，用手握，或用指甲按。刘郎，指东汉刘晨。相传刘晨和阮肇入天台山采药，为仙女所邀，留半年，复归，抵家子孙已七世。此借指女子的情郎。"春"，春情，情欲。"纤纤"，女子手柔软之状。此句写由手指甲引起的美好回忆：她曾经用这红指甲掐欢愉着的情郎，由色彩引出春情，隐喻着女主人公的万般风情，这是多么惬意的回忆呀！

毛泽东在读光华书局出版的顾名编的《曲选》三《小令》所载此曲时，把"抵牙关"句末的逗号改为句号，"镂枣斑"句末的句号改为逗号；在"怕阳春"一下二句和末句旁各点了两个墨点。（中央档案馆整理：《毛泽东评点诗词曲精选·曲选》，中央档案出版社1998年版，第24页）从毛泽东对这支曲子的圈点和改动情况来看，他读得很认真，认为它是可读的。

（4）【双调】水仙子《夜雨》

顾名编的《曲选》作者徐再思名下注曰："嘉兴德可"，德可是徐饴的字；而在徐饴名下注道：扬州甜斋，因徐饴喜食甘饴，故号"甜斋"。至于籍贯嘉兴、扬州，原有两说，可见，徐饴就是徐再思。

此曲的原文是：

> 一声梧叶一声秋，一点芭蕉一点愁，三更归梦三更后。落灯花棋未收，叹新丰孤馆人留。枕上十年事，江南二老忧，都到心头。

这是一支抒写羁旅愁怀的曲子。开头三句鼎足对，利用数字写出风吹落叶声、雨打芭蕉声、半夜三更，一觉醒来，归乡梦破，室内一片昏暗，凄凉旅况，跃然纸上。接着一句"落灯花棋未收"，灯花自落，棋局凌乱，未曾收起。读来既抑扬顿挫，又把整个气氛渲染得十分浓厚，以下的一切都是在雨声中展开的。本篇题为《夜雨》，实则写羁旅之愁苦。接下来二句用典"叹新丰孤馆人留"，用唐代马周故事。唐初文人马周，不拘小节，为人所鄙薄。唐高祖武德年间，屡被博州刺史和浚仪令所讥笑侮辱。去京都长安求官，"舍新丰逆旅，主人又不之顾。""枕上十年事"，指伏枕回忆往事。唐杜牧《遣怀》："十年一觉扬州梦，赢得青楼薄幸名。"此二句抒发自己的辛酸遭遇。末二句抒情："江南二老忧，都到心头。"二老，父母。最后点出羁旅愁怀的原因，以"都到心头"四字作结，使小令在情感的高潮处戛然而止，耐人寻味。

毛泽东在读光华书局出版的顾名编的《曲选》三《小令》中所载此曲时，在前三句各画两个套圈；后四句各加了两个墨点，并将"三更归梦三更后"句末的句号改为逗号，"落灯花"句末的逗号改为句号。（中央档案馆整理：《毛泽东评点诗词曲精选·曲选》，中央档案出版社1998年版，第30页）从毛泽东的圈点改动情况看，他是比较欣赏的。

15、周德清【双调】折桂令《开门七件事》

周德清（1277—1365），字日湛，号挺斋，高安（今江西省高安市杨圩镇暇塘周家）人，元代散曲家、戏曲理论家、音韵学家。北宋词人周邦彦的后代。工乐府，善音律。终身不仕，卒年八十九岁。著有音韵学名著《中原音韵》，为我国古代有名的音韵学家。他的散曲，音节流畅，辞彩俊茂，属律必严，比字必切，审律必当，择字必精。明朱权在《太和正音谱》中评他的曲"如玉韵横秋"。近人隋树森《全元散曲》录存其小令31首，套数3套。

此小令的原文是：

> 倚无语蓬窗嗟呀！七件事全无，做什么人家？柴似灵芝，油如甘露，米若丹砂。酱甕儿恰才梦撒，盐瓶儿又苦消乏。茶也无加，醋也无加。七件事尚且艰难，怎生叫我折柳攀花。

这支小令又题作《别友》，十一组曲子，共三首，此为第三首。这支曲子采用夸张手法，自叹生活的穷困，反映了当时师资的生活状况。首句说自己只能倚着用蓬草编织的窗户叹息，以慨叹发端，二三句道出原因："七件事全无，做什么人家？"意谓柴、米、油、盐、酱、醋、茶这七种生活必需品全都没有，怎么能维持这个家的日常生活？下面一连用七个排比句，诉说七件事匮乏的情况："柴似灵芝，油如甘露，米若丹砂。"先说三种生活必需品柴、米、油的珍贵，用灵芝、甘露、丹砂这些昂贵物品来形容；再说四种必要的佐料的匮乏：酱恰才用完，盐又告缺乏，茶、醋都无法添加。七件事用三种句式来写，显得生动活泼，一气贯注，不容置疑。末二句"七件事尚且艰难，怎生叫我折柳攀花"，意谓我自己尚且衣不蔽体、食不果腹，还怎么与朋友摘花游赏、折柳赠别呢？为生活的穷困又补写了一笔，总结上文，点醒题意。

毛泽东在读光华书局出版的顾名编的《曲选》三《小令》中所载此曲时，在"七件事全无"等二句和末二句旁各点了两个墨点；在"柴似灵芝"等三句旁各点一个墨点，并将"米若丹砂""醋也无加"句末的逗号改为句号。（中央档案馆整理：《毛泽东评点诗词曲精选·曲选》，中央档案出版社1998年版，第26—27页）从毛泽东的圈点情况看，他对这支曲子很感兴趣，颇为欣赏。

16、陈克明【越调】一半儿《美人八咏选三》

陈克明，江西临川人，元散曲家。约生于公元1300年，卒于1375年之后，由元入明。著有《环籁小稿》《一笑集》等。明·朱权《太和正音谱》评其词“如九畹芳兰”。近人隋树森的《全元散曲》录存其套数一首。

此曲的原文是：

琐窗人静日初曛，宝鼎香消火尚温。斜倚绣床深闭门。眼昏昏，一半儿微开，一半儿盹。春困

自将杨柳品题人，笑撚花枝比较春。输了海棠三四分。再偷匀，一半儿胭脂，一半儿粉。春妆

绿窗时有唾绒粘，银甲频将线綵挦。绣到凤凰心自嫌。按春纤，一半儿端详，一半儿掩。春绣

此题是一组曲子，分写春梦、春困、春妆、春愁、春醉、春夜、春情。春，既指春天，又隐喻男女风情。这组小令，以春天为背景，又首首攸关男女风情，语义双关。

先看《春困》，这是这组曲子的第二首。写一个女子在春天打瞌睡的情形。“琐窗人静日初曛，宝鼎香消火尚温。”首二句写引起女子春困的环境：夕阳西下，余晖满天，镂刻着连环图案的窗户里已经悄无人声，焚香的宝鼎内香火刚刚熄灭，其灰烬尚温。“斜倚绣床深闭门。眼昏昏，一半儿微开，一半儿盹。”后四句进一步写春困：女子斜依绣床，紧闭闺房之门。女子昏昏欲睡，眼睛半睁半合，睡意十足。

再看《春妆》，这是组曲《美人八咏》的第三首，写一个女子春日早晨对镜梳妆。“自将杨柳品题人，笑撚花枝比较春。输了海棠三四分。”前三句写女子与婀娜多姿的杨柳比身姿，又笑拿海棠花与自己的容颜比红润，人面不如花容好，比输了。“再偷匀，一半儿胭脂，一半儿粉。”后三句写女子不服输，因为脸色不如海棠花红润，所以她再“偷”匀时，胭脂和敷

粉各半。把女主人公可以装扮、风流自赏的微妙心理表现得活灵活现。

最后看《春绣》，这是《美人八咏》第五首，写女子春天做刺绣的活计。"绿窗时有唾绒粘，银甲频将线绎捋。绣到凤凰心自嫌。"前三句叙事，绿纱窗上沾满了口中唾出的丝绒，纤纤玉指牵引着绣花的彩线，绣到凤凰图案激起她猜忌的感情波澜。"按春纤，一半儿端详，一半儿掩。"后三句刻画女主人公的心理活动：女子不由得把自己飞针走线的手指停了下来，仔细打量着凤凰图案，又连忙用手把它遮住了。这个特写镜头，揭示了女主人公对凤凰成双作对又羡慕又忌恨的微妙心理。

毛泽东在读光华书局出版的顾名编的《曲选》三《小令》中所载这三支曲子时，在《春困》一曲"眼昏昏"句旁点了一个墨点，末二句旁各点了两个墨点；在《春妆》一曲"输了海棠三四分"句旁点了两个墨点，"再偷匀"等三句旁各点一个墨点；在《春绣》一曲"绣到凤凰心自嫌"句旁点了两个墨点"按春纤"句旁点了一个墨点"一半儿端详"句旁点了三个墨点"一半儿掩"句旁点了两个墨点。（中央档案馆整理：《毛泽东评点诗词曲精选·曲选》，中央档案出版社 1998 年版，第 27—28 页）从毛泽东的圈点情况看，对这三支曲子是比较欣赏的。

17、张明善【双调】水仙子《讥时》

张明善，应作张鸣善（生卒年不详），名择，号顽老子，元代杂剧家、散曲作家。生平事迹不详。原籍平阳（今山平阳西），家在湖南，流寓扬州。但他曾为夏庭芝《青楼集》作过序，时在至正二十六年（1366），知他生活在元代末年。曾官至宣慰司令史、江浙提学。元灭后称病辞官，隐居吴江。著有杂剧《烟花鬼》《瑶琴怨》《草原阁》三种，今已失传。《录鬼簿续篇》说他有《英华集》行于世。所作散曲，富有文采。杨维桢、苏昌龄"拱手服其才"，明朱权说他的曲词"藻思富瞻，灿若春葩，郁郁焰焰，光彩万丈，可以为羽仪词林者也，诚一代之作手"。近人隋树森的《全元散曲》录存套数 3 套，小令 13 首。

【双调】水仙子《讥时》原文是：

> 铺眉苫眼早三公，裸袖揎拳享万钟。胡言乱语成时用，大纲来都
> 是烘，说英雄谁是英雄？五眼鸡岐山鸣凤，两头蛇南阳卧龙，三脚猫
> 渭水非熊。

在小令《水仙子·讽时》中，很形象地把眼前的达官贵人三公比喻为
"五眼鸡、两头蛇、三脚猫"。五眼鸡、两头蛇、三角猫都是实际上并不
存在的怪物，用来比喻阴险毒辣、无才无德的官僚。结末三句结合民间俗
语与文人雅词，构成工整的鼎足对，是散曲中的警句。其绝在于把三公的
种种丑恶，与美好神圣的"岐山鸣凤""南阳卧龙"和"渭水飞熊"巧妙拼
接在一起。岐山鸣凤，源自《国语》的周朝将兴岐山有凤鸣一说，比喻德
士贤才。南阳卧龙，即鞠躬尽瘁死而后已的诸葛亮。渭水飞熊，即独立渭
河边上直钩钓鱼的姜太公飞熊。后四句的意思是，说英雄到底谁是英雄？
五眼鸡竟成了在岐山鸣叫的凤凰，两头蛇变作了南阳的卧龙，三角猫却冒
充为渭水的飞熊。

18、任昱【越调】寨令儿《湖上》

任昱，字则明，四明（今浙江宁波）人，元散曲作家。与张可久、
曹明善为同时代人，少时好狎游，一生不仕。所作散曲小令在歌伎中传
唱广泛。晚年锐志读书，工于七言，与杨维桢等唱和。其作品《闲居》
有"结庐移石动云根，不受红尘"、《隐居》有"不顺俗，不妄图，清高
风度"等句，知其为足迹往来于苏、杭的一位"布衣"。散曲作品今存小
令 59 首，套曲【南吕一枝花】1 套。《太和正音谱》列其名于"词林英杰"
之中。

此曲原文是:

> 锦制屏,镜涵冰,浓脂淡粉如故情。酒量长鲸,歌韵雏莺,醉眼
> 看丹青。养花天云淡风轻,胜桃源水秀山明。赋诗题下竺,携友过西
> 泠。撑,船向柳边行。

顾名编的《曲选》原缺题目,据《乐府群珠》补作《湖上》。这支小令写作者携女友游西湖之乐。"锦制屏,镜涵冰,浓脂淡粉如故情",首三句写游览的环境和人物:西湖波平如镜,作者和女友乘坐一只有锦屏围护的画船,女友浓施胭脂,淡匀傅粉,缠绵多情如故。"酒量长鲸,歌韵雏莺,醉眼看丹青",接下来三句叙事,意谓女友的酒量如长鲸吸水、歌声像春莺鸣啭,酒醉后迷茫的眼睛、漫无目的地扫视着西湖如画的景观。"养花天云淡风轻,胜桃源水秀山明",接下来二句写景兼用典,暮春时节,天气晴好,云淡风轻,适宜养花,用东汉刘晨、阮肇入天台山桃源洞采药得遇仙女典故,暗示与女友的情爱关系。"赋诗题下竺,携友过西泠。撑,船向柳边行",末四句叙事,他们游得很高兴,在下天竺寺题诗,穿过孤山尽头的西泠桥,直向柳荫深处划去,言有尽而意有余,启人遐思。

毛泽东在读光华书局出版的顾名编的《曲选》三《小令》中所载这支曲子时,仅在末二句"撑,船向柳边行"旁分别点了一个和两个墨点。(中央档案馆整理:《毛泽东评点诗词曲精选·曲选》,中央档案出版社1998年版,第28—29页)从毛泽东的圈点情况看,他对这支曲子评价不高。

19、李寿卿【双调】落梅风《切鲙》

李寿卿,太原(今山西太原)人,元杂剧家、散曲家。生卒年不详,仅知与纪君祥、郑廷玉同时。曾任将仕郎,后除县丞。世祖至元二十六年(1289)为总管,三十一年(1294)在江浙,官提举。能曲善画,作有杂

剧十种。今存《伍员吹箫》《度柳翠》两种。散曲仅存小令 1 首。贾仲明为其所作的【凌波仙】吊词谓其"播阆浮，四百州，姓名香，赢得青楼"，说明他的剧作在当时广为流传，得到了青楼艺人们的尊敬。明朱权《太和正音普·古今群英乐府格势》将其列于元杂剧作家一百八十七人中的第四位，其曰："李寿卿之词，如洞天春晓。其词雍容典雅，变化幽玄，造句不凡，非神仙中人，孰能致此？"

此小令的原文是：

> 金刀利，锦鲤肥，更那堪玉葱纤细。若得醋来风韵美，试尝着这生滋味。

此曲作者一作兰楚芳。此据顾名编的《曲选》作李寿卿。此曲描写美女切鲙的情形。"金刀利，锦鲤肥，更那堪玉葱纤细。"前三句叙事，一位美女手握锋利的菜刀，正在细细切割满身鳞光闪烁的鲤鱼，更何况那美人的一双玉手又白又嫩像白色的葱管一样。从菜刀之"利"、鲤鱼之"肥"、手之"纤细"，写出切鲙动作之美，把平常的劳动诗化了。"若得醋来风韵美，试尝着这生滋味。"后二句应是美女所言，写切好后的烹调，若做成醋溜鱼，这滋味真是妙不可言。字里行间洋溢着女子劳动的愉快和对自己手艺的自信。此曲语言浅显，幽默风趣，把切块写得极富情趣，令人叹赏不及。

毛泽东在读光华书局出版的顾名编的《曲选》三《小令》中所载此曲时，在末二句旁各点了两个墨点。（中央档案馆整理：《毛泽东评点诗词曲精选·曲选》中央档案出版社 1998 年版，第 29 页）从毛泽东的圈点情况看，他对这支曲子评价不高。

20、查德卿【越调】寨令儿《渔夫》

查德卿，生平不详。元钟嗣成《录鬼簿》失载。明朱权《太和正音谱》将其列于"词林英杰"一百五十人之中。明李开先评元人散曲，首推张可久、乔吉，次则举及查德卿（见《闲居集》卷五《碎乡小稿序》），可见其曲名较高。其散曲作品内容有吊古、抒怀、咏美人伤离情之类，风格典雅。《全元散曲》录其小令23支。

此曲的原文是：

> 烟艇闲，雨蓑干，渔翁醉醒江上晚。啼鸟关关，流水潺潺，乐似富春山。数声柔橹江湾，一钩香饵波寒，回头贪兔魄，失意放渔竿。看、流下蓼花滩。

这支曲子写渔夫垂钓之后驾船返航的情状。开头三句叙事，傍晚时分，雨已停止，烟雾笼罩下的小舟显得十分悠闲，渔翁酒醒之后，斗笠和蓑衣已被风吹干，他驾起小舟返航。接下来三句写渔夫归途所见所感：他只听见关关鸟鸣、潺潺流水，快乐得像东汉隐士严子陵隐居在富春山那样，言外之意他对世事有些不满。末六句是对渔夫垂钓的补笔：他钓鱼既不为衣食所逼，也不为官府所迫。所以，他只是轻轻地摇了几下橹，在烟波江上垂下一钩钓饵，到底能钓到多少鱼，他似乎并不关心，所以当回头一看，玉兔东升，他失意地放下鱼竿。看，他任凭小舟直向开满蓼花的浅滩驶去。全曲把渔夫恬然自适的生活，写得令人神往，美化了渔民生活。

毛泽东在读光华书局出版的顾名编的《曲选》三《小令》中所载此曲时，在独词句"看"字后加了一个顿号；在"数声柔橹江干"一下六句除独词句"看"各加了两个墨点。（中央档案馆整理：《毛泽东评点诗词曲精选·曲选》，中央档案出版社1998年版，第30页）从毛泽东添加标点和圈点情况看，他对此曲比较满意。

21、汪元亨【正宫】醉太平《警世》

汪元亨（生卒不详），字协贞，号云林，又号临川侠老，饶州（今江西鄱阳）人。元至正间出仕浙江省掾，后徙居常熟，官至尚书。《录鬼簿续编》有"至正间，与余交于吴门"之语。知其曾和贾仲明同时代，为元代后期曲家。所作杂剧有《斑竹记》《仁宋认母》《桃源洞》三种及南戏《父子梦栾城驿》，均失传。散曲今存《小隐余音》百首、套数一套，散见于《雍熙乐府》《乐府群珠》《南北词广韵选》等集子，隋树森的《全元散曲》收入。从今存散曲内容看，多警世叹时之作，吟咏归田隐逸生活。如小令【醉太平】《警世》、【折桂令】《归隐》诸作，既表现出他对腐朽社会的憎恶感情，又反映出他全身远祸、逃避现实的悲观情绪和消极思想。在艺术上，其散曲风格豪放，语言质朴，善用排比，一气贯注；有些则潇洒典雅，情味浓郁，互文比喻，耐人寻味。《录鬼簿续篇》云："有《归田录》一百篇行于世，见重于人。"清钱大昕《补元史艺文志》列其有《小隐余音》《云林清赏》各一卷。近人卢前有《小隐余音》辑本。

此曲的原文是：

憎苍蝇竞血，恶黑蚁争穴。急流中勇退是豪杰　不因循苟且。叹乌衣一旦非王谢，怕青山两岸分吴越　厌红尘万丈混龙蛇。老先生去也。

此曲共20首，此是第2首。这支曲子是作者对宦海生涯的反思。前四句用"苍蝇竞血""黑蚁争穴"和"急流勇退"三个生动而形象的比喻构成排比句式，描写官场争权夺利的丑恶现象，自己断然隐退，不愿与之同流合污。接着用一组工整的鼎足对，以乌衣巷已非王谢之宅，言繁华易歇、好景不长；以青山分割吴越两国对峙，到吴被越灭，借指社会上勾心斗角、争权夺利；以社会上"龙蛇"混杂，言人世间善恶不辨、是非不分。这就从人世沧桑、官场险恶和世俗可畏三个方面，将自己的思想进行深入的解剖，寓庄于谐，表现了鲜明的愤激感情和批判精神。末句"老先生去也"，表示决议离开官场的决绝态度，但也流露出一种明哲保身的消极思想。

　　毛泽东在读光华书局出版的顾名编的《曲选》三《小令》中所载此曲时，在题头上方空白处画了一个大墨圈；在"叹乌衣"以下三句旁各画三个套圈；并将"急流中勇退"句末的句号改为逗号，"不因循苟且"句末的逗号改为句号；将"欢乌衣"的"欢"字改正为"叹"。（中央档案馆整理：《毛泽东评点诗词曲精选·曲选》，中央档案出版社1998年版，第31页）从毛泽东对此曲中标点的改正、错字的订正和圈点情况来看，他是比较欣赏这支曲子的。

22、赵天锡【双调】折桂令《金山寺》

　　赵天锡（1189—1240），字受之，汴梁（今河南开封）人（一作冠氏，即今山东冠氏），元散曲家。约元世祖至元中前后在世。金代大安末年入军伍，任修武校尉、水监酒，后还乡任冠氏县防城提控、县令。率众投降蒙古军后，任元帅左督监，仍兼冠氏令。金正大元年（1224），宋将彭义斌率部屡次攻打冠氏，赵天锡抵挡不住，率军投靠蒙古大将孛里海，在真定府打败彭义斌，被任为左副元帅、同知大名路兵马都总管事。镇守冠氏城，屡次击退宋军进攻。曾北上朝见蒙主，被授予行军千户，赐金符。蒙古窝阔台汗十年（1238），随蒙军南下征宋，因染病还乡，后不治而死，终年50岁。天锡作曲"如秋水芙蓉"，所作《何郎傅粉》及《金钗剪烛》二剧（今不传），太平乐府中有美河南王六曲，颇壮健。近人孙楷第的《元曲家考略续编》载："赵禹珪，又名祐，字天锡。"隋树森的《全元散曲》无赵天锡，有赵禹圭，并介绍说："赵禹圭，字天锡，汴梁人。承直郎，至顺间官镇江府判。著杂剧二种：《何郎傅粉》《金钗剪烛》，今皆不存。"并录存小令七首。

　　此曲的原文是：

长江浩浩西来，水面云山，山上楼台。山水相连，楼台上下，天与安排。诗句就云山失色，酒杯倾天地忘怀。醉眼睁开，遥望蓬莱，一半云遮，一半烟埋。

金山寺，在江苏镇江寺西北金山上。东晋时创建。为国内佛教禅宗名寺。民间传说《白蛇传》中的金山寺即指此寺。金山寺本在江中，清末泥沙淤积，始与南岸相连。元时尚在江中。历代文人以诗词曲歌颂者甚多。此曲写金山寺的雄伟壮丽和虚无缥缈。全曲分为两个层次，前六句为正面描写。头三句总写金山寺概貌：滚滚滔滔的长江从金山寺奔涌而来，水面上是云雾缭绕的高山，金山寺就雄踞在这从江中拔地而起、耸入云天的高山上。接下来三句写金山寺的特色：金山寺耸立江中，山在水中，水在山上，宛如一派仙境；金山寺的塔楼台殿参差错落，依山而建，故云"上下"；这一切犹如天造地设，自然生成，故云"天地安排"。后六句为回头眺望，侧面烘托。诗人想发为吟咏，诗句写成后使雄伟壮丽的山光水色失去光彩，多喝几杯酒，灵感一来，也就忘记了它是"天造地设"难以状写的。睁开朦胧的醉眼，回头眺望金山寺，就像传说中的蓬莱仙岛，一半被云霞遮盖，一半被烟雾掩埋。金山寺的虚无缥缈的神奇景象跃然纸上。

毛泽东在读光华书局出版的顾名编的《曲选》三《小令》中所载此曲时，在题头上方天头空白处画了一个大墨圈；在前五句和"酒杯宽"句旁各画两个套圈；在"天地安排"和后四句旁各画了一个套圈。从毛泽东的圈画情况来看，他是非常欣赏这支曲子的。

23、钱霖【双调】清江引

钱霖，字子云，天历、至顺年间，出家为道士，更名抱素，号素庵，又号"秦窝道人"。松江（今上海松江）人，元代后期散曲作家。生卒年均不详，约元仁宗延佑中前后在世。生平事迹亦无考。晚年寓居嘉兴，曾与杨维桢、邵亨贞等交游。可能明初应朱元璋征召到南京谋官做。善作散曲，有《醉边余兴》，以"语极工巧"见称。又曾类辑名公所作，名曰《江湖清思集》，（均《录鬼簿》）并传于世。又有词集《渔樵谱》，今皆失传。隋树森《全元散曲》存起小令四首，套数一首。其中套数【般涉调】《哨遍》颇有名。

此曲的原文是：

> 恩情已随纨扇歇，攒到愁时节。梧桐一叶秋，砧杵千家月，多的是几声儿檐外铁。

此题共四首，此是第四首。这支曲子写一个女子对远征丈夫的殷切思念。开头二句叙事，是说随着季节的转换，夫妻恩爱之情随纨扇废弃不用而消歇了，但她对丈夫的思念聚集起来，愁肠百结。后三句写景，借景抒情。一叶知秋暗示秋天的到来，月下砧杵为出征丈夫捣衣的联想，再加上屋檐间铁马叮咚作响的烘托，描绘出一幅寒夜秋思图，思妇的凄楚、对丈夫的牵挂，跃然纸上。

毛泽东在读光华书局出版的顾名编的《曲选》三《小令》中所载此曲时，在"梧桐一叶秋"一下二句旁各点了两个墨点；在末句旁画了三个墨圈，并把"砧杵千家月"句末的句号改为逗号。（中央档案馆整理：《毛泽东评点诗词曲精选·曲选》，中央档案出版社 1998 年版，第 32 页）从毛泽东对这支曲子的圈点和标点改动情况来看，他还是比较欣赏的。

24、曹明善【双调】清江引《长门柳》

曹明善，名德，字明善，衢州（今浙江衢州）人，元代后期散曲家。曾任衢州路吏，山东宪吏。后元惠宗至元五年（1339）曹德在都下作【清江引】（又名【岷江录】），二曲讥讽权贵伯颜擅自专权，杀害郯王彻彻都，锻炼诸狱，延及无辜。大书揭于五门之上，因此名声大噪。明贾仲明称他"神京独赋《长门柳》（即【清江引】首句），士林中逞俊流，万人内占了鳌头。"因伯颜缉捕，乃南逃吴中僧舍避祸。居数年，伯颜事败，方再入京。他与任则明、马昂夫等相交。任作有【清江引】《曹明善北回》曲。曹则有【喜春来】《和则明韵》曲、【小梁州】《侍马昂夫相公游柯山》曲。所作散曲华丽自然，"不在小山之下"（《录鬼簿》）。近人隋树森的《全元散曲》录存其小令 18 首。

此曲原文是：

> 长门柳丝千万结，风起花如雪。离别重离别，攀折复攀折。苦无多旧时枝叶也。

关于这首曲的本身，陶宗仪《辍耕录》有如下的介绍："太师伯颜擅权之日，剡王彻彻都、高昌王帖木儿不花皆以无罪杀。山东宪吏曹明善时在都下，作《岷江录》二词以讽之，大书于五门之上。伯颜怒，令左右暗察得实，肖形捕之。明善出避吴中……此曲又名'清江引'。"原题二首，此是第一首。

本曲所"讽之"的完全是另一回事件。元统三年（1335，亦即后至元元年）七月，伯颜以讨伐乱臣的名义，捕诛皇后答纳失里的兄弟唐其势、塔剌海。皇后曾把弟弟塔剌海藏护在自己的卧室中，于是伯颜一不做二不休，又逼着她喝下了毒药，而顺帝竟然眼睁睁地无可奈何。这种以下弑上的跋扈行为，在当时是骇人听闻的。所以作者在曲中有"长门柳"的影射，而"伯颜怒"，"肖形捕之"，也完全是因为曲子涉及弑后事件的缘故。

此曲以"长门柳"起首，长门，汉宫名。长门宫原是馆陶长公主刘嫖所有的私家园林，以长公主情夫董偃的名义献给汉武帝改建成的，用作皇帝去往祭祀先祖时休息的地方。后来刘嫖的女儿陈皇后被废，迁居长门宫。相传皇后陈阿娇不甘心被废，千金买赋，得司马相如所做《长门赋》，以期君王回心转意。此赋使长门之名千古流传。长门宫亦成为冷宫的代名词。自汉以来古典诗歌中，常以"长门怨"为题发抒失宠宫妃的哀怨之情。

此曲揭出了元顺帝帝权旁落，皇后一门屡遭诛窜的事实。首二句写景，又暗用汉陈皇后故事，暗喻元顺帝伯皇后事。我古代有折柳赠别习俗，后三句寄慨，巧用折柳习俗和反复的修辞手法，讽刺伯颜迫害皇后，滥杀无辜，对被害者给予满腔同情。

这是一种极冒政治风险的揭露，看来《辍耕录》关于作者因作二曲罹祸出避的说法不虚。古代诗人多有以诗歌体式暗喻、影射时事的传统，散曲也不例外。本篇就是很好的例证。

毛泽东在读光华书局出版的顾名编的《曲选》三《小令》中所载此曲时，仅在末句旁点了两个墨点（中央档案馆整理:《毛泽东评点诗词曲精选·曲选》，中央档案出版社1998年版，第43页），说明他对这支曲子评价不高。

25、缺名【双调】庆宣和《五柳庄》

此曲的原文是：

  五柳庄前陶令宅，大似彭泽。无限黄花有谁戴？去来，去来。

此题共十三首，此为第五首。此是这支小令檃栝东晋诗人陶渊明的事迹入曲，赞扬归隐的道路。首句点题，紧扣《五柳庄》，陶渊明的《五柳先生传》载："宅边有五柳树，因以为号焉。"庄里有陶渊明住宅，陶曾为彭泽令，因称陶令宅。"大似彭泽"，大、好、善。意谓辞官归隐，好似做官，肯定了归隐之路，揭出归隐原因。陶渊明归隐以后，过着亦耕亦隐的生活，"晨出理荒秽，带月荷锄归"（《归田园居之三》），闲时则"登东皋以舒啸，临清流而赋诗"（《归去来兮辞》），每到重阳节，还要登高赋诗，佩菊饮酒，"采菊东篱下，悠然见南山"（《饮酒二十首之五》），过着"不知有汉，无论魏晋"（《桃花源记》）的隐居生活，悠然自适，自得其乐。后三句一问二答，以佩戴菊花概括其隐居生活，重言"去来"，肯定其辞官归隐，言短意长。

毛泽东在读光华书局出版的顾名编的《曲选》三《小令》中所载此曲时，在"无限黄花有谁戴"句旁点了两个墨点（中央档案馆整理：《毛泽东评点诗词曲靖选·曲选》，中央档案出版社1998年版，第33页），表示欣赏。

26、缺名【双调】庆东原《奇遇》

作品原文：

> 参旗动，斗柄挪，为多情揽下风流祸。眉攒翠蛾，裙拖绛罗，袜冷凌波。耽惊怕万千般，得受用些儿个。

此题共四首，此为第四首。他写一个男子在一天夜里的一次艳遇。前三句叙事，写这个男子深夜奇遇。"参旗"，星名，属毕宿，共九星，在参星西。"斗柄"，北斗星的柄，指北斗星的第五至七颗星。北斗，第一至四星像斗，五至七星像斗柄。意谓参旗柄的转移，说明已至夜深，一位男士和一位妙龄女郎邂逅，因为他多情，招惹下男女偷情的灾祸。这就是所谓"奇遇"。中间三句描状，是对女子美貌的描绘：娥眉紧蹙，腰系红色罗裙，足蹬灵波丝袜，是位翩然若仙子式的人物，于是他担惊害怕地、千方百计地进行挑逗，终于得到少女的默许，得效云雨之欢。"得受用些儿个"一句，写男子喜出望外之情，其声可闻，其状可睹，极为生动。末二句写所谓"奇遇"，其实是一次艳遇，是一次偷情。

毛泽东在读光华书局出版的顾名编的《曲选》三《小令》中所载此曲时，在"为多情"句旁各点了两个墨点，在"眉攒翠蛾"以下三句旁各点了一个墨点，并将"裙拖绛罗"句末的逗号改为顿号，"袜冷凌波"句末的逗号改为句号。（《中央档案馆整理：《毛泽东评点诗词曲精选·曲选》，中央档案出版社1998年版，第34页》从毛泽东对这支曲子的改动和圈点来看，他认为这支曲子是比较好的，值得欣赏。

27、缺名【越调】小桃红《情》（顶针格）

此曲的原文是：

> 断肠人寄断肠词，词写心中事。事到头来不由自。自寻思，思量
> 往日真诚志。志诚是有，有情谁是？似俺那人儿！

此曲又题作《别忆》。这支题情之作，写一个女子对其情人的刻骨相
思。开头二句写自己这个极度悲伤的人写极度相思的词，词中诉说着她对
情人相思的心事，点醒题意。接下来一句"事到头来不由自"，是说他们
的情爱，由于社会和家庭原因，她是不能做主的。"自寻思"二句，写自
己思前想后，从往日的欢爱来看，男子是真心实意的。末三句则强化了这
种看法和感受：世上忠诚的人是有，又有谁用情那么专一！专一得像我那
心上的人儿呀！以强烈的感叹作结，表达对情人思之深、爱之切。

毛泽东在读光华书局出版的顾名编的《曲选》三《小令》中所载此曲
时，在末句"似俺那人儿"句旁点了两个墨点，并将"思量往日真诚志"
句末的逗号改为句号（中央档案馆整理：《毛泽东评点诗词曲精选·曲选》，中
央档案出版社 1998 年版，第 35 页），说明他对这支曲子评价不高，但认为还
是可读的。

28、缺名【双调】雁儿落得胜令《指甲》（摘）

此曲的原文是：

> 宜将斗草寻，宜将花枝浸，宜将绣线匀，宜把金针衽，宜操七弦
> 琴，宜结两同心，宜托腮边玉，宜圈鞋上金。难禁，得一掐通身沁。
> 知音，治相思十个针。

这支小令写女子指甲的功能，极富情趣。前八句采取排比句式，一气贯注，并列述女子指甲的八种不同功能：斗草、浇花、刺绣、衽针、操琴、结同心结、托腮沉思、衲鞋上花。女子手巧，功能颇多。更有甚者，它还可以打情骂俏、寄托相思。末四句采用二、四句式，句法一变，生动活泼。"难禁"二句写女子对情事的回忆：过去和情人欢爱时，禁不住用指甲掐情人一下，情人便如同吸入芳香、新鲜空气或喝了清爽饮料一样，浑身舒适，快乐无比。"知音"二句是说，这样的知己，一旦分离，便相思无限，这种相思病，需用十个针来刺，才能治愈。

毛泽东在读光华书局出版的顾名编的《曲选》三《小令》中所载此曲时，一眼看出后四句生动活泼，在两个二字句旁各加一个墨点，两个六字句旁各加三个墨点，并在句末各画一大圈，还把题下"摘"字加了括号，表明他的高超的鉴赏力。

29、缺名【中吕】十二月尧民歌《别情》

此曲依顾名编的《曲选》作缺名，又有作王实甫。王实甫，名德信，字实甫，以字行。元大都（今北京）人。元代著名文学家。生平不详，略与关汉卿、马致远同时，大约于泰定元年（1324）前去世。据其作品自述，可知其早年曾任官，后归隐林间。王实甫传世作品不多，计有杂剧《西厢记》等，很有名。

此曲的原文是：

> 自别后遥山隐隐，更那堪远水粼粼。见杨柳飞绵滚滚，对桃花醉脸醺醺，透内阁香风阵阵，掩重门暮雨纷纷。怕黄昏忽地又黄昏，不销魂怎地不销魂？新啼痕压旧啼痕，断肠人忆断肠人。今春，香肌瘦几分，缕带宽三寸。

这是一首描写闺中思妇怀人的曲子。全篇是用两支小令组成的，即

《十二月》与《尧民歌》，按写法可划为两层。前六句为前一层，写了女主人公面对春景睹物思人的心绪。《十二月》中起句中的"自别后"可以说是点明了曲的内容——离别相思之情，为下文定下感情基调。接着，作者运用了对仗的手法，对仗句中用了"隐隐""粼粼""滚滚""醺醺""阵阵""纷纷"这些叠音词来修饰，每句后两字叠用，以衬托情思之缠绵。"粼粼"（lín lín），形容水明净清澈。"醺醺"，形容醉态很浓。视角由远及近，由外及里地转移，实质上是对每日思念的描述，而主人公那寂寞的心情不言而喻。第二层直接描摹女子的相思情态。曲的后半部分，前四句一口气连用四个连环句，其格调和谐美妙、深入事理，鞭辟入里地揭示出黄昏时节女主人公孤独伤感的心情。"内阁"，内室。"重门"，庭院深处之门。"黄昏"，容易引起人们寂寞孤独之感。李清照《声声慢》："梧桐更兼细雨，到黄昏点点滴滴，这次第，怎一个愁字了得。""销魂"，因过度刺激而呈现出来的痴呆之状。江淹《别赋》："黯然销魂者，唯别而已矣。"末尾模拟一个局外人的口吻询问，更突出了主人公的纯情坚贞，塑造了一怨妇的体态，增强了形象感。全曲大量运用叠字、叠词，含情脉脉、如泣如诉，情致哀婉动人，是一首不可多得的佳作。

毛泽东在读光华书局出版的顾名编的《曲选》三《小令》中此曲时，在前六句旁各加两个墨点；在"怕黄昏"二句旁分别加四五个墨圈；在后五句除二字句"今春"句旁加一个墨圈外，其他各句旁都加了两个墨圈，并把"断肠人"句末的逗号改为句号。（中央档案馆整理：《毛泽东评点诗词曲精选·曲选》，中央档案出版社1998年版，第35页）从毛泽东的圈点来看，他是非常欣赏这支曲子的。

30、白贲【正宫】黑漆弩《渔父》

白贲（约1270—1330前），字无咎，号素轩，祖籍太原文水（今山西文水），南渡后居钱塘（今浙江杭州）。先为中书省郎官，延祐（1314—1320）

中出任忻州（今山西忻州）太守，至治（1321—1323）间为温州路平阳州教授，历常州路知事，后为文林郎南安路总管府经略。约卒于天历（1328—1330）间。善画，能散曲，是元散曲史上最早的南籍散曲家之一。所作小令【鹦鹉曲】极有名，后多唱和者。隋树森编《全元散曲》收其小令二首，套数三首，残套一首。

【黑漆弩】，曲牌名。一名【鹦鹉曲】，又名【学士吟】。元白贲词有"侬家鹦鹉洲边住"句，故名【鹦鹉曲】。【太平乐府】注正宫。双调五十四字，前段四句三仄韵，后段四句两仄韵。

作品原文是：

> 【黑漆弩】奴家鹦鹉洲边住，是个不识字渔父。浪花中一叶扁舟，睡煞江南烟雨。
>
> 【幺篇】来时满眼青山暮，抖擞绿蓑归去。算从前错怨天公，甚也有安排我处！

【黑漆弩】一曲写以打鱼为生的渔夫，徜徉在青山绿水之中，自得其乐地愉快生活，好人感慨。起首二句叙事，自报家门，说明自己的籍贯和职业。看似两句极平常的话，实则大有深意。既是渔父，江边何处不可住？为什么要住在"鹦鹉洲边"呢？原来鹦鹉洲有个典故：东汉末年黄祖任江夏太守，其子于此大会宾客，有献鹦鹉者，祢衡因此作《鹦鹉赋》，洲因此而得名。但这个敢于裸衣击鼓骂曹操的文士，竟被黄祖杀死在这里。而在"八娼九儒十丐"的元代社会，文人地位低下就可想而知了。所以"是个不识字的渔夫"，大字不识一个，愤激之词也。侬，我，吴地方言。"鹦鹉洲"，今昔对比，在武汉市汉阳西南长江中，后被江水冲没。此乃泛指。中间四句写景，描写渔夫在青山绿水间悠然自得的生活。浪花扁舟，江南烟雨，景色宜人，有一种朦胧美，作者却无心观赏，不仅蒙头昏睡，而且"睡煞"，极甚之词也。睡煞，得香甜沉酣。煞，甚极。烟雨，雾般的蒙蒙细雨。

【幺篇】一曲接写渔夫的归去和感慨。"觉来时满眼青山，抖擞绿蓑归去。"起首二句写归去，意谓谁知一觉醒来，只见满目青山已笼罩在迷迷茫茫的暮霭之中了，于是，老渔夫抖了抖绿蓑衣，荡舟归去。悠然自得的潇洒之态、恬淡放达的情怀便跃然纸上了。但老渔夫对这种生活并不满意，后二句便是发牢骚了。"算从前错怨天公"的"算"字，是习用的勉强承认的词。"错怨天公"是作者怨天公没有给他安排一个能够发挥才能的地位。"甚也有安排我处"也并非从心里表示满意。此处"甚"字，也是带有勉强承认的语气，实质是对天公的安排，极大不满，暗含着怀才不遇的怨愤。这种情绪，在元代一般汉族文人中普遍存在。当时，在民族歧视政策下，汉族文士多不能为国所用。白贲自然亦然，只是作些地方小官，且为时短暂。这支曲道出了当时一般文士共有的心声。该曲写渔翁的自得其乐，深含满腹牢骚。人物与景物相映衬，清丽雅致。用第一人称写法，直露通俗。其声调谐美，名重一时，被推为"最上品"，《太和正音谱》称其词"如太华孤峰。"

毛泽东在读光华书局出版的顾名编的《曲选》三《小令》中所载此曲时，改正了一个别字："婴鹉洲"的"婴"字加了一个"鸟"旁；改正了两个标点符号：把"抖擞绿蓑归去"句末的逗号改为句号，末句后的句号改为叹号；在"觉来时"等三句旁各加两个墨点，末句旁加三个墨点。（中央档案馆整理：《毛泽东评点诗词曲精选·曲选》，中医大出版社 1998 年版，第36 页）从毛泽东对这支曲子别字和标点符号的改动及圈点情况来看，他读得很认真，也是比较欣赏的。

31、钟嗣成【南吕】骂玉郎　感皇恩　采茶歌《得讯》

钟嗣成（约 1279—约 136），名纪先，号诚斋，自署"古汴"（今河南开封市）人，一说杭州人，元代文学家、散曲家。尚未成年之时，他便生活在杭州。说自己与赵君卿，"总角时，……同里闬，同发蒙，同师邓善之、曹克明、刘声之三先生，又于省府同笔砚"（《录鬼簿》）；朱凯也说

散曲

他是"善之邓祭酒、克明曹尚书之高弟"(《录鬼簿·后序》)。其交游活动，也是以杭州为中心。知名曲家施君美，钱塘人；曾瑞卿，大兴人，家于钱塘；而钟嗣成和他的朋友们，便常"至其家"，"获闻言论"(《录鬼簿》)。而且，钟嗣成说睢景臣，"大德七年(1303)，公自维扬来杭，余与之识"；"居杭州"的周文质，尤其友情挚笃，钟嗣成说，"余与之交二十年，未尝跬步离也"(《录鬼簿》)。钟嗣成一生坎坷，"累试于有司，命不克遇，从吏则有司不能辟，亦不屑就，故其胸中耿耿者"。近人孙楷第考其"曾为江浙行省掾史"。其一生最大成就，是撰写了《录鬼簿》一书。该书记载了金元曲家152人，几使两代知名曲家，囊括殆尽。著录杂剧名目，已达452种，占了现存500可考元人杂剧剧目的百分之八十以上。所作杂剧7种：《章台柳》《钱神论》《蟠桃会》《郑庄公》《斩陈馀》《诈游云梦》《冯谖烧券》等，均佚传，仅存小令59首，套数1套，其中，有19支小令为吊宫大用等19位曲家而作，成为后人研究元曲的最重要的资料。明初朱权的《太和正音谱》评其词"如腾空宝气"。

此曲的原文是：

（骂玉郎）长江有尽愁无尽，空目断楚天云。人来得纸真实信，亲手开，在意读，从头认。

（感皇恩）织锦回文，带草连真，意诚实，心相念，话殷勤。佳期未准，愁黛常攒，怨青春，捱白昼，怕黄昏。

（采茶歌）叙寒温，问缘因，断肠人寄断肠人，锦字香沾新泪粉，彩笺红渍旧啼痕。

此题《得讯》，一本作《寄别》，是作者所写的四别（其他为《叙别》《恨别》《忆别》）曲的第三首。

此曲是一支带过曲，由【骂玉郎】【感皇恩】和【采茶歌】三支曲子组成。叙写远方游子在接到妻子家书后的情形，表达了这位游子对家乡亲人的怀念之情。

【骂玉郎】一曲写游子得讯。"长江有尽愁无尽，空目断楚天云。"起首二句写景，是说这位游子置身南方楚地，望断云天，思乡不已，犹如长江之水滚滚滔滔，奔流不息，足见他思乡心切。后四句叙事，写游子得到了妻子寄来的书信。于是他"亲手开，在意读，从头认"，这一连串的动作描写，把游子得信的喜悦、拆信的小心翼翼、读信的认真态度及其内心的变化刻画得惟妙惟肖。

【感皇恩】一曲写读信。表现了妻子对游子的关爱及游子对妻子生活的玄想。前六句写妻子对游子的相思。"织锦回文"，用五色丝织成的回文诗图。此系用典。《晋书·列女传·窦滔妻苏氏》："窦滔妻苏氏，始平人也，名蕙，字若兰，善属文。滔，苻坚时为秦州刺史，被徙流沙，苏氏思之，织锦为回文旋图诗以赠滔。婉转循环以读之，词甚凄婉。"相传其锦纵横八寸，题诗二百余首，计八百余言，纵横反复，皆成章句。后遂以"织锦回文"借指妻子的书信诗简，亦用以赞扬妇女的绝妙才思。此典的巧妙运用，表现了游子妻子的才思及其书信凄婉的内容。"带草连真，意诚实，心相念，话殷勤"，真草兼有的潇洒笔迹，真诚的心意、殷切的思念、殷勤的话语都诉说着他的离愁别绪。后五句则叙述妻子度日如年的生活苦况："佳期未准，愁黛常颦，怨青春，捱白昼，怕黄昏。"因为他们相约的团圆佳期没有定准，使她整日愁眉紧锁，抱怨白白浪费青春，苦熬着漫长的白天，更害怕男女欢会的黄昏时分，极写妻子孤苦寂寞的凄苦情状。

【采茶歌】一曲写重读来信，进一步写别离之苦。"叙寒温，问缘因，断肠人寄断肠人。"前三句叙事，书信的主要内容是，问候他在外的温饱，探问他不能按时回家的原因，真是"断肠人忆断肠人"——肝肠欲断的妻子思念在外漂泊的丈夫。这个警句点明别情之苦，概括了此曲的主题。后二句描状："锦字香沾新泪粉，彩笺红渍旧啼痕。"这个补笔，是丈夫重读细认之后的新发现：妻子书信上沾满了新滴的泪粉，彩色信笺上染有旧的泪痕，形象地表现了妻子是哭成此书，其状可想，其情可思，是叙写别离之苦的最后一笔。

毛泽东在读光华书局出版的顾名编的《曲选》三《小令》中所载这首带过曲时，在题目《得讯》旁画了两个直杠；补写了"长江有尽愁无尽"

句原缺的"有"字；把"话殷勤"句后的逗号改为句号；在"人来"以下四句旁各点了两个墨点；在"织锦回文"以下七句旁各点一个墨点；在"怨青春"五句旁各画一个墨圈；在"断肠人"句旁画了三个墨圈；在末二句旁各画两个墨圈。（中央档案馆整理：《毛泽东评点诗词曲精选·曲选》，中央档案出版社 1998 年版，第 37 页）从毛泽东对这支曲子题目的关注、标点符号的修改、漏排字的补写，以及字句的圈点来看，他读得很有兴致，也表现了他高超的鉴赏能力，说明这确是一篇好作品。

32、赵夫人（管道升）【锁南枝】

管道升（1262—1319），字仲姬，一字瑶姬，浙江德清茅山（今干山镇茅山村）人，一说华亭（今上海青浦）人，元代著名的女性书法家、画家、诗词创作家。

南宋景定三年（1262）生。幼习书画，笃信佛法。曾手书《金刚经》数十卷，赠名山寺。嫁元代吴兴书画名家赵孟頫为妻，封吴兴郡夫人，世称赵夫人、管夫人，延祐四年（1317），封魏国夫人。

管道升所写行楷与赵孟頫颇相似，所书《璇玑图诗》笔法工绝。精于诗。尤擅画墨竹梅兰。晴竹新篁，为其首创。延祐六年（1319 年）病逝。存世的《水竹图》等卷，现藏北京故宫博物院；《竹石图》1 帧，藏台北故宫博物院。

《锁南枝》，曲牌名。1. 南曲双调，共九句。其字数定格，据《九宫大成谱》正格是三、三、七、五、五、三、三、三、三。第四句可变为四字或六字。可用作小令，或用作过曲。2. 民间曲调名。开始流行于明代中叶。河南省传唱尤盛。有两种调子：一种字句短而较零碎，一种长短夹杂。歌声不同。

中年的管道升，"玉貌一衰难再好"，长期以来的各种家庭琐事及社会应酬，将她以前的月华水色消磨殆尽，思想变得更成熟、性情变得暴躁，赵孟𫖯对婚姻的忠贞便开始动摇，准备且坚持纳妾。在这婚姻危机的关键时刻，她一不严声厉色，二不依来顺受，而是以一种高雅通达而积极严肃的态度和情怀作了这首《我侬词》表达自己的感受：

"你侬我侬，忒煞情多；情多处，热似火；把一块泥，捻一个你，塑一个我。将咱两个，一齐打破，用水调和！再捻一个你，再塑一个我。我泥中有你，你泥中有我，与你生同一个衾，死同一个椁。"

这首曲中的"你侬我侬"应该是吴地方言，也就是管、赵二人的家乡话。管道升这首曲一反赵孟𫖯大吊书袋来阐述纳妾的理论依据的做法，她并不和赵孟𫖯"论理"，而是以情感人。词中的语句非常口语化，简直就如同日常夫妻的对话一般，但其中至死不渝的深情却让赵孟𫖯深受感动。管夫人用捏泥人作比喻，叙述"你中有我，我中有你"的亲密无间，表示要夫妻二人"生同一个衾，死同一个椁"，虽然没有明写反对赵孟𫖯纳妾，但"此时无声胜有声"，可想而知，这"一个衾，一个椁"中如果再挤满了第三个之类的，是何景象？曲中反映了词重塑你我的批评与自我批评的科学态度，也反映了你中有我、我中有你的密切命运和家庭责任，成为表达伉俪情深意笃的千古绝唱。赵孟𫖯看了这首曲后，感慨于管夫人的深情，终于没有纳妾。

毛泽东在读光华书局出版的顾名编的《曲选》三《小令》中所载此曲时，用铅笔在末二句旁个画了三个圈（中央档案馆整理：《毛泽东评点诗词曲精选·曲选》，中央档案出版社1998年版，第59—60页），表示对二人誓同生死的认同。他还用这支曲子说明重大现实问题。1957年，全世界共产党和工人党莫斯科会议期间，11月12日，苏共中央主席团在克里姆林宫卡捷琳娜大厅为各国党的代表举行送别宴会，毛泽东在祝酒词中引用这支曲子里的话比喻世界共产党和工人党的团结，他说："中国有句古诗：两个泥菩萨，一起都打碎。用水调和，再做两个。我身上有你，你身上有我。"用这曲子解释生活哲理，生动形象地说明世界共产党和工人党人钢铁般的团结的重要意义，发人深思。小曲子说明了大问题，不愧为伟大政治家的一个创造。

值得说一下的是，顾名编的《曲选》中《双体锁南枝》，还收录了一支无名氏的作品：

> 傻俊角，我的哥！和块高泥儿捏咱两个。捏一个儿你，捏一个儿我，捏的来一似活脱。捏的来同床上歇卧。将泥人儿摔破，着水儿重和过。再捏一个你，再捏一个我。哥哥身上也有妹妹，妹妹身上也有哥哥。

此曲也是写男女爱情的，其构思可以说与管道升同一机杼，管氏受民歌影响也不可知。

（二）散　套

　　元曲是元代特有的文学艺术形式，它分为散曲和杂剧两部分。散曲包括小令和散套两种，小令是不成套的散曲，散套又叫套数，是统属于一个宫调的成套的散曲。它融会并发展了唐宋以来大曲、诸宫调的连缀方式，常用的宫调有五宫四调：正宫、中吕宫、南吕宫、仙品宫、黄钟宫；大石调、般涉调、商调、越调。不同的宫调，限定乐器音色的高低，使人们听起来，要么有雄壮之感，要么有凄凉之情，要么有伤感之痛。作者以不同的声调来表现不同的思想感情。套数少则二三调，多则二三十调，有三个基本条件：一是必须有两支以上同一宫调的曲子连缀而成；二是一韵到底；三是结尾处通常有标志性的【尾声】。关汉卿的《双调·沉醉东风》就是一支小令，"双调"是北曲的宫调，"沉醉东风"是曲牌。好几支小令按一定的宫调组织成一个套曲，就是散套，如马致远的散套《般涉调·耍孩儿·借马》。每一个"套数都以第一首曲的曲牌作为全套的曲牌名，可以由若干支曲组成一"套曲"。全套必须是同一宫调，有首有尾，一韵到底。

　　散曲还有一种介于小令与套数之间的特殊形式，称为"带过曲"。当作者写完一首小令意犹未尽时，可使用同一宫调、同一曲牌或不同曲牌续写，如【雁儿落带得胜令】【骂玉郎带感皇恩采茶歌】等，最多不超过三首，要求音律衔接、宫调相同。但它不是套数，容量比套数小得多，属小型组曲，而且没有尾声。

1. 马致远【双调】夜行船《秋兴》

此曲的原文是：

【双调夜行船】百岁光阴一梦蝶，重回首往事堪嗟。昨日春来，今朝花谢，急罚盏夜阑灯灭。

【乔木查】秦宫汉阙！都做了衰草牛羊野，一恁渔樵无话说。纵荒坟，横断碑，不辨龙蛇。

【庆宣和】投至狐踪与兔穴。多少豪杰。鼎足三分半腰折，知它是魏邪、晋邪？

【落梅风】天教富，莫太奢，没多时好天良夜。看财奴硬将心似铁，空辜负锦堂风月。

【风入松】眼前红日又西斜，疾似下坡车。晓来看镜添白雪。上床与鞋履相别。休笑俺巢鸠计拙，葫芦提一恁妆呆。

【拨不断】利名竭，是非绝。红尘不向门外惹，绿树偏宜屋角遮，青山正补墙头缺。竹篱茅舍。

【离亭宴带歇拍煞】蛩吟一觉才宁贴，鸡鸣万事无休歇，争名利何年是彻？密匝匝蚁排兵，乱纷纷蜂酿蜜，急攘攘蝇争血。裴公绿野堂，陶令白莲社。爱秋来那些，和露摘黄花，带霜烹紫蟹，煮酒烧红叶。人生有限杯，几个登高节？吩咐俺顽童记者，"便北海探吾来，道东篱醉了也"。

此曲又题作《秋思》，是马致远的代表作。马致远的套曲，以豪放著称。

此套曲包括七个曲子，可以分为三个部分。第一支曲子为第一部分，总写对社会、人生的看法。首句意谓人生若梦。这便是作者对人生的总看法。由这种看法"回首往事"，觉得十分可叹：因为花开花落只在朝暮之间，被罚的酒还没饮完，已经夜深了。两组生活意象，加强了时光飞逝的印象。

接下来三个曲子为第二部分，是作者对社会、人生的考察，分别从帝王、豪杰、富人着手，说明功名富贵的无常。（乔木查）一曲先写帝王。"秦宫汉阙"，秦都咸阳，两汉国都长安和洛阳，这里指古代宫殿。秦宫汉阙到头来成了牧场，尽管帝王陵墓上还有些断碑残碣，但文字已经看不清了。雄才大略的秦皇汉武等封建的帝王，如今又在哪里呢？

帝王如此，辅佐他们成就大业的英雄豪杰，自然也好不到哪里去。（庆宣和）这支曲子做了描述。豪杰们的坟墓，都变成了狐狸和兔子的巢穴。三国时期魏、蜀、吴三足鼎立不久，就被曹魏代替，

2. 张可久

（1）【正宫】端正好《渔家乐》

此散套的原文是：

【正宫】（端正好）钓艇小苦寒波，蓑笠软欺风雨，打鱼人活计萧疏。侬家鹦鹉洲边山，初真模住，对景堪趣。

【滚绣球】红蓼滩似锦铺。野鸥闲自来自去，暮云闲或卷或舒。日已无，月渐出，映蟾光满川修竹，助风声两岸黄芦。收纶罢钓寻归去，酒美鱼鲜乐有余，此乐谁知？

【倘秀才】睡时节把扁舟缆住，觉来也流在芦花浅处，荡荡悠悠无束拘。市朝远，故人疏，有樵夫作伴侣。

【脱布绣衫】雨才过山色模糊，月初生树影扶疏，却离了聚野猿白云洞口，早来到散清风绿阴深处。

【醉太平】相逢伴侣。岂问贤愚？人间开口说樵夫，俺会谈今论古。放怀讲会诗中句，忘忧饮会杯中趣，消闲钓会水中鱼。心满意足。

【尾声】樵夫别我山中去，我别樵夫水上居。来日相逢共一处，旋打香醪旋取鱼，散诞逍遥看古书，问甚么谁是谁非，俺两个慢慢数。

此曲顾名编的《曲选》中作无名氏，近人隋树森的《全元散曲》系于张小山【可久】名下，兹从之。这首散套作者以渔人自况，通过对渔人闲散生活的描写，表现了作者厌弃功名利禄的人生态度和纵情诗酒的恬淡情怀。首曲【端正好】说打鱼人家住在鹦鹉洲边，有一只小渔船，平日他身披蓑衣，头戴斗笠去打鱼，面对长江美景，倒也悠闲自得。接下来【滚渡】【倘秀才】和【脱绣衫】三曲，写渔人一昼夜的日常生活。【滚渡】先写白天的活计；接下二曲顺序应颠倒。【脱绣衫】写归途景况；【倘秀才】写渔人夜宿。【醉太平】和【尾声】则写和渔夫交往之乐以及二人的行踪。"来日"等末四句说，随时沽酒，随时钓鱼，酒足饭饱之后，谈古论今，讲论诗词，哪管什么谁是谁非，有画龙点睛之妙，辛辣地讽刺了是非不分、贤愚不辨的黑暗社会，表达了坐着看破红尘后的逍遥心境。

毛泽东在读光华书局出版的顾名编的《曲选》四《散套》时，在"却离了"二句旁各加两个墨点，在"放怀讲"三句旁各加了两个墨圈，并将句末的句号改为逗号。（中央档案馆整理：《毛泽东评点诗词曲精选·曲选》，中央档案出版社 1998 年版，第 84—85 页）从毛泽东圈点的情况看，他还是比较喜欢此散曲的。他画圈加点的句子都是描写最生动形象的句子，赢得他的喜爱是很自然的。

（2）【南吕】一枝花《春怨》

此散套的原文是：

【南吕】（一枝花）莺穿残杨柳枝，虫蠹损蔷薇刺，蝶扇干芍药粉，蜂压断海棠枝。怕近花时，白日伤心事，清宵有梦思。间阻了洛浦神仙，没乱煞苏州刺史。

【梁州第七】好情缘别来久矣，好人才梦想何之？一春多少探芳使，着情疼热，痛口嗟咨，往来迢递，终始参差。一简儿写就情词，一般儿寄予娇姿。麝脐薰五花瓣翠羽香钿，猫眼嵌双转轴乌金戒指，獭髓调百合香紫腊胭脂。念兹，在兹，愁和泪须传示。更嘱咐两三次，诉不尽心间无限思！倒羞了燕子莺儿。

（尾声）无心学写钟王字，遣兴闲观李杜诗。风月关情随人志，酒不到半厄饭不到半匙，瘦损了青春少年子。

这套散曲题作《春怨》，写一个青年男子与其情侣被阻隔后的相思之情。全套三曲，首曲【一枝花】写男子与其情侣被阻碍。事情发生在暮春时节，故开头四句写暮春景色：黄莺穿残杨柳枝，蛀虫蚀断蔷薇刺，蝴蝶扇干芍药花粉，蜜蜂压断海棠枝。这些景物在作者笔下，都是残破不堪的，不仅点明时令，也为这些景物带上了强烈的感情色彩。原因何在？"怕近花时，白日伤心事，清宵有梦思"，三句抒情，意谓害怕这个春暖花开的季节，白天想的还是这件伤心事，夜晚做梦梦的还是这件伤心事。这到底是一件什么事呢？"间阻了洛浦神仙，没乱煞苏州刺史。""洛浦神仙"，原指洛浦女神宓妃。后在古诗文中借指美女，此指男主人公的情侣。"苏州刺史"，原是唐代诗人刘禹锡在《赠李司空妓》一诗中的自谓，此是曲中男主人公自指。原来这青年男子与他的情侣间出现了障碍，被迫分手了。

【梁州第七】写分手后男子对其女友的寻觅和寄书简、信物。"好情缘别来久矣，好人才梦想何之？"起首二句是说，这样好的爱情姻缘被隔断很久了，这样美貌的女子做梦也不知到哪里去找。"一春多少探芳使，着情疼热，痛口嗟咨，往来迢递，终始参差。"接下来五句抒情，写男子对其女友的关切。一个春天他派了一批又一批使者去探问，嘘寒问暖，感叹病痛，往来遥远，机会都错过了。这男子一计不成又生一计，接着就采取了寄信赠物的办法："一简儿写就情词，一般儿寄予娇姿。"接着，他还赠给女友三件贵重的物品："麝脐薰五花瓣翠羽香钿，猫眼嵌双转轴乌金戒指，獭髓调百合香紫腊胭脂。"这三件物品，不用说都是女友心爱之物，希望能讨得她的欢心。最后，他又反复叮嘱："念兹，在兹，愁和泪须传示。更嘱咐两三次，诉不尽心间无限思！倒羞了燕子莺儿。"他希望在女友愁苦垂泪之时，反复观看，勾起二人旧情，念念不忘，诉不尽对女子的无限思念。这种痴情，使传信使者燕子、黄莺也因为耽误了男女约会的佳期而感到羞愧。

【尾声】写男子相思瘦损并期望与女子重逢。"无心学写钟王字，遣兴闲观李杜诗。"二句叙事，"钟王"，钟繇和王羲之，我国古代大书法家。

"李杜"，李白和杜甫，我国唐代大诗人。他们的作品都是巅峰之作。但作者却无心学习书法，而把吟咏李杜诗歌当成消愁遣兴的工具。"风月关情随人志，酒不到半厄饭不到半匙，瘦损了青春少年子。"末三句是说，他一心想的是与心爱女子的爱情能如愿以偿，学业荒废了，茶饭无心，每次酒喝不到半杯，饭每顿吃不到半汤勺，致使他变得瘦骨嶙峋了。从而写出他相思之深，极富表现力。

毛泽东在读光华书局出版的顾名编的《曲选》四《散套》中所载此曲时，在【一枝花】一曲的"怕近花时"以下三句旁用毛笔各加了两个墨点；在【梁州第七】一曲"诉不尽"以下二句旁各加了两个墨圈；在【尾声】一曲前二句旁各画了两个墨圈，后四句旁各加了两个墨点。（中央档案馆整理：《毛泽东评点诗词曲精选·曲选》，中央档案出版社 1998 年版，第 68—69 页）从毛泽东的圈点情况来看，他或圈或点的句子都是极富表现力的抒情句子，体现了词曲的抒情特色。

3、乔吉【双调】集贤宾《咏柳》

【集贤宾】恨青青画桥东畔柳，曾祖送少年游。散晴雪杨花清昼，又一天心事悠悠。翠丝长不系雕鞍，碧云寒空掩朱楼。揎罗袖试将纤玉手，绾东风授损轻柔，同心方胜结，璎络绣文毯。

【逍遥乐】绾不成鸳鸯双扣，空散惊梢头，一双锦鸠。何处忘忧？听枝上数声黄栗留，怕不弄春娇巧啭歌喉。惊回好梦，提起离情，唤醒闲愁。

【醋葫芦】雨晴珠泪收，烟罂翠黛羞，嫌风流还自怨风流。多病不禁秋信陡，早先消瘦，晓风残月在帘钩。

【浪来里杀】不要你护雕阑花甃香，荫苍苔石径幽。只要你盼行人终日替我凝眸，只要你重温灞陵别后酒，如今时候，只要向绿杨深处缆归舟。

这套散曲题为《咏柳》，又题作《赠别》《悬望》。他写一个游子回忆他的情侣送别时的情形及其别后的相思。全套共四曲，前二曲写送别情景，后二曲写别后相思。

首曲开头四句叙事，一个杨花轻扬的暮春天气，在霸陵桥东，其钟爱的女子为他设宴饯行，折柳送别，交代了送别的环境和节令。"翠丝长不系雕鞍，碧云寒空掩朱楼"，接下来两句一笔两面，兼写男子和他的情侣，把眼前的那个难舍的氛围和别后女子寂寞凄凉，组织在一个画面之中。后四句描状，写女子折柳送别的具体行动和装饰：女子挽起罗袖，用纤纤玉指折下青嫩的柳枝赠给男子，她穿的皮裘上缀着穗子，胸前佩戴着两个菱形连在一起的菱形结，表示永结同心之意。

【逍遥乐】一曲写分别时的氛围。开头三句叙事，"鸳鸯双扣""一双锦鸠"，都是恋人的象征。"绾不成""空散惊"，说明二人遇到了不可抗拒的力量，使他们不得不分开。"何处忘忧？"用设问句提起下文，写二人的忧伤：男子相思之苦无法排遣，当他听到树枝上黄鹂的啼叫时，便会想起情侣的娇转歌喉，而把锦鸠惊散，这自然会使他的离情别绪，陷入无可名状的哀愁之中。

【醋葫芦】一曲写别后之思。作者是用男子的口吻，想象离别之后女子的生活情形和心态。开头三句紧乘上曲"惊回好梦"，女子梦醒之后，珠泪滚滚，一脸娇羞都表现在那紧锁的双眉上，沉湎于爱情的女子又怨恨爱情给她带来了痛苦。后三句则是男子的推想：女友多愁多病之身，怎经得起秋天多变的气候，恐怕秋天还未降临，她早就瘦削不堪、弱不禁风了，可能在晨风吹拂、残月在天的拂晓时分，帘钩还悬挂在那里尚未放下，言外之意是，女子一夜未眠，念念不忘心上人。

【浪来里煞】一曲，抒写男子对情侣的深切关怀及期望与之重逢的愿望。前两句写男子对女友的关怀：你不要整天守护在雕花栏杆的酒瓮边，随时准备用美酒款待我。你也不要在长满青苔的幽径里长久徘徊。后四句写自己的愿望：只要你终日专注地盼望我这个远行的人，只要你时时想着在霸陵送别时殷勤灌酒的柔情蜜意，说不定某一天，你会一眼看见，我正在绿荫深处挽系归来的小舟。全曲至此，戛然而止。

　　毛泽东在读光华书局出版的顾名编的《曲选》四《散套》所载此曲时，在【集贤宾】一曲"翠丝长"以下二句各加了两个墨点，在"揎罗袖"以下二句旁各加了两个墨圈；在【逍遥乐】一曲末三句旁各加了一个墨点；在【醋葫芦】一曲"殢风流"以下二句旁各加了两个墨点，在"早先消瘦"句旁加了一个墨圈，在"晓风残月"句旁各加两个墨圈；在【浪来里杀】一曲"只要你盼行人"句旁加了三个墨圈，在"只要你"二句各加两个墨点，在末句旁加了三个墨点。（中央档案馆整理：《毛泽东评点诗词曲精选·曲选》，中央档案出版社 1998 年版，第 69—70 页）毛泽东对这套散曲圈点的句子在半数以上，说明他对这套曲子是比较欣赏的。

4. 贯云石【北中吕】粉蝶儿《西湖游赏》

　　【北中吕】【粉蝶儿】描不上小扇轻罗，你便是真蓬莱赛他不过，虽然是比不得百二山河。一壁厢岭平堤、连绿野，端的有亭台百座。暗想东坡，逋仙诗有谁酬和？

　　【南好事近】漫说凤凰坡，怎比繁华江左。无穷千古，真个是胜迹留多。烟笼雾锁，绕六桥翠嶂如螺错；青霭霭山抹柔蓝，碧澄澄水泛金波。

　　【北石榴花】我则见采莲人唱采莲歌，端的是，胜景胜其他。则他那，远峰倒影，蘸着清波。晴岚翠锁，怪石嵯峨。我则见沙鸥数点湖光破，咿咿哑哑，橹声摇过。我则见女娇羞倚定着雕栏坐，恰便是宝鉴对嫦娥。

　　【南好事近】缘何？乐事赏心多。诗朋酒友吟哦。花浓酒艳，破除万事无过；嬉游玩赏，（对）清风皓月安然坐。（任）春夏秋冬天，但适兴四时皆可。

　　【北斗鹌鹑】闹穰穰的急管繁弦，齐臻臻兰舟画舸；娇滴滴粉黛相连，颤巍巍翠云万朵。端的是洗古磨今锦绣窝。你不信试觑！绿依依杨柳千枝，红馥馥芙蕖万颗。

【南扑灯蛾】清风送蕙香，岫月穿云破。清湛湛水光浮岚碧，响当当晓钟儿敲破。乌咽咽猿啼古岭，见对对鸳鸯戏着清波。迢迢似渔舟钓艇，美甘甘一湖明镜照嫦娥。

【北上小楼】密匝匝那一窝，疏剌剌这几颗。我这里对着清岚，倚着清风，泛着清波。微雨初收，微烟初散，微云初过。再休提淡妆浓抹。

【南扑灯娥】叠叠的层楼兼画阁，簇簇的奇葩与异果，远远的绿莎茵，茸茸的芳草渡，屼嵝的马蹄踏破。稳稳似长桥跨波，细袅袅绿柳金拖。我实丕丕放开眼界，这整齐齐楼台金碧，天上也无多。

【尾声】阴晴昼夜皆行乐，不信这好风景横被他人摧挫。再寻个风雅的湖山何处可？

这首套数【北中吕】粉蝶儿《西湖游赏》，写杭州美丽的自然风光、繁华的城市景象和文人沉醉于"花浓酒艳""乐事赏心"的享乐生活，对认识当时江南文学风气很有意义。

全套共有九支曲子。第一支曲子【粉蝶儿】，是全曲的引子，总写对西湖的印象："你便是真蓬莱赛他不过。""蓬莱仙境"是我国古代传说中的仙山琼阁之一，景物之丽自非人间可比；而这样的仙境也比不过西湖美景，西湖之美便可想而知了。西湖不仅风景美丽，而且是形胜之地。作者用"百二山河"来形容它。"百二山河"，意谓只要踞险要之地，二万人便足当一百万人，或一万人能当二百万兵力。"岭平堤、连绿野，端的有亭台百座"，则是西湖的大观。这样规模宏大、美不胜收的西湖景色，如要绘上丝罗小扇，那是很困难的。"暗想东坡，逋仙诗有谁酬和"，古往今来，不知有多少文人墨客吟诗作画，礼赞西湖美景，而最著名的当属宋代的苏轼"欲把西湖比西子，浓妆淡抹总相宜"和林和靖的"疏影横斜水清浅，暗香浮动月黄昏"的佳句，众口相传。

从【南好事近】至【南扑灯蛾】这七支曲子是此套书的主体部分，分三个层次，为我们逐一展现西湖美景。

散
曲

首先写西湖的静态之美。【南好事近】一曲写西湖的静态之美：玲珑的六桥点缀于西湖苏堤之上，四围青山如螺座一般错比排列。青山苍翠欲滴，水湛蓝清澈，烟笼雾锁，泛着金波。

【北石榴花】一曲，描绘了西湖的动态之美："远峰倒影，蘸着清波。晴岚翠锁，怪石嵯峨。我则见沙鸥数点湖光破。"湖光闪闪，沙鸥点点，不时传来"咿咿呀呀"的橹声，和着采莲人悠扬婉转的歌声，这美景已经够迷人了，猛然间又瞥见一个娇羞的美貌少女，正在画船雕栏旁对镜梳妆，这一点染出神入化，更让人心旷神怡了。

其次写旁观他人游赏。这一层包括【南好事近】【北斗鹌鹑】和【南扑灯蛾】三支曲子，专写人们的游赏之乐。【南好事近】一曲化用晋谢灵运《拟魏太子邺中集八首诗序》"天下良辰、美景、赏心、乐事，四者难并"名言。诗酒吟哦，清风皓月，嬉戏玩赏，四时适兴，表明"赏心乐事多"。【北斗鹌鹑】和【南扑灯蛾】二曲，具体描绘游人们进行取乐的情景：古往今来，岁月磨洗，达官贵人，名流仕女，骚人墨客，浪迹游子，或沉湎于急管繁弦、兰舟画舸的声乐之美，或徜徉于依依杨柳、馥馥红荷的湖山之秀；更有那清风吹香，明月穿云，钟鸣萧寺，猿啼古岭，鸳鸯戏水，渔翁垂钓，这锦绣窝中种种景色，令文人雅士流连忘返，各色游人得到心理上的满足。

再次，写自己西湖游赏之乐。这一层包括【北上小楼】和【南扑灯蛾】两支曲子。【北上小楼】一曲，写作者喜欢独自对景静观："我这里对着清岚，倚着清风，泛着清波。"他的审美眼光也与众不同，更欣赏西湖上"微雨初收，微烟初散，微云初过"的景色，真正领略西湖风光之美的韵味。【南扑灯蛾】一曲，则写作者对众人欣赏的西湖常景也有独特视角：层层楼台亭阁，簇簇奇花异果，远远的绿沙茵，茸茸的芳草坡，趷蹬的马蹄窝，更有那"长桥卧波""绿柳金拖"，这虽是人所共睹的，但作者却有独特领会："天上也无多"，进一步赞美了西湖的风光之美。

【尾声】一曲与第一支曲子【粉蝶儿】首尾呼应，归结于及时行乐，否则美景白白被糟蹋，而且这样的美景天下没有第二个。这样设身处地一想，心情也就释然了。

这首套数在艺术上的显著特色是叠字的运用，增加了语言的雕塑感和色彩感，不仅生动形象，连贯运用产生了美如贯珠的效果。

毛泽东在读光华书局出版的顾名编的《曲选》四《散套》所载此套数时，改动了三个标点：将"虽然是比不得百二山河"句末的逗号改为句号，将"漫说凤凰坡"、"绿依依杨柳千枝"和"簇簇的奇葩"三句末的句号改为逗号；在"我则见女娇羞"和"恰便是宝鉴"二句旁各加三个墨点；在"颤巍巍""绿依依"和"红馥馥"三句旁各加两个墨点；在"美甘甘""稳稳似"和"细袅袅"三句旁各画两个墨圈；在"我这里对着清岚"以下6句和"我实丕丕"以下3句旁各画了一个墨圈。（中央档案馆整理：《毛泽东评点诗词曲精选·曲选》，中央档案出版社1998年版，第70—72页）从毛泽东的圈点情况看，他是比较喜爱这套曲子的。

5. 朱庭玉【大石调】青杏子《咏梅》

朱庭玉（庭或作廷），生平、籍贯均不详。元代散曲作家。工曲，善写散套，长于锤炼字句，风格含蓄清丽。明朱权《太和正音谱》评其曲说："朱庭玉之词，如百卉争芳。"近人隋树森的《全元散曲》录存其小令四首，套数二十六首。朱氏有【南昌梁州第七】《归隐》云："归来好向林泉下"，"汾水岸晋山坡"。朱氏曲中多指晋地风物。据此可知，朱氏可能是山西人。待考。

此曲原作是：

【大石调】【青杏子】客里过黄钟，阿谁道冷落穷冬。玉壶怪得冰撕冻。云低四野，霜摧万木，雪老千蜂。

【归塞北】寻梅友，联辔控青鬃。乘兴不辞溪路远，赏心相约灞桥东，临水见幽丛。

【幺篇】清更雅，装就道家风。蕾破嫩黄金的烁，枝横柔碧玉玲珑，不与杏桃同。

【尾】果为斯花堪珍重，时复暗香浮动，萧然鼻观通，依约罗浮旧时梦。

这套《咏梅》由四支曲子组成，写了郊外踏雪赏梅的全过程。首曲【青杏子】写梅花生长的节候和环境。"客里过黄钟，阿谁道冷落穷冬。玉壶怪得冰澌冻。"前三句写节候。意谓客居长安到了农历十一月隆冬季节，天寒地冻，连玉壶内都结了冰块，谁不说寒冷。"黄钟"，指农历十一月。"阿"，谁，疑问代词。"穷冬"是古代对冬季的别称，也指深冬和隆冬。"穷"，尽也。冬季为一年之中最后一个季节，故有"穷冬"之别称。"冰澌冻"，冰融化而流动。"云低四野，霜摧万木，雪老千峰。"后三句写梅花生长的环境。意谓阴云密布，笼罩四野，严霜吹落郁郁葱葱的树叶，大雪覆盖了千山万壑，好像使青山都变得老了一样。

【归塞北】一曲写郊野访梅。首二句叙事，"寻梅友"，点出"梅"字，与梅为友，与友人并辔出访，实为雅事。"乘兴不辞溪路远，赏心相约灞桥东，临水见幽丛。"后三句抒情，意谓他们不辞路远，兴致勃勃地来到灞桥东岸，果然见到了一丛丛清幽的梅树，可见他们兴致之高。

【幺篇】一曲写梅花的风姿。"清更雅，装就道家风。"首二句写其品格。"道家"，先秦时期的一个思想派别，以老子、庄子为主要代表。道家的思想崇尚自然，有辩证法的因素和无神论的倾向，同时主张清静无为，反对斗争。意谓梅花清爽雅洁的品格，可比之与道家超尘拔俗的风貌。"蕾破嫩黄金的烁，枝横柔碧玉玲珑，不与杏桃同。"后三句写其特色，意谓它的花蕾绽开露出金黄色的花瓣，枝条横斜如碧玉一般玲珑剔透，与人们所常见的桃花杏花毫不相同，衬托其风姿高洁。

【尾】曲则写梅花之神韵。四句用了两个典故：一个是"暗香浮动"，出自北宋诗人林逋的七律《山园小梅》："疏影横斜水清浅，暗香浮动月黄昏。"梅花疏疏落落，斜横枝干投在水中的影子。梅花散发的清幽香味在黄昏时分飘动；另一个是罗浮旧梦的典故：罗浮，山名。在广东省东江北岸。风景优美，为粤中游览胜地。晋葛洪曾在此山修道，道教称为"第七洞天"。传说隋开皇中，赵师雄于罗浮山遇一女郎。与之语，则芳香袭人，语言清丽，遂相饮竟醉，及觉，乃在大梅树下。见旧题唐柳宗元《龙城录》。因以为咏梅典实。"鼻观"，指嗅觉。"鼻观通"，是说梅花的香气袭人，沁人心脾。

毛泽东在读光华书局出版的顾名编的《曲选》四《套数》中所载此套曲时，在"云低四野"等三句旁各画一个墨圈；在"雷破嫩"等二句旁各画两个墨圈；并把"赏心"句和"时复"句末的句号改为逗号；还把"云低四野"的"低"字误排成的"抵"字改正过来。（中央档案馆整理：《毛泽东评点诗词曲精选·曲选》，中央档案出版社1998年版，第73页）从毛泽东的圈点和改动情况来看，他读得很认真，也有兴趣。

6. 杨果【仙侣】赏花时《春怨》

杨果（1197—1269），字正卿，号西庵，祁州蒲阴（今河北安国市）人，元散曲家。生于金章宗承安二年（宋庆元三年，1197），金哀宗正大元年（1224）登进士第，官至参知政事，为官以干练廉洁著称。金亡，岁己丑，杨奂征河南课税，起果为经历。未几，史天泽经略河南，果为参议。时兵革之余，法度草创，果随宜赞画，民赖以安。世祖中统元年（1260），设十道宣抚使，命果为北京宣抚使。明年，拜参知政事。及例罢，犹诏与左丞姚枢等人赴省议事。至元六年（1269），出为怀孟路总管，大修学庙。以前尝为中书执政官，移文申部，特不署名。以老致政，卒于家，谥文献。工文章，长于词曲，著有《西庵集》。与元好问交好。其散曲作品内容多咏自然风光，曲词华美，富于文采。明朱权的《太和正音谱》评其曲"如花柳芳妍"。近人隋树森的《全元散曲》录存其小令11首，套数3套。

此套曲的原文是：

【仙侣】（赏花时）花点苍苔绣不匀，莺唤垂杨语未真，帘外絮纷纷。日长人困，风暖兽烟温。

【幺篇】再不去闷坐珠楼盼好春，再不去暗掷金钱卜远人。只一捻小腰身，旧时衣褙，宽放出二三分。

【赚煞】调养就旧精神，妆点出娇风韵，将息好护春葱一双玉笋。拂掉了香冷妆奁宝镜尘，舒展开系东风两叶眉颦，晓妆新绾起乌云。也不管日暖珠帘鹊噪频，从今后鸦鸣不嗔，灯花休问，一任他子规声啼破海棠魂。

此题共四套，这是第三套，描写夫妻团圆之情，朴实健康，文字简明。首曲【赏花时】写暮春天气，夫妻晏起。"花点苍苔绣不匀，莺唤垂杨语未真，帘外絮纷纷"，开头三句写景，暮春时节飞花片片落在苍苔上，黄莺在翠柳上鸣啭，帘外柳絮随风飞舞，点明时令；"日长人困，风暖兽烟温"，后二句抒情，天长了，暖风微吹，兽香氤氲，使人困倦，揭出晏起原因。

【幺篇】一曲揭破这个秘密。"再不去闷坐珠楼盼好春，再不去暗掷金钱卜远人"，首二句用排比句式叙事：因为丈夫就在身边，所以不需要烦闷地坐在华丽的绣楼，期盼风情好事，也不需要暗暗地掷钱问卜惦念远人。"只一捻小腰身，旧时衣褙，宽放出二三分"，后三句抒情，说自己自从夫妻团聚之后，心宽体胖，原来只有"一小捻"的腰身发胖了，旧时穿的衣服也要放大两三分才能穿。

末曲【赚煞】进一步写女子全身心地投入你恩我爱的夫妻生活。"调养就旧精神，妆点出姣风韵，将息好护春葱一双玉笋。拂掉了香冷妆奁宝镜尘，舒展开系东风两叶眉颦，晓妆新绾赐乌云。"前六句描写女子以全副精力装饰自己：调养精神，打扮美好风韵，养护好如春葱一般的纤手，拂拭掉梳妆匣和镜面上的尘土，两叶常颦的柳叶眉也舒展开了，一大早就对镜梳妆，挽起乌黑的头发。女为知己者容，此之谓也。"也不管日暖珠帘鹊噪频，从今后鸦鸣不嗔，灯花休问，一任他子规声啼破海棠魂。"后四句抒情，因为和丈夫相亲相爱地在一起，所以，鹊喜鸦噪事不关己，心情好，故乌鸦叫、子规啼这些凶兆也不嗔怪。

毛泽东在读光华书局出版的顾名编的《曲选》四《套数》中所载此套时，在（赏花时）齐安两句旁各点一个墨点；在（幺篇）前两句旁各画两个墨圈，后三句旁各画一个墨圈；在（赚煞）前两句和"从今后"等二句旁各画一个墨圈，在"将息好"句旁画了两个墨圈、"一任他"句旁画了三个墨圈（中央档案馆整理：《毛泽东评点诗词曲靖选·曲选》，中央档案出版社1998年版，第73—74页）。从毛泽东的圈画情况来看，他是比较欣赏这支套数的。

7. 曾瑞【黄钟】愿成双《有赠》

曾瑞（约1260—1330），字瑞卿，家世平州（今河北卢龙）人，一说大兴（今北京大兴）人，元散曲家。喜江浙人才景物之盛，因家钱塘（今杭州）。志不屈物，故不愿仕，因号"褐夫"。善丹青，工画山水，学范宽。能隐语。钟嗣成《录鬼簿》云："余尝接音容，获闻言论，勉励之语，润益良多。"且以【双调·凌波仙】曲吊其生平："江湖儒士慕高名，市井和童诵瑞卿。更心无宠辱惊，乐幽闲不解趋承。身如在，死若生，想音容犹见丹青。"著杂剧《才子佳人误元宵》，惜已失传。有散曲集《诗酒余音》，已佚。隋树林的《全元散曲》辑有小令59首，套数17套。朱权的《太和正音谱》评其所撰为"杰作"，且云："其词势非笔舌可能拟，真词林之英杰。"

曾瑞的散曲以写男女恋情，山林隐逸为主，也有一些讽世的题材。"情词"直露明朗，而写隐逸及写景的作品则清放平实，意境旷淡。风格多样，往往于本色自然之中，糅合着清丽典雅的韵味，又不避俚俗，有时以市井语入于曲中，继承了早期散曲通俗本色的传统，具有元散曲由北而南、由民间而文人的特点。

此散套的原文是：

【黄钟】【愿双成】娇莺态，雏凤姿，正生红闹簇枯枝。含香蓓蕾未开时，没乱杀莺儿燕子。

【幺篇】恰初春又早残春至，只愁吹破胭脂。忽惊风雨夜来时，零落了千红万紫。

【出队子】阑珊春事，恨题绝罗扇诗。玉容香散粉慵施，锦树花残蝶倦时，正绿叶成阴子满枝。

【幺篇】暮年间即渐知心事，所为儿都操持。纵千般絮聒是好言词，无半点虚脾谎话儿；真一派真诚好意思。

【尾声】得见容颜越丰致，旧风流不减动些儿，一个鞋样儿倒宽了多半指。

题目又作《赠老妓》，共由五支曲子组成，写一位老妓女人老珠黄之后的凄苦生活。首曲【愿双成】写老妓女那年轻走红时的煊赫盛况："娇莺态，雏凤姿，正生红闹簇枯枝。"开头三句说，这位老妓女和那些风流嫖客，正当青春年少，自然簇居在一起寻欢作乐。"娇莺态"，指老妓女年轻时妩媚可爱的体态。娇莺，妩媚可爱的黄莺。"雏凤"，幼凤。比喻有才华的子弟。"正生"，常性，人的自然属性。"含香蓓蕾未开时，没乱杀莺儿燕子"，后二句说当时这位老妓女像蓓蕾未开之时，嫖客盈门，可把与之争宠的妓女忙坏了。"乱煞"，忙乱到极点。"莺儿燕子"，黄莺和燕子。莺善歌，燕善舞。因以莺燕比喻歌妓、舞女和妓女。

【幺篇】写妓女年老色衰。"恰初春又早残春至，只愁吹破胭脂。"首二句意谓人的青春年少，正像自然界的春天一样，刚过初春很快便到了暮春天气，百花凋零，春意无多，就像一个女子脸色失去红晕一样。"胭脂"，一种用于化妆和国画的红色颜料，亦泛指鲜艳的红色，此指脸色红晕。"忽惊风雨夜来时，零落了千红万紫"，意谓就像忽然遇到一夜风雨，把万紫千红的百花吹得七零八落，昔日风姿绰约、光彩照人的女子，如今虽然风韵犹存，早已徐娘半老了。

【出对子】一曲写妓女晚年的凄凉生活。首二句叙事，意谓妓女年老色衰，男女话爱的事自然少了，也没人再给她在罗扇上题诗作画留作纪念了。"阑珊",残,将尽。"罗扇",丝罗制的小扇。"玉容香散粉慵施,锦树花残蝶倦时,正绿叶成阴子满枝",意谓她的美貌大不如前,脂粉也懒得施用,锦树花残,蝴蝶也疲倦不来了,只有改嫁从良,为人生儿育女一条路了。"玉容",对女子容貌的美称。"锦树",柳叶水锦树,隶属于茜草科、水锦树属,灌木,高约1米;小枝有短柔毛。叶薄革质,狭披针形,长2—6.5厘米,宽0.4—1.2厘米,顶端渐尖,基部渐狭,边缘反卷。花期在11月,果期在翌年1月。生于海拔1800米左右的山地林中,常见于山谷溪边。分布于广西东兰,贵州关岭,云南红河、屏边一带和越南、老挝。"绿叶成阴子满枝",典出宋计有功的《唐诗纪事·杜牧》:"牧佐宣城幕,游湖州,刺史崔君张水戏,使州人必现,令牧闲行,阅奇丽,得垂髫者十余岁。后十四年,改刺湖州,其人已嫁生子矣,乃怅而为诗曰:'自是寻春去校迟,不须惆怅怨芳时。狂风落尽深红色,绿叶成荫子满枝。'"后以"绿叶成阴"比喻女子青春已逝,以"子满枝"比喻儿女成行。

【幺篇】一曲写妓女从良后真心实意地过常人生活。"暮年间即渐知心事,所为儿都操持。"首二句叙事,意谓到了晚年,她渐渐地懂得世俗生活的不易,所有的家务事她都得操持。"纵千般絮聒是好言词,无半点虚脾谎话儿;真一派真诚好意思。"后三句意谓她整天一遍遍地唠叨不停,没有半点虚心假意,更不会说谎,真心实意过普通人的日常生活。这是对过去生活的否定。"絮聒",吵闹,唠叨。"虚脾",虚心假意。

【尾声】一曲写妓女风韵犹存,生活不易。"得见容颜越丰致,旧风流不减动些儿,一个鞋样儿倒宽了多半指。"意谓她的美貌越来越显得有风度,过去的风流潇洒丝毫不减,她要操持家务,脚太小是不利的。"丰致",风流韵致。"风流",洒脱放逸,风雅潇洒。

这套曲子写妓女的艰辛生活,全用比喻,骠栝其事,不涉淫邪,对之又寄予深切同情,感情是健康的,艺术上也是好的。

毛泽东在读光华书局出版的顾名编的《曲选》四《套数》中所载此套时,仅在"真一派真诚好意思"句旁点了两个墨点。(中央档案馆整理:《毛泽东评点诗词曲精选·曲选》,中央档案出版社1998年版,第74—75页)从毛泽东的圈画情况来看,他对这套曲子评价不高。

8. 宋方壶【越调】斗鹌鹑《送别》

宋方壶，名子正，华亭（今上海松江）人，元散曲作家。元惠宗至正（1341—1368）初年，曾客居钱塘（今浙江杭州市），来往湖山之间。后来，由于"海内兵变，西北州郡毒于侵暴屠烧，而编民于死者十九"。便移居华亭，住在莺窦湖之西，"辟室若干楹，方疏四启，昼夜长明，如洞天状。有石焉崭然而献秀，有木焉郁然而交阴。盖不待驭冷风渡弱水而坐致'方壶'之胜，因揭二字以名之"。尤其是"甲第连云，膏腴接壤，所欲既足而无求于外，日坐'方壶'中，或觞或弈"。又，传说有座仙山名"方壶"，而宋子正"不择地而有其乐，则非'方壶'而'方壶'也"。可见他多年正是过着一种隐居生活。（参见《清江贝先生集》中《方壶记》）其曲作之中，倾吐了对元代社会的不满、对官场的鄙弃、对奸党的恨恶、对下层妓女的同情，以及对大明王朝的拥护。明朱权的《太和正音谱》将其列于"词林英杰"一百五十人之中。近人隋树森《全元散曲》录存其小令13首，套数5套。

此套曲的原文是：

【越调】【斗鹌鹑】落日遥岑，淡烟远浦，萧寺疏钟，戍楼暮鼓，一叶扁舟，数声去橹。那惨戚，那凄楚，恰待欢娱，顿成间阻。

【紫花儿序】瘦岩岩香消玉减，冷清清夜永更长，孤另另枕剩衾余。羞花闭月，落雁沉鱼。踌躇，从今后谁寄萧娘一纸书。无情无绪，水浔蓝桥，梦断华胥。

【调笑令】肺腑，恨怎舒？三叠阳关愁万缕。回思当日欢娱处，动离愁暮云无数。今夜月明何处宿？依依的古岸黄芦。

【秃厮儿】欢笑得不堪举目，回首处景物萧疏。星前月下谁共语，谩嗟吁，何如？

【圣药王】别太速，情最苦，松金减玉瘦身躯。鬼病添，神思虚，心如刀剜泪如珠，意儿里懒上七香车。

（煞尾）眼睁睁看他登舆去，痛杀我吹箫伴侣！恰住了送行程一帆风，又添起助离愁半江雨。

这是一支抒发离情别绪的套曲。她以女子的口吻，十分细腻地描绘了她那缠绵悱恻的情思，情真意切，凄楚动人。

首曲【斗鹌鹑】写送别途中所见所闻所感。开头六句写所见所闻：远山沐浴着夕阳，淡烟笼罩着水滨，佛寺疏疏落落的钟鸣，戍楼傍晚的鼓声，一只小舟，数声摇橹。全用白描，写景生动如绘，色彩暗淡，声调沉重，奠定了整套曲子凄楚悲凉的基调。

【紫花儿序】以下四曲，分别写别时之思、别时之愁和别后之叹、别后之苦，言如剥笋，势如破竹，进一步描写了女子离别的凄苦酸辛。

【紫花儿序】一曲写别后之思。"瘦岩岩香消玉减，冷清清夜永更长，孤另另枕剩衾余。羞花闭月，落雁沉鱼"，前五句用示现法，揣想别后之思，女子香消玉减，冷清的漫漫长夜，一人孤枕单栖，自己那"闭月羞花，沉鱼落雁"的美貌也大大受损。"踌躇，从今后谁寄萧娘一纸书。无情无绪，水涸蓝桥，梦断华胥"，后五句抒情兼用典，是说自己反复思量，从今后谁会给自己寄一封书信呢？没有情绪，只有像"水涸蓝桥"那样情侣分离，甚至像"梦断华胥"那样梦中也不能和情人相会。"萧娘"，点出《南史·梁临川靖惠王宏传》云："宏受诏侵魏，军次洛口，前军克梁城。宏闻魏援近，畏懦不敢进。魏人知其不武，遗以巾帼。北军歌曰：'不畏萧娘与吕姥，但畏合肥有韦武，'"萧娘"即姓萧的女子，言宏怯懦如女子。后以"萧娘"为女子的泛称。南朝以来，诗中男子所恋女子常称为萧娘，女子所恋男子则称为萧郎。唐杨巨源《崔娘诗》："风流才子多春思，肠断萧娘一纸书。""水涸蓝桥"，相传唐裴航在蓝桥驿遇仙女云英，求得玉杵臼捣药，终结为夫妇。见《太平广记》卷五十引唐裴铏《传奇·裴航》。后以水涸蓝桥比喻男女欢会之事不成。元王子一的《误入桃源》第四折："做了个云迷楚岫，水涸蓝桥。"梦断华胥，华胥：传说是伏羲氏的母亲。《列子·黄帝》："[黄帝]昼寝，而梦游于华胥氏之国。华胥氏之国在弇州之西，台州之北，不知斯齐国几千万里。盖非舟车足力之所及，神游而已。其国无帅长，自然而已；其民无嗜欲，自然而已，黄帝既寤，怡然自得。后用以指理想的安乐和平之境，或作梦境的代称。黄帝梦入华胥仙国。该国百姓听任自然，甚为自得。后遂用华胥梦、梦华胥、华胥路、华胥境、华胥国、华胥事、华胥、梦华"等指梦境、仙境，或指无所管束的理想境地。

【调笑令】一曲写女子别后之恨。"肺腑，恨怎舒？三叠阳关愁万缕"，首三句女子离别之后，抑郁满怀，发自内心深处，只能通过送别时唱的歌曲来表达。"阳关三叠"是用典。中国古曲，又名《阳关曲》、《渭城曲》。该曲取材自王维的七言绝句《送元二使安西》："渭城朝雨浥轻尘，客舍青青柳色新。劝君更尽一杯酒，西出阳关无故人。"这篇绝句后来成为一首七弦琴歌，歌曲分三大段，即三次叠唱，每次叠唱除原诗外，加入由原诗诗意所发展的若干词句，为当时的梨园乐工广为传唱。因取诗中"阳关"一词，再加之歌曲的三次叠唱，故名《阳关三叠》。作者借以表达送别之情。"回思当日欢娱处，动离愁暮云无数"，四五两句写女子回想过去别的"幽期密约"欢爱的欢乐，面对沉沉暮霭，更牵动他的离愁别绪。"今夜月明何处宿？依依的古岸黄芦"，末二句写女子又为情人担心，化用宋柳永《雨霖铃》"今宵酒醒何处？杨柳岸晓风残月"词句，揣想游子旅途凄凉境况，而"古岸黄芦"的肃杀景色，更进一步透露出女子的愁苦之深，人性之美。

【秃厮儿】一曲写别后之叹。"欢笑地不堪举目，回首处景物萧疏"，首二句写景，过去的歌舞欢笑之地，如今不堪举目，回头再看，景物萧瑟一片。写出女子物是人非的感喟。"星前月下谁共语，谩嗟吁，何如"，后三句抒情，"星前月下"，或谓"花前月下"，卿卿我我，儿女情长，是美好的，瞻念前景"谁共语"，不寒而栗，发出漫不经心的感叹，又该怎么办呢？

【圣药王】一曲写别时之苦。"别太速，情最苦，松金减玉瘦身躯"，首三句直叙胸臆，意谓离别太快，离情最苦，松了金钗，减了玉肌，身体瘦了。接下来"鬼病添，神思虚，心如刀剜泪如珠，意儿里懒上七香车"四句，是描状别时之苦。离别之后，相思成疾，神思恍惚，示现法，揣测病后境况："心如刀剜泪如珠"，末句则说根本不想华丽的车子再回家去，简直有点痛不欲生了。

【煞尾】一曲才写别离之时。"眼睁睁看他登舆去"，首句白描如画；"痛杀我吹箫伴侣"，直抒胸臆，吹箫伴侣用典，《列仙传》卷上《萧史》："萧史者，秦穆公时人也，善吹箫，能致孔雀白鹤于庭。穆公有女子弄玉，好之。公遂以女妻焉，日教弄玉作凤鸣，居数年，吹似凤声，凤凰来止其屋。公为作凤台。夫妇止其上，不下数年，一旦皆偕随凤凰飞去。故秦人留作凤女祠于雍，宫中时有箫声而已。"后为缔结婚姻的典实。末二句用比喻，"送行程一帆风"，有祝情侣一帆风顺之意，"离愁半江雨"，状自己伤心流泪之多，回应题目，就此作结。

毛泽东在读光华书局出版的顾名编的《曲选》四《套数》中所载此套时，在【斗鹌鹑】一曲前六句旁各画了一个墨圈，并将"淡烟远浦""戍楼暮鼓"二句末的句号改为逗号；在【紫花儿序】"从今后"句旁画了三个墨圈，在"踌躇"和后四句旁各画一个墨圈，并将"羞花闭月""落雁沉鱼"二句末的句号改为逗号；在【调笑令】一曲末句"古岸黄芦"句旁点了一个墨点；在【秃厮儿】一曲末句"何如"句旁点了一个墨点；在【圣药王】一曲末句"意儿里懒上七香车"句旁画了三个墨圈；在【煞尾】一曲"恰住了"二句旁各画了两个墨圈。（中央档案馆整理：《毛泽东评点诗词曲精选·曲选》，中央档案出版社 1998 年版，第 75—76 页）从毛泽东的圈点情况看，他是比较欣赏这支曲子的。

9. 睢景臣

睢景臣（约 1275—约 1320），一作舜臣，字景贤，或作嘉贤，江苏扬州（今扬州）人，元代著名散曲、杂剧作家。后来移居杭州。元代钟嗣成在《录鬼簿》中，将其名列在"方今已亡名公才人，余相知者"之列。还"为之作传"。其《传》云："大德七年（1303），公自维扬来杭州，余与之识。"又说其"自幼读书,以水沃面,双眸红赤。不能远视"。然而,"心性聪明,酷爱音律"。由此可以看出一些睢景臣的个性和爱好。睢景臣一生,只在书会才人之中生活,未能仕进。全部情感,亦倾之于曲作之中。著述甚多,著有散曲集《睢景臣词》,杂剧有《莺莺牡丹记》《千里投人》《屈原投江》等,其中最广为人知的作品是《哨遍·高祖还乡》。

(1)【般涉调】哨遍《汉高祖还乡》

此套曲原文是:

【般涉调】(哨遍)社长排门告示:但有的差使无推故。这差使不寻常。一壁厢纳草也根,一边又要差夫索应付。又言是车驾,都说是銮舆,今日还乡故。王乡老执定瓦台盘,赵忙郎抱着酒葫芦;新刷来的头巾,恰糨来的绸衫,畅好是妆幺大户。

【耍孩儿】瞎王留引定火乔男女,胡踢蹬吹笛擂鼓。见一彪人马到庄门,匹头里几面旗舒:一面旗,白胡阑套住个迎霜兔;一面旗,红曲连打着毕月乌;一面旗,鸡学舞;一面旗,狗生双翅;一面旗,蛇缠葫芦。

【五煞】红漆了叉,银铮了斧,甜瓜,苦瓜,黄金镀;明晃晃马镫枪尖上挑,白雪雪鹅毛扇上铺。这几个乔人物,拿着些不曾见的器仗,穿着些大作怪衣服。

【四煞】辕条上都是马,套头上不见驴。黄罗伞柄天生曲。车前八个天曹伴,车后若干递送夫;更几个多娇女,一般穿着,一样妆梳。

【三煞】那大汉下的车,众人施礼数。那大汉觑得人如无物。众乡老屈脚舒腰拜,那大汉挪身着手扶。猛可里抬头觑,觑多时,认得熟,气破我胸脯!

【二煞】你身须姓刘?你妻须姓吕?把你两家儿根脚从头数。你本身做亭长,耽几杯酒,你丈人教村学,读几卷书。曾在俺庄东住;也曾与我喂牛,切草,拽坝扶锄。

【一煞】春采了俺桑,冬借了俺粟,零支了米麦无重数。换田契强秤了麻三秤；还酒债偷量了粟几斛。有甚胡突处？明标着册历，见放着文书。

【尾】少我的钱，差发内旋拨还；欠我的粟，税粮中私准除。只道刘三，谁肯把你揪摔住，白甚么改了姓，更了名，唤做汉高祖！

汉高祖，即刘邦，西汉开国皇帝。《史记·高祖本纪》载："高祖还归，过沛，留。置酒沛宫，悉召故人父老子弟纵酒，发沛中儿得百二十人，教之歌。酒酣，高祖击筑，自为歌诗曰：'大风起兮云飞扬，威加海内兮归故乡，安得猛士兮守四方！'沛父兄诸母故人日乐饮极欢，道旧故为笑乐。十余日，高祖欲去，沛父兄固请留高祖。高祖曰：'吾人众多，父兄不能给。'乃去。沛中空县皆之邑西献。高祖复留止，张饮三日。"看来刘邦还乡不仅神气，而且还很热闹，走时全城送行。

作者没有按照史实描写刘邦还乡情景，而是借用一个乡民的口吻，以嬉笑怒骂的手法，揭露刘邦的无赖出身，剥下他"帝王之尊"的虚伪与可笑，还其欺压百姓的真面目。

全套共八支曲子组成，写了百姓眼中高祖还乡的情况，共分四层：首曲为第一层，写乡中接驾的准备，众人忙碌而"我"独不解，一开头便为全篇定下诙谐，嘲讽的基调。

第二层包括【耍孩儿】【五煞】【四煞】三首曲子，铺陈车驾的排场，本应是庄严高贵的场面在老百姓看来都怪里怪气、莫名其妙，这实际上讽刺了皇家气派和帝王尊严。

第三层包括【三煞】【二煞】【一煞】三支曲子，是数落汉高祖当年的寒酸和劣迹，一下子就揭穿了隐藏在黄袍之后的真面目，而他还在人前装腔作势、目中无人，两相对比，更觉可笑。第四层是【尾】曲，全篇的高潮，"刘三"是作者根据史书杜撰的刘邦的小名，乡民呼出，形神酷似，妙就妙在它粉碎了"真命天子"的神话，所谓帝王之尊在辛辣的嘲笑声中荡然无存。

本篇制作新奇、角度独特，对比手法的运用，揭示本质，具有强烈的喜剧性与讽刺性。语言生动活泼，具有口语化特点、人物形象呼之欲出，具有漫画与野史的风格。文学史家郑振铎评道："《高祖还乡》，确是奇作。他能够把流氓皇帝刘邦的无赖相，用旁敲侧击的方法曲曲传出。他使刘邦荣归故乡的故事，从一个村庄人眼里和心底说出。村庄人心直嘴快，直把这个故使威风的大皇帝，弄得啼笑皆非。这虽是游戏之作，却嬉笑怒骂，皆成文章了。"（《中国俗文学史》下册）

（2）【商角调】黄莺儿《秋色》

此套曲的原文是：

> 【商角调】（黄莺儿）秋色，秋色，野火烘霞，孤鸿出塞。俺则见寂寞园林，荷枯柳败。
>
> 【踏莎行】水馆烟中，暮山云外。泊孤舟，古渡侧，息风霾，净尘埃。宝刹清凉境界，僧相待，借眠何碍？
>
> 【垂丝钓】风清月白，有感心不耐。更触目凄凉景色，供将愁闷来。月被云埋，风鸣天籁。
>
> 【应天长】僧舍窄，蚊帐矮，独拥单衾，一宵如半载。旧恨新愁深似海。情缘在，人无奈，几般儿可怪？
>
> 【随煞】促织絮，恼情怀。砧杵韵，无聊赖。檐马奢，殿铎鸣；疏雨滴，西风煞，能断送楚台云，会禁持异乡客。

此曲一题作《僧舍秋怀》，不注撰人。此套曲共由五支曲子组成。它抒写羁留在北国的一位男子对其情侣的怀念。前三曲叙事兼写景，交代借宿僧舍的经过：首曲【黄莺儿】概写塞外秋色，点出节候和大的环境；【踏莎行】一曲接着写自己的行踪，傍晚寄居萧寺；【垂丝钓】一曲写借宿僧舍的凄凉景象。后二曲抒发单栖独宿的感慨：【应天长】一曲写僧舍孤栖况味，想起了自己的情侣；末曲【随煞】进一步抒写对情侣的深切怀念：他夜不成眠，于是促织的叫声，捣衣声，佛殿檐间的风铃声，飒飒的秋风声一齐袭来，他意识到自己和情侣的欢爱可能永远被断送。"能断送楚云台"，是用典。楚云台，即楚台。就是战国时楚襄王梦与巫山神女云雨交欢的台子，后多指男女交欢之所。

毛泽东在读光华书局出版的顾名编的《曲选》四《套数》中所载此套数时，圈点很少，仅在"月被云埋，风鸣天籁"二句旁各点两个墨点。（中央档案馆整理：《毛泽东评点诗词曲靖选·曲选》，中央档案出版社1998年版，第78—79页）毛泽东的圈点，可谓独具慧眼，但他对这套曲子总体评价不高。

10. 庾天锡【商角调】黄莺儿《金陵怀古》

庾天锡，字吉甫，大都（今北京）人，元散曲家、剧曲家。曾官中书省掾、员外郎、中山府判等职。著有杂剧《骂上元》《琵琶怨》等15种，均失传。钟嗣成《录鬼簿》把他列入"前辈已死名公才人，有所编传奇行于世者"之列。贯云石的《阳春白雪序》，品评当时的散曲作家，以庾天锡与关汉卿并论，说两人"造语妖娇，却如小女临怀，使人不忍对殢"。隋树森的《全元散曲》录存其小令6支，散套4套。

此套曲的原文是：

【黄莺儿】怀古，怀古。废兴两字，干戈几度？问当时富贵谁家？陈宫后主。

【踏莎行】残照底西风老树，据秦淮终是帝王都。爱山围水绕，龙蟠虎踞。依稀睹六朝风物。

【盖天旗】光阴迅速，多半晴天变雨。待拣搭溪山好处，吞一壶，嚎数语。身有欢娱，事无荣辱。

【应天长】引一仆，着两壶。谢老东山，黄花时好去。适意林泉游未足，烟波暮，堪凝伫，谪仙诗句。

【尾】一线寄乌衣，二水分白鹭。台上凤凰游，井口胭脂污。想玉树后庭花，好金陵建康府。

此套曲子题作《金陵怀古》。"金陵",就是今江苏南京,古代不同历史时期有不同称谓,金陵、建康、建业、石头城皆其名。此曲写游览金陵古迹,抒发作者游赏之乐及废兴之慨。首曲【黄莺儿】总写金陵怀古。以"怀古,怀古"点明题意,以"废【灭亡】兴【盛】"和"干戈【战争】"概括金陵的历史,也是一部中国史。末二句用南朝陈后主富贵豪奢导致亡国的下场,语极沉重。

【踏莎行】一曲写金陵城的险要雄壮及盛时景状。前二句总赞金陵城是封建王朝的建都之地。西风吹着古树,突出其古老的特点。后三句以"龙盘虎踞"写其雄壮险要。三国时诸葛亮奉使入吴,看到金陵山阜,曾感叹地说:"钟山龙蟠,石头虎踞,此帝王之宅也。"所以历史上就有三国时的孙吴、东晋和南朝时的宋、齐、梁、陈等六个封建王朝在此建都。

【盖天旗】和【应长天】二曲写游金陵之乐:金陵的气候特点是本来大好的天气忽然就会下起雨来,所以要选择一个山水形胜之处,喝一壶酒,喊几句话,只图高兴,不关光荣与耻辱。甚至让一个仆人,带两壶酒,在菊花盛开的秋天,到东晋名士谢安时常游玩的东山区游玩。暮色苍茫,山光水色,让人流连忘返,这美景让人想起唐代大诗人"谪仙"(李白)的诗句。既总括上文,又开启新曲。

【尾】曲抒写兴废的感慨。全曲用了三个攸关金陵的典故:首句"一线寄乌衣",是用乌衣巷的典故。乌衣巷是三国时期孙吴的军营,因兵穿乌(黑)衣而得名。东晋时又成了王谢居住之地,非常繁华。然而,几多时,"旧时王谢堂前燕,飞入寻常百姓家",历史就是这么变化的。"二水分白鹭"二句,写白鹭洲、凤凰台二处胜景,语出唐李白《登金陵凤凰台》:"三山半落青天外,二水中分白鹭洲。总为浮云能蔽日,长安不见使人愁。"不仅写景如画,而且寄托了自己贤路闭塞的感慨。末三句仍用陈后主典故。《玉树后庭花》,南朝陈后主作。后主不理朝政,终日与伺臣狎客饮酒赋诗,多描摹其张、孔二贵妃容颜,其一就是《玉树后庭花》。后被隋朝灭亡。陈后主和两位贵妃匿景阳殿井中,引出后成了俘虏。"井口胭脂污"即指此事。此典首曲提出,末曲又重用,由此可见,兴废荣辱的感慨,乃是本曲的主旨。末句"好金陵建康府",有弦外之音:金陵从一个帝王都城变成了一个府（地方行政区划）的治所，岂不令人感叹。

毛泽东在读光华书局出版的顾名编的《曲选》四《套数》中所载此套数时，在（黄莺儿）"废兴两字，干戈几度"二句旁各点了两个墨点；在（踏莎行）首句"残照底西风老树"句旁点了一个墨点；在（尾）全曲六句每句旁各点了两个墨点。（中央档案馆整理：《毛泽东评点诗词曲靖选·曲选》，中央档案出版社1998年版，第79—80页）从毛泽东的圈画情况来看，他对这套曲子还是比较欣赏的。

11. 徐琰【南宫】一枝花《怨别》

徐琰，元东平（治所在今山东郓城东北）人，字子方，号容斋，又号养斋、文叟。元世祖至元初，以荐为陕西行省郎中，官至翰林学士承旨。有文学重望。

【一枝花】《怨别》
此套曲的原文是：

【一枝花】风吹散楚岫云，水浄断蓝桥路。硬分开莺燕友，生拆散凤鸾雏。暗想当初，实指望常相聚；怎知道好姻缘成间阻？月初圆忽被阴云，花正放顿遭骤雨。

【梁州第七】我为他画阁中倦拈针黹，他为我绿窗前懒诵诗书。过时不见心忧虑，琴闲雁足，歌歇骊珠，身心恍惚，鬼病抑揄。望夕阳对景嗟吁，倚危楼朝暮踌躇，觑不的小池中一来一往交颈鸳鸯，听不的疏林外一递一声啼红杜宇，看不的画帘前一上一下斗巧蜘蛛。事违，望孤。蜘蛛丝一丝丝又被风吹去，杜宇声一声声唤不住，鸳鸯对一对对分飞不趁逐，感起我一弄嗟吁。

【尾声】几时得柔条儿再接上连枝树，暖水儿重温活比目鱼。那的是着人断肠处！窗儿外夜雨，枕边厢泪珠，和我这一点芳心做不得主。

　　毛泽东在读顾名编的《曲选》"散套"中圈阅了这套曲子，并在【梁州第七】中"琴闲雁足"等四句旁各点一个墨点，并将"歌歇骊珠"后的句号改为逗号，在"望夕阳对景嗟吁"等二句旁各点两个墨点，并将"望夕阳对景嗟吁"末的句号改为逗号，在"觑不的小池中一来一往交颈鸳鸯"等三句旁各画三个墨圈；在"蜘蛛丝一丝丝又被风吹去"等三句旁各画两点墨圈。在【尾声】中"几时得柔条儿再接上连枝树"等二句旁各画两个墨圈。（中国档案馆整理：《毛泽东评点诗词曲精选》，下册，中央档案出版社1998年版，第498—499页）

　　这套曲子题做《怨别》，是写一位伤离怨的妇人的怨恨的。共三支曲子。第一支曲子叫"一枝花"，开头二句用典，"风吹散楚岫云"，用巫山云雨典故，原指古代神话中巫山神女兴云降雨的事。后指男女欢和。典出战国·楚宋玉《高唐赋序》："妾在巫山之阳，高丘之阻。旦为朝云，暮为行雨，朝朝暮暮，阳台之下。""水渰断蓝桥路"，用水淹蓝桥典故。蓝桥，在陕西蓝田东南蓝溪之上。《太平广记》卷五十引裴铏《传奇·裴航》载：裴航于蓝桥口渴求水，遇见仙女云英，因向其母求婚，历经磨难，满足了其母的条件，终于与云英成婚，双双仙去。后因以指男女约会或姻缘，这样的"莺燕友""凤鸾雏"的好夫妻，自然"实指望常相聚"，但像圆月被阴云遮，花正开忽遭骤雨一样，而被分开了。

　　在【梁州第七】中，女主人便尽情地抒发她的伤离怨别之情。原来是一个是懒做针线，一个是懒诗书。约会的时间过了，她便琴也不想弹了，歌也不想唱了，身心恍惚，相思病来嘲笑她。她在太阳落山，高楼瞭望所见"交颈鸳鸯""啼红杜宇"和屋帘下的"蜘蛛"这三种景象，使她感到"一弄嗟吁"。

　　在【尾声】中，写她自己的愿望：与丈夫（或情人）成为"连理枝"、"比目鱼"，感叹自己空在枕边流泪，"和我这一点芳心做不得主"。

　　毛泽东对此套曲子十分欣赏，已见上述他圈点的情况。

12. 王伯成【越调】斗鹌鹑《赏春》

　　王伯成，涿州（今河北涿州）人，元代散曲家、杂剧作家。贾仲明为《录鬼簿》补写的吊词中说他与"马致远忘年友，张仁卿莫逆交"。孙楷第《元曲家考略》考定张仁卿为画家，与王伯成同为至元年间（1264—1294）人。王伯成作杂剧3种，今存《李太白贬夜郎》。他还作有《天宝遗事》诸宫调，存曲不全。隋树森的《全元散曲》录存其小令2首，套数3套。

　　此套曲的原文是：

　　【斗鹌鹑】酒力禁持，诗魔唤起。紫燕喧喧，黄莺呖呖。红杏香中，绿杨影里。丽日迟，节序催。柳线摇金，桃花泛水。

　　【紫花儿序】香馥馥花开满路，碧粼粼水绕孤村，绿茸茸芳草烟迷。扬鞭指处，堪画堪题。依稀，看竹坞人家傍小溪。彩绳高系，春色飘零，花事狼藉。

　　【小桃红】一帘红雨落花飞，酝酿蜂儿蜜。跨蹇携壶醒还醉，草萋萋，融融沙暖鸳鸯睡。韶光景美，和风暖日，惹起杜鹃啼。

　　【秃厮儿】凝眸处黄莺子规，动情的绿暗红稀。莺慵燕懒蝶倦【纷】飞，冷落了，这芳菲，又早春归。

　　【圣药王】醉似泥，仆从随，见小桥流水隔花溪。柳岸西，近古堤，数枝红杏出疏篱，墙外舞青旗。

　　【尾】四围绵绣繁华地，车马喧天闹起。看了这红紫翠乡中，描写在丹青画图里。

　　此套曲又题作《春游》。这套曲子共包括6支曲子。写作者赏春的经过和感受，赞美春色的绚烂多姿、明媚艳丽。首曲【斗鹌鹑】写出游原因：直接原因是酒力的摆布，着魔一样的诗兴大发；深层原因则是美丽春色的召唤："紫燕喧喧，黄莺呖呖"，从听觉入手，先写百鸟闹春；"红杏香中，绿杨影里"，又从视觉落笔；"丽日迟，节序催。柳线摇金，桃花泛

散

曲

89

水"，再从视觉描绘，在艳阳的照耀下，柳条摇曳，金光闪闪，桃花落入水中，顺流而下，万紫千红的春景招人观赏。

【紫花儿序】以下四曲写作者赏春的经过，是赏春正文。【紫花儿序】一曲写去时路上所见春景："香馥馥花开满路，碧【磨】粼粼水绕孤村，绿茸茸芳草烟迷"，前三句意谓出游路上，两旁百花盛开，香气扑鼻，一条清澈的小河，从村边流过，绿茸茸的花草笼罩在烟雾中；"扬鞭指处，堪画堪题"，接下来二句既交代了骑马出游，又赞扬了春色之美，承上启下。"依稀，看竹坞人家傍小溪。彩绳高系，春色飘零，花事狼藉"，后五句写所见景色：你看，在小溪旁有一户竹坞，院子里秋千架上彩绳高系，春天的景色已经凋谢，百花凋谢，散乱一片。暗示暮春景色。"依稀"，隐隐约约，若有若无。南朝宋谢灵运《行田登海·盘屿山》诗："依稀采菱歌，仿佛含频容。"

【小桃红】一曲写作者继续观赏春景：隔帘而望。桃花随风飘落，像下了一阵红雨，勤劳的蜜蜂上下飞舞，正忙着采花酿蜜。作者骑着一匹劣马【或蹇驴】，随身携带着酒壶，边喝酒，边赏花，芳草萋萋，艳阳高照，和风微吹，在暖洋洋的河边沙滩上成双作对的鸳鸯鸟在睡卧，偶尔还可以听到一两声杜鹃的啼叫，真是春光无限。

【秃厮儿】一曲写作者伫立凝望所见：春鸟有黄莺、杜鹃，昆虫有蝴蝶，而且这些鸟、虫动态是"慵""懒""倦"；对于百花盛开的春天的植物，则是"绿暗红稀"，即树阴幽暗，红花凋谢。这种景色，是冷落了香花芳草，怜惜春色将要归去，喜春之意跃然纸上。

【圣药王】一曲写酒醉中所见春色：作者虽有仆人跟随，却喝得烂醉如泥，在醉眼蒙眬中，他看到小桥流水隔着花溪，在靠近古堤的杨柳披拂的小河西岸，有几枝红杏从疏疏落落的竹篱中伸出来，墙外边还有酒旗在迎风招展，写的是醉人眼中景观。

【尾】曲是套曲的总结束：在这繁花似锦之地，红花绿柳之乡，车马喧阗，游人如织。作者顿生感悟，应该把这美好春色画下来，存之永远。

毛泽东在读光华书局出版的顾名编的《曲选》四《套数》中所载此套数时，在"数枝红杏"等二句旁各点两个墨点。（中央档案馆整理：《毛泽东评点诗词曲精选·曲选》，中央档案出版社1998年版，第82—83页）从毛泽东的圈画情况来看，他对这套曲子评价不高。

13. 无名氏【黄钟】醉花阴《孤另》

此套曲的原文是：

【黄钟】【醉花阴】宝钏鬆金髻云撺，不似前浓妆艳裹。宽绣带，掩香罗。鬼病恹恹，除见他方痊可？

【出队子】伤心无那！遣离人愁闷多。见银台绛蜡渐销磨，宝鼎无烟香烬火，烛灭烟消怎奈何？

【幺篇】离人去后添寂寞，盼相逢无始末。这一双业眼敛秋波，两叶愁眉蹙翠蛾，泪滴滴脂流玉颗。

【尾声】着我倒枕垂床怎生卧？到二三更暖不温和。这没人情的被窝儿也奚落我。

此套曲题作《孤另》。孤另，孤单，孤独。语出宋刘克庄的《水调歌头·十三夜》词："嫦娥老去孤另，离别匹如闲。"此套曲抒写一个女子与情人分离后的孤单凄苦的生活。全套共四曲，首曲【醉花阴】写女子与情郎分离后相思成疾。前四句描状：女子整日茶饭无心，懒得梳妆打扮，以致金钏挽起的乌发散乱下垂，香罗做的衣衫随便穿着，胳膊上佩戴的手镯也松了，腰里的佩带也宽大了，得了无法说的怪病——相思病，终日无精打采，难道只有见到他才能痊愈吗？末用设问句，点出所思之人，揭出病因。

【出队子】一曲写女子伤心无奈。首二句抒情，这女子知道，自己伤心毫无办法，留给她的忧思愁闷会越来越多。后三句描写愁闷之态：她看着银色烛台上的红蜡烛流泪消磨时光，看着香炉内袅袅青烟打发日子，烛灭烟消又有什么办法呢？真是度日如年。

【幺篇】一曲写女子盼相逢的希望破灭。首二句叙事，情人去后女子备感寂寞，但还幻想"相逢"的一线希望，却始终没有结果。后三句描写，她那一双造孽的眼睛也失去了光辉，两叶又细又长的黛眉也皱在了一起，整日珠泪滚滚，以泪洗面，怨别之情又深一层。

【尾声】一曲写女子睡不安席：叫我反转枕头，用拳头捶击睡床，怎么能睡？有时到三更半夜还睡不暖被窝，这没人情的被窝儿也嘲弄我。至此，怨别之苦达到高潮。

毛泽东在读光华书局出版的顾名编的《曲选》四《套数》中所载此套数时，加了四个墨点，表示欣赏；并将"浓妆艳裹"的"裹"（印得不清）字改正为"裹"，说明他读书一丝不苟、十分认真。

剧曲

（一）杂　剧

元杂剧又称北杂剧，是元代用北曲演唱的传统戏曲形式。形成于宋末，繁盛于元大德年间（1297—1307）。

主要代表作家有，关汉卿、郑光祖、马致远、白朴等。

主要代表作有，《窦娥冤》《汉宫秋》《倩女离魂》《梧桐雨》等。

其内容主要以揭露社会黑暗，反映人民疾苦为主，现实主义与浪漫主义相结合，主线明确，人物鲜明。

"四折一楔子"是元杂剧最常见的剧本结构形式，合为一本，每个剧本一般由四折戏组成，有时再加一个楔子。所谓的"折"相当于现在的"幕"，是音乐组织的单元，也是全剧矛盾冲突的自然段落；四折即是开端、发展、高潮、结尾四个阶段。元杂剧在四折戏外，为了交代情节或贯穿线索，往往在全剧之首或折与折之间，加上一小段独立的戏，称为"楔子"。安排在第一折之前的，称为开场楔子；置于在各折之间的，称为过场楔子。楔子本义是木器榫合处为弥缝填裂而楔入的小木片，在元杂剧中它所起的是绵密针线或承前启后的作用。一本四折的形式并不是一成不变的。此外在剧本的开头或结尾，还有"题目正名"就是用两句话或者四句话，标明剧情提要，确定剧本名称。

音乐曲调方面，元杂剧以北方音乐为基础，因此有别称"北杂剧"，采用的是北曲联套的形式。每一折用一个套曲，每一个套曲一般都连缀同一宫调的若干支曲牌组成。每折一个套曲，常见的是第一折用仙吕，第二折用南吕，第三折用中吕，第四折用双调。少数剧本的各折，也有使用其他宫调的。在每一宫调之内，各有数十支曲牌。曲词就是按曲牌填写，一折之中的每支曲牌都压同一韵脚，不可换韵。有时又有向其他宫调借用一支或几支曲牌的情况，称为借宫。

杂剧角色分为旦、末、净、杂。旦包括正旦、外旦、小旦、大旦、老旦、搽旦。正旦：歌唱的主要女演员。外旦、贴旦次要女演员。末包括正末、小末、冲末、副末。正末是歌唱的主要男演员，外末、副末是次要的男演员。冲末是首次上场的男演员。净是性格暴烈的男演员。杂剧除以上三类的演员外，有孤（当官）、驾（皇帝）、卜儿（老妇人）、俫儿（小厮）、细酸（读书人）等。

主唱元杂剧一般是一人主唱或男、女主角唱，主唱的角色不是正末，就是正旦，正旦主唱称旦本，如《窦娥冤》窦娥主唱。正末主唱的称为末本，如《汉宫秋》，汉元帝主唱。一般来说，一剧中一人主唱到底，这是通例。但也有少数剧本，随着剧情的发展，人物也有所变化。如《赚蒯通》，第一折正末扮张良，二、三、四折正末扮蒯通。这就出现了主唱人物的变换。

宾白在后世的戏曲中也叫道白或说白，前人对元杂剧的宾白大致有两种解释：徐渭的《南词叙录》："唱为主，白为宾，故曰宾白，言其明白易晓也。"单宇的《菊坡丛话》："北曲中有全宾全白。两人对说曰宾，一人自说曰白。

科介也称科范、科、介，指唱、白以外的动作，元杂剧中指示人物动作和表情的术语。一般来说，元杂剧剧本中的科表示四个方面的意思。一是人物一般的动作，二是表示人物的表情，三是表示武打动作，四是指剧中穿插的歌舞动作。

分类，一般从体裁上分为悲剧、喜剧；从题材上分为公案戏、历史戏、爱情戏、社会戏、神话戏。

元杂剧的兴起和繁荣有多种条件和因素：前代各种戏曲艺术的发展提供了杂剧形式上的各种借鉴，众多文人参与戏剧活动促进了剧本创作的繁荣；各种戏曲艺术的积累和发展元杂剧是在金院本和诸宫调的直接影响之下，融合了各种表演艺术形式而成的一种完整的戏剧艺术，并在唐宋以来话本、词曲、讲唱文学的基础上创造的成熟的文学剧本。传奇小说、话本小说等为戏曲准备了故事内容，并且提供了为人所熟知的人物形象；说唱诸宫调的乐曲组织和曲白结合形式直接影响了戏曲的体制；各种队舞使戏曲的舞蹈身段和扮相更加美化；傀儡戏、影戏也给吸取的舞蹈动作和脸谱以影响。它们的发展使戏曲表演艺术渐趋成熟，同时也为产生优秀的文学剧本准备了条件。观众应统治阶级和广大市民的文化要求。元朝的贵族对歌舞、戏曲的爱好，很多著名演员的出现也有助于杂剧的兴盛。当时戏剧演出的广泛，上自宫廷，下至平民社会，观赏戏剧演出成为一种娱乐习惯，演出的商业化带来的竞争性，也是杂剧兴盛的原因之一。城市经济的发展为元杂剧的兴盛提供了充分的物质条件。南北各大城市都出现了各种艺伎集中演出的勾栏瓦肆，特别是作为都城的开封、大都、杭州等地更为繁盛。而从文学剧本方面说，主要的一个因素是涌现了一些和人民保持密切联系的新型作家。他们有的是"书会才人"，有的是"职业演员"，更多的是怀才不遇或充任下级官吏的文人。这种身份和社会地位，决定了他们的作品能够真实地反映人民群众的思想感情和生活愿望，也决定了作品的艺术成就的普遍提高。

1、关汉卿

关汉卿（约 1220 — 1300），号已斋（一作一斋）、已斋叟，汉族，大都（今北京）人，又有解州（今山西运城）、祁州（今河北安国）伍仁村之说，元代杂剧作家。大约生于金代末年（约公元 1220 年前后），卒于元成宗大德初年（约公元 1300 年前后）。与马致远、郑光祖、白朴并称为"元曲四大家"，关汉卿位于"元曲四大家"之首。

据元代后期戏剧家钟嗣成的《录鬼簿》记载，"关汉卿，大都人，太医院尹，号已斋叟"。大约属元代太医院的一个医生。南宋灭亡之后，曾到过杭州、扬州等地，是一位能"躬践排场，面傅粉墨"（臧晋叔语）的戏剧家。贾仲明的《录鬼簿续编》吊词称他为"驱梨园领袖，总编修师首，捻杂剧班头"，可见他在元代剧坛上的地位。关汉卿曾写有【南吕一枝花】赠给女演员朱帘秀，说明他与演员关系密切。他曾毫无惭色地自称："我是个普天下的郎君领袖，盖世界浪子班头。"在【南吕一枝花】《不伏老》结尾一段，更狂傲倔强地表示："我却是蒸不烂、煮不熟、捶不扁、炒不爆、响当当一粒铜豌豆。"据各种文献资料记载，关汉卿编有杂剧67部，现存18部。个别作品是否出自关汉卿手笔，学术界尚有分歧。其中《窦娥冤》《救风尘》《望江亭》《拜月亭》《鲁斋郎》《单刀会》《调风月》等，是他的代表作。关汉卿的杂剧内容具有强烈的现实性和弥漫着昂扬的战斗精神，关汉卿生活的时代，政治黑暗腐败，社会动荡不安，阶级矛盾和民族矛盾十分突出，人民群众生活在水深火热之中。他的剧作深刻地再现了社会现实，充满着浓郁的时代气息。反映生活面十分广阔：既有对官场黑暗的无情揭露，又热情讴歌了人民的反抗斗争。慷慨悲歌，乐观奋争，构成关汉卿剧作的基调。在关汉卿的笔下，写得最为出色的是一些普通妇女形象，窦娥、妓女赵盼儿、杜蕊娘、少女王瑞兰、寡妇谭记儿、婢女燕燕等，各具性格特色。她们大多出身微贱，蒙受封建统治阶级的种种凌辱和迫害。关汉卿描写了她们的悲惨遭遇，刻画了她们正直、善良、聪明、机智的性格，同时又赞美了她们强烈的反抗意志，歌颂了她们敢于向黑暗势力展开搏斗、至死不屈的英勇行为，在那个特定的历史时代，奏出了鼓舞人民斗争的主旋律。关汉卿是位伟大的戏曲家，后世称关汉卿为"曲圣"。1958年散曲今存小令40多首、套数10多首。他的散曲，内容丰富多彩，格调清新刚劲，具有很高的艺术价值。关汉卿塑造的"我是个蒸不烂、煮不熟、捶不匾、炒不爆、响当当一粒铜豌豆"（《不伏老》）的形象也广为人称，被誉"曲圣"。此外，在世界文学艺术史上，享有"中国的莎士比亚"之称；1958年还被誉为与达·芬奇拥有同样地位的"世界十大文化名人"之一。

（1）《窦娥冤》 第三折

《窦娥冤》第三折原文是：

（外扮监斩官上，云）下官监斩官是也。今日处决犯人，着做公的把住巷口，休放往来人闲走。（净扮公人，鼓三通，锣三下科，刽子磨旗、提刀、押正旦带枷上，刽子云）行动些，行动些，监斩官去法场上多时了。（正旦唱）

【正宫】【端正好】没来由犯王法，不提防遭刑宪，叫声屈动地惊天。顷刻间游魂先赴森罗殿，怎不将天地也生埋怨。

【滚绣球】有日月朝暮悬，有鬼神掌着生死权。天地也！只合把清浊分辨，可怎生糊突了盗跖、颜渊？为善的受贫穷更命短，造恶的享富贵又寿延。天地也！做得个怕硬欺软，却原来也这般顺水推船！地也，你不分好歹何为地！天也，你错勘贤愚枉做天！哎，只落得两泪涟涟。

（刽子云）快行动些，误了时辰也。（正旦唱）

【倘秀才】则被这枷纽的我左侧右偏，人拥的我前合后偃。我窦娥向哥哥行有句言。（刽子云）你有甚么话说？（正旦唱）前街里去心怀恨，后街里去死无冤，休推辞路远。

（刽子云）你如今到法场上面，有什么亲眷要见的，可教他过来，见你一面也好。（正旦唱）

【叨叨令】可怜我孤身只影无亲眷，则落的吞声忍气空嗟怨。（刽子云）难道你爷娘家也没的？（正旦云）只有个爹爹，十三年前上朝取应去了，至今杳无音信。（唱）早已是十年多不睹爹爹面。（刽子云）你适才要我往后街里去，是甚么主意？（正旦唱）怕则怕前街里被我婆婆见。（刽子云）你的性命也顾不得，怕他见怎的？（正旦云）俺婆婆若见我披枷带锁赴法场餐刀去呵，（唱）枉将他气杀也么哥，枉将他气杀也么哥。告哥哥，临危好与人行方便。

（卜儿哭上科，云）天那，兀的不是我媳妇儿！（刽子云）婆子靠后。（正旦云）既是俺婆婆来了，叫他来，待我嘱咐他几句话咱。（刽子云）那婆子，近前来，你媳妇要嘱咐你话哩。（卜儿云）孩儿，痛杀我也。（正旦云）婆婆，那张驴儿把毒药放在羊肚儿汤里，实指望药死了你，要霸占我为妻。不想婆婆让与他老子吃，倒把他老子药死了。我怕连累婆婆，屈招了药死公公，今日赴法场典刑。婆婆，此后遇着冬时年节，月一十五，有漉不了的浆水饭，漉半碗儿与我吃；烧不了的纸钱，与窦娥烧一陌儿。则是看你死的孩儿面上。（唱）

【快活三】念窦娥葫芦提当罪愆，念窦娥身首不完全，念窦娥从前已往干家缘，婆婆也，你只看窦娥少爷无娘面。

【鲍老儿】念窦娥服侍婆婆这几年，遇时节将碗凉浆奠；你去那受刑法尸骸上烈些纸钱，只当把你亡化的孩儿荐。（卜儿哭科，云）孩儿放心，这个老身都记得。天那，兀的不痛杀我也。（正旦唱）婆婆也，再也不要啼啼哭哭、烦烦恼恼、怨气冲天。这都是我做窦娥的没时没运，不明不暗，负屈衔冤。

（刽子做喝科，云）兀那婆子靠后，时辰到了也。（正旦跪科）（刽子开枷科）（正旦云）窦娥告监斩大人，有一事肯依窦娥，便死而无怨。（监斩官云）你有什么事？你说。（正旦云）要一领净席，等我窦娥站立，又要丈二白练，挂在旗枪上。若是我窦娥委实冤枉，刀过处头落，一腔热血休半点儿沾在地下，都飞在白练上者。（监斩官云）这个就依你，打什么不紧。（刽子做取席，站科，又取白练挂旗上科）（正旦唱）

【耍孩儿】不是我窦娥罚下这等无头愿，委实的冤情不浅。若没些儿灵圣与世人传，也不见得湛湛青天。我不要半星热血红尘洒，都只在八尺旗枪素练悬。等他四下里皆瞧见，这就是咱苌弘化碧、望帝啼鹃。

（刽子云）你还有甚的说话，此时不对监斩大人说，几时说那？（正旦再跪科，云）大人，如今是三伏天道，若窦娥委实冤枉，身死之后，天降三尺瑞雪，遮掩了窦娥尸首。（监斩官云）这等三伏天道，你便有冲天的怨气，也召不得一片雪来，可不胡说！（正旦唱）

【二煞】你道是暑气暄，不是那下雪天；岂不闻飞霜六月因邹衍？若果有一腔怨气喷如火，定要感的六出冰花滚似绵，免着我尸骸现；要什么素车白马，断送出古陌荒阡？

（正旦再跪科，云）大人，我窦娥死的委实冤枉，从今以后，着这楚州亢旱三年。（监斩官云）打嘴！那有这等说话！（正旦唱）

【一煞】你道是天公不可期，人心不可怜，不知皇天也肯从人愿。做甚么三年不见甘霖降，也只为东海曾经孝妇冤。如今轮到你山阳县，这都是官吏每无心正法，使百姓有口难言。

（刽子做磨旗科，云）怎么这一会儿天色阴了也？（内做风科，刽子云）好冷风也！（正旦唱）

【煞尾】浮云为我阴，悲风为我旋，三桩儿誓愿明提遍。（做哭科，云）婆婆也，直等待雪飞六月，亢旱三年呵，（唱）那其间才把你个屈死的冤魂这窦娥显。

（刽子做开刀，正旦倒科）（监斩官惊云）呀，真个下雪了，有这等异事！（刽子云）我也道平日杀人，满地都是鲜血，这个窦娥的血，都飞在那丈二白练上，并无半点落地，委实奇怪。（监斩官云）这死罪必有冤枉，早两桩儿应验了，不知亢旱三年的说话，准也不准？且看后来如何。左右，也不必等待雪晴，便与我抬他尸首，还了那蔡婆婆去罢。（众应科，抬尸下）

《窦娥冤》，全名《感天动地窦娥冤》。旦本。共四折，一个楔子。它是关汉卿的代表作，写一个弱小无靠的寡妇窦娥，在贪官桃杌的迫害下，被诬为"药死公公"，斩首示众。它是一部具有深刻社会意义的悲剧。剧本通过窦娥悲惨的遭遇，深刻地暴露了元代社会政治的黑暗和官吏昏庸无能、是非不明、草菅人命；讴歌了窦娥这个十分善良而又具有强烈反抗精神的人物，表现了我国古代人民对黑暗统治势力坚强不屈的斗争精神。

此剧的第三折，即《法场》一折，是这个悲剧的高潮。在前面两折戏中，窦娥还是一个头脑里充满了贞节、孝顺等封建伦理观念、安分守己的善良妇女，却被下在死囚牢中，眼看就要被杀头，面对着这残酷的现实，她清醒了，她要反抗。《法场》这折戏，作者就描写了窦娥反抗性格的急剧发展。

这一折戏根据它的场景、气氛和情调的不同，可以分为三个段落。

第一段从"外扮监斩官上"到"只落得两泪涟涟"。是写窦娥被绑赴法场的途中，对人世的主宰者天和地的埋怨和控诉。

首先，监斩官登场，通过他几句简短的念白，就给戏剧场面带来了杀气腾腾的紧张气氛。接着刽子手押窦娥带枷出场，并催她快走，使剧情一开始就显得很紧张。窦娥上场后不用念白，直接唱【端正好】一曲："没来由犯王法，不提防遭刑宪，叫声屈动地惊天。"窦娥想到自己即将要不明不白地死去，怎么能不对天地产生埋怨呢？充分表达了窦娥临刑前极度悲愤的心情。接下去【滚绣球】一曲更是大声疾呼，对人世的主宰者天和地发出了埋怨和责骂。她本来认为日月鬼神应该把好坏分清的，可是现实情况只能使她埋怨天地糊涂。在这呼天不应、叫地不灵的情况下，她大胆地责骂天和地"怕硬欺软""顺水推船""错勘贤愚""不分好歹"，"地也，你不分好歹何为地！天也，你错勘贤愚枉做天"！这是震动人心的怒吼，是窦娥愤怒情绪的猛烈迸发，是从绝望中发出来的嘶喊，也是作者对封建社会的抨击。

第二段从"刽子云"到"不明不暗，负屈衔冤"，是一个过渡性的场面。写窦娥与婆婆在法场相会的情景。

【倘秀才】一曲写了窦娥过街时的一些情节。接着写她求告刽子手不要走前街，而从后街走。这是为什么呢？原来善良的窦娥，怕婆婆看到自己披枷戴锁的痛苦，更突出了窦娥的善良品质。刽子手的问话引出了【叨叨令】这支曲子，交代了她过去的身世：无亲无眷，只有个爹爹也十多年没有音信，唯一的亲人就是婆婆了。接下去她嘱咐婆婆的一段道白，把冤情的前前后后交代得明明白白。她替婆婆承担了罪名，而要求于婆婆的却是那样低微，半碗冷稀饭、一陌纸钱。【快活三】【鲍老儿】两支曲子用凄切、质朴的语言表现了窦娥与婆婆死别的悲痛心情。在仇人面前，窦娥决不屈服，可是面对着亲人，"葫芦提当罪愆"，想到自己死得太悲惨，"身首不完全"，想到几年来和婆婆相依为命。作者一连用了三个"念窦娥"的排比句，真是声泪俱下。蔡婆的啼哭和"兀的不痛杀我也"的悲叹，表明婆媳之间的感情很深厚。接下去窦娥劝婆婆："再也不要啼啼哭哭、烦烦恼恼、怨气冲天。"这不仅是在劝婆婆，也是窦娥在前面哭诉时表现出的呼天抢地的悲愤也无济于事的进一步表白。"这都是"三句，表面上好像是把一切归之于自己的命运，实际上她是不甘心这样死去的，只是为了安慰婆婆才这样说的。

第三段从"刽子做唱科"到最后。写窦娥慷慨赴死，在临刑前发下的三桩誓愿。她发下的第一桩誓愿是："刀过处头落，一腔热血休半点儿沾在地下，都飞在白练上者。"【耍孩儿】一曲，说明她之所以要"罚下这等无头愿"，实由于"冤情不浅"。第二桩誓愿是由于"有一腔怨气喷如火，定

剧曲

101

要感的六出冰花滚如锦"，【二煞】一曲这两句用鲜明的对比手法，生动地表现了窦娥冤气冲天、死不瞑目的感情。最后一桩誓愿是："着这楚州亢旱三年"。通过【一煞】唱词，表明她发下这桩誓愿，是为了要控诉当时社会的黑暗，要使人知道"这都是官吏每无心正法，使百姓有口难言"。这三桩誓愿都是违背生活常理的，但【煞尾】一曲却突然阴云满天，北风怒号，"直等待雪飞六月，亢旱三年"昭示窦娥的冤屈。第四折写窦娥这三桩誓愿都出现了，故叫《感天动地窦娥冤》，又名"六月雪"。

毛泽东对关汉卿的评价很高，说他"不是进士和翰林"，但是"很出色的"，说他的作品是"民主文学"，"有人民性的一面"，说他是"使用语言的巨匠"；对于他的代表作《窦娥冤》十分熟悉，说它是一出好戏，说它是"大戏剧家关汉卿的杰作"，曾多次用它说明现实问题。

1938年12月，毛泽东在延安与即将赴晋察冀出任二分区司令员的郭天民谈话。在谈话结束时，毛泽东问：天民同志，听说你有一个相好，很漂亮，她叫啥名字？回答：她叫窦克。又问：哪个"窦"字？郭天民回答：就是《窦娥冤》的"窦"。毛泽东说：哦，《六月雪》啊！那是一出好戏，大戏剧家关汉卿的杰作。那出戏是冤情呢！你可不能演"窦克冤"。（陈晓东：《将星红安》，作家出版社1999年版，第77页）

1964年2月13日，春节，毛泽东在人民大会堂召开教育工作座谈会。刘少奇、邓小平、彭真、陆定一、康生、林枫、章士钊、陈叔通、郭沫若、许德珩、黄炎培、朱穆之、张劲夫、杨秀峰、蒋南翔、陆平十六人参加。（郑德荣等：《新中国纪事1949—1984》，东北师范大学出版社1986年版，第348页）

毛泽东在座谈会上说，历代状元都没有很出色的。李白、杜甫不是进士，也不是翰林，韩愈、柳宗元只是二等进士，王实甫、关汉卿、罗贯中、蒲松龄、曹雪芹也都不是进士和翰林。就是当了进士、翰林都是不成功的。（萧延中：《晚年毛泽东》，春秋出版社1989年版，第357—258页）

1958年8月，毛泽东在审阅中共中央宣传部部长、中央文教小组组长陆定一的《教育必须把与生产劳动相结合》一文时加写了一段文字说：

中国教育史有人民性的一面。孔子的有教无类，孟子的民贵君轻，荀子的人定胜天，屈原的批判君恶，司马迁的颂扬反抗，王充、范缜、柳宗元、张载、王夫之的古代唯物论，关汉卿、施耐庵、吴承恩、曹雪芹的民主文学，孙中山的民主革命，诸人情况不同，许多人并无教育专著，然而上举那些，不能不影响对人民的教育，谈中国教育史，应当提到他们。（《教育与生产劳动相结合的原则是不可移易的》，《毛泽东文集》，第七卷，人民出版社1999年版，第398页）

经毛泽东审阅、修改的1951年6月6日《人民日报》社论《正确使用祖国的语言，为语言的纯洁和健康而斗争》指出："我国历史上的文化和思想界的领导人物一贯重视语言的选择和使用，并且产生过许多善于使用语言的巨匠，如散文家孟子、庄子、荀子、司马迁、韩愈等，诗人屈原、李白、杜甫、白居易、关汉卿、王实甫等，小说家《水浒传》作者施耐庵、《三国演义》作者罗贯中、《西游记》作者吴承恩、《儒林外史》作者吴敬梓、《红楼梦》作者曹雪芹等。"（《毛泽东新闻工作文选》，新华出版社1983年版，第405—406页）从毛泽东的这些论述中，我们可以看出他对关汉卿及其作品评价之高。

（2）《望江亭中秋切鲙》　第一折

《望江亭中秋切鲙》第一折原文是：

（旦儿扮白姑姑上，云）贫道乃白姑姑是也。从幼年间便舍俗出家，在这清安观里做着个住持。此处有一女人，乃是谭记儿，生的模样过人。不幸夫主亡逝已过，他在家中守寡，无男无女，逐朝每日到俺这观里来与贫姑攀话。贫姑有一个侄儿是白士中。数年不见，音信皆无，也不知他得官也未？使我心中好生记念。今日无事，且闭上这门者。

（正末扮白士中上）诗云，昨日金门去上书，今朝墨绶已悬鱼。谁家美女颜如玉，彩球偏爱掷贫儒。小官白士中前往潭州为理，路打清安观经过，观中有我的姑娘——是白姑姑，在此做住持。小官今日与白姑姑相见一面，便索赴任。来到门首，无人报复，我自过去。（做见科，云）姑姑！您侄儿除授潭州为理，一径的来望姑姑。

（姑姑云）白士中孩儿也，喜得美除。我恰才道罢，孩儿果然来了也。孩儿，你媳妇儿好么？

（白士中云）不瞒姑姑说，您媳妇儿亡逝已过了也！

（姑姑云）侄儿，这里有个女人，乃是谭记儿，大有颜色，逐朝每日在我这观里，与我攀话。等他来时，我圆成与你做个夫人，意下如何？

（白士中云）姑姑，莫非不中么？

（姑姑云）不妨事，都在我身上。你壁衣后头躲者，我咳嗽为号，你便出来。

（白士中云）谨依来命。（下）

（姑姑云）这早晚谭夫人敢待来也？

（正旦扮谭记儿上，云）妾身乃学士李希颜的夫人，姓谭，小字记儿。不幸夫主亡，过了三年光景，我寡居无事，每日只在清安观和白姑姑攀些闲话。我想，做妇人的没了丈夫，身无所主，好苦人也呵！（唱）

【仙吕】【点绛唇】我则为锦帐春阑，绣衾香散，深闺晚，粉谢脂残，到的这日暮愁无限！

【混江龙】我为甚一声长叹，玉容寂寞泪阑干？则这花枝里外，竹影中间，气吁的片片飞花纷似雨，泪洒的珊珊翠竹染成斑。我想着香闺少女，但生的嫩色娇颜，都只爱朝云暮雨，那个肯凤只鸾单？这愁烦，恰便似海来深，可兀的无边岸！怎守得三贞九烈，敢早着了钻懒帮闲。

（云）可早来到也。这观门首无人报复，我自过去。（做见姑姑科，云）姑姑，万福！

（姑姑云）夫人，请坐。

（正旦云）我每日定害姑姑，多承雅意。妾身有心跟的姑姑出家，不知姑姑意下何如？

（姑姑云）夫人，你那里出得家！这出家无过草衣木食，熬枯受淡，那白日也还闲可，到晚来独自一个，好生孤恓！夫人，只不如早早嫁一个丈夫去好。（正旦唱）

【村里迓鼓】怎如得您这出家儿清静，到大来一身散诞。自从俺儿夫亡后，再没个相随相伴。俺也曾把世味亲尝，人情识破，怕甚么尘缘羁绊？俺如今罢扫了蛾眉，净洗了粉脸，却下了云鬟；姑姑也，待甘心捱您这粗茶淡饭。

（姑姑云）夫人，你平日是享用惯的，且莫说别来，只那一顿素斋，怕你也熬不过哩。（正旦唱）

【元和令】则您那素斋食，刚一餐，怎知我粗米饭也曾惯。俺从今把心猿意马紧牢拴，将繁华不挂眼。（姑姑云）夫人，你岂不知：雨里孤村雪里山，看时容易画时难。早知不入时人眼，多买胭脂画牡丹。夫人你怎生出的家来！（正旦唱）您道是看时容易画时难，俺怎生就住不的山，坐不的关，烧不的药，炼不的丹？

（姑姑云）夫人，放着你这一表人物，怕没有中意的丈夫嫁一个去？只管说那出家做甚么！这须了不的你终身之事，（正旦云）嗨！姑姑这终身之事，我也曾想来：若有似俺男儿知重我的，便嫁他去也罢。（姑姑做咳嗽科，白士中见旦科，云）祇揖。（正旦回礼科，云）姑姑，兀的不有人来，我索回去也。（姑姑云）夫人，你那里去？我正待与你做个媒人。只他便是你夫主，可不好哪！（正旦云）姑姑，这是甚么说话！（唱）

【马上娇】咱则是语话间，有甚干；姑姑也，您便待做了筵席上撮合山。（姑姑云）便与您做个撮合山，也不误了你。（正旦唱）怎把那隔墙花强攀做连枝看？（做走科）（姑姑云）关了门者，我不放你出去。（正旦唱）把门关，将人来紧遮拦。

【胜葫芦】你却便引的人来心恶烦，可甚的撒手不为奸！你暗埋伏，隐藏着谁家汉？俺和你几年价来往，倾心儿契合，则今日索分颜！

（姑姑云）你两个成就了一对夫妻，把我这座清安观权做高唐，有何不可？（正旦唱）

【幺篇】姑姑，你只待送下我高唐十二山，枉展污了你这七星坛。（姑姑云）我成就了你锦片也似前程，美满恩情，有甚么不好处？（正旦唱）说甚么锦片前程真个罕！（姑姑云）夫人，你不要这等妆幺做势，那个着你到我这观里来？（正旦唱）一会儿甜言热趱，一会儿恶叉白赖，姑姑也，只被你直着俺两下做人难！

（姑姑云）兀那君子，谁着你这里来？

（白士中云）就是小娘子着我来。

（正旦云）你倒将这言语赃诬我来，我至死也不顺随你！

（姑姑云）你要官休也私休？

（正旦云）怎生是官休？怎生是私休？（姑姑云）你要官休呵，我这里是个祝寿道院，你不守志，领着人来打搅我，告到官中，三推六问，枉打坏了你；若是私休，你又青春，他又年少，我与你做个撮合山媒人，成就了您两口儿，可不省事？

（正旦云）姑姑，等我自寻思咱。

（姑姑云）可知道来：千求不如一吓！（正旦云）好个出家的人，偏会放刁！姑姑，他依的我一句话儿，我便随他去罢；若不依着我呵，我断然不肯随他。

（白士中云）休道一句话儿，便一百句，我也依的。（正旦唱）

【后庭花】你着他休忘了容易间，则这十个字莫放闲。岂不闻：芳槿无终日，贞松耐岁寒。姑姑也，非是我要拿班，只怕他将咱轻慢。我、我、我，撺断的上了竿；你、你、你，掇梯儿着眼看；他、他、他，把《凤求凰》暗里弹；我、我、我，背王孙去不还。只愿他肯、肯、肯做一心人，不转关；我和他守、守、守《白头吟》，非浪侃。

（姑姑云）你两个久后，休忘我做媒的一片好心儿！（正旦唱）

【柳叶儿】姑姑也，你若提着这桩儿公案，则你那观名儿唤做清安！你道是蜂媒蝶使从来惯，怕有人担疾患，到你行求丸散，你则与他这一服灵丹。姑姑也，你专医那枕冷衾寒！

（云）罢、罢、罢！我依着姑姑，成就了这门亲事罢。

（姑姑云）白士中，这桩事亏了我么。

（白士中云）你专医人那枕冷衾寒，亏了姑姑！您孩儿只今日，就携着夫人同赴任所，另差人来相谢也。

（正旦云）既然相公要上任去，我和你拜辞了姑姑，便索长行也。（姑姑云）白士中，你一路上小心在意！

您两口儿正是郎才女貌，天然配合，端不枉了也！（正旦唱）

【赚煞尾】行程则宜疾，不宜晚。休想我着那别人绊翻，不用追求相趁赶，则他这等闲人，怎得见我容颜？姑姑也，你放心安，不索恁语话相关。收了缆，撅了桩，踹跳板，挂起这秋风布帆，试看那碧云两岸落，可便轻舟已过万重山。（同白士中下）

（姑姑云）谁想今日成合了我侄儿白士中这门亲事，我心中可煞喜也！（诗云）非是贫姑硬主张，为他年少守空房。观中怕惹风情事，故使机关配白（俊）郎。（下）

《望江亭》，现存明息机子编《杂剧选》本、明顾曲斋刊《古杂剧》本和《元曲选》本。前两本剧名作《望江亭中秋切鲙》。

此剧写谭记儿在望江亭内设计对付权贵杨衙内的故事，剧本表现了谭记儿的机智。

全剧共四折。旦本。剧情是这样的：第一折：才貌双全的谭记儿新寡，暂居于女道观中。观主白姑姑的侄儿白士中往潭州（今湖南长沙）上任途中探访观主，告知自己失偶之事。观主于是从中撮合，使得白士中与谭记儿结成夫妻。第二折：权贵杨衙内早已看中谭记儿，本想娶她为妾，此时对白士中怀恨在心，暗奏圣上请得势剑、金牌，前往潭州取白士中首级。白士中得到消息，愁眉不展。谭记儿不愿让他受自己连累，想出妙计。第三折：时逢中秋，谭记儿扮作渔妇卖鱼，在望江亭上灌醉杨衙内及其随从，将势剑、金牌、文书窃走。第四折：杨衙内欲绑缚白士中却没有凭据，白士中出示势剑、金牌、文书，说有渔妇告杨衙内中秋欲对她无礼。等到再见谭记儿，杨衙内方知中计。恰好湖南都御史李秉忠暗中访得此事，奏于朝廷，杨衙内得到惩办，白士中依旧治理潭州，夫妻和美，宣白士中仍供原职，杨衙内解职归田。

第一折写谭记儿与白士中经白道姑撮合结为夫妇。可分为三层，第一层从开头到"若有似俺男儿，知重我的，便嫁他去也罢"，写谭记儿新寡，内心充满着苦痛和矛盾：失侣的悲哀，使她"气吁的片片飞花纷似雨，泪洒的珊珊翠竹染成斑"，长年的孤独生活，使她感到"这愁烦，恰便似海来深，可兀的无边岸"。改嫁吧，却怕再也找不到"似我男儿知重我的"知心友；不改嫁吧，到头来"怎守得三贞九烈，敢早了钻懒帮闲"（【混江龙】）。为了排遣这无边的苦闷，她"逐朝每日"来清安观里与白姑姑"攀话"，白姑姑成了她唯一知己。白士中新鳏，也有再娶之意。第二层，从白士中见旦到"我依着姑姑成就了这门亲事罢"，写谭记儿与白士中在白道姑的撮合下结为夫妇。谭记儿的苦闷心情和内心矛盾，白姑姑早已一清二楚，而且深表同情，所以白士中来到清安观后，白姑姑便蛮有把握地要促成白士中和谭记儿的婚事。但谭记儿深知"芳槿无终日，贞松耐岁寒"（【后庭花】），她希望得到的爱情是，要像"贞松"那样天长地久，而不能像"芳槿"那样艳丽一时，换句话说就是要做白头到老的恩爱夫妻，而不是快乐一时的露水夫妻。第三层，从"白士中，这桩事亏了我么"到末尾，写白士中立即带谭记儿去上任。你看，"收了缆，撅了桩，蹋跳板，挂起这秋风布帆，试看那碧云两岸落，可便轻舟已过万重山"（【赚煞尾】），心情是何等愉快！

毛泽东在读光华书局出版的顾名编的《曲选》五《杂剧》中所载此剧时，只在"您孩儿只今日，就携着夫人同赴任所"一句旁用毛笔点了三个墨点（中央档案馆整理：《毛泽东评点诗词曲精选》，中国档案出版社1998年版，第584页），是对白士中作为地方官员以公事为重的肯定，也是一个国家领导人的特殊视角。

关汉卿的《望江亭》杂剧，是一部杰出的喜剧。剧中塑造的那个谭记儿，是中国文学史上一个杰出的女性形象，具有鲜明的个性特征和强烈的反封建的思想倾向，表达了作者的进步理想和人民群众的愿望。

（3）《单刀会》 第三折

《单刀会》第三折原文是：

（正末扮关公领关平、关兴、周仓上，云）某姓关，名羽，字云长。蒲州解良人也。见随刘玄德，为其上将。自天下三分，形如鼎足：曹操占了中原；孙策占了江东；我哥哥玄德公占了西蜀。着某镇守荆州，久镇无虞。我想当初楚汉争锋，我汉皇仁义用三杰，霸主英雄凭一勇。三杰者，乃萧何、韩信、张良；一勇者，喑呜叱咤，举鼎拔山、大小七十余战，逼霸主自刎乌江。后来高祖登基，传到如今，国步艰难，一至于此！（唱）

【中吕】【粉蝶儿】那时节天下荒荒，恰周、秦早属了刘、项，分君臣先到咸阳。一个力拔山，一个量容海，他两个一时开创。想当日黄阁乌江，一个用了三杰，一个诛了八将。

【醉春风】一个短剑下一身亡，一个静鞭三下响。祖宗传授与儿孙，到今日享、享。献帝又无靠无依，董卓又不仁不义，吕布又一冲一撞。

（云）某想当日，俺弟兄三人，在桃园中结义，宰白马祭天，宰乌牛祭地，不求同日生，只愿同日死。（唱）

【十二月】那时节兄弟在范阳，兄长在楼桑，关某在蒲州解良，更有诸葛在南阳；一时出英雄四方，结义了皇叔、关、张。

【尧民歌】一年三谒卧龙冈，却又早鼎分三足汉家邦。俺哥哥称孤道寡世无双，我关某匹马单刀镇荆襄。长江，今经几战场，却正是后浪催前浪。（云）孩儿，门首觑者，看甚么人来。（关平云）理会的。（黄文上，云）某乃黄文是也。将着这一封请书，来到荆州，请关公赴会。早来到也。左右，报复去：有江东鲁子敬，差上将拖地胆黄文，持请书在此。（平云）你则在这里者，等我报复去。（平见正末，云）报的父亲得知：今有江东鲁子敬，差一员首将，持请书来见。（正末云）着他过来。（平云）着你过去哩。（黄文见科）（正末云）兀那厮甚么人？（黄慌云）小将黄文。江东鲁子敬，差我下请书在此。（正末云）你先回去，我随后便来也。（黄文云）我出的这门来。看了关公英雄一个神道相。鲁子敬，我替你愁哩！小将是黄文，特来请关公。髯长一尺八，面如挣枣红。青龙偃月刀，九九八十斤。脖子里着一下，那里寻黄文？来便吃筵席，不来豆腐酒吃三钟。（下）

（正末云）孩儿，鲁子敬请我赴单刀会，走一遭去。（平云）父亲，他那里筵无好会，则怕不中么？（正末云）不妨事。（唱）

【石榴花】两朝相隔汉阳江，上写着道"鲁肃请云长"。安排筵宴不寻常，休想道"画堂别是风光"。那里有凤凰杯满捧琼花酿，他安排着巴豆、砒霜！玳筵前摆列着英雄将，休想肯"开宴出红妆"。

【斗鹌鹑】安排下打凤捞龙，准备着天罗地网；也不是待客筵席，则是个杀人、杀人的战场。若说那重意诚心更休想，全不怕后人讲。既然谨谨相邀，我则索亲身便往。

（平云）那鲁子敬是个足智多谋的人；他又兵多将广，人强马壮。则怕父亲去呵，落在他彀中。（正末唱）

【上小楼】你道他"兵多将广，人强马壮"；大丈夫敢勇当先，一人拼命，万夫难挡。（平云）许来大江面，俺接应的人，可怎生接应？（正末唱）你道是隔着江，起战场，急难亲傍；我着那厮鞠躬、鞠躬送我到船上。

（平云）你孩儿到那江东，旱路里摆着马军，水路里摆着战船，直杀一个血胡同。我想来，先下手的为强。（正末唱）

【幺篇】你道是先下手强，后下手殃。我一只手揪住宝带，臂展猿猱，剑掣秋霜。（平云）父亲，则怕他那里有埋伏。（正末唱）他那里暗暗的藏，我须索紧紧的防。都是些狐朋狗党！（云）单刀会不去呵，（唱）小可如千里独行，五关斩将。

（云）孩儿，量他到的那里？（平云）想父亲私出许昌一事，您孩儿不知，父亲慢慢说一遍。（正末唱）

【快活三】小可如我携亲侄访冀王，引阿嫂觅刘皇，灞陵桥上气昂昂，侧坐在雕鞍上。

【鲍老儿】俺也曾挝鼓三冬斩蔡阳，血溅在沙场上。刀挑征袍出许昌，险唬杀曹丞相。向单刀会上，对两班文武，小可如三月襄阳。

（平云）父亲，他那里雄赳赳排着战场。（正末唱）

【剔银灯】遮莫他雄赳赳排着战场，威凛凛兵屯虎帐，大将军智在孙、吴上。马如龙，人似金刚；不是我十分强，硬主张，但提起厮杀呵摩拳擦掌。

【蔓菁菜】他便有快对付能征将，排戈戟，列旗枪，对仗，我是三国英雄汉云长，端的是豪气有三千丈。

（云）孩儿，与我准备下船只，领周仓赴单刀会走一遭去。（平云）父亲去呵，小心在意者！（正末唱）

【尾声】须无那临潼会秦穆公，又无那鸿门会楚霸王，遮莫他满筵人列着先锋将，小可如百万军刺颜良时那一场嚷。（下）

（周仓云）关公赴单刀会，我也走一遭去。志气凌云贯九霄，周仓今日逞英豪。个个开弓并蹬弩，人人贯甲与披袍。旌旗闪闪龙蛇动，恶战英雄胆气高。假饶鲁肃千条计，怎胜关公这口刀！赴单刀会走一遭去也。（下）（关兴云）哥哥，父亲赴单刀会去了，我和你接应一遭去。大小三军，跟着我接应父亲去。到那里古剌剌彩磨征旗，扑冬冬画鼓凯征鼙，齐臻臻枪刀如流水，密匝匝人似朔风疾。直杀的苦淹淹尸骸遍郊野，哭啼啼父子两分离。怎时节喜滋滋鞭敲金镫响，笑吟吟齐和凯歌回。（下）（关平云）父亲兄弟都去也，我随后接应走一遭去。大小三军，听吾将令；甲马不许驰骤，金鼓不许乱鸣，不许交头接耳，不许语笑喧哗；弓弩上弦，刀剑出鞘，人人敢勇，个个威风。我到那里：一刃刀，两刃剑，齐排雁翅；三股叉，四楞铜，耀日争光；五方旗，六沉枪，遮天映日；七稍弓，八楞棒，打碎天灵；九股索，红绵套，漫头便起；十分战，十分杀，显耀高强。俺这里雄兵浩浩渡长江，汉阳两岸列刀枪。水军不怕江心浪，旱军岂惧铁衣郎！关公杀入单刀会，显耀英雄战一场。匹马横枪诛鲁肃，胜如亲父刺颜良。大小三军，跟着我接应父亲走一遭去。（下）

《单刀会》，全名《关大王独赴单刀会》，是元代大戏曲家关汉卿的杂剧作品。末本。全剧共四折。

剧情是这样的：第一折：三国时，鲁肃为了索还荆州，请关羽赴宴，暗中设下埋伏，并请乔公商量，乔公讲述了关羽的勇略，断言此事不会成功。第二折：鲁肃又请关羽故人司马徽前来陪宴劝酒，司马徽拒绝，又极言关羽英武，并劝鲁肃打消讨还荆州的幻想。第三折：关羽接到请柬后明知是计，仍旧带周仓一人单刀赴会，关平、关兴带大军在江边接应。第四折：关羽单刀赴会。鲁肃责备蜀汉不还荆州为失信。关羽凛然正气，提出荆州是汉家的，只有刘备能继承汉家基业。席间二人言辞交锋，鲁肃不能取胜。关羽智勇双全，震住鲁肃，令他不敢动用埋伏的军士，最后脱离险境，由关平接应而归。

一般的杂剧，往往是写出一个曲折的激变过程，在动态中、在情节的发展演进中展示人物性格。《单刀会》却比较独特，戏剧场面过去一半而主要人物还未出场，情节也几乎没有进展。

从《单刀会》全剧情节结构看，充分显示出关汉卿的美学追求和艺术匠心。要把丰富的内容涵纳到有限的一本四折之中，把人物写活，不能不进行巧妙的调度安排。关汉卿围绕题旨进行了巧妙的布局谋篇。第一、二两折的反复陈述，起到铺垫和蓄势的作用，渲染烘托出关羽的英雄气概和盖世威风，为关羽正式出场造成咄咄逼人的气势。第三折写关羽毅然接受鲁肃邀请，决定单刀赴会。首先，以他上场后的道白和四支曲辞，揭示出他那丰富的、不同于一般猛将武夫的内心世界。他缅怀楚汉相争的历史，述说天下三分的现实，追思先人功业，感慨万端。此折的主要事件是关羽接受"请柬"。通过他所唱的八支曲辞及对白，表现他"明知山有虎，偏向虎山行"的雄心，抒发了临危不惧的豪迈情怀。关羽对他面临的局势有清醒的估计，有相应的对策："你道是先下手强，后下手殃。我一只手揪住宝带，臂展猿猱，剑制秋霜。"他单刀赴会的决心和勇气不仅来自对蜀汉事业的忠诚，也来自他的谋略和胆识。第三折关羽出场亮相，正面描写关羽其人，使前两折的渲染烘托落到了实处；但这一折仍不写关羽与鲁肃的直接冲突，只是从关羽个人角度着笔，所以这一折连同第四折的开头，对于直接冲突的高潮来说，仍然是铺垫和蓄势。第四折开头，从时间上看，只写了渡江赴会的短暂时刻；从内容上说，只写了关羽的引吭高歌，动作性并不明显。剧作家却有意延宕剧情，忙里偷闲，着意揭示主人公的内心世界，因为这样的时刻最能表现人物思想性格和精神风貌，所以剧作家才于此浓施笔墨、尽情挥洒。这样安排，对题材的思想内涵，起到进一步深入开掘的作用；对剧情的进展则起到进一步蓄势的作用，使后面直接冲突的高潮的到来显得水到渠成，自然而有力度。

1938年5月，毛泽东在《论持久战》中"犬牙交互的战争"讲到"包围和反包围"时说："如果我们在外交上建立太平洋反日战线，把中国作为一个战略单位，又把苏联及其他可能的国家也各作为一个战略单位，又把日本人民运动也作为一个战略单位，形成一个使法西斯孙悟空无处逃跑的天罗地网，那就是敌人死亡之时了。"（《毛泽东选集》，第二卷，人民出版社1991年版，第473页）"天罗地网"，出自本折关羽的一段唱词："安排下打风捞龙，准备着天罗地网；也不是待客筵席，则是个杀人、杀人的战场。若说那重意诚心更休想，全不怕后人讲。既然谨谨相邀，我则索亲身便往。""天罗地网"，天空地面遍张罗网。罗，捕鸟的网。比喻法禁森严，无法脱逃，或遭逢大难，走投无路，表现了关羽赴会前的英勇与无畏。毛泽东用"天罗地网"这个词语，说明他对《单刀会》的杂剧很熟悉。

（4）《谢天香》 第四折

《谢天香》第四折原文是：

（钱大尹引张千上，云）老夫钱大尹是也。谁想柳耆卿一举状元及第，夸官三日。张千，安排下筵席。你去当街里，拦住新状元柳耆卿，道钱府尹请状元；他若不肯来时，你只把马带着，休放了过去，好歹请他来。若来时，报的老夫知道。（下）

（柳骑马引祇候上，诗云）昔日龌龊不足夸，今朝放荡思无涯。春风得意马蹄疾，一日看尽长安花。小官柳永。自与谢天香分别之后，到于帝都阙下，一举状元及第。今借宰相头踏，夸官三日。我闻知钱大尹娶了谢天香为妻。钱可道也，你情知谢氏是我的心上人，我看你怎么相见？左右的，摆开头踏，慢慢的行将去。（张千上，云）状元，钱大尹相公有请！（柳云）我不去。（张千扯马，云）我好歹请状元见俺相公去来！（同下）

（钱大尹上，云）早间着张千请柳耆卿去了，怎生不见来？（张千

同柳上，云）状元少待，我报复去。（报科，云）请的状元到了也。（钱大尹云）道有请。（柳做见科）

（钱大尹云）贤弟，峥嵘有日，奋发有时，兀的不壮哉！将酒来，今日与贤弟作贺。（把酒科，云）贤弟满饮一杯。（柳云）小官量窄，吃不的！（钱大尹云）贤弟平昔以花酒为念，今日如何不饮？（柳云）小官今非昔比，官守所拘，功名在念，岂敢饮酒？（钱大尹云）若是这般呵，功名成就多时了。你端的不饮酒，敢有些怪我么？张千，近前来。（做耳语科，云）只除恁的……。（张千云）理会的。（做叫科，云）谢夫人，相公前厅待客，请夫人哩！（正旦云）天香，谁想有今日也呵！（唱）

【中吕】【粉蝶儿】送的那水护衣为头，先使了熬麸浆细香澡豆，暖的那温湆清手面轻揉；打底干南定粉，把蔷薇露和就；破开那苏合香油，我嫌棘针梢燎的来油臭。

【醉春风】那里敢深蘸着指头搽，我则索轻将棉絮纽。比俺那门前乐探等着官身，我今日个不丑、丑。虽不是宅院里夫人，也是那大人家姬妾，强似那上厅的祗候。

（云）相公前厅待客，我且不过去，我试望咱。（唱）

【石榴花】我则道坐着的是那个俊儒流，我这里猛窥视细凝眸，原来是三年不肯往杭州，闪的我落后，有国难投！莫不是将咱故意相迤逗，特教的露丑呈羞？你觑那衣服每各自施忠厚，百般儿省不的甚缘由。

【斗鹌鹑】并无那私事公仇，倒与俺张筵置酒。（带云）我这一过去，说些甚么的是？（唱）我则是佯不相瞅，怎敢道特来问候。（见科）（钱大尹云）天香，与耆卿施礼咱。（正旦唱）我这里施罢礼，官人行紧低首。（钱大尹云）天香，近前来些。（正旦唱）谁敢道是离了左右，我则索侍立旁边，我则索趋前退后。

（钱大尹云）天香，与耆卿把一杯酒者！（正旦云）理会的。（唱）

【上小楼】我待要提个话头，又不知他可也甚些机彀，倒不如只做朦胧，为着东君，奉劝金瓯；他若带酒，是必休将咱偢倸。（柳云）

天香，近前来些。（正旦唱）这里可便不比我做上厅行首。

（钱大尹云）天香把盏，教状元满饮此杯。（递酒科）（柳云）我吃不的了也。（正旦唱）

【幺篇】他那里则是举手，我这里忍着泪眸；不敢道是厮问厮当、厮来厮去、厮捆厮揪，我如今在这里不自由。（柳云）大姐，你怎生清减了？（正旦唱）你觑我皮里抽肉，你休问我可怎生骨岩岩脸儿黄瘦！

（钱大尹云）耆卿，你怎生不吃酒？（柳云）我吃不的了也！（钱大尹云）罢、罢、罢，话不说不知，木不钻不透。冰不搭不寒，胆不试不苦"君子见机而作，不俟终日"。耆卿何故见之晚矣！当日见足下留心于谢氏，恣意于鸣珂，耽耳目之玩，惰功名之志，是以老夫侃侃而言，使足下怏怏而别。一从贤弟去了，老夫差人打听，道贤弟临行，留下一首〔定风波〕词。老夫着张千唤此谢氏，张千把盏，谢氏歌唱，我着他唱那〔定风波〕词。我则道犯着老夫讳字，不想他将韵脚改过。老夫甚爱其才，随即乐案里除了名字，娶在我宅中为姬妾。老夫不避他人之是非，盖为贤弟之交契。若使他仍前迎新送旧，贤弟，可不辱没了高才大名！老夫在此为理三年，治百姓水米无交，于天香秋毫不染。我则待剪了你那临路柳，削断他那出墙花，合是该二人成配偶。都因他一曲〔定风波〕，则为他和曲填词，移宫换羽，使老夫见贤思齐；回嗔作喜，教他冠金摇凤效宫妆，佩玉鸣鸾罢歌舞；老夫受无妄之愆，与足下了平生之愿。你不肯烟月久离金殿阁，我则怕好花输与富家郎。因此上三年培养牡丹花，专待你一举首登龙虎榜。贤弟，你试寻思波，歌妓女怎做的大臣姬妾？我想你得志呵，则怕品官不得娶娼女为妻。以此上锁鸳鸯、巢翡翠、结合欢、谐琴瑟。你则道凤台空锁镜，我将那鸾胶续断弦。我怎肯分开比翼鸟，着您再结并头莲？老夫佯推做小夫人，专待你个有志气的知心友。老夫不必多言，天香，你面陈肝胆，说兀的做甚！（诗云）拣选下锦绣红妆女，付与你银鞍白面郎。柳耆卿休错怨开封主，这的是钱大尹智宠谢天香。（柳云）嗨！多谢老兄，肯为小弟这等留心！大姐，我去之后，你怎生到

得相公府中？试说一遍与我听者！（正旦唱）

【哨遍】一自才郎别后，相公那帘幕里香风透。又无个交错觥筹，又无个宾客闲游饮杯酒，坐衙紧唤，乐探忙勾，唬的我难收救，只得向公厅祗候。不问我舞旋，只着我歌讴。将凤凰杯注酒尊前递，把商角调填词韵脚搜，唱到"惨绿愁红""事事可可"，一时禁口。

【耍孩儿】相公讳字都全有，我特别韵儿轻轻换偷；即时间乐案里便除名，扬言说要结绸缪。三年甚事曾占着铺盖，千日何曾靠着枕头？相公意，难参透。我本是沾泥飞絮，倒做了不缆孤舟！

【二煞】见妾身精神比杏桃，相公如何共卯酉？见天香颜色当春昼。观花不比观娇态，饮酒合当饮巨瓯。谁把清香嗅？则是深围在阑底，又何曾插个花头！

（钱大尹云）张千，快收拾车马，送谢夫人到状元宅上去！（柳同旦拜谢科，云）深感相公大恩！（正旦唱）

【煞尾】这天香不想艳阳天气开，我则道无情干罢休！谁想这牡丹花折入东君手，今日个分与章台路傍柳。

《谢天香》，全名《钱大尹智宠谢天香》，全剧共四折、一楔子。旦本。剧情是这样的：楔子：钱塘书生柳永，游学开封府，与妓女谢天香相爱。柳永欲赴京赶考前，谢天香被通知去参见新府尹。第一折：新任开封府尹恰好是柳永故友钱可，谢天香参见时小心翼翼。柳永郑重托他照顾谢天香。谢天香为柳永赴京饯行，柳永以《定风波》相赠。第二折：钱大尹名"可"，字"可道"，触犯者则责打成罪。钱大尹知柳词中有"芳心是事可可"之语，因故叫谢天香吟唱柳词。谢巧妙地更换韵脚，钱大尹本见天香确有才华，也很喜爱她。为使谢天香不再沦落于妓院，钱大尹用心良苦，假装娶她为妾，使她脱离乐籍。第三折：谢天香入钱府三载，钱待之甚厚，却从不与她亲近。谢天香与钱的侍妾们玩耍，遇钱大尹，遂以诗试探，知钱另有打算。第四折：柳永中状元回来，误会钱大尹抢走心上人，心中怨恨。钱大尹一一说明情由，并将谢天香归还柳永。柳、谢始知钱大尹"智宠"真意，双双拜谢。

1936 年 8 月 14 日，毛泽东在致他的老友易礼容的信中说："现在局势，非抗日无以图存，非合作无以抗日，统一战线之能得到全国拥护，可知趋势之所在了。兄之苦衷，弟所尽知。然今非昔比，救国自救只有真诚地转向抗日革命工作，这个意见不知能得到兄之完全赞成否？上海工人运动，国共两党宜建立统一战线，共同对付帝国主义与汉奸，深望吾兄努力促成之。"（《毛泽东书信选集》，人民出版社 1983 年版，第 47 页）其中"今非昔比"一语即出自关汉卿《谢天香》第四折中柳永状元及第后，钱大尹宴请他时所说："小官今非昔比，官守所拘，功名在念，岂敢饮酒？"昔，过去。今非昔比，如今不能同过去相比，形容变化很大。毛泽东运用得当，说明他对此剧非常熟悉。

（5）《五侯宴》 楔子

《五侯宴》楔子的原文是：

（冲末扮李嗣源领番卒子上，李嗣源云）野管羌笛韵，英雄战马嘶。擂的是镂金画面鼓，打的是云月皂雕旗。某乃大将李嗣源是也。父乃沙陀李克用。俺父亲手下兵多将广，有五百义儿家将，人人奋勇，个个英雄，端的是旗开得胜，马到成功。自破黄巢，俺父子每累建奇功。今天下太平，因某父多有功勋，加为忻、代、石、岚、雁门关都招讨使、天下兵马大元帅，又封为河东晋王之职。手下将论功升赏。今奉圣人命，为因黄巢手下余党草寇未绝，今奉阿妈将令，差俺五百义儿家将，统领雄兵，收捕草寇。若得胜回还，圣人再有加官赐赏。奉命出师统雄兵，剿除草寇建功名。赤心报国施英勇，保助山河享太平（下）

（赵太公上，云）段段田苗接远村，太公庄上戏儿孙。虽然只得锄刨力，答贺天公雨露恩。自家潞州长子县人氏，姓赵，人见有几贯钱，也都唤我做赵太公。嫡亲的两口儿，浑家刘氏，近新来亡化过了。撇下个孩儿，未勾满月，无了他那娘，我又看觑不的他。我家中粮食田土尽有，争夺无一个亲人，则觑着一点孩儿！我吩咐那稳婆和家里那小的每：长街市上不问那里寻的一个有乳食的妇人来，我宁可与他些钱钞，我养活他，则要他看觑我这孩儿。今日无甚事，我去那城中索些钱债去。下次小的，看着那田禾，我去城中索些钱债便来也。（下）

（正旦抱徕儿上，云）妾身是这潞州长子县人民，自身姓李，嫁的夫主姓王，是王屠，嫡亲的两口儿。妾身近日所生了个孩儿，见孩儿口大，就唤孩儿做王阿三。不想王屠下世，争夺家中一贫如洗，无钱使用！妾身无计所奈，我将这孩儿长街市上卖的些小钱物，埋殡他父亲。自从早晨间到此，无人来问，如之奈何也！（做哭科）

（赵太公上，云）自家是赵太公。城中索钱去来也，不曾索得一文钱，且还我那家中去。兀的一簇人，不知看甚么？我试去看咱。

（做见正旦科，云）一个妇人，怀里抱着个小孩儿。我问他一声咱：兀那嫂嫂，你为何抱着这小的在此啼哭？可是为何那？

（正旦云）老人家不知：我是这本处王屠的浑家，近新来我所生了这个孩儿，未及满月之间，不想我那夫主亡逝，无钱埋殡，因此上将这孩儿但卖些小钱物，埋殡他父亲。是我出于无奈也！

（赵太公云）住、住、住，正要寻这等一个妇人看我那孩儿，则除是恁的……兀那王嫂嫂，你便要卖这小的，谁家肯要？不知你寻个穿衣吃饭处，可不好？

（正旦云）你说的差了也！便好道：一马不背两鞍，双轮岂碾四辙？烈女不嫁二夫，我怎肯嫁待于人！

（赵太公云）你既不肯嫁人，便典与人家，或是三年，或是五年，得些钱物埋殡你夫主，可不好？

（正旦云）我便要典身与人，谁肯要？

（赵太公云）你若肯啊，我是赵太公，我家中近新来也无了浑家，有个小的，无人抬举他；你若肯典与我家中，我又无甚么重生活着你做，你则是抱养我这个小的，我与些钱钞埋殡你那丈夫，可不好？

（正旦云）住、住、住，我寻思咱：我要将这孩儿与了人来呵，可不绝了他王家后代？罢、罢、罢，宁苦我一身罢！我情愿典，太公！

（赵太公云）既是这般，则今日我与些钱物，你埋殡你夫主。你便写一纸文书，典身三年。则今日立了文书，我与你钱钞，埋殡了你夫主，就去俺家里住去。

（正旦云）也是我出于无奈也呵！

（赵太公云）你是有福的，肯分的遇着我。（正旦唱）

【正宫】【端正好】则我这腹中愁、心间闷，俺穷滴滴举眼无亲，则俺这孤寒子母每谁瞅问？俺男儿半世苦受勤，但能勾得钱物，宁可着典咱身！

（赵太公云）则今日埋殡你丈夫，便跟我家中去来。（正旦唱）则今日将俺夫主亲埋殡。（同下）

《五侯宴》，全名《刘夫人庆赏五侯宴》。旦本。共五折，一个楔子。出场人物：正旦——王大嫂（第一、二、三、五折）、刘夫人（第四折）；冲末——李嗣源；外——葛从周、李从珂、赵太公。

楔子：沙陀李克用之子李嗣源奉命出征。王大嫂为安葬去世的丈夫，典身给赵太公为仆三年。第一折：赵太公要王大嫂将自己亲生的孩子丢掉，专心抚养他的孩子。第二折：大雪中，王大嫂准备将孩子丢在郊外，恰李嗣源由一白兔所引赶到，收孩子为义子，取名李从珂。第三折：黄巢旧部葛从周令大将王彦章与李克用对阵，李嗣源调兵遣将与之交战，王彦章战败。王大嫂在赵家备受虐待，因吊桶掉在井里，寻思自缢，被得胜回程的李从珂阻止。王大嫂向从珂言及身世，并说到将亲子交李嗣源一事，李从珂心存疑虑。第四折：李从珂向李嗣源探询实情，李嗣源百般遮掩。五侯宴上，从珂又向祖母刘夫人诉说遇见王嫂的经过，仍问不出个究竟，欲拔剑自刎，刘夫人方道出实情。李从珂遂领兵认母。第五折：李从珂终于与受尽折磨的生母相认。在楔子中，李嗣源奉命出征时，自报家门说："某乃大将李嗣源是也。父乃沙陀李克用。俺父亲手下兵多将广，有五百义儿家将，人人奋勇，个个英雄，端的是旗开得胜，马到成功。"其中"旗开得胜"，意谓旗帜一展开就取得胜利。本为送军出征的吉祥话，也比喻事情一开始就获得成功。

1943年7月12日，毛泽东在《质问国民党》一文中说："如果事变的结果，只是你们旗开得胜地'统一'了边区，削平了共产党，而日本人却被你们的'蒙汗药'蒙住了，或被什么'定身法'定住了，动弹不得，因此民族以及你们都不曾被他们'统一'了去，那么，我们的亲爱的国民党先生们，可否把你们的这种'蒙汗药'或'定身法'给我们宣示一二呢？"（《毛泽东选集》，第三卷，人民出版社1991年版，第904—895页）毛泽东在这里反用"旗开得胜"一语，是对国民党的辛辣讽刺。

（6）《蝴蝶梦》 第三折

《蝴蝶梦》第三折的原文是：

> （张千同李万上，诗云）手执无情棒，怀揣滴泪钱。晓行狼虎路，夜伴死尸眠。自家张千便是。有王大、王二、王三下在死囚牢中。与我拿将他三人出来！（王大、王二上，云）哥哥可怜见！（张千云）别过枷梢来，打三下杀威棒！（打三下科，云）那第三个在那里？（王三上，云）我来了！（张千云）李万，抬过押床来，丢过这滚肚索去扯紧着！（做扯科，三人叫科。张千云）李万，你家去吃饭，我看着。则怕提牢官来。（李万下）（正旦上，云）我三个孩儿都下在死囚牢中，我叫化了些残汤剩饭，送与孩儿每吃去。（唱）
>
> 【正宫】【端正好】遥望着死囚牢，恰离了悲田院，谁敢道半步俄延！排门儿叫化都寻遍，讨了些泼剩饭和杂面。
>
> 【滚绣球】俺孩儿本思量做状元，坐琴堂、请俸钱。谁曾遭这般刑宪，又不曾犯"五刑之属三千"。我不肯吃、不肯穿，烧地卧、炙地眠，谁曾受这般贫贱！正按着陈婆婆古语常言，他须"不求金玉重重贵，却甚儿孙个个贤"，受煞熬煎。
>
> （做到牢门科，云）这里是牢门首，我拽动这铃索者。（张千云）则怕是提牢官来。我开开这门，看是谁拽动铃索来？（正旦云）是我拽来。（张打科，云）老村婆子，这是你家里！你来做甚么？（正旦云）我与三个孩儿送饭来。（张千云）灯油钱也无，冤苦钱也无；俺吃着死囚的衣饭，有钞将些来使；（正旦云）哥哥可怜见，一个老的

被人打死了，三个孩儿又在死囚牢内，老身吃了早晨，无了晚夕，前街后巷叫化了些残汤剩饭，与孩儿每充饥。哥哥只可怜见！（唱）

【倘秀才】叫化的剩饭重煎再煎，补衲的破袄儿翻穿了正穿。（云）哥哥，则这件旧衣服送你罢！（唱）有这个旧褐袖，与哥哥且做些冤苦钱。（张千云）我也不要你的。（正旦唱）谢哥哥相觑当，厮周全，把孩儿每可怜。

（张千云）罪已问定也，救不的了。（正旦唱）

【脱布衫】争奈一家一计，肠肚萦牵；一上一下，语话熬煎；一左一右，把孩儿顾恋；一拃一把，雨泪涟涟。

【醉太平】数说起罪愆，委实的衔冤，我这里烦烦恼恼怨青天，告哥哥可怜。他三个足丢没乱眼脑剔抽秃刷转，依柔乞煞手脚滴羞笃速战；迷留没乱救他叫破俺喉咽，气的来前合后偃。

（张千云）放你进来，我掩上这门。（正旦进见科，云）兀的不是我孩儿！（做悲科）（王大云）母亲，你做甚么来？（正旦云）我与你送饭来。（正旦向张千云）哥哥，怎生放我孩儿吃些饭也好！（张千云）你没手？兀那婆子，喂你那孩儿。（正旦喂王大、王二科，唱）

【笑和尚】我、我、我两三步走向前，将、将、将把饭食从头劝，我、我、我一匙匙都抄遍；你、你、你胡喧饥，你、你、你润喉咽。（王三云）娘也，我也吃些儿。（正旦唱）石和尚好共歹一口口刚刚咽。

（旦做倾饭料，云）大哥，这里有个烧饼，你吃，休教石和看见。二哥，这里有个烧饼，你吃，休教石和看见。（唱）

【叨叨令】叫化的些残汤剩饭，那里有重罗面！你不想堂食玉酒琼林宴，想当初长枷钉出中牟县，却不道布衣走上黄金殿。兀的不苦杀人也么哥！兀的不苦杀人也么哥！告你个提牢押狱行方便。

（云）大哥，我去也，你有甚么说话？（王大云）母亲，家中有一本《论语》，卖了替父亲买些纸烧。（正旦云）二哥，你有甚么话说？（王二云）母亲，我有一本《孟子》，卖了替父亲做些经忏。（王三哭云）我也没的吩咐你，你把你的头来，我抱一抱。（正旦出科）

（张千云）兀那婆子，你要欢喜么？（正旦云）我可知要欢喜哩！（张千入牢科，云）那个是大的？

（王大云）小人是大的。（张千云）放水火！（王大做出科）（张千云）兀那婆子，你这大的孝顺，保领出去养活你，你见了这大的儿子，你欢喜么？（正旦云）我可知欢喜哩！（张千云）我着你大欢喜！（做入牢科，云）那个是第二的？（王二云）小人便是。（张千云）起来，放水火！（做放出科）（张千云）兀那婆子，再与你这第二的，能营运养活你。（正旦云）哥哥，那第三个孩儿呢？（张千云）把他盆吊死，替葛彪偿命去。明日早墙底下来认尸。（正旦悲科，唱）

【上小楼】将两个哥哥放免，把第三的孩儿推转；想着我咽苦吞甘，十月怀耽，乳哺三年。不争教大哥哥、二哥哥身遭刑宪，教人道桑新妇不分良善。

【幺篇】你本待冤报冤，倒做了颠倒颠。岂不闻杀人偿命，罪而当刑，死而无怨。（做看王三科，唱）若是我两三番将他留恋，教人道后尧婆两头三面。

（王大、王二云）母亲，我怎舍得兄弟也！（正旦云）大哥、二哥家去来，休烦恼者！（唱）

【快活三】眼见的你两个得生天，单则你小兄弟丧黄泉。（做觑王三悲科，唱）教我扭回身，忍不住泪涟涟。（王大、王二悲科）（正旦云）罢、罢、罢，但留的你两个呵，（唱）他便死也，我甘心情愿。

【朝天子】我可便可怜孩儿忒少年，何日得重相见？不争将前家儿身首不完全，枉惹得后代人埋怨。我这里自推自攧到三十余遍，畅好是苦痛也么天！到来日一刀两段，横尸在市廛，再不见我这石和面。

【尾煞】做爷的不曾烧一陌纸钱，做儿的又当了罪愆，爷和儿要见何时见？若要再相逢一面，则除是梦儿中咱子母团圆。（王大、王二随下）

（王三云）张千哥哥，我大哥、二哥都那里去了？（张千云）老爷的言语，你大哥、二哥都饶了，着养活你母亲去；只着你替葛彪偿命。（王三云）饶了我两个哥哥，着我偿命去，把这两面枷我都带上。

只是我明日怎么样死?（张千云）把你盆吊死，三十板高墙丢过去。（王三云）哥哥，你丢我时放仔细些，我肚子上有个疖子哩!（张千云）你性命也不保，还管你甚么疖子!（王三唱）

【端正好】腹揽五车书，（张千云）你怎么唱起来?（王三云）是曲尾。（唱）都是些《礼记》和《周易》。眼睁睁死限相随，指望待为官为相身荣贵，今日个毕罢了名和利。

【滚绣球】包待制比问牛的省气力，俺父亲比那教子的少见识，俺秀才每比那题桥人无那五陵豪气。打的个遍身家鲜血淋漓，包待制又葫芦提，令史每装不知。两边厢列着祇候人役，貌堂堂都是一伙洒肏娘的!隔牢撺彻墙头去，抵多少平空寻觅上天梯。（带云，张千）（唱）等我肏你奶奶歪屄!（张千随下）

《蝴蝶梦》，全名《包待制三勘蝴蝶梦》，简称《蝴蝶梦》。全剧共四折，一楔子。旦本。出场人物：正旦——王婆婆；外——王老汉、包拯；冲末——王大、王二；丑——王三。

剧情是这样的：楔子：开封府中牟县农民王老汉，三个儿子都不愿做农活，只想着读书写字，以求将来荣达。第一折：王老汉去长安买纸笔，被皇亲葛彪打死。王氏三兄弟金和、铁和、石和为报父仇，一怒之下打死皇亲葛彪，被送至开封府衙候审。第二折：包待制早衙审理赵顽驴偷马案后伏几入睡。梦见大蝴蝶救起坠入网中的两只小蝴蝶，而不救入网的另一小蝴蝶。梦醒后审勘葛彪一案，王妻及三子也争相认罪。包拯只想判一人有罪，判金和、铁和，王妻都不同意，却让幼子石和领罪。包拯怀疑石和非其亲生，暗中观察后才知王妻爱护前妻所生二子，而甘愿牺牲亲生子石和。包待制自感此案应了梦中所见。第三折：王氏三兄弟下在死牢，王婆婆探监后，王大、王二相继获释，只留下王三偿命。第四折：王婆婆带领王大、王二为王三收尸，谁知包待制将盗马贼赵顽驴顶替王三处死，王三得与母亲、哥哥相聚。包待制出场宣读圣旨，以母贤子孝，赐三兄弟为官，王婆婆为贤德夫人。此剧不仅歌颂了清官包拯为民申冤，更主要的是通过公案剧的构架，歌颂了王婆婆的贤德。构思新颖，穿插巧妙，曲辞本色，凄婉动人。

此折中王婆婆的两句唱词"他便死也，我甘心情愿"。他，指王三。王三是自己的亲生儿子，而王大、王二则是王老汉前妻所生。舍亲生而救王老汉前妻之子，表现了王婆婆的贤德品质。甘心，愿意，指完全愿意，没有丝毫的勉强。

1945 年 6 月 11 日，毛泽东在《愚公移山》一文中说："首先要使先锋队觉悟，下定决心，不怕牺牲，排除万难，去争取胜利。但这还不够，还必须使全国广大人民群众觉悟，甘心情愿和我们一起奋斗，去争取胜利。"（《毛泽东选集》，第三卷，人民出版社 1991 年版，第 1101—1102 页）中国共产党"七大"确定的政治路线，就是"打败日本侵略者，解放全国人民，建立一个新民主主义的中国"。所以全国人民都"心甘情愿"一起奋斗，这是被历史证明的事实。

2、马致远

（1）《汉宫秋》 第三折

《汉宫秋》第三折的原文是：

（番使拥旦上，奏胡乐科，旦云）妾身王昭君，自从选入宫中，被毛延寿将美人图点破，送入冷宫；甫能得蒙恩幸，又被他献与番王形像。今拥兵来索，待不去，又怕江山有失；没奈何将妾身出塞和番。这一去，胡地风霜，怎生消受也！自古道："红颜胜人多薄命，莫怨春风当自嗟。"（驾引文武内官上，云）今日灞桥饯送明妃，却早来到也。（唱）

【双调】【新水令】锦貂裘生改尽汉宫妆，我则索看昭君画图模样。旧恩金勒短，新恨玉鞭长。本是对金殿鸳鸯，分飞翼，怎承望！

（云）您文武百官计议，怎生退了番兵，免明妃和番者。（唱）

【驻马听】宰相每商量，大国使还朝多赐赏。早是俺夫妻恨快，小家儿出外也摇装。尚兀自渭城衰柳助凄凉，共那灞桥流水添惆怅。偏您不断肠，想娘娘那一天愁都撮在琵琶上。

（做下马科）（与旦打悲科）（驾云）左右慢慢唱者，我与明妃饯一杯酒。（唱）

【步步娇】您将那一曲阳关休轻放，俺咫尺如天样，慢慢的捧玉觞。朕本意待尊前挨些时光，且休问劣了宫商，您则与我半句儿俄延着唱。

（番使云）请娘娘早行，天色晚了也。（驾唱）

【落梅风】可怜俺别离重，你好是归去的忙。寡人心先到他李陵台上？回头儿却才魂梦里想，便休题贵人多忘。

（旦云）妾这一去，再何时得见陛下？把我汉家衣服都留下者。（诗云）正是：今日汉宫人，明朝胡地妾；忍着主衣裳，为人作春色！（留衣服科）（驾唱）

【殿前欢】则甚么留下舞衣裳，被西风吹散旧时香。我委实怕宫车再过青苔巷，猛到椒房，那一会想菱花镜里妆，风流相，兜的又横心上。看今日昭君出塞，几时似苏武还乡？

（番使云）请娘娘行罢，臣等来多时了也。（驾云）罢罢罢！明妃，你这一去，休怨朕躬也。（做别科，驾云）我那里是大汉皇帝！（唱）

【雁儿落】我做了别虞姬楚霸王，全不见守玉关征西将。那里取保亲的李左车，送女客的萧丞相？

（尚书云）陛下不必挂念。（驾唱）

【得胜令】他去也不沙架海紫金梁，枉养着那边庭上铁衣郎。您也要左右人服侍，俺可甚糟糠妻下堂！您但提起刀枪，却早小鹿儿心头撞。今日央及煞娘娘，怎做的男儿当自强！

（尚书云）陛下，咱回朝去罢。（驾唱）

【川拨棹】怕不待放丝缰，咱可甚鞭敲金镫响。你管燮理阴阳，掌握朝纲，治国安邦，展土开疆；假若俺高皇，差你个梅香，背井离乡，卧雪眠霜，若是他不恋恁春风画堂，我便官封你一字王。

（尚书云）陛下，不必苦死留他，着他去了罢。（驾唱）

【七弟兄】说什么大王不当恋王嫱，兀良！怎禁他临去也回头望。那堪这散风雪旌节影悠扬，动关山鼓角声悲壮。

【梅花酒】呀！俺向着这迥野悲凉。草已添黄，兔早迎霜。犬褪得毛苍，人搠起缨枪，马负着行装，车运着糇粮，打猎起围场。他、他、他，伤心辞汉主；我、我、我，携手上河梁。他部从入穷荒；我銮舆返咸阳。返咸阳，过宫墙；过宫墙，绕回廊；绕回廊，近椒房；近椒房，月昏黄；月昏黄，夜生凉；夜生凉，泣寒螀；泣寒螀，绿纱窗；绿纱窗，不思量！

【收江南】呀！不思量，除是铁心肠；铁心肠，也愁泪滴千行。美人图今夜挂昭阳，我那里供养，便是我高烧银烛照红妆。

（尚书云）陛下，回銮罢，娘娘去远了也。（驾唱）

【鸳鸯煞】我索大臣行说一个推辞谎，又则怕笔尖儿那伙编修讲。不见他花朵儿精神，怎趁那草地里风光？唱道伫立多时，徘徊半响，猛听的塞雁南翔，呀呀的声嘹亮，却原来满目牛羊，是兀那载离恨的毡车半坡里响。（下）

（番王引部落拥昭君上，云）今日汉朝不弃旧盟，将王昭君与俺番家和亲。我将昭君封为宁胡阏氏，坐我正宫。两国息兵，多少是好。众将士，传下号令，大众起行，望北而去。（做行科）（旦问云）这里甚地面了？（番使云）这是黑江，番汉交界去处。南边属汉家，北边属我番国。（旦云）大王，借一杯酒，望南浇奠，辞了汉家，长行去罢。（做奠酒科，云）汉朝皇帝，妾身今生已矣，尚待来生也。（做跳江科）（番王惊救不及，叹科，云）嗨！可惜，可惜！昭君不肯入番，投江而死。罢罢罢！就葬在此江边，号为青冢者。我想来，人也死了，枉与汉朝结下这般仇隙，都是毛延寿那厮搬弄出来的。把都儿，将毛延寿拿下，解送汉朝处治，我依旧与汉朝结和，永为甥舅，却不是好？（诗云）则为他丹青画误了昭君，背汉主暗地私奔；将美人图又来哄我，要索取出塞和亲。岂知道投江而死，空落的一见消魂。似这等奸邪逆贼，留着他终是祸根；不如送他去汉朝哈喇，依还的甥舅礼，两国长存。（下）

《汉宫秋》，全名《破幽梦孤雁汉宫秋》。元曲四大悲剧之一，马致远的代表作。写汉元帝受匈奴威胁，被迫送爱妃王昭君出塞和亲。全剧四折，一楔子。楔子：匈奴呼韩邪单于控甲十万，欲向汉朝请公主为妻。汉元帝嫌后宫寂寞，中大夫毛延寿请旨广选天下美女。第一折：毛延寿乘选美之机，大受贿赂。入选的王嫱拒绝毛延寿勒索，被毛点破图形，打入冷宫，寂寞中弹琴自遣。汉元帝驾幸后宫，闻琴音寻得王嫱，一见倾心。王向汉元帝揭露毛延寿私弊，汉元帝下令捉拿毛延寿。第二折：毛延寿畏罪逃亡匈奴，向番王献昭君图。匈奴大军压境，请元帝割舍王嫱，元帝不肯；王嫱为息刀兵，自请和番。第三折：主要写昭君出塞的过程，从汉元帝灞桥送别起，至昭君投江，单于将她礼葬，并把毛延寿解送汉朝止。这折戏是全剧高潮，不仅表现了鲜明的主题思想，而且具有精湛的艺术特色。

戏的开场是王昭君出塞将行，被番使簇拥而上。她虽然深知塞北风霜难以消受，但是为了汉室江山，不得不奉命和番。这样，就突出了她的爱国思想。在昭君对自己命运嗟叹的词语之中，蕴含着她勇于承担国家灾难的刚毅品质。汉元帝上场时所唱的第一支曲子【双调】【新水令】，明确地提出了皇帝和妃子这样一对"金殿鸳鸯"为什么会被拆散而不能自保的问题，直接触及全剧的症结所在。

在匈奴的武力威胁下，一国之主的汉元帝连自己宠爱的妃子都不能保护，可见当权者软弱到了何等地步！剧中以不同民族的服饰为标志，王昭君的改易胡服，不仅意味着汉元帝所蒙受的耻辱与痛苦，而且说明了王昭君的远行已无可挽回，这就更增添了他的离愁别恨。作者以元人所熟悉的事物设喻，如用马的"金勒""玉鞭"比喻旧恩、新恨，给人以十分深刻的感受。

在番使的一再催行之中，汉元帝仅有的一点希望，是能够延长饯别的进程，以便与昭君一起多捱些时光。然而就是这一点可怜的愿望也不能达到，更使他感到无限悒怏，柔肠寸断。这时，昭君把汉家衣服留下，并深情地说：

今日汉宫人，明朝胡地妾；忍着主衣裳，为人作春色！

这四句诗，前二句取李白《王昭君》诗句；后二句取陈师道《古意》诗句，寥寥数语，进一步表现了昭君的忠贞节操。

汉元帝既无法挽留昭君，又不能改变这使人难堪的现实，只好迁怒于人，情不自禁地对文臣武将发出了斥责：

> 【雁儿落】我做了别虞姬楚霸王，全不见守玉关征西将。那里取保亲的李左车，送女客的萧丞相？
>
> 【得胜令】他去也不沙架海紫金梁，枉养着那边庭上铁衣郎……

元人杂剧常以"擎天白玉柱，架海紫金梁"比喻文臣武将。作者借汉元帝之口，对满朝文武大臣进行了冷嘲热讽，不由得想起了历史上李左车、萧何那样既有谋略，又勇于任事的英雄。要是自己身边也有这样的人物，怎么会受此奇耻大辱！

剧中的朝臣尚书，对于娘娘出塞和亲，不仅不觉得羞耻，反而还劝皇帝"不必挂念"，"咱回朝去罢"。这就更加激怒了汉元帝："怕不待放丝缰，咱可甚鞭敲金镫响。""放丝缰""鞭敲金镫"也是元朝的习俗，当时蒙古用兵得胜回朝时，鞭敲金镫发出响声，表示庆祝胜利。这里的意思是说，送娘娘出塞和亲也算胜利吗？有什么鞭敲金镫响的理由呢？这个发问，于文官武将是谴责；于汉元帝自己，则是讽刺。

《汉宫秋》的唱词哀婉曲折，意味隽永。作者以文人骚客之心推度君王之腹，以无限同情的笔调，细致绵密地描绘了汉元帝对昭君的思念之情，把汉元帝复杂的内心世界淋漓尽致地展现在读者和观众面前。汉元帝送别昭君后所唱的三支曲子【七弟兄】【梅花酒】【收江南】，慷慨悲凉，缠绵悱恻，为我们勾画出一个完整的、充满诗意的境界，富有强烈的艺术感染力，体现了马致远在杂剧创作中既富于气势，又讲究文采的艺术特色。其中，【梅花酒】【收江南】曲牌，作者巧妙地使用变格的手法，首末都是增句，末尾六字句，都顿成两个三字短句，前后重复，形成重叠回环的句式，增强了唱词的表现力与音乐感，使人读后回肠荡气，余味无穷。真是字字含情，苍凉凄楚。

第三折的末尾，写昭君不肯入番，在汉匈交界处投江而死的情节，虽然着墨不多，却赋予昭君这个剧中人以新的意义。显然，作者是饱含着强烈的民族感情，虚构了这一故事情节，为我们成功地塑造了一个完全不同于前人的、闪耀着光辉的新的艺术形象。

1945 年 10 月 17 日，毛泽东在《关于重庆谈判》一文中说："有许多本地的干部，现在要离乡背井，到前方去。还有许多出生在南方的干部，从前从南方到延安，现在也要到前方去。所有到前方去的同志，都应当做好精神准备，准备到了那里，就要生根、开花、结果。"到前方去的人，"享受让给人家，担子拣重的挑，吃苦在别人前头，享受在别人后头"，这就是好同志，这种共产主义精神，大家都要学习。毛泽东讲到本地干部要"离乡背井"一语，即出自本折尚书五鹿充宗的唱词："假若俺高皇，差你个梅香，背井离乡，卧雪眠霜，若是他不恋恁春风画堂，我便官封你一字王。"背，离开。井，古时八家为井，引申为乡里、住宅，指远离家乡。剧中王昭君离开湖北秭归，远嫁匈奴和亲，所以是"背井离乡"，本地干部到前方去，也要远离家乡，也是"背井离乡"，毛泽东运用得十分恰当。

（2）《任风子》 第一折

《任风子》第一折的原文是：

（冲末扮马丹阳上，诗云）雪瓷冰斋满箸黄，沙瓶豆粥隔篱香。就中滋味无人识，傲杀羊羔乳酪浆。贫道祖居宁海莱阳人也。俗姓马，名从义，乃伏波将军马援之后。钱财过万倍之余，田宅有半州之盛。家传秘行，世积阴功。初蒙祖师点化，不得正道，把我魂魄摄归阴府，受鞭笞之苦。忽见祖师来救，化作天尊，令贫道似梦非梦，方觉死生之可惧也。因此遂弃其金珠，抛其眷属，身挂一瓢，顶分三髻。按天地人三才正道，正一髻受东华帝君指教，去其四罪，是人、我、是、非；右一髻受纯阳真人指教，去其四罪，是富、贵、名、利；左一髻受王祖师指教，去其四罪，是酒、色、财、气。方成大道，正授白云洞主，丹阳抱一无为普化真人阴符中道，人身难得，中土难逢。假是得生，正法难遇。贫道昨宵看见青气冲天，下照终南山甘河镇，有一人任屠，此人有半仙之分。因而禀过师祖，前去点化他。若到的甘河镇，将一方之地都化的不吃腥荤。你道为何？此人是屠户之家，他见我化的一方之地都吃了斋素，搅了他买卖，他必然来伤害我性命。他若来时，点化此人归于正道。（诗云）我与他阎王簿上除生死，紫府宫中立姓名。指开海角天涯路，引得迷人大道行。（下）

（正末扮任屠同旦李氏上，云）自家终南山甘河镇人氏，姓任，是个操刀屠户。为我每日好吃那酒，人口顺都叫我任风子。颇有些家私，但见兄弟每生受的，我便借与他些钱物做本，并不要利息，因此上相识伴当每能将我厮敬。嫡亲的两口儿家属。浑家李氏，近新来生了一个小厮儿。今日是我生辰之日，又是孩儿满月，众兄弟送些礼物来。大嫂，你去安排酒食茶饭，等待兄弟每。这早晚敢待来也。（旦云）理会的。

（众屠户上，云）俺都是甘河镇屠户。俺有一个哥哥是任屠，俺的本钱是他的。近新来不知是那里走的个师父来，头挽着三个丫髻，化的俺这一方之人尽都吃了斋素。俺屠行买卖都迟了，本钱消折。今日是任屠哥哥生辰之日，又是他孩儿满月，一来与哥哥做生日，二来问哥哥借些本钱。说话中间，可早来到了也。（众见正末科，云）哥哥，你兄弟来迟也。（正末云）恰才道罢，兄弟们早来了也。量任屠有何德能，动劳列位，请坐。（众云）哥哥请坐。（正末云）大嫂，将酒来。兄弟每慢慢饮一杯。（众云）俺兄弟每又无厚礼，倒来定害哥哥嫂嫂。（正末云）兄弟，一回相见一回老，能有几年做弟兄也呵。（唱）

【仙吕】【点绛唇】朋友相怜，弟兄错见，任屠面。今日何缘，因贱降来宅院。

【混江龙】俺屠家开宴，端的是肉如山岳酒如川。都是些吾兄我弟，等辈齐肩。直吃的月上花梢倾尽酒，风吹荷叶倒垂莲。客喧席上，酒到跟前；何曾摘厌，并不推言。一盏盏接入手，可都干干的咽。卖弄他掂斤播两，拨万论千。

（众云）酒够了，俺吃不得了也。（正末云）众兄弟可早醉也。（唱）

【油葫芦】你着那些扎手风乔人酒量浅，他吃不的一谜里，他将那吃不了的牛肉着指头填。恰便似饿狼般撞入肥羊圈，乞儿般闹了悲田院。吃的来眼又睁，撑的来气又喘。都是些猪脖脐狗奶子乔亲眷，都坐满一圆圈。

【天下乐】可正是画戟门排见醉仙。（带云）大嫂。（唱）则我这家缘，不少了你吃共穿，生下这魔合罗般好儿天可怜。花谢了花再开，月缺了月再圆。咱人老何曾再少年。

（众云）你兄弟都折少本钱，问哥哥再借些钞做本钱。（正末云）大嫂，兄弟每无本钱呵，借与他些。（旦云）咱那里得那钱来，你好忒自专也。（正末唱）

【那吒令】非任屠自专，大河里有船；相知每共言，囊橐里有钱。（旦云）俺那里有那钱来？（正末云）你这般恶叉白赖的！（唱）哎，这婆娘不贤，头直上有天。任屠非自夸，你亲曾见，做屠户的这些行院？

【鹊踏枝】一个道少人钱，一个道缺盘缠。怕不待鼓脑争头，争奈他赤手空拳。俺这里谢天，葫芦提过遣，咱比他稍有些水陆庄田。

（云）大嫂，去后面看些茶饭来。（旦云）理会的。（下）（正末云）我开了这箱子，取出些钱钞来，与你一家两锭做本钱。兄弟也，我去年借与你许多本钱，都那里去了？（众云）哥哥不知，去年借的本钱都折了。近新来不知那里走将一个先生来，化的这甘河镇一方之地都吃了斋素，因此上折了本钱。（正末唱）

【寄生草】你道他都修善，不吃膻；你道是先生每闹了终南县，道士每住满全真院，庄家每闲看《神仙传》，姑姑每屯满七真堂，我道来摇车儿摆满三清殿。

（众云）哥哥，似这等，人家都吃了斋，着咱屠户每怎生做买卖？（正末云）你休闲。可不道"搅人买卖，如杀父母"。如今那个敢杀那先生去？（众云）俺去！（正末云）你如今白厮打，赢的便杀

那先生去。（众云）说的是，说的是！俺众人打你一个。（正末云）打将来！（做打科，众倒科）（正末云）你都近不的我。（唱）

【金盏儿】一个拳来到眼跟前，轻躲过臂忙扇。一个被我搬的一似风车儿转。一个拳来先躲过，似放过一蚕橼。这一个明堂里可早叉翻背，这一个嘴缝上中直拳。这一个扑的腮搵土，这一个亨的脚朝天。

（众云）哥哥，俺近不的你，是你去。（正末云）我去。（众云）虽然这等，还怕那先生有神通，你到那里小心在意者。（正末云）兄弟每，我明日五更前后，便去杀那先生。你放心者。（唱）

【赚煞尾】想着我扑乳牛力气全，杀劣马心非善，但提起这泼性命，我可早身轻体健。俺两个若还厮撞见，不着那厮巧语花言。遮莫你驾云轩，平地升仙，将我这摘胆剜心手段展。须直赶到玉皇殿前，撞入那月宫里面，我把他死羊般拖下九重天。（下）

（众云）哥哥醉了也。俺众人回家去来。（下）

《任风子》又简名作《马丹阳》，全名《马丹阳三度任风子》。写神仙马丹阳度化屠夫任风子的故事。末本。全剧共四折。出场人物：正末——任屠；旦——李氏；冲末——马丹阳。剧情是这样的：第一折：真人马丹阳夜间观气，得知终南山甘河镇有一位姓任的屠户，号风子，有半仙之分，于是便到镇上点化他。马丹阳准备先点化全镇之人断荤食素，以便迫使屠户买卖做不起来，趁任风子前来报复时再引导他入道。任风子后来果然如此行事，与众屠户密谋要杀了马丹阳。第二折：任妻苦劝其夫不要杀人，任屠不听。任风子持刀来到草庵，要杀马丹阳却反被护法神所杀。他向马丹阳索头颅，马丹阳让他自己摸摸，头却仍在他身上，于是猛悟，自愿随真人出家。第三折：马丹阳命他担水浇菜园，诵经修道，他的妻子率子弟到庵里劝他还俗，任休了娇妻，摔死幼子，誓不还俗。第四折：后来任风子屡经马丹阳指示，去尽酒色财气，一空人我是非，功成行满，得道成仙。

《任风子》属元杂剧中的"神仙道化"剧，宣扬了道教中全真教的教义。但剧中亦体现了当时文人由于思想苦闷而消极逃世的思想倾向，具有现实意义。此剧曲词自然雅致。第三折写农家生活，意境甚美，颇有田园诗风韵。其中任妻的一段唱词说："一个道少人钱，一个道缺盘缠。怕不待鼓脑争头，争奈他赤手空拳。俺这里谢天，葫芦提过遣，咱比他稍有些水陆庄田。""赤手空拳"，赤手，两手空空，比喻没有任何东西。这是任风子的妻子眼中的马丹阳及其随从。招待他们吃过酒饭以后，却没有钱付账。

1947年5月30日，毛泽东在《蒋介石政府已处在人民的包围中》一文中说："中国境内已有两条战线。蒋介石进犯军与人民解放军的战争，这是第一条战线。现在又出现了第二条战线，这就是伟大的正义的学生运动和蒋介石反动政府之间的尖锐斗争。学生运动的口号是要吃饭，要和平，要自由，亦即反饥饿，反内战，反迫害。蒋介石颁布了《维持社会秩序临时办法》。蒋介石的军警宪特同学生群众之间，到处发生冲突。蒋介石用逮捕、监禁、殴打、屠杀等等项暴力行为对付赤手空拳的学生，学生运动因而日益扩大。"毛泽东所用"赤手空拳"一语，即出自本折，用以揭发蒋介石镇压学生运动的罪行，恰到好处。

（3）《岳阳楼》 第二折

《岳阳楼》第二折的原文是：

> （柳改扮郭马儿引旦儿上。诗云）龙团凤饼不寻常，百草前头早占芳。采处未消顶峰雪，烹时犹带建溪香。自家郭马儿是也。这是我浑家贺腊梅。在这岳阳楼下开着一座茶坊，但是南来北往经商客旅，都来我这茶坊中吃茶。我听得老的曾说来，三十年前，这岳阳楼上卖酒，如今轮着俺这一辈卖茶。俺两口儿自成夫妇，已经数载，寸男尺女皆无。但是那过往的人剩下的残茶，我都吃了他的。可是为何？这个唤作偷阴功积福力，但生得一男半女，也不绝了郭氏门中香火。今日开开茶坊，我烧的镟锅儿热了。我昨日多饮了几杯，今日有些害酒。大嫂，茶客也未来哩，我且在这客子里歇一歇，若有茶客来时，着我知道。
>
> （旦儿云）理会的。（郭马睡科）
>
> （正末上，云）徐神翁，你与我缆住小舟，我度脱了郭马儿，咱

两个同舟而归。贫道当初在这岳阳楼下度了一株柳树，因他是土木之物，不得成道，教他托生为人。如今岳阳楼下卖茶郭马儿便是。又着白梅花精托生在贺家为女，他两个配为夫妇，可又早三十年矣。过往君子吃剩的残茶，此人便吃了。虽然如此，争奈浊骨凡胎，无人点化。常言道："玉不琢不成器，人不磨不成道。"休道是他，至如吕岩，当初是个白衣秀士，未遇书生，上朝求官，在那邯郸道王化店遇着钟离师父，再三点化，才得成仙了道。假如遇不着钟离师父呵。（唱）

【南吕】【一枝花】犹兀自骑着个大肚驴，吃几顿黄粱饭。则今日有缘游阆苑，可正是无梦到邯郸。（云）有人说道，你这等醉生梦死的，那神仙大道却怎生得来？（唱）休笑我行步艰难，无症候装些残患。如今便岳阳楼来了两番，空听的骇浪惊涛，（带云）呆汉子，（唱）洗不净愚眉肉眼。

（云）我这般东倒西歪，前合后偃的。（唱）

【梁州第七】我为甚不带酒伴推醉里？（带云）人问先生尘世如何？（唱）我可甚点头来会尽人间。休笑我形骸土木腌臜扮，强如紫绶，胜似白襕。袖藏着宝剑，腹隐着金丹，消磨尽绿鬓朱颜，恰离了云幌星坛。（带云）世俗人休笑俺神仙无定也。（唱）早来到绿依依采灵芝徐福蓬莱，恰行过高耸耸卧仙台陈抟华山，又过了勃腾腾来紫气老子函关，把船弯、此间，正江楼茶罢人初散。你这郭上灶吃人赞，则俺乞化先生左右难，来寻你下塌陈蕃。

（正末寻郭科，云）这个阁子里无有，这个阁子里也无有。（做见科，云）这厮在这里。马儿也，如今桃花放彻，柳眼未开。（打郭科）（郭惊云）倒吓我一跳，早是不曾打着我的耳朵。（正末云）打了你耳朵，不曾伤了你六阳魁首。马儿，你看波。（郭云）你着我看甚么？（正末云）兀的不是乌江岸。（郭云）乌江岸在那里？（正末云）兀的不是华容路。（郭云）华容路在那里？（正末哭笑科）（郭云）这师父风僧狂道，着我看兀的不是乌江岸，兀的不是华容路，哭了又笑，笑了又哭，正是个疯魔的哩。（正末云）古人英雄，今安在哉？华容路这壁是曹操遗迹，乌江岸那壁是霸王故址。曹操奸雄，夜

134

眠圆枕，日饮鸩酒三分；霸王有喑哑叱咤之勇，举鼎拔山之力，今安在哉？（唱）

【贺新郎】你看那龙争虎斗旧江山。（郭云）你笑甚么？（正末唱）我笑那曹操奸雄。（郭云）你哭甚么？（正末唱）我哭呵，哀哉霸王好汉。（郭云）老师父，你怎么哭了又笑，笑了又哭？（正末唱）为兴亡笑罢还悲叹，不觉的斜阳又晚。咱想这百年人则在这捻指中间。（郭云）不争老师父在楼上玩赏，可不搅了我茶客。

（正末唱）空听得楼前茶客闹，争似江上野鸥闲。百年人光景皆虚幻。（正末看科）（郭云）我也学你看一看。（正末唱）我觑你一株金线柳，犹兀自闲凭着十二玉栏干。

（郭云）老师父，你来我这里有甚勾当？（正末云）我来问你化一盏茶吃。（郭云）化一盏茶吃，你可是甜言美语的出家人。那里不是积福处！大嫂，造一个茶来与师父吃。（正末云）我不这般吃。你则依着我，丁字不圆，八字不正，深深的打个稽首："上告我师，吃个甚茶？"我便说与你茶名。（郭云）你看么，我见他是出家人，则这般与他个茶吃，他又这般饶舌。也罢，依着他，左右茶客未来哩。他又风，我又九伯，俺大家耍一会。我依着他，丁字不圆，八字不正，深深的打个稽首："上告我师，吃个甚茶？"（正末云）我吃个木瓜。（郭云）哎哟，好大口也，吊了下巴！我说道你吃个甚茶，说道我吃个木瓜。（正末云）郭马儿，你学谁哩？（郭云）我学你哩。（正末云）但学的我尽够了也。（郭云）学你腌臜头一世。罢罢，大嫂造个木瓜来。（正末吃茶科）（郭云）将盏儿来。（正末云）我不与你盏儿。（郭云）怎生不与我盏儿？（正末云）你则依着我，丁字不圆，八字不正，深深的打个稽首："上告我师，茶味如何？"我便与你盏儿。（郭云）罢罢，我便依着你，这些不必说了。师父稽首，茶味如何？（正末云）这茶敢不好。（郭云）好波，你与我贴招牌哩。（正末云）罚一个。（郭云）怎生罚一个？（正末云）依旧的问将来。（郭云）我依着你，依旧打个稽首，师父要吃个甚茶？（正末云）我吃个酥佥。（郭云）好紧唇也。我说道师父吃个甚茶？他说道吃个酥佥。头一盏吃了个木瓜，第二盏吃了个酥佥。这师父从来一口大一口小。（正末云）郭马儿，我是一口大一口小。（郭云）一口大一口小，不是个吕字？旁边再一个口，我这茶绝品高茶。罢罢，大嫂，造个酥佥来与师父吃。（正末接茶科，云）郭马儿，你这茶里面无有真酥。（郭云）无有真酥，都是甚么？（正末云）都是羊脂。（郭云）羊脂昨日浇了烛子，那里得羊脂来？（正末云）插上你呵，多少羊脂哩。（郭云）恁怎么样说，我是柳树了。（正末吃茶科）（郭云）将盏儿来。（正末云）我不与你盏儿，依旧的问将来。（郭云）我依着你。师父，茶味如何？（正末云）这茶敢又不好。（郭云）可早两遭儿。（正末云）再罚一个，你依旧问将来。（郭云）就依你。问师父要吃个甚茶？（正末云）我吃个杏汤。（郭云）这师父倒会吃，头一盏儿吃了个木瓜，第二盏吃了个酥佥，第三盏吃个杏汤，再着上些干粮，倒饱了半日。（正末云）马儿，你若不是我呵，是做了干粮也。（郭云）看将起来，我是块木头。罢罢，大嫂，造个杏汤来与师父吃。（旦儿云）杏汤便有，无有板儿也。（郭云）师父，杏汤便有，无有板儿也。（正末云）你说杏汤便有，无了板儿。三十年前解开你，都是板儿。（郭云）师父，我怎当的你这一句那一句。大嫂，造一个杏汤来。（正末吃茶科）（郭云）将盏儿来。（正末云）我不与你盏儿，依旧的问将来。（郭云）我依着你。师父，茶味如何？（正末云）郭马儿，你这茶……（郭云）敢又不好？（正末云）你怎生换了我的？（郭云）我学你道哩。（正末云）则要你学我道哩。（郭口忝茶盏科）（正末云）郭马儿，我见你两次三番口忝。（郭云）口忝甚么？（正末云）口忝我这茶盏底，是何缘故？（郭云）师父，你不知。我与浑家贺腊梅自做夫妻，数载有余，寸男尺女俱无。但是南来北往经商客旅，做买做卖，都来我这楼上吃茶，剩下残茶，我都吃了。却是为何？这是偷阴功积福德，但得一男半女，也绝不了郭氏门中香火。（正末云）原来如此。我着你大积些阴功，如何？（郭云）恁的呵，更好。（正末云）将盏儿来。郭马儿，你吃了我吐的残茶，教你有子嗣。（正末吐科）（郭做意不吃科）（背云）看了他那嘴脸，我吃他吐的茶，就绝户了也成不的。我

哄他一哄，看他说甚么。师父，你肯吃我的剩饭，我便吃你的残茶。（正末云）将你那剩饭来。（唱）

【梧桐树】你道是两碗通轻汗，独不闻一粒度三关。管甚么馄饨皮馒头馅和剩饭，总是个有酒食先生馔。

（正末又吐科）（郭云）可磣杀我也！（正末云）你吃了我的残茶，我便吃你的剩饭。（郭云）我和你说，我也不吃你残茶，也不要你吃我的剩饭。你披着半片羊皮，乞儿模样好嘴脸。（正末唱）

【隔尾】你休道这乞儿披定羊皮懒，你会首休猜做大卧单。（云）马儿，你吃了三盏茶，无一盏真的。（郭云）怎生无有一盏真的？（正末唱）我吐与你木瓜里枣、酥金里脂、杏汤里瓣。（云）马儿，你吃了者。（郭云）吃不得。只恁般左难、右难。（云）马儿，吃了者。（郭云）其实吃不得。（正末云）你不吃，接了盏者。（正末哄科，云）打碎了盏儿也。（郭云）倒吓我一惊。（正末唱）我看你怎发付松风兔毛盏。

（带云）马儿，你看我吐的不小可也。（唱）

【牧羊关】这吐也无那竹叶云涛泛，也无那石铛雪浪翻。这吐呵但开口满帘香散，更压着仙酒延年，更压着蟠桃般驻颜。也不索采蒙顶山头雪，也不索茶点鹧鸪斑。比及你吸引扬子江心水，（带云）马儿也，（唱）可强似汤生螃蟹眼。

（云）马儿吃了者。（郭云）吃不得。（正末云）贺腊梅，你吃了者。（旦儿吃科，云）稽首，弟子省了也。（正末云）你怕不省也，郭马儿还不省哩。将盏儿来。（正末抹盏底残茶与郭科）（郭云）好东西也，吃下去醍醐灌顶，甘露洒心，好东西也。师父，才抹到我口里，是甚么东西？（正末云）我恰才抹到你口里的，可是那残茶。（郭云）在那里？再与我些吃。（正末云）都无了。（郭云）往那里去了？（正末云）贺腊梅吃了也。（郭云）他吃了可怎么说？（正末云）他吃了先得了道也。（郭云）我呢？（正末云）你还在道旁边哩。（郭云）看起来我是柳树。（正末云）谁说你是榆树来。（郭云）我吃了你这残茶怎么说？俺浑家吃了你这残茶怎么说？（正末云）你吃了我这残茶，

剧曲

137

你是我的道伴；你浑家吃了我这残茶，他是我的仙友。（郭云）且住者。我吃了他的残茶，我是他道伴；俺浑家吃了他的残茶，倒和他为仙友。道伴也罢，这仙友可难为。看起来俺老婆养着你哩！（做怒打正末科）（正末唱）

【红芍药】把一片岁寒心烧做了火炎山，哎，你弟子好是凶顽。（郭扯袍科）（正末唱）把一领布袍襟扯住不容还，碎纷纷直似灵幡。（郭打科）（正末唱）打的我比春牛少片板，总是我不合劝修行吐尽心肝。（云）郭马儿，你休恼了我也。（郭云）恼了你，可怎么的我？（正末唱）把岳阳楼翻做鬼门关，休只管卖弄拳儇。（郭打科）（正末唱）

【菩萨梁州】打的我死狗儿弯跧，青泥也腐烂，头披也鬓散。呀，葫芦里瀽了些灵丹。（郭云）甚么灵丹，都是些羊屎弹子。（正末唱）扭回头遥望北邙山。（郭云）正是个风僧狂道。（正末唱）知他是你痴呆、我是风魔汉？（郭云）大嫂，炉中添上些炭。（旦儿云）理会的。（正末唱）炉中有火休添炭，大都来有几年限。打、打、打先生不动弹，更怕甚圣手遮拦。（末做架住起身科，云）郭马儿，跟我出家去来。（郭云）这师父打不改的。（正末唱）

【哭皇天】我着你早寻个香火新公案，煞强似久堕风尘大道间。只为你瘦伶仃无人盼，才长大便争攀。若不是我把长条自挽，则你在洞庭湖上，扬子江边，受了些风吹日炙，雪压霜欺，险些儿做了这岳阳楼、岳阳楼酒望竿。（郭云）我就跟你出家去，有甚么好处？（正末唱）我着你逍遥散诞，你自待慆惓情懒。

【乌夜啼】愁甚么楚王宫陶令宅隋堤岸，我已安排下玉砌雕栏。则要你早回头静坐把功程办，参透玄关，勘破尘寰。待学他严子陵隐在钓鱼滩，管甚么张子房烧了连云栈。竞利名，为官宦，都只为半张字纸，却做了一枕槐安。

【三煞】想人能克己身无患，事不欺心睡自安，便百年能得几时闲？去向那石火光中，急措手如何迭办？你何不早回看，直到落日桑榆暮景残，方才道倦鸟知还。

【二煞】争如我盖间茅屋临幽涧，披片麻衣坐法坛。倒也躲是非忘宠辱无牵绊，不强似你在人我场中，把个茶博士终朝淘渲。（做笑科，云）郭马儿，你及早省悟，也是迟了。（唱）我笑你忒愚顽，枉了我度你亲身三两番，还不省也天上人间。

（云）郭马儿，跟我出家去来。（郭云）我跟你出家去，你那里有甚么道伴？（正末云）你若肯出家，我着你看两个道伴。（郭云）那两个道伴？（正末唱）

【黄钟尾】我着你看蓝采和舞春风六扇云阳板。（郭云）那一个呢？（正末唱）我着你看韩湘子开冬雪双茎锦牡丹。疾回头莫怠慢。（郭云）师父，我送你下楼去。（正末唱）下江楼近水湾。（云）呀，徐神翁等不的我，先去了也。（郭云）在那里？（正末唱）你与我撑开船，挂起帆。（云）郭马儿，上船来。（郭云）你先上船。（正末云）我先上船。（郭推正末科，云）推他娘在这水里。（正末云）呀，这厮险些儿不闪我在水里！（唱）行至蓬莱宫方丈山，俺那伙送行人世不曾西出阳关，早则不凝望渭城和泪眼。（下）

（郭云）那师父去了也。今日茶也不曾卖的，被他打搅了一日。天色已晚了，收拾了镟锅儿，闭了茶肆。大嫂，咱还家中去来。（下）

《岳阳楼》，全名《吕洞宾三醉岳阳楼》。写仙人吕洞宾三到岳阳楼，度化柳树精和白梅花精成仙的故事。全剧共四折，一楔子。末本。出场人物：正末——吕洞宾；外——柳树精（第二、三、四折改扮郭马儿）旦儿——贺腊梅、汉钟离。

其剧情是这样的：第一折：仙人吕洞宾望气得知岳阳郡中将有神仙得到度化，便来到岳阳楼，以一锭墨换酒喝，醉后便睡。楼下有一千年老柳树和杜康庙前的一株白梅花都已成精。梅精在岳阳楼上作祟，柳精前往巡查，唯恐梅精伤人。吕洞宾遇到柳精，劝他出家修道，但柳精苦于自己土木形骸未得人身，不能成道。吕洞宾让他投胎楼下卖茶人家为男，梅精则投胎为女，即为郭马儿与贺腊梅，三十年后再来度化。第二折：郭马儿与贺腊梅长大后结为夫妻，在岳阳楼下开茶坊。吕洞宾再次前来度化，郭马儿终不醒悟。楔子：吕洞宾第三次来到岳阳楼，郭马儿已改为卖酒，吕洞宾喝了他的酒，给他一把剑，让他杀妻出家。第三折：郭马儿并不舍得杀妻，但带剑回家后，贺腊梅的头颅忽然掉落，郭马儿认定是吕洞宾所杀，便将吕洞宾告到官府，要求偿命。第四折：郭拉吕洞宾见官，吕洞宾却说贺腊梅未死，一唤之后，她果然来了。问官要判郭马儿诬告罪，郭马儿急忙向吕洞宾求救，这时才发现问官原来是另一仙人汉钟离。郭马儿自悟到前生是一株老柳，贺腊梅前生则是一株梅花，二人跟随吕洞宾入道成仙。

此折中吕洞宾说："常言道：'玉不琢不成器，人不磨不成道。'休道是他，至如吕岩，当初是个白衣秀士，未遇书生，上朝求官，在那邯郸道王化店遇着钟离师父，再三点化，才得成仙了道。"吕岩，字洞宾，号纯阳子。所以这是吕洞宾现身说法，强调经贤人点化才能成仙。白衣秀士，指没有功名的人。因为古代未仕者穿白衣。

1955 年 10 月 11 日，毛泽东在《农业合作化的一场辩论和当前的阶级斗争》一文中说："大多数人都是愿意革命的。但是还有一条，就是准许别人革命。我们不要当《阿 Q 正传》中的假洋鬼子，他不准阿 Q 革命；也不要当《水浒传》上的白衣秀士王伦，他也是不准人家革命。凡是不准人家革命，那是很危险的。白衣秀士王伦不准人家革命，结果把自己的命格掉了。"（《毛泽东选集》，第五卷，人民出版社 1977 年版，第 207 页）王伦，小说《水浒传》的人物，在小旋风柴进的资助下，成为梁山泊的首任寨主，人称"白衣秀士"，麾下有杜迁、宋万、朱贵等头领。但其为人心胸狭窄，难以容忍能力比他强的人，但因害怕武艺高强的林冲在梁山获得势力而多方刁难，要林冲献投名状，结果林冲遇见投奔而来的青面兽杨志并且与他打得难分高下。当晁盖等上山入伙时，又托词推拒，林冲在吴用的智激之下，火并王伦。众人推举晁盖为山寨之主，开拓了梁山的局面。在这里，毛泽东是讲党内思想斗争时，对于犯错误的同志的方针，就是治病救人，表现了一个革命家的广阔胸怀。

3. 白　朴

白朴（1226—1306），原名恒，字仁甫，后改名朴，字太素，号兰谷，原籍陕州（今山西河曲县），后徙居真定（今河北正定），晚年寓居金陵（今江苏南京），元代著名杂剧家。他幼年时值金国覆亡，饱经兵乱，赖诗人元好问多方扶持，并教他读书。金亡后流寓真定。在大都（今北京）时，他曾和关汉卿共同参加过玉京书会，并到过汴梁（今河南开封）、杭州等戏剧演出较盛的地方。晚年寄居南京。他是与关汉卿、马致远、郑光祖并称为元曲四大作家（另有一说为关汉卿、马致远、王实甫、白朴）。今存有杂剧《墙头马上》、《梧桐雨》二种。

白朴是元代有成就的散曲作家之一。散曲内容大多是叹世、咏景和闺怨之作。曲词秀丽清新，有些小令颇有民歌特点。白朴的词流传至今有100余首，大多为怀古、闲适、咏物与应酬之作，豪放与婉约兼而有之，有不少怀古之作，寄托了故国之思。今存《天籁集》词2卷；散曲存小令37首，套数4套，近人隋树森的《全元散曲》收录。

（1）《唐明皇秋夜梧桐雨》　楔子

此剧《楔子》的原文是：

（冲末扮张守珪引卒子上，诗云）坐拥貔貅镇朔方，每临塞下受降王。太平时世辕门静，自把雕弓数雁行。某姓张，名守珪，见任幽州节度使。幼读儒书，兼通韬略，为藩镇之名臣，受心膂之重寄。且喜近年以来，边烽息警，军士休闲。昨日奚契丹部擅杀公主，某差生使安禄山率兵征讨，不见来回话。左右，辕门前觑者，等来时报复我知道。（卒云）理会的。（净扮安禄山上，云）自家安禄山是也。积祖以来，为营州杂胡，本姓康氏。母阿史德，为突厥觋者，祷于轧荦山战斗之神而生某。生时有光照穹庐，野兽皆鸣，遂名为轧荦山。后母改嫁安延偃，乃随安姓，改名安禄山。开元年间，延偃携某归国，遂蒙圣恩，分隶张守珪部下。为某通晓六蕃言语，膂力过人，现任捉生讨击使。昨因奚契丹反叛，差我征讨。自恃勇力深入，不料众寡不敌，遂致丧师。今日不免回见主帅，别作道理。早来到府门首也。左右，报复去，道有捉生使安禄山来见。（卒报科）（张守珪云）着他进来。（安禄山做见科）（张守珪云）安禄山，征讨胜败如何？（安禄山云）贼众我寡，军士畏怯，遂至败北。（张守珪云）损军失机，明例不宥。左右，推出去，斩首报来。（卒推出科）（安禄山大叫云）主帅不欲灭奚契丹耶？奈何杀壮士！（张守珪云）放他回来。（安禄山回科）（张守珪云）某也惜你骁勇，但国有定法，某不敢卖法市恩，送你上京，取圣断，如何？（安禄山云）谢主帅不杀之恩。（押下）（张守珪云）安禄山去了也。（诗云）须知生杀有旗牌，只为军中惜将才。不然斩一胡儿首，何用亲烦圣断来。（下）（正末扮唐玄宗驾，旦扮杨贵妃，引高力士、杨国忠、宫娥上）（正末云）寡人唐玄宗是也。自高祖神尧皇帝起兵晋阳，全仗我太宗皇帝，灭了六十四处烟尘，一十八家擅改年号，立起大唐天下。传高宗、中宗，不幸有宫闱之变。寡人以临淄郡王领兵靖难，大哥哥宁王让位于寡人。即位以来，二十余年，喜的太平无事。赖有贤相姚元之、宋璟、韩休、张九龄同心致治，寡人得遂安逸。六宫嫔御虽多，自武惠妃死后，无当意者。去年八月中秋，梦游月宫见嫦娥之貌，人间少有。昨寿邸杨妃，绝类嫦娥，已命为女道士；既而取入宫中，策为贵妃，居太真院。寡人自从太真入宫，朝歌暮宴，无有虚日。高力士，你快传旨排宴，梨园子弟奏乐，寡人消遣咱。（高力士云）理会的。（外扮张九龄押安禄山上，诗云）调和鼎鼐理阴阳，位列鹓班坐省堂。四海承平无一事，朝朝曳履侍君王。老夫张九龄是也，南海人氏。早登甲第，荷圣恩直做到丞相之职。近日，边帅张守珪解送失机蕃将一人，名安禄山。我见其身躯肥矮、语言利便，有许多异相。若留此人，必乱天下。我今见圣人，面奏此事。早来到宫门前也。（入见科，云）臣张九龄见驾。（正末云）卿来有何事？（张九龄云）近日边臣张守珪解送失机蕃将安禄山，例该斩首，未敢擅便，押来请旨。（正末云）你引那蕃将来我看。（张九龄引安禄山见科，云）这就是失机蕃将安禄山。（正末云）一员好将官也。你武艺如何？（安禄山云）臣左右开弓，一十八般武艺，无有不会；能通六蕃言语。（正末云）你这等肥胖，此胡腹中何所有？（安禄山云）惟有赤心耳。（正末云）丞相，不可杀此人，留他做个白衣将领．（张九龄云）陛下，此人有异相，留他必有后患。（正末云）卿勿以王夷甫识石勒，留着怕做甚么！兀那左右，放了他者。（做放科）（安禄山起，谢云）谢主公不杀之恩。（做跳舞科）（正末云）这是甚么？（安禄山云）这是胡旋舞。（旦云）陛下，这人又矬矮，又会旋舞，留着解闷倒好。（正末云）贵妃，就与你做义子，你领去。（旦云）多谢圣恩。（同安禄山下）（张九龄云）国舅，此人有异相，他日必乱唐室，衣冠受祸不小。老夫老矣，国舅恐或见之，奈何？（杨国忠云）待下官明日再奏，务要屏除为妙。（正末云）不知后宫中为甚么这般喧笑？左右，可去看来回话。（宫娥云）是贵妃娘娘与安禄山做洗儿会哩。（正末云）既做洗儿会，取金钱百文，赐他做贺礼。就与我宣禄山来，封他官职。（宫娥拿金钱下）（安禄山上，见驾科，云）谢陛下赏赐，宣臣那厢使用？（正末云）宣卿来不为别，卿既为贵妃之子，即是朕之子，白衣不好出入宫掖，就加你为平章政事者。（安禄山云）谢了圣恩。（杨国忠云）陛下，不可，不可！安禄山乃失律边将，例当处斩，陛下免其死足矣。今给事宫庭，已为非宜，有何功勋，加为平章政事？况胡人狼子野心，不可留居左右。望陛下圣鉴。（张九龄云）杨国忠之言，陛下不可不听。（正末云）你可也说的是。安禄山，且加你为渔阳节度使，统领蕃汉兵马，镇守边庭，早立军功，下次升擢。（安禄山云）感谢圣恩。（正末云）卿休要怨寡人，这是国家典制，非轻可也呵！（唱）

【仙吕】【端正好】则为你不曾建甚奇功，便教你做元辅，满朝中都指斥銮舆。眼见的平章政事难停住，寡人待定夺些别官禄。

【幺篇】且着你做节度渔阳去，破强寇永镇幽都。休得待国家危急才防护；常先事设权谋，收猛将保皇图。分铁券，赐丹书，怎肯便辜负了你这功劳簿。（同下）（安禄山云）圣人回宫去了也。我出的官门来。叵耐杨国忠这厮，好生无礼，在圣人前奏准，着我做渔阳节度使，明升暗贬。别的都罢，只是我与贵妃有些私事，一旦远离，怎生放的下心。罢、罢、罢！我这一去，到的渔阳，练兵秣马，别作个道理。正是：画虎不成君莫笑，安排牙爪好惊人。（下）

《梧桐雨》是元代剧作家白朴的名作，是一部宫廷爱情悲剧，是描写唐明皇、杨贵妃两人爱情故事的历史剧，以浓郁的抒情性、醇厚的诗味和文辞的华美著称。这一剧本取材于唐代陈鸿的传奇小说《长恨歌传》和白居易的诗歌《长恨歌》，题目取名也来自其中诗句"春风桃李花开日，秋雨梧桐叶落时"。《梧桐雨》为末本戏，正末为李隆基。驾旦——杨贵妃；净——安禄山、杨国忠、高力士。共四折，一楔子。

剧情是这样的：安禄山有一次未能完成军令，幽州节度使张守珪本欲将他斩首，惜其骁勇，将他押至京城问罪。丞相张九龄奏请明皇杀掉安禄山，明皇不从，反而召见授官。此时贵妃正受宠幸，奉明皇命收安禄山为义子，赐洗儿钱。后来安禄山因与杨国忠不和，出京任渔阳节度使。他与杨贵妃暗有私情。第一折：七月七日，唐明皇与杨贵妃在长生殿欢宴。明皇将金钗钿盒赐给贵妃，酒酣之际，二人深感牛郎织女的坚贞，对星盟誓，愿生生世世为夫妇。第二折：天宝十四年，贵妃正在品尝她喜爱的荔枝，安禄山谋反的消息传到，明皇携贵妃仓皇入蜀。第三折：驻扎马嵬驿时，军队起了骚乱。龙武将军陈玄礼请明皇诛杀祸国殃民的杨国忠，明皇依言而行。但军队仍不肯前进，陈玄礼又请诛媚惑君王的杨贵妃。明皇无奈，令高力士将杨贵妃带到佛堂中，由她自尽。这样，军队得到了安抚，保护明皇逃亡。第四折：肃宗收复京都后，太上皇（明皇）闲居西宫，悬挂贵妃像，与之朝夕相对，追念不已。一夜，明皇正在梦中与贵妃相见，却被梧桐雨惊醒。他追思往日与贵妃欢爱情景，惆怅万分。

此折中安禄山的道白说："臣左右开弓，一十八般武艺，无有不会；能通六蕃言语。""开弓"，指射箭。两手都能射箭，比喻双手都能操作，或者几方面在同时进行。这是安禄山自夸武艺高强。

1945年，毛泽东在《在中国共产党第七次全国代表大会上的口头政治报告》中说："现在，民主同盟在联合政府的主张上，与共产党是一致的，国民党说民主同盟是共产党的友党，我们要团结它，联合它。但是它有它独立的意见，它现在是'左右开弓'，区别于两方面，进行两条战线的斗争。一方面是不赞成国民党一党专政，另方面也不完全同意共产党，它说它是站国民党和共产党中间。"（《毛泽东文集》，第三卷，人民出版社 1996 年版，第 306 页）毛泽东在这里引用"左右开弓"这一成语，说明了民主同盟是拳打两家，不偏不倚的中间派立场。毛泽东接着说："这个话说得很透彻，是对的，它自己规定看了它的性质，属于中间派。"

（2）《唐明皇秋夜梧桐雨》 第二折

此折的原文是：

（安禄山引众将上，云）某安禄山是也。自到渔阳，操练蕃汉人马，精兵见有四十万，战将千员。如今明皇年已昏眊，杨国忠、李林甫拨弄朝政。我今只以讨贼为名，起兵到长安，抢了贵妃，夺了唐朝天下，才是我平生愿足。左右，军马齐备了么？（众将云）都齐备了。（安禄山云）着军政司先发檄一道，说某奉密旨讨杨国忠等。随后令史思明领兵三万，先取潼关，直抵京师，成大事如反掌耳！（众将云）得令。（安禄山云）今日天晚，明日起兵。（诗云）统精兵直指潼关，料唐家无计遮拦。单要抢贵妃一个，非专为锦绣江山。（同下）（正末引高力士，郑观音抱琵琶，宁王吹笛，花奴打羯鼓，黄翻绰执板，捧旦上）（正末云）今日新秋天气，寡人朝回无事，妃子学得霓裳羽衣舞，同往御园中沉香亭下，闲耍一番。早来到也。你看这秋来风物，好是动人也呵！（唱）

【中吕】【粉蝶儿】天淡云闲，列长空数行征雁。御园中夏景初残：柳添黄，荷减翠，秋莲脱瓣。坐近幽兰，喷清香玉簪花绽。（带云）早到御园中也。虽是小宴，倒也整齐。（唱）

【叫声】共妃子喜开颜，等闲，等闲，御园中列肴馔。酒注嫩鹅黄，茶点鹧鸪斑。

【醉春风】酒光泛紫金钟，茶香浮碧玉盏。沉香亭畔晚凉多，把一搭儿亲自拣、拣。粉黛浓妆，管弦齐列，绮罗相间。（外扮使臣上，诗云）长安回望绣成堆，山顶千门次第开。一骑红尘妃子笑，无人知是荔枝来。小官四川道差来使臣。因贵妃娘娘好啖鲜荔枝，遵奉诏旨，特来进鲜。早到朝门外了。官官，通报一声，说四川使臣来进荔枝。（做报科）（正末云）引他进来。（使臣见驾科，云）四川道使臣进贡荔枝。（正末看科，云）妃子，你好食此果，朕特令他及时进来。（旦云）是好荔枝也。（正末唱）

【迎仙客】香喷喷正甘，娇滴滴色初绽，只疑是九重天谪来人世间。取时难，得后悭。可惜不近长安，因此上教驿使把红尘践。（旦云）这荔枝颜色娇嫩，端的可爱也。（正末唱）

【红绣鞋】不则向金盘中好看，便宜将玉手擎餐，端的个绛纱笼罩水晶寒。为甚教寡人醒醉眼，妃子晕娇颜，物稀也人见罕。（高力士云）请娘娘登盘，演一回霓裳之舞。（正末云）依卿奏者。（正旦做舞，众乐撺掇科）（正末唱）

【快活三】嘱咐你仙音院莫怠慢，道与你教坊司要迭办。把个太真妃扶在翠盘间，快结束，宜妆扮。

【鲍老儿】双撮得泥金衫袖挽，把月殿里霓裳按，郑观音琵琶准备弹，早搭上鲛绡襻。贤王玉笛，花奴羯鼓，韵美声繁。宁王锦瑟，梅妃玉箫，嘹亮循环。

【古鲍老】屹刺刺撒开紫檀，黄翻绰向前手拈板。低低的叫声玉环，太真妃笑时花近眼。红牙箸趁五音、击着梧桐案，嫩枝柯犹未干、更带着瑶琴音泛，卿呵，你则索出几点琼珠汗。（旦舞科）（正末唱）

【红芍药】腰鼓声干，罗袜弓弯，玉佩叮咚响珊珊，即渐里舞彻云鬟。施呈你蜂腰细，燕体翻，作两袖香风拂散。（带云）卿倦也，饮一杯酒者。（唱）寡人亲捧杯玉露甘寒，你可也莫得留残，拚着个醉醺醺直吃到夜静更阑。（旦饮酒科）（净扮李林甫上，云）小官李林甫是也，见为左丞相之职。今早飞报将来，说安禄山反叛，军马浩大，不敢抵敌，只得见驾。（做见驾科）（正末云）丞相有何事这等慌促？（李林甫云）边关飞报，安禄山造反，大势军马杀将来了。陛下，承平日久，人不知兵，怎生是好？（正末云）你慌做甚么！（唱）

【剔银灯】止不过奏说边庭上造反，也合看空便，觑迟疾紧慢。等不的俺筵上笙歌散，可不气丕丕冒突天颜！那些个齐管仲郑子产，敢待做假忠孝龙逢比干？（李林甫云）陛下，如今贼兵已破潼关，哥舒翰失守逃回，目下就到长安了，京城空虚，决不能守，怎生是好？（正末唱）

【蔓菁菜】险些儿慌杀你个周公旦。（李林甫云）陛下，只因女宠盛，谗夫昌，惹起这刀兵来了。（正末唱）你道我因歌舞坏江山？你常好是占奸，早难道羽扇纶巾笑谈间，破强虏三十万。（云）既贼兵压境，你众官计议，选将统兵，出征便了。（李林甫云）如今京营兵不满万，将官衰老，如哥舒翰名将，尚且支持不住，那一个是去得的？（正末唱）

【满庭芳】你文武两班，空更些乌靴象简、金紫罗襕。内中没个英雄汉，扫荡尘寰。惯纵的个无徒禄山，没揣的撞过潼关，先败了哥舒翰。疑怪昨宵向晚，不见烽火报平安。（云）卿等有何计策，可退贼兵？（李林甫云）安禄山部下，蕃汉兵马四十余万，皆是以一当百，怎与他拒敌？莫若陛下幸蜀，以避其锋，待天下兵至，再作计较。（正末云）依卿所奏。便传旨，收拾六宫嫔御，诸王百官，明日早起，幸蜀去来。（旦作悲科，云）妾身怎生是好也！（正末唱）

【普天乐】恨无穷，愁无限。争奈仓卒之际，避不得蓦岭登山。銮驾迁，成都盼。更那堪泸水西飞雁，一声声送上雕鞍。伤心故园，西风渭水，落日长安。（旦云）陛下，怎受的途路之苦？（正末云）寡人也没奈何哩！（唱）

【啄木儿尾】端详了你上马娇，怎支吾蜀道难！替你愁那嵯峨峻岭连云栈，自来驱驰可惯，几程儿挨得过剑门关？（同下）

《梧桐雨》是描写杨玉环、李隆基爱情生活和政治遭遇的历史剧。天宝之乱以来，杨、李故事成了文坛的热门话题。特别是白居易的《长恨歌》

问世以后，唐宋两代诗人从不同的角度，对这段历史进行反思。坊间还出现《杨太真外传》《玄宗遗录》等著述。到金元易代之际，剧作家们对杨、李故事也表现出浓厚的兴趣。关汉卿写过《哭香囊》，庾天锡写过《华清宫》《霓裳怨》，岳伯川写过《梦断杨妃》，王伯成写过《天宝遗事》。但这些剧本都已亡佚，唯独白朴的《梧桐雨》流传了下来。

末本。出场人物：正末——唐玄宗；驾旦——杨贵妃；净——安禄山、杨国忠、高力士。

《梧桐雨》楔子：写李隆基在"太平无事的日子里"，不问是非，竟给丧师失机的安禄山加官晋爵，让他镇守边境。第一折：杨贵妃在宫中乞巧。唐玄宗和杨贵妃向牛郎织女盟誓，愿世世永为夫妻。第二折：写李隆基与杨玉环在长生殿乞巧排宴，两人恩恩爱爱、情意绵绵，"靠着这招新凤，舞青鸾，金井梧桐树映，虽无人窃听，也索悄声儿海誓山盟"，相约生生世世，永为夫妇。第三折：是故事的转折点，安禄山叛乱，李隆基仓皇逃走；到马嵬坡，六军不发，李隆基在"不能自保"的情况下，只好让杨玉环自缢。"黄埃散漫悲风飒，碧云黯淡斜阳下"，经过一场激变，一切权力、荣华，烟消云散。第四折，是全剧最精彩的部分。李隆基退位后在西宫养老，他满怀愁绪，思念着死去的杨玉环，怀念着过去的月夕花朝。他想到无权柄的苦恼、孤辰限的凄惶。他在梧桐树下盘桓，"常记得碧梧桐阴下立，红牙箸手中敲"，到如今"空对井梧阴，不见倾城貌"，一切美好的事物和时光，只成了追忆。在落叶满阶，秋虫絮聒的气氛中，李隆基做了一个朦朦胧胧的梦，梦中杨玉环请他到长生殿排宴，不料才说上一两句话，梦就被惊醒了。梦醒后"窗儿外梧桐上雨潇潇"。这雨声紧一阵慢一阵，淅淅沥沥，"一点点滴人心碎"，淋漓尽致地烘托出李隆基凄楚悲凉的心境。

第二折中安禄山要进攻长安时作了一首诗："（诗云）统精兵直指潼关，料唐家无计遮拦。单要抢贵妃一个，非专为锦绣江山。""锦绣"，精美的丝织品。"江山"，山岭和河流。"锦绣江山"，形容壮丽华美的山河。有时也代指国家。

1949年2月2日，毛泽东在《致李济深、沈钧儒、马叙伦、郭沫若等五十六人》的书信中说："中华民族与中国人民的解放斗争，百余年来，前仆后继。无数先烈的鲜血，洒遍了锦绣山河，亿兆后起的人民，表现了英雄气概。"（《毛泽东书信选集》，人民出版社1983年版，第317页）毛泽东运用"锦绣江山"这一成语时，改"江山"为"山河"，去掉了其中包含的封建意蕴，立意更高。

（3）《唐明皇秋夜梧桐雨》　第四折

《唐明皇秋夜梧桐雨》第四折原文是：

（高力士上，云）自家高力士是也。自幼供奉内宫，蒙主上抬举加为六宫提督太监。往年主上悦杨氏容貌命某取入宫中，宠爱无比，封为贵妃，赐号太真。后来逆胡称兵，伪诛杨国忠为名逼的主上幸蜀。行至途中，六军不进。右龙武将军陈玄礼奏过，杀了国忠，祸连贵妃。主上无可奈何，只得从之，缢死马嵬驿中。今日贼平无事，主上还国，太子做了皇帝。主上养老退居西宫，昼夜只是想贵妃娘娘。今日教某挂起真容，朝夕哭奠。不免收拾停当，在此伺候咱。（正末上，云）寡人自幸蜀还京，太子破了逆贼，即了帝位。寡人退居西宫养老，每日只是思量妃子。叫画工画了一轴真容供养着，每日相对，越着烦恼也呵！（做哭科，唱）

【正宫】〔端正好〕自从幸西川还京兆，甚的是月夜花朝！这半年来白发添多少，怎打叠愁容貌。

【幺篇】瘦岩岩不避群臣笑，玉仪儿将画轴高挑。荔枝花果香檀卓，目觑了伤怀抱（做看真容科，唱）

【滚绣球】险些把我气冲倒身谩靠，把太真妃放声高叫。叫不应，泪雨嚎啕。这待诏手段高，画的来没半星儿差错。虽然是快染能描，画不出沉香亭畔回鸾舞，花萼楼前上马娇，段儿妖娆。

【倘秀才】妃子呵，常记得华清宫宴乐，七夕长生殿乞巧。誓愿学连理枝比翼鸟，谁想你乘彩凤返丹霄，命夭！（带云）寡人越看越添伤感，怎生是好（唱）

【呆骨朵】寡人有心待盖一座杨妃庙，争奈无权柄谢位辞朝。则

剧
曲

俺这孤辰限难熬，更打着离恨天最高。在生时同衾枕，不能够死后也同棺椁。谁承望马嵬坡尘土中，可惜把一朵海棠花零落了。（带云）一会儿身子困乏，且下这亭子闲行一会咱（唱）

【白鹤子】那身离殿宇，信步下亭皋。见杨柳袅袅蓝丝，芙蓉折胭脂萼。

【幺】见芙蓉怀媚脸，遇杨柳忆纤腰。依旧的两般儿点缀着上阳宫，他管一灵儿潇洒长安道。

【幺】常记得梧桐阴下立，红牙箸手中敲。她笑整缕金衣，舞按霓裳乐。

……

（正末见旦科，云）妃子，你在那里来？（旦云）今日长生殿排宴，请主上赴席。（正末云）吩咐梨园子弟齐备着。

（旦下）（正末做惊醒科，云）呀！原来是一梦。分明梦见妃子，却又不见了。（唱）

【正宫双鸳鸯】斜亸翠鸾翘，浑一似出浴的旧风标，映着云屏一半儿娇。好梦将成还惊觉，半襟情湿鲛绡。

【蛮姑儿】懊恼，窨约！惊我来的又不是楼头过雁，砌下寒蛩，檐前玉马，架上金鸡；是兀那窗儿外，梧桐上，雨潇潇。一声声洒残叶，一点点滴寒梢，会把愁人定虐。

【滚绣球】这雨呵！又不是救旱苗，润枯草，洒开花萼，谁望道秋雨如膏？向青翠条，碧玉梢，碎声儿必剥，增百十倍歇和芭蕉。子管里珠连玉散飘千颗，平白地瀽瓮番盆下一宵，惹的人心焦。

【叨叨令】一会价紧呵！似玉盘中万颗珍珠落；一会价响呵！似玳筵前几簇笙歌闹；一会价清呵！似翠岩头一派寒泉瀑；一会价猛呵！似绣旗下数面征鼙操。兀的不恼杀人也么哥！则被他诸般儿雨声相聒噪。

【倘秀才】这雨一阵阵打梧桐叶凋，一点点滴人心碎了！枉着金井银床紧围绕，只好把泼枝叶做柴烧，锯倒。

（带云）当初妃子舞翠盘时，在此树下，寡人与妃子盟誓时，亦

对此树。今日梦境相寻，又被他惊觉了。（唱）

【滚绣球】长生殿那一宵，转回廊，说誓约，不合对梧桐并肩斜靠，偬言词絮絮叨叨。沉香亭那一朝，按霓裳，舞六幺，红牙箸击成腔调，乱宫商闹闹炒炒。是兀那当时欢会栽排下，今日凄凉，厮辏着暗地量度。

（高力士云）主上，这诸样草木，皆有雨声，岂独梧桐？（正末云）你那里知道，我说与你听者。（唱）

【三煞】润蒙蒙杨柳雨，凄凄院宇侵帘幕。细丝丝梅子雨，装点江干满楼阁。杏花雨红湿阑干，梨花雨玉容寂寞。荷花雨翠盖翩翩，豆花雨绿叶萧条。都不似你惊魂破梦，助恨添愁，彻夜连宵。莫不是水仙弄娇，蘸杨柳，洒风飘？

【二煞】唻唻似喷泉瑞兽临双沼，刷刷似食叶春蚕散满箔。乱洒琼阶，水传宫漏，飞上雕檐，洒滴新糟。直下的更残漏断，枕冷衾寒，烛灭香消。可知道夏天不觉，把高凤麦来漂。

【黄钟煞】顺西风低把纱窗哨，送寒气频将绣户敲。莫不是天故将人愁闷搅？前度铃声响栈道，似花奴羯鼓调，如伯牙《水仙操》。洗黄花润篱落，渍苍苔倒墙角。渲湖山，漱石窍，浸枯荷，溢池沼。沾残蝶粉渐消，洒流萤焰不着。绿窗前促织叫，声相近，雁影高，催邻砧处处捣，助新凉分外早。斟量来这一宵，雨和人紧厮熬。伴铜壶，点点敲，雨更多，泪不少。雨湿寒梢，泪染龙袍，不肯相饶。共隔着一树梧桐直滴到晓。

　　题目：安禄山反叛兵戈举，陈玄礼拆散鸳鸯侣
　　正名：杨贵妃晓日荔枝香，唐明皇秋夜梧桐雨

《梧桐雨》共四折，一个楔子。它通过写唐明皇和杨贵妃的爱情悲剧，揭示唐王朝盛极而衰的历史教训。楔子交代唐明皇暮年倦于政事，一心想做太平天子，便强将儿媳寿王妃杨玉环度为道士，封贵妃，日夜纵情声色。第一折描写李、杨二人在长生殿设宴共赏七夕；第二折写唐明皇贪恋声色，不理朝政，导致安史之乱；第三折写唐明皇携杨贵妃仓皇出逃至

马嵬坡，六军哗变，杨贵妃被迫自缢而死；第四折写唐明皇对杨贵妃的追思。这一折共 23 支曲子，【端正好】至【呆骨朵】五曲写唐玄宗面对杨贵妃真容引起的怀念与感伤。这里有还京兆半年来孤晨难熬的叙述，也有白发新添瘦骨嶙峋的肖像描绘；有画轴高挑放声高叫的思念，也有叫而不应雨泪号啕的忧伤；有对往昔笙歌筵舞赏心乐事的怀念，也有对生死爱情半路夭折的痛悼；有对神明鉴察之下誓约终未履行的愧悔，也有对无权柄谢位辞朝无可奈何的哀叹，真可谓百感交集、声泪俱下，充分展现了唐玄宗复杂的心理状态。唐明皇面对杨贵妃的画像忧愁无法排遣，便去沉香亭闲行遣闷。地点也由殿宇内转换为亭皋边。沉香亭曾是唐明皇与杨贵妃御园小宴、啖荔枝、舞霓裳追欢取乐的地方。如今怎能不见物思人、触景伤情。

【白鹤子】至【倘秀才】五曲即是写唐玄宗在沉香亭畔对杨贵妃的回忆和物在人亡的哀伤。"见芙蓉怀媚脸，遇杨柳忆纤腰"两句曲词是从白居易《长恨歌》"芙蓉如面柳如眉"演化而来的。作者运用巧妙的比喻和丰富的联想，写唐玄宗对往昔歌舞承平荣华富贵的追忆和对杨贵妃的想念。可是眼下却是"翠盘中荒草满，芳树下暗香消。空对井梧桐，不见倾城貌"。剧作通过今昔对比，抒写唐明皇对往日繁华一去不复返的无限惆怅。

唐明皇回到寝殿，时间已由白昼转入夜晚。景物更加衰败，色调更加昏暗，人物心境也更加忧伤。

【芙蓉花】至【倘秀才】四曲前三曲写唐明皇入梦前的孤寂和焦躁。作品渲染一种独特的氛围来烘托主人公的心境。暗淡的串烟、昏惨的银河、喧闹的秋虫、满地的阴云、狂恶的西风、飘落的败叶、琅琅的殿铃、簌簌的朱帘、叮当的铁马，造成凄凉、阴惨、焦灼的气氛，有力地衬托了唐明皇孤寂、忧郁、烦躁的心绪。作者运用滴溜溜、疏剌剌、忽鲁鲁、厮琅琅、扑簌簌、吉叮当等象声词和状形词摹写景物的声响和形态，更增加了语言的形象性和表现力。

【黄钟煞】以下九曲曲文抒写唐明皇的寝殿惊梦，作者以具体形象为喻，极写唐玄宗内心的哀伤。这才是毛泽东所阅顾明《曲选》所选部分，也是本剧的精华所在。

【双鸳鸯】一曲直接写梦会。唐明皇刚刚入睡，就梦见杨贵妃请他到长生殿赴宴，杨贵妃生前的娇态和往日的荣华富贵又浮现在眼前。可是转瞬间睡梦又被惊醒，一切皆成虚幻。"好梦将成还惊觉，半襟情泪湿鲛绡（神话传说中鲛人织的绡，泛指薄纱）。"惊梦之后，内心更加感伤。

追寻惊梦的原因，白朴把视野集中在一个焦点上——梧桐雨。

【蛮姑儿】以下八曲极力铺叙"秋夜梧桐雨"的自然景象，造成一种凄怆冷落的意境，抒写唐明皇孤凄、愁苦、烦乱的心境。作者以多种多样的艺术手法和修辞方式，从各种不同的角度，描绘雨打梧桐的意象。作品摹写梧桐雨以楼头过雁、阶下寒蛩、檐前玉马、架上金鸡作反衬，以杨柳雨、梅子雨、杏花雨、梨花雨、荷花雨、豆花雨作对比，以"玉盘中万颗珍珠落""玳筵前几簇笙歌闹""翠岩头一派寒泉瀑""绣旗下数面征鼙操""喷泉瑞兽临双沼""食叶春蚕散满箔""花奴羯鼓调""伯牙《水仙操》"作比喻，以"洗黄花润篱落；渍苍苔倒墙角。渲湖山，漱石窍，浸枯荷，溢池沼"作排比，令人眼花缭乱，目不暇接。尤其值得称道的是，作者时时刻刻都使景物的描绘与人物感情的抒发相契合，每首曲词结尾都把主人公的思想感情作为景物描写的归宿，写自然景象所引起的主人公心理感受，层层递进地抒写主人公情感的演变历程。例如先是怨雨惊梦"把愁人定虐"，后又烦雨"惹的人心焦"，继而又恼雨"相聒噪"，最后又恨"雨和人紧厮熬"，"一阵阵打梧桐叶凋，一点点滴人心碎了"，以至愤怒得要"把泼枝叶做柴烧，锯倒"。孟称舜说得好："只说雨声，而愁恨千端，如飞泉喷瀑，一时倾泻。"（《新镌古今名剧·酹江集》）这几首曲文写雨声，既以景物作为人物感情的衬托，又采用移情的方法使景物涂抹上人物的感情色彩，由景入情，情由景生，以景衬情，景中有情，创造了一个浓郁的悲剧氛围，充分展现了主人公的内心世界。在大量描摹梧桐雨的过程中，作者又把梧桐树作为联想的条件，中间穿插【滚绣球】一曲，写唐明皇的悔恨："是兀那当时欢会，栽排下今日凄凉，厮辏着暗地里量度。"今天的凄凉是由往日的欢会所栽排，昔日的骄奢淫逸造成如今的死别生离。盛极而衰，乐极哀来，唐明皇自己吞食自己种植的苦果。这句点睛之笔，是主题思想的高度概括，也是人生底蕴的深刻揭示，具有很强的讽喻性。

《梧桐雨》第四折语言华美绮丽、绚烂多彩，而又浑朴自然，不事雕琢，即当行，又富于文采，开启了元杂剧文采派的先声。近人王国维说："白仁甫《秋夜梧桐雨》剧，沉雄悲壮，为元剧冠冕。"它被列为元杂剧四大悲剧之一，是当之无愧的。

毛泽东在读这出戏曲时，对多支曲子进行了密密的圈点，并修改了两处错字，说明他读得很仔细，很感兴趣。

毛泽东在读顾明编的《曲选》时，圈阅了这出杂剧的第四折，并对其中的【正宫】【双鸳鸯】"映着云屏一半儿娇"句旁用毛笔点了两个墨点；在【蛮姑儿】一曲"惊我来的"以下四句旁各加一个墨点，"是兀那窗儿外"以下三句旁各画一个墨圈；在【滚绣球】"珠连玉散飘千颗"等二句旁各加两个墨点，并将"珠莲"的"莲"字改为"连"；在【叨叨令】一曲"似玉盘中万颗珍珠落""似玳筵前几簇笙歌闹""似翠岩头一派寒泉瀑""似锦旗下数面征鼙操"等四句旁各加两个墨点；在【三煞】"都不是你惊魂破梦"等三句和"蘸杨柳"等二句旁各点一个墨点；在【黄钟煞】一曲除了"莫不是天故将人愁闷搅""响栈道""漱石窍""溢池沼""声相近""点点敲"等数句未加圈点外，其他各句都画了一个墨圈，并将【滚绣球】中"乱宫商闹闹炒炒"中的"炒炒"改为"吵吵"。（中央档案馆整理：《毛主席的评点诗词曲精选》，中国档案出版社 1998 年版，第 585—588 页）从毛泽东的密加圈点情况看，他对这个杂剧是很欣赏的。

4. 王实甫《丽春堂》　第四折

《丽春堂》第四折的原文是：

（老旦扮夫人上，诗云）花有重开日，人无再少年。一从夫主去，皓月几回圆。老身完颜女真人氏，夫主是四丞相。因与李圭在香山饮会吵闹，圣人见怒，将俺丞相汗马功劳一旦忘了，贬在济南府闲住。今因草寇作乱，圣人遣使命去济南府取他去了。使命昨日来，说道俺老丞相今日下马。下次小的每，便安排酒食茶饭，伺候丞相回来。（使命领众官上，云）小官天朝使命，奉圣人的命，着我往济南府取四丞相，小官先回来复命圣人，着众官人都到他宅上接待。这早晚四丞相敢待来也。左右，接了马者，报复与老夫人知道，说俺众官人都在门首。（左右报科，云）老夫人，众官人每都在门外。（夫人云）有请。（出见科）（夫人云）众官人每，为何到此？（使命云）老夫人，恭喜贺喜。某等非是私来，奉圣人的命，着众官每都来接待老丞相。（夫人云）众官人每，里面请坐。（使命云）老夫人，俺这里安排酒果，都在门外等待，想四丞相只在早晚来也。（正末引家僮持钓竿上，云）老夫自谪济南歇马，倒也清闲自在。今奉圣人的命，宣我还朝，收捕草寇，暗想俺这为官的好似翻掌也呵。（唱）

【双调】【五供养】我觑了这穷客程，旧行装，我可甚么衣锦还乡？（家僮云）这里比那济南不同。（正末唱）我恰离了这云水窟，早来到是非场。你与我弃了长竿，抛了短棹，我又怕惹起风波千丈。我这里凝眸望，原来是文官武职，一划地济济跄跄。

（众官接科，云）老丞相，贺万千之喜。（正末云）众公卿每，间别无恙也。（唱）

【乔木查】自别来间阔，幸得俱无恙。这里是土长根生父母邦，怎将咱流窜在济南天一方？这些时怎不凄凉？

（众官云）左右，将酒来。老丞相，满饮一杯，一壁厢虎儿赤那都着与我动乐者。（做作乐科）（正末唱）

【一锭银】玉管轻吹引凤凰，余韵尚悠扬。他将那〔阿那忽〕腔儿合唱，越感起我悲伤。

【相公爱】泪滴千行与万行，那一日不登楼长望。我平也波常，何曾道离故乡，那一日离的我这心儿上？

（众官云）老丞相请。（正末云）众官人每请。（正末与夫人见打悲科）（夫人云）相公，今日圣恩取你回朝，为何又烦恼？（正末云）夫人，教我怎生不烦恼？（唱）

【醉娘子】刚道不思量，教人越凄惶。我家里撇下一个红妆，守着一间空房，如何教我不思量?

【金字经】早是人寂寞，更那堪更漏长?点点声声被他滴断肠，到晓光。到晓光，便道他不断肠，又被这家私上，横枝儿有一万桩。

(夫人云)自从老相公去后，俺一家儿每日则是烦恼，望老相公回来。(正末唱)

【山石榴】夫人也，我则道你一身亡，全家丧，三百口老小添悲怆。我怕你断送了别头项。

(夫人云)老相公，当初一日，是你的不是也。谢圣恩可怜，还娶你来家，实是万千之喜。(正末唱)

【幺篇】平白地这一场，从天降。想也不想。谁承望，大人也，谁承望又到俺这前厅上。

(众官云)老夫人，去取的新衣服与老丞相换了者。(夫人云)下次孩儿们，将那相公旧日穿的衣服来。(杂当云)衣服在此。(夫人云)请老相公换了者。

(正末云)夫人，这是几时做的衣服?(夫人云)老相公，是你旧时穿的衣服。(正末云)是呵。(唱)

【落梅风】这山字领缘何慢?(夫人云)老相公，兀的带。(正末唱)玉兔鹘因甚长?(夫人云)都是你旧时穿的。(正末唱)待道是我旧衣服怎生虚儾?(云)夫人将镜儿来。(夫人云)镜儿在此。(正末云)我试照咱。(唱)我这里对青镜猛然见我两鬓霜。哎，可怎生个似我旧时形象?

(夫人云)孩儿每，一壁厢安排茶饭来。

(左相上，云)小官是左丞相。奉圣人命，去四丞相宅上加官赐赏，走一遭去。可早来到也。左右，接了马者。四丞相，听圣人的命。

(正末同夫人安排香案科)(唱)

【雁儿落】你与我拂掉了白象床，整顿了销金帐，高擎着鹦鹉杯，满捧着羊羔酿。

【得胜令】准备着翠袖舞《霓裳》，却又早丹诏下茅堂。未见真龙画，先闻宝篆香。托赖着君王，高力士休拦挡，我若不斟量，又只怕李太白贬夜郎。

（使命上，云）听圣人的命，因你有功在前，将你的罪尽皆饶免。如今取你回朝，本要差你破除草寇，不想草寇听的你回，都来投降了。圣人大喜，教你依旧统军，复你右丞相之职，赐你黄金千两，香酒百瓶，就在丽春堂大吹大擂，做一个庆喜的筵席。望阙谢恩者。（正末叩谢科）（左相同众官云）老丞相，贺喜。（正末唱）

【风流体】我则道官封做、官封做一字王，位不过、位不过头厅相。想着老无知，老无知焉敢当？（左相云）老丞相你受了官职者，何必太谦？（正末唱）哎，怎比的你左丞相，左丞相洪福量。

【古都白】愿陛下圣寿无疆，顿首诚惶。唬的我手儿脚儿忙也波忙。俺如今托赖着君王，可怜我疏狂，直来到宅上，死生应难忘。

【唐兀歹】端的是万万载千秋圣主昌，地久天长。老臣怎敢道不谦让？可是当也不当。

（左相云）老丞相，今日众官人都在此，圣人着李圭到丞相跟前负荆请罪，丞相休记前仇。（正末云）老夫怎敢？（左相云）既然如此，教李圭来见老丞相。

（李圭负荆上，见科，云）老丞相，是李圭不是，今来负荆请罪。（正末云）呀，元帅请起。（李圭云）老丞相不吩咐起来，李圭怎敢起。（正末唱）

【搅筝琶】他背着些粗荆杖，（众官云）请老丞相责罚他几下。（正末唱）谁敢道先打后商量。（李圭云）都因那一日与老丞相射柳时的冤仇。（正末唱）且休说百步穿杨，我和你九打一盘无梁。从今后你也要安详，我也不夸强。（李圭云）老丞相打我几下倒等我放下心者。（正末唱）休慌，我若是手梢儿在你身上荡，（李圭云）老丞相打几下怕怎么？（正末云）不中。（唱）义只怕惹起风霜。

（云）李圭，既然圣人饶了，我和你也不记旧仇。（左相云）好，将酒来，我与你一位把一杯，做一个和合者。（夫人云）老相公稳便，我着那歌儿舞女来服侍老相公。（正末云）夫人，你执壶，我与众官每把一杯酒。左右，动起细乐者。（唱）

【沽美酒】舞蹁跹翠袖长，击鼍鼓奏笙簧。高髻云鬟宫样妆，金钗列数行。欢声动一座丽春堂。

【太平令】歌金缕清音嘹亮，品鸾箫余韵悠扬。大筵会公卿宰相，早先声把烟尘扫荡。从今后四方、八荒、万邦，齐仰贺当今皇上。

（左相诗云）在香山作要难当。圣人怒谪贬他方。念功臣重加宣召，依然的衣锦还乡。

题目　李监军大闹香山会

正名　四丞相高宴丽春堂

《丽春堂》，全名《四丞相高会丽春堂》，又称为《四大王高宴丽春堂》。这里的"四丞相"是指代剧中的主要人物，官拜金朝右丞相的完颜乐善，在本剧中的完颜乐善（当然并非真实历史人物），自幼年跟随金朝郎主，南征北讨，东荡西除，多有汗马功劳。官拜右丞相，领大兴府事。正受管军元帅之职被属下尊称为"四大王""四元帅"。因这位"四大王"目前担任了朝廷的右丞相的职位，所以人们又转而尊称其为"四丞相"。

末本。共四折。出场人物：正末——完颜乐善；老旦——乐善夫人；旦——琼英；冲末——徒单克宁；外——孤；净——李圭。

剧情是这样的：第一折：金国皇帝在御花园设射柳会，四丞相完颜乐善三箭射中，得了御赐的锦袍玉带。第二折：监军李圭与乐善赌双陆，李圭第一次输了，第二次却赢了，双方为是否履行事先约定的赏罚协议互不相让，乐善怒打李圭。第三折：乐善被贬到济南府，忘情于山水之间。济南府尹原是乐善部下，携妓女前来为乐善解愁。时有草寇作乱，皇帝重新起用乐善。第四折：乐善回朝，见到同僚及其家人，十分感慨。草寇得知乐善被重新起用，乃投降归顺。乐善复为右丞相，在丽春堂设宴庆贺，并与李圭和好。此折中写乐善奉朝廷命令在丽春堂庆贺时说："圣人大喜，教你依旧统军，复你右丞相之职，赐你黄金千两，香酒百瓶，就在丽春堂大吹大擂，做一个庆喜的宴席。""大吹大擂"，吹，吹喇叭。擂，击鼓。意谓乐器齐奏，后多比喻大肆宣扬，过度夸张。这里是器乐齐奏，好好庆贺一番之意。

1938年5月，毛泽东在《抗日游击战争中的战略问题》一文中说："然而游击战争的基本方针必须是进攻的，和正规战争比较起来，其进攻性更加大些，而且这种进攻必须是奇袭，大摇大摆、大吹大擂地暴露自己，是较之正规战不能许可的。"（《毛泽东选集》，第二卷，人民出版社1991年版，第409页）毛泽东在这里否定了在抗日游击战中"大摇大摆、大吹大擂地暴露自己"，而主张奇袭，就是乘敌不备，出其不意地攻击敌人。

5、郑光祖《醉思乡王粲登楼》　第一折（节录）

郑光祖，字德辉，平阳襄陵（今山西临汾附近）人。《录鬼簿》说他曾"以儒补杭州路吏，为人方直，不妄与人交。名香天下，声彻闺阁，伶伦辈称郑老先生者，皆知为德辉也"。曾任杭州路吏。病卒，葬于西湖灵芝寺。他是元代后期著名的杂剧作家，"元曲四大家"之一。他写过杂剧18种，现存《倩女离魂》《王粲登楼》等9种。《全元散曲》录存其小令6首，套数2套。

此杂剧的原文是：

（丑扮店小二上）（诗云）酒店门前三尺布，人来人往图主顾。好酒做了一百缸，倒有九十九缸似滴醋。自家店小二是也。有那南来北往，经商客旅，做买做卖的人，都在我这店中安下。一个月前，有个王粲，在我店肆中居住，房宿饭钱，都少了我的。我便罢了，大主人家埋怨我。我如今叫他出来，算算账，讨还我这房宿饭钱。王先生出来！

（正末云）小生王粲，自离了母亲，来到京师，有叔父蔡邕丞相，个月期程，不蒙放参。小生在这店肆中安下，少了他许多房宿饭钱；小二哥呼唤，多分为此。小二哥做甚么，大呼小怪的？

（小二云）王先生，你少下我许多房宿饭钱，不还我便罢了，大主人家埋怨我。你几时还我这钱？

（正末云）兀，那店小二，我见了蔡邕叔父呵，稀罕还你这几贯钱！

（小二云）你今日也说你叔父，明日也说你叔父呵，你这钱几时还我？

（正末云）你休小觑我。（唱）

【仙吕】【点绛唇】早是我家业凋残，少年可惯？我被人轻慢，似翻覆波澜，贫贱非吾患。

（小二云）王先生，你既是读书人，何不寻几个相识朋辈？

（正末唱）

【混江龙】我与人秋毫无犯。（小二云）则为你气高志大，见是如此。（正末唱）则为气昂昂误得我这鬓斑斑。久居在箪瓢陋巷，风雪柴关。穷不穷甑有蛛丝尘网乱。（小二云）看了你这嘴脸，火也没一些炽的。（正末唱）窨不窨炉无烟火酒瓶干。划的在天涯流落，海角飘零，中年已过，百事无成，捱不出伤官破祖穷愁限。多只在闾阎之下，眉睫之间。

（小二云）王先生，我看你身上有些儿单寒么？（正末唱）

【油葫芦】小二哥，人休笑书生胆气寒，赤紧的看承的我如等闲。则俺这散装常怯晓霜残，端的可便有人把我做儿曹看。堪恨那无端一郡苍生眼。（小二云）看你这模样，也没些志气胆量。（正末唱）我量宽如东大海，志高如西华山。则为我五行差，没乱的难迭办，几能够青琐点朝班？

【天下乐】因此上时复挑灯把剑弹，有那等酸也波寒，可着我怎挂眼，只待要论黄数黑在笔砚间。（小二云）你既是读书之人，何不训几个蒙童，讨些钱钞还我，可不好？（正末唱）你着我教蒙童数子顽。（带云）据王粲的心呵，（唱）我则待辅皇朝万姓安。哎！你可便枉将人做一例看。

（小二云）巧言不如直道，买马须索杂料。闲话休说，好歹要房宿饭钱还我。

（正末云）小生没甚么还你，小二哥，我将这口剑当与你，待我见了叔父，便来取讨。（小二云）也罢！我收了这剑，有钱时便赎你。（诗云）饶君总使竭身口，手里无钱说也空。（下）（外扮蔡邕引祗从上，诗云）龙楼凤阁九重城，新筑沙堤宰相行。我贵我荣君莫羡，十年前是一书生。老夫姓蔡名邕，字伯喈，陈留郡人氏。自中甲第以来，累蒙擢用，谢圣人可怜，官拜左丞相之职。有一故人，乃是太常博士王默，曾指腹为亲。若生二女，同攀绣床；若生二子，同舍攻书；若生子女，结为夫妇。不想老夫所生一女，小字桂花，王默所生一子，唤名王粲。因为居官，彼此天涯，不得相聚。后来连王默也亡过了，一向耽阁，这亲事不曾成得。闻知王粲学成满腹文章，只是矜骄傲慢，不肯曲脊于人。老夫数次将书调取来京，个月期程，不容放参，可是为何？则是涵养他那锐气。今日早朝下来，已与曹子建学士说知向上之事，这早晚敢待来也。左右门首觑者，学士来时，报复我知道。（冲末扮曹子建引祗从上）（诗云）满腹文章七步才，绮罗衫袖拂香埃。今生坐享来生福，都是诗书换得来。小官姓曹名植，字子建，祖居谯郡沛县人也，谢圣人可怜，官拜翰林院学士之职。今日早期，蔡邕老丞相说令婿王粲，虽有出众文才，只是胸襟太傲，须要涵养他那锐气，好就功名。如今老丞相暗将白金两锭，春衣一套，骏马一匹，荐书一封，投托荆王刘表，封皮上写着某家的名字，赍发他起身，等待后来荣显之时，着小官做个大大的证见。说话中间，可早来到丞相府了。左右报复去，道有子建学士，在于门首。（报见科）（蔡相云）学士来了也。学士，今早朝中所言王粲之事，可是这等做的么？（曹学士云）老丞相高见，正该如此。但小官虚做人情，不无惶愧。（正末上，云）这是丞相府门首，左右报复去，道有高平王粲，特来拜见。（做报科，云）有高平王粲，特来拜见。（蔡相云）你看他乘甚么鞍马。（祗候云）脂油点灯。（蔡相云）这怎么说？（祗候云）布拈。（正末云）说话的是我叔父，我是侄儿，那里有叔叔接侄儿不成？我自过去。（见科，云）叔父请坐。多年不见，受您孩儿两拜。（蔡相云）住者，左右，将过那锦心拜褥来。（正末云）叔父要他何用？（蔡相云）拜下去，只怕污了你那锦绣衣服。（正末云）有甚么好衣服！（蔡相云）王粲，母亲安康么？（正末云）母亲托赖无恙。（蔡相云）有你这等峥嵘发达的孩儿，我那贤嫂有甚不安康处！翰林院学士在此，把体面相见。（正末做见曹学士科）（曹学士云）久闻贤士大名，如轰雷贯耳，今得拨云雾见青天，实乃曹植万幸。（正末云）学士恕小生一面。（蔡相云）说此人矜骄傲慢，果然，学士在此，下不得一拜。学士勿罪。可不道锦堂客至三杯酒，茅舍人来一盏茶。我偌大个相府，王粲远远而来，岂无一钟酒管待？令人，将酒过来。（递酒科）（蔡相云）这杯酒当与王粲拂尘，王粲近前接酒。（正末云）将来。（蔡相云）住者，这酒未到你哩！老夫年迈了，也有失礼体，放着翰林学士在此，那里有王粲先接酒之理！学士满饮此杯。（曹学士接酒云）贤士先饮此杯。（正末云）学士请。（曹学士云）贤士勿罪。（饮科）（蔡相云）这杯酒可到王粲。王粲接酒！（王末云）将来。（蔡相云）住者，未到你哩！学士一只脚儿两只脚儿来饮个双杯。（曹饮科）（蔡相云）这杯酒可到王粲。王粲接酒！（正末云）将来。（蔡相云）住者，未到你哩！学士饮个三杯和万事。（曹饮科）（正末云）叔父，王粲不曾自来，你将书呈三番两次调发小生到此，萧条旅馆，个月期程，不蒙放参。今日见了小生，对着学士，将一杯酒似与不与，轻慢小生，是何相待！（蔡相云）王粲，你发酒风哩！（正末云）我吃你甚酒来？（蔡相云）王粲，你在我跟前，你来我去，你听着：（词云）你看我精神颜色捧瑶觞，你那里有和气春风满画堂。你这等人不明白冻饿在颜回巷，你看为官的别金钗十二行。你尽今生飘飘荡荡，便来世也则急急忙忙。你那里有江湖心量，一片斋盐肚肠。令人，抬过了酒，非干我与而不与，其实你饮不的我这玉液琼浆！（正末云）叔父，我王粲异日为官，必不在你之下！（诗云）男儿自有冲天志，不信书生一世贫！（唱）

【那吒令】我怎肯空隐在严子陵钓滩，我怎肯甘老在班定远玉关。（带云）大丈夫仗鸿鹄之志，据英杰之才。（唱）我则待大走上韩元帅将坛。我虽贫呵乐有余，便贱呵非无惮，可难道脱不的二字饥寒？

【鹊踏枝】赤紧的世途难，主人悭，那里也握发周公，下榻陈蕃。这世里冻饿死闲居的范丹，哎，天呵，兀的不忧愁杀高卧袁安。

（云）叔父，不止小生受窘，先辈古人也多有受窘的。（蔡相云）王粲，与你比喻：你那积雪成阜，怎熬俺有力之松；磨墨成池，怎染俺无瑕之玉。明珠遭杂，岂列雕盘，素丝蒙垢，难成美锦。小见人万种机谋，总落的俺高人一笑。先辈那几个古人受窘，你试说一遍听咱。（正末唱）

【寄生草】伊尹曾埋没在耕锄内，傅说也劬劳在版筑间，有宁戚空嗟白石烂，有太公垂钓磻溪岸，有灵辄谁济桑间饭。哀哉堪恨您小人儒，呜呼不识俺男儿汉。

（蔡相云）王粲，你来做甚？（正末唱）

【六幺序】我投奔你为东道。（蔡相云）我可也做不的东道。（正末唱）倚仗你似泰山。（蔡相云）我可也做不的那泰山。（正末唱）划的似惊弓鸟叶冷枝寒。好教我镜里羞看，剑匣空弹！前程事非易非难，想蛰龙奋起非为晚。赤紧的待春雷震动天关，有一日梦飞熊得志扶炎汉。才结果桑枢瓮牖，平步上玉砌雕栏。

【幺篇】要见天颜，列在鹓班，书吓南蛮，威镇诸藩，整顿江山，外镇边关，内蒉奸顽。有一日金带罗襕，乌靴象简，那其间难道不着眼相看。如今个旅邸身闲，尘土衣单，耽着饥寒，偏没循环。只落得不平气都付与临风叹，恨塞满天地之间。想漫漫长夜何时旦，几能勾斩蛟北海，射虎南山！

（云）这等人只好不辞而回罢。（出科，祗候报云）报老爷得知，王粲不辞而去了。（蔡相云）学士，王粲不辞而归，都在学士身上。（曹学士出要住科，云）贤士，适间勿罪。（正末云）学士，这不是小生自来投托，是丞相数次将书调发小生来到京师。旅馆安身，个月期程，不蒙放参。今日对着学士，将一杯酒似与不与，轻漫小生，是何礼也！（曹学士云）贤士，此一去何往？（正末云）自古道："士屈于不知己，而伸于知己。"今世无知者，小生在此何益？不如回家去罢。（唱）

【金盏儿】虽然道屈不知己不愁烦，不知伸于知己恰是甚时间。只落得一天怨气心中攒，空教我趋前退后两三番。又不是绝粮陈蔡地，又不是饿死首阳山。只不如挂冠归去好，也免得叉手告人难。

（曹学士云）贤士差矣，却不道学成文武艺，货与帝王家。又道是十年窗下无人问，一举成名天下知。凭着贤士腹有才，神有剑，口能吟，眼识字，取富贵如反掌相似，何不进取功名，可怎生便回家去也？（正末云）争奈小生家寒，无有盘费。（曹学士云）却不道宝剑赠烈士，红粉赠佳人。小官有白金两锭，青衣一套，骏马一匹，荐书一封，送贤士去投托荆王刘表。刘表见了小官的书呈，必然重用。贤士若得官呵，则休忘了曹植者。（正末云）多谢学士。小生骤面相会，倒赏发我金帛鞍马荐书。异日若得峥嵘，此恩必当重报。（唱）

【赚煞】我持翰墨谒荆王，展羽翼腾霄汉。梦先到襄阳岘山，楚天阔争如蜀道难。我得了这白金骏马雕鞍，则愿的在途间人马平安，稳情取峥嵘见您的眼。（曹学士云）贤士，常言道人恶礼不恶，还辞一辞老丞相。（正末云）看学士分上，我辞他一辞。叔父，承管待了也。（蔡相云）王粲，你去了罢，又回来做甚么？（正末云）我吃你甚么来？（唱）我略别你个放鱼的子产。（蔡相云）放鱼的子产臊磕老夫不识贤哩！（正末唱）你休笑我屠龙的王粲。（云）虽是今日之贫，安知无他日之贵。有一日官高极品，位列三公，食前方丈，禄享千钟，武夫前拥，锦衣后随，学士恕罪了。（曹学士云）贤士，稳登前路。（正末唱）你看我锦衣含笑入长安。（下）

（蔡相云）王粲去了也。学士，此人莫不有些怪老夫么？（曹学士云）时下便有些怪，到后来谢也谢不及哩！（蔡相诗云）从来贤智莫先人，小子如何妄自尊。（曹学士诗云）今日虽然遭折挫，异时当得报深恩。（并下）

《王粲登楼》，有明刊本，其中以《元曲选》本较流行。王粲、蔡邕实有其人，但剧中二人的翁婿关系纯属虚构。

全剧四折加一个楔子。末本。出场人物：正末——王粲；外——蔡邕、刘表；冲末——曹植；老旦——王母；净——蒯越、蔡瑁；副末——许达。

剧情是这样的：楔子：家道贫寒的书生王粲，"学成满腹文章"，一心仕进，但为人"矜骄傲慢"。王粲的岳父东汉丞相蔡邕，派人召他进京。

第一折：王辞母赴京。蔡邕为了"涵养他那锐气"，故意冷落王粲，甚至在宴席上当着曹植学士的面羞辱他，使其一怒而去，蔡相假托曹植将他推荐给刘表。第二折：刘表见封皮上具曹植名而内里是蔡相的信后，知蔡用心，意欲拜为大元帅。适逢外出巡访的蒯越、蔡瑁前来，王粲傲然不理。刘表又问他兵法，说话间竟安然睡去。刘表方知王粲恃才骄矜，遂不予重用。第三折：王粲流落饶阳三年，虽将万言策请曹植转奏圣上，但无回音。重阳节，王粲友许达邀请王粲登楼，王粲感慨万千。忽报使命至，宣王粲为天下兵马大元帅。第四折：王粲回京，蔡相与曹植前来贺喜。王粲感谢曹植而语刺蔡相。曹植说明内情，王粲方大悟而拜认岳父。

这里节选的是第一折，写王粲困居在长安旅店，身无分文，欠了店家不少"房宿饭钱"，店小二又来催讨，二人的对白，交代了这种情形，【仙侣】【点绛唇】【混江龙】等几支曲子，既抒发了他"早家业凋残""久居在筚瓢陋巷，风雪柴关"的悲戚，又抒发了他"我量宽如东大海，志高如西华山"，"我则待辅皇朝万姓安"的豪情壮志，为后来剧情的发展作了很好的铺垫。剧中写蔡邕使学士曹植暗助资财使王粲投靠荆州太守刘表，不被所用。一日，流落荆州的王粲，应友人许达的邀请，到溪山风月楼游赏。王粲登楼，遥望中原，怀念家乡，遂感叹而赋诗。王粲悲伤至极，正欲自杀之际，朝中来使宣他回长安。王粲回京，得知万言策系曹植献于皇帝，才得以除授兵马大元帅，因而对曹植不胜感谢。曹植说明这一切皆是蔡邕暗助，王粲方拜见岳父，阖家团圆。其第三折是全剧高潮，抒发了王粲有家难归、壮志难酬的悲愤之情，塑造了一个羁留异乡、怀才不遇的知识分子形象，为很多后世知识分子所共鸣，影响深远。

毛泽东在读顾名编的《曲选》时圈阅了这出杂剧，并在"则俺这敝裘常怯晓霜残""何不训几个童蒙""讨些钱钞还我，可不好？"三句旁各点了两个墨点（中央档案馆整理：《毛泽东评点诗词曲精选》，中国档案出版社1998年版，第602—605页），对这几个警句表示欣赏。

此折中王粲对蔡邕说："叔父，王粲不曾自来，你将书呈三番两次调发小生到此，萧条旅馆，个月期程，不蒙放参。今日见了小生，对着学士，将一杯酒似与不与，轻慢小生，是何相待！"番，遍数。"三番两次"，指连续多次。亦作"三番五次"。

1945 年 4 月 21 日，毛泽东在《中国共产党第七次全国代表大会的工作方针》一文中谈到《关于若干历史问题的决议》时说："搞了一个历史决议案，三番五次，多少对眼睛看，单是中央委员会几十对眼睛看还不行，七看八看看不出许多问题来，而经过大家一看，一研究，就搞出许多问题来了。"其中"三番五次"一语，就是对此剧第一折中"三番两次"的改造，用来说明我党的民主集中制原则，十分恰当。

据陪晚年毛泽东读书的北京大学中系讲师芦荻回忆："一次，毛主席让芦荻读王粲的《登楼赋》。主席说，这篇赋好，作者抒发了他拥护统一和愿为统一事业作贡献的思想，但也含有故土之思。在分析后一方面思想感情的时候，主席说，人对自己的童年、自己的故乡、过去的朋侣，感情总是很深的，很难忘记的，到老年更容易回忆、怀念这些。（杨建业：《在毛主席身边读书——访北京大学中文系讲师芦荻》，1978 年 12 月 29 日《光明日报》）毛泽东晚年谈到王粲的《登楼赋》，正是着眼于这个角度而言的。

6、康进之《李逵负荆》　第四折

康进之，棣州（今山东惠民）人，元代杂剧作家。生平事迹不详。康进之名晔，曾主东平府学。他是在惠民"曲山艺海"中长大的，他常与社会下层艺人往来，是一位不肯同统治者合作的"贤人"，对民众疾苦却十分同情。后世人评价他是"豪放激越"的"本色派"作家，元代钟嗣成的《录鬼簿》将其列为"前辈已死名公才人"，可知其为元代前期杂剧作家。史载康进之作《黑旋风老收心》《李逵负荆》两种杂剧，如今只留下《李逵负荆》一剧。在当时十分流行，如贾仲明为其作的【凌波仙】吊词云："编《老收心》李黑厮，《负荆》是小斧头儿。行于世，写上纸，费骚人和曲填词。"

《李逵负荆》第四折的原文是：

（宋江同吴学究、鲁智深领卒子上，云）某乃宋江是也。学究兄弟颇奈李山儿无礼，我和他打下赌赛，到那里，果然认的不是。我与鲁家兄弟先回来了，只等山儿来时，便当斩首。小偻，踏着山岗望者，这早晚山儿敢待来也。（正末做负荆上，云）黑旋风，你好是没来由也，为着别人，输了自己。我今日无计所奈，砍了这一束荆杖，负在背上，回山寨见俺公明哥哥去也呵。（唱）

【双调】【新水令】这一场烦恼可也奔人来，没来由共哥哥赌赛。袒下我这红纳袄，跌绽我这旧皮鞋。心下量猜，（带云）到山寨上，哥哥不打，则要头。（唱）怎发付脖项上这一块？

【驻马听】有心待不顾形骸，（带云）这碧湛湛石崖不得底的深涧我待跳下去，休说一个，便是十个黑旋风也不见了。（唱）两三番自投碧湛崖。敬临山寨，行一步如上吓魂台。我死后，墓顶上谁定远乡牌？灵位边谁咒生天界？怎擘划，但得个完全尸首，便是十分采。

【搅筝琶】我来到辕门外，见小校雁行排。（带云）往常时我来呵，（唱）他这般退后趋前。（带云）怎么今日的，（唱）他将我伴呆不睬。（做偷瞧科，云）哦！原来是俺宋公明哥哥和众兄弟都升堂了也。（唱）他对着那有期会的众英才，一个个稳坐抬颏。我说的明白，道莽撞的廉颇请罪来，死也应该。

（见科）（宋江云）山儿，你来了也？你背着甚么哩？（正末云）哥哥，您兄弟山涧直下砍了一束荆杖，告哥哥打几下。您兄弟一时间没见识，做这等的事来。（唱）

【沉醉东风】呼保义哥哥见责，我李山儿情愿餐柴。第一来看着咱兄弟情，第二来少欠他脓血债。休道您兄弟不伏烧埋，由你便直打到梨花月上来。若不打，这顽皮不改。

（宋江云）我原与你赌头，不曾赌打。小偻，将李山儿踹下聚义堂，斩首报来。（正末云）学究哥哥，你劝一劝儿！智深哥，你也劝一劝儿！智深哥，你也劝一劝儿！（学究同鲁智深劝科）（宋江云）这是军状。我不打他，则要他那颗头。（正末云）哥，你道甚么哩？（宋江云）我不打你，则要你那颗头。（正末云）哥哥，你真个不肯打？打一下是一下疼，那杀的只是一刀，倒不疼哩。（宋江云）我不打你。（正末云）不打！谢了哥哥也。（做走科）（宋江云）你走那里去？（正末云）哥哥道是不打我。（宋江云）我和你打赌赛。我则要你那六阳会首。（正末云）罢、罢、罢，他杀不如自杀。借哥哥剑来，待我自刎而亡。（宋江云）也罢，小喽啰将剑来递与他。（正末做接剑科，云）这剑可不原是我的？想当日跟着哥哥打围猎射，在那官道旁边，众人都看见一条大蟒蛇拦路。我走到跟前，并无蟒蛇，可是一口太阿宝剑。我得到这剑，献与俺哥哥悬带。数日前我曾听得支楞楞的剑响，想杀别人，不想道杀害自己也。（唱）

【步步娇】则听得宝剑声鸣，使我心惊骇，端的个风团快。似这般好器械，一杵来铜钱，恰便似砍麻秸。（带云）想您兄弟十载相依，那般恩义都也不消说了。（唱）还说甚旧情怀，早砍取我半壁天灵盖。（王林冲上，叫科，云）刀下留人。告太仆，那个贼汉送将我那女孩儿来了。我将他两个灌醉在家里，一径的来报知。太仆与老汉做主咱。（宋江云）山儿，我如今放你去，若拿得这两个棍徒，将功折罪；若拿不得，二罪俱罚。您敢去么？（正末做笑科，云）这是揉着我山儿的痒处。管教他瓮中捉鳖，手到拿来。（学究云）虽然如此，他有两副鞍马，你一个如何拿的他住？万一被他走了，可不输了我梁山泊上的气概。鲁家兄弟，你帮山儿同走一遭。（鲁智深云）那山儿开口便骂我秃厮会做媒，两次三番要那王林认我，是甚主意？他如今有本事自去拿那两个，我鲁智深决不帮他。（学究云）你只看聚义两个字，不要因这小忿，坏了大体面。（宋江云）这也说的是。智深兄弟，你就同他去拿那两个顶名冒姓的贼汉来，（鲁智深云）既是哥哥吩咐，您兄弟敢不同去？（同下）（宋刚、鲁智恩上，云）好酒，俺们昨夜都醉了也。今早日高三丈，还不见太山出来，敢是也醉倒了。（正末同鲁智深、王林上，云）贼汉！你太山不在这里？（做见就打科，宋刚云）兀那大汉，你也通个名姓，怎么动手便打？（正末云）你要问俺名姓？若说出来，直唬的你尿流屁滚。我就是梁山泊上黑爹爹李逵，这个哥哥是真正花和尚鲁智深。（做打科，唱）

【乔牌儿】你顶着鬼名儿会使乖，到今日当天败。谁许这满堂娇压你那莺花寨？也不是我黑爹爹忒性歹。

（宋刚云）这是真命强盗，我们打他不过，走，走，走！（做走科）（正末云）这厮走那里云（做追上，再打科）（唱）

【殿前欢】我打你这吃敲材，直著你皮残骨断肉都开。那怕你会飞腾就透出青霄外，早则是手到拿来。你、你、你，好一个鲁智深不吃斋，好一个呼保义能贪色。如今去亲身对证休嗔怪，须不是我倚强凌弱，还是你自揽祸招灾。

（做拿住二贼科）（正末云）这贼早拿住了也。（王林同旦儿做拜科）（鲁智深云）兀那老头儿不要拜，明日你同女儿到山寨来，拜谢宋头领便了。（同正末押二贼下）（王林云）他们拿这两个贼汉去了也，今日才出的俺那一口臭气。我儿，等待明日牵羊担酒，亲上梁山去，拜谢宋江头领走一遭。（旦儿做打战科，王林云）我儿不要苦，这样贼汉有什么好处？等我慢慢的拣一个好的嫁他便了。（同下）（宋江同吴学究领卒子上，云）学究兄弟，怎生李山儿同鲁智深到杏花庄去了许久，还不见来？俺山上该差人接应他么？（学究云）这两个贼子到的那里？不必差人接应，只早晚敢待来也。（卒子做报科，云）喏！报的哥哥得知，两位头领得胜回来了也。（正末同鲁智深押二贼上，云）那两个贼汉擒拿在此，请哥哥发落。（宋江云）好宋江！好鲁智深！你怎么假名冒姓，坏我家的名目？小喽啰，将他绑在那花标树上，取这两副心肝，与咱配酒。枭他首级，悬挂通衢警众。（卒子云）理会的。（拿二贼下）（正末唱）

【离亭宴煞】蓼儿洼里开筵待，花标树下肥羊宰，酒尽呵拚当再买。涎邓邓眼睛剜，滴屑屑手脚卸，磕可可心肝摘。饿虎口中将脆骨夺，骊龙颌下把明珠握，生担他一场利害。（带云）智深哥哥，（唱）我也则要洗清你这强打挣的执柯人，（带云）公明哥哥，（唱）出脱你这干风情的画眉客。

（宋江云）今日就聚义堂上，设下赏功筵席，与李山儿、鲁智深庆喜者。（诗云）宋公明行道替天，众英雄聚义林泉。李山儿拔刀相助，老王林父子团圆。

　　《李逵负荆》，正名作《梁山泊李逵负荆》，又作《梁山泊黑旋风负荆》，共四折，是现存元代杂剧水浒戏中思想性和艺术成就最高的作品。其内容情节与《水浒传》第七十三回下半回的故事，大致相同。第一折：宋刚和鲁智恩这两个歹徒，冒充梁山英雄宋江、鲁智深，拐走梁山附近杏花庄酒店主人王林的女儿满堂娇。正逢清明时节梁山泊放假，李逵下山踏青，到酒店饮酒，听了王林的哭诉，怒火满腔，要与宋江、鲁智深算账，让王林到时候当堂对质。第二折：李逵回到山上斥责和嘲弄宋江，大闹忠义堂，欲砍杏黄旗。最后打赌，下山与王林对质，如确有此事，宋江断送脑袋，反之，李逵输掉头颅。第三折：李逵与宋江、鲁智深同到王林家中，王林肯定宋、鲁不是抢他女儿之人，宋、二人回山。李逵自知闯下大祸，准备回去受罚。李逵等走后，冒宋江、鲁智深之名抢夺王林女儿的宋刚、鲁智恩，将"借"去的满堂娇送回。王林假意设酒招待，稳住他们后上山报信。

　　第四折：李逵明白了真相后，悔恨莫及，并知错改错，向宋江负荆请罪。宋江派李逵下山捉拿歹徒，为民除害，搭救了王林父女。全剧在庆功声中结束。全折分三层来写，【新水令】和【驻马听】两支曲子，写李逵回山路上的心理活动。李逵"赌头"输了，无可奈何，"砍了这一束荆杖"，赤着上身，背在身上，肉袒负荆请罪，怕只怕"哥哥不打，则要头"，便"祖下我这红衲袄，跌绽我这旧皮鞋"，他是诚恳的。【驻马听】一曲描写李逵内心的斗争，他想跳崖，一死了事。他甚至"两三番自投碧湛崖"，并不是要坚持错误，而是知罪悔过的一种特殊心理。

　　【搅筝琶】【沉醉东风】和【步步娇】三支曲子是第二层写李逵在聚义厅上请罪。【搅筝琶】写李逵来到聚义厅门外的情景。他一眼就发现"雁行排"的小校"佯呆不睬"；再向内堂"偷瞧"，见宋江和众弟兄"都升堂了"，"一个个稳坐抬颏"，知道问题严重了。【沉醉东风】写李逵诚恳地表示"情愿餐柴"，还说"若不打，这顽皮不改"。却故意不提与宋江立下的"赌头"军令状，这种狡猾，恰恰表现了他的天真。【步步娇】写李逵想让宋江打几下了事，宋江为借这次机会教育李逵，假意声称："我原与你赌头，不曾赌打"，并下令将李逵按军法从事，斩首报来。李逵还想要赖，说什么"打一下是一疼；那杀的只是一刀，倒不疼哩。"当宋江说"我不打你"时，李逵赶忙说："不打？谢了哥哥也。"扭身就走。但宋江说一定要所赌的"六阳会首"（头颅）时，他又提出"借哥哥剑来，待我自刎而亡"。原来这把剑是李逵送给宋江的，如今却用他自杀而死。作者借李逵赞美宝剑，表现了他对生活的留恋，以及与宋江"十载相依"的"旧情怀"。

【乔牌儿】【殿前欢】及【离亭宴煞】三支曲子是第三层，写李逵捉拿假宋江和鲁智深，立功自赎。当接受这个任务时，李逵说："管教他瓮中捉鳖，手到拿来。"表现了他不把敌人放在眼里的英雄气概。

《李逵负荆》是一部让人读之倍感轻松愉快的喜剧。作者把重点放在深入揭示李逵的内心世界上，既表现他的粗豪、轻信，又突出他忠于梁山事业、热爱人民的优秀品质。他对宋江的误会越深，他的嫉恶如仇、维护梁山声誉的好品质就越显现，让人们感到好笑，更使人觉得可爱可敬。作者这样写李逵，完全是沿着生活本身的逻辑进行的，既富有幽默情趣，又令人感到真实可信。

这是一场由误会造成的戏剧故事。误会、巧合是建筑在人物性格的真实性基础上的。李逵和宋江之间一场误会性的戏剧冲突，既出意料之外，又在情理之中。在梁山泊清明节放三天假的闲日子里，竟有两个歹徒冒充宋江、鲁智深，拐走王林的女儿，这是巧合，但却符合赵宋王朝昏暗腐败、动荡不定的时代特点，以及宋江聚众起义、除暴安良、有"威"可冒的历史因缘，因此并不给人以虚假编造之感。而此事又恰巧为刚直、性烈、易怒的李逵先从王林口中知道，于是便展开了大闹忠义堂、下山对质、负荆请罪、捉拿歹徒、搭救王林父女一系列的戏剧冲突。既使剧本富有浓重的喜剧色彩，又突出了人物性格，深化了主题思想。

明代戏曲家孟称舜评康进之为"曲语句工当行，手笔绝高绝者"。后来元剧研究者都以康进之为"词林之英杰"，而赞誉《李逵负荆》是元代水浒戏中最优秀的作品。

1965 年 5 月，毛泽东写的《水调歌头·重上井冈山》中"可上九天揽月，可下五洋捉鳖，谈笑凯歌还。"中"捉鳖"，即出自元康进之《李逵负荆》第四折李逵的两句道白："管教他瓮中捉鳖，手到拿来。"（《毛泽东诗词集》，中央文献出版社 1996 年版，第 149 页）由此可见，毛泽东对《李逵负荆》这个传奇是非常熟悉的。

7. 李文蔚《蒋神灵应》 第二折

李文蔚，生卒年、字号不详，真定（今河北正定）人，元代戏曲作家。曾任江州路瑞昌县尹。从元好问、李治、张德辉等金遗老游于封龙山。至元十七年（1280）后，曾寄书白朴，时白已五十五岁，其年岁当相近。白朴有题为"得友人王仲常、李文蔚书"的【夺锦标】词，其中写"谁念江州司马沦落天涯，青衫未免沾湿"，可知李在官场曾受挫折。李文蔚著有12 种杂剧，现存 3 种：《同乐院燕青博鱼》《破苻坚蒋神灵应》和《张子房圯桥进履》。《太和正音谱》评其词"如雪压苍松"。

《蒋神灵应》第二折原文是：

（外扮桓冲领卒子上，云）晋朝武帝太元年，秦兵入寇犯中原。岂知江表多雄略，交锋一阵破苻坚。小官大司马桓冲是也。方今圣人在位，有西秦苻坚下将战书来。搦俺名将与他交锋。他倚仗秦国人强马壮，无故举兵；俺晋国召求良将，可镇迤北朔方。小官奉圣人的命，在此帅府聚众官商议。令人！与我请将王坦之来者。（卒子云）理会的。王坦之安在？（外扮王坦之上，云）滚滚长江水向东，龙盘虎踞地兴隆。波涛汹涌千寻浪，胜似关山百二重。小官姓王名坦之，字文度，官拜侍中之职。今有西秦苻坚，入寇为忧，召求文武良将，可以镇御朔方。今有桓冲大人，令人来请，不知有甚事，须索走一遭去。可早来到也。报复去，道有王坦之在于门首。（卒子云）理会的。喏，报的大人得知，有王坦之来了也。（桓冲云）道有请。（做见科）

（王坦之云）大人，唤小官有何事商议？（桓冲云）相公。请你来别无甚事，因为西秦苻坚下将战书来，搦俺与彼交锋。你可举名将，破西秦苻坚。（王坦之云）大人，小官才疏德薄，不能举荐。有谢安，此人才高德厚，当以举贤拜将，堪可定西秦苻坚也。（桓冲云）相公不避驱驰，直至谢安宅上访问，走一遭去，小官专等回报也。（王坦之云）理会的。小官辞了大人，直至谢安宅上商议，走一遭去。诏令官军以拒秦，谁能敢去立功勋。谢安英勇忠良将，保举当朝社稷臣。（下）

（桓冲云）王坦之去了也。小官不敢久停久住，回圣人的话，走一遭去。奉敕传宣离殿庭，秦兵入寇去相征。谢安举将除贼患，擒捉苻坚定太平。（下）

（谢安领卒子上，云）山高万仞楚天西，金柱曾将御笔题。云水金陵龙虎旺，月明珠路凤来仪。气吞江海三山小，势压乾坤五岳低。试向华夷图上看，万年帝业与天齐。老夫姓谢名安，字安石。自幼习尧舜禹汤文武周公之道。仿周公纲常之理，讲明经纶济世之学，颇晓行兵之略。不求荣华，隐于东山，恬然高卧。每对青山，常观绿水，看白云来往东西，携翠袖环围左右。不期圣人知老夫有经纶济世之才，累蒙宣召入朝。谢圣恩可怜，加老夫吏部尚书之职，掌管中书大事。老夫耳昔所好者，乃声律棋枰丝竹之艺，乐其心志。老夫有昆仲三人，兄乃谢奕，弟乃谢万。吾兄有一子，乃是谢玄。此子颇习韬略遁甲之书，学或管乐之谋，下寨安营，亦有孙吴之智。此子亦有大将之才，每日攻书业儒。老夫今日早间，在于朝中。有边庭上人采报，秦将苻坚，亲自挂印为帅。领雄兵百万，战将千员，前来奈俺晋朝交战。老夫料苻坚，他则知俺晋朝兵微将寡，他岂知有贤臣在此？量他何足道哉！老夫衙门中已回，在于私宅，到来日圣人必然与老夫商议，拜将出师；迎敌秦兵去。老夫已它排定了也。今日无甚事，闲坐一会。令人门首看。但有事报复我知道。（卒子云）理会的。（王坦之上，云）小官王坦之，今来到谢安私宅门首也。报复去，道有王坦之在于门首。（卒子云）理会的。喏，报的大人得知，有王坦之大人来了也。（谢安云）道有请。（卒子云）理会的。有请！（做正科）

（谢安云）相公为何至此？（王坦之云）小官今日来，大人不知朝中有一事，今有西秦苻坚，领兵入寇，纯兵百万，旌旗蔽日。大人的命，着小官来与老丞相商议，可保举名将，破西秦苻坚。老丞相意下如何？（谢安云）相公请坐。此事易哉！量那强戎小寇，老夫觑他如儿戏而已，不打紧，今要举将，老夫举吾侄谢玄挂印为帅，相公意下如何？（王坦之云）老丞相举侄为将，必有所见。敢问贤侄曾习兵书战策么？（谢安云）相公，吾侄年幼，老夫难以自奖。若论此子，乃杜稷之臣、栋梁之材，堪可挂印为帅。若论俺晋国，有长江险阻，老夫略施小智，但用机谋，将秦兵一百万一鼓而下，有何难哉！不打紧，相公请坐。老夫闻知相公善能围棋，令人将过围棋来者，我与老相公手谈数着咱。（卒子云）理会的。（做抬棋桌上科，云）围棋在此。（王坦之云）可矣，可矣，丞相看着棋。（做下棋科）（王坦之云）老丞相，围棋之间。可请令侄谢玄观棋，有何不可？（谢安云）既然这等，相公请坐。令人，与我书房中唤将谢玄来者！

（正末扮谢玄上，云）某谢玄是也，攻看兵书战策，叔父在前厅上呼唤，不知有甚事，须索走一遭去也呵！（唱）

【南吕】【一枝花】参透这九宫八卦文，一变千筹数，万敌百战法，三略六韬书。休道那十面埋伏，怎出这妙策幽微趣。神机决胜术。排玄武接引青龙。我若是按朱雀相连白虎。

【梁州】运动时风雷鼓舞，端的也行持时日月盈虚，阴阳造化分寒暑。霎时间云遮白昼。雾障街衢，雨施晦暗，风起吹嘘。拨天关动静全殊，应天心逆顺难谟。安营时虑险防患，布阵势扬威耀武，排兵时运智施谋。提防着路途，问阻，要知进退行军旅，识天文变躔度，大将同劳与士卒，志在孙吴。

（云）左右报复去。有谢玄来见。（卒子云）理会的。喏，报的大人得知，有谢玄来了也。（谢安云）着他过来。（卒子云）理会的。着过去。（做见科）（谢安云）谢玄，唤你来不为别，那壁厢有王坦之相公在此，把体面与他相见。（正末云）理会的。大人，支揖哩。（王坦之云）小将军恕罪。（正末云）叔父，唤您侄儿来有何事？（谢安云）谢玄，我唤你来观棋。（王坦之云）小将军勿罪。小官与老丞

相下此一盘棋，请将军观棋。（正末云）观棋之意，如用兵之法，方圆动静，可得闻乎？（唱）

【牧羊关】这棋布关天象，似星分运斗枢，（王坦之云）这方圆动静，可是如何？（正末唱）有方圆动静亲疏。静埋伏暗计包藏，动交战攻城必取，（王坦之云）小将军，你观此棋，如排兵布阵相似也。（正末唱）圆用兵如棋子，方下寨似棋局。倚亲者添雄壮，接疏情势似孤。

（王坦之云）小将军观此棋中造化，无不知备。今有秦兵入寇，令叔举保将军挂印为帅，若是迎敌得胜，黄阁标名也。（正末云）量小将有何才德，怎消得挂印为帅？（王坦之云）西秦兵多将广，将军堪可挂印为帅也。（正末唱）

【隔尾】符嵬将广非吾许，秦国兵多有若无。（王坦之云）他则倚仗着兵雄将勇，岂知俺有才俊英杰也。（正末唱）不识江南有人物，出豪杰在帝都，显英才在将府。（王坦之云）荐举将军为帅，必然破了秦寇也。（正末唱）敢望高贤将谢玄举。

（云）既然教谢玄挂印为帅，他兵百万，我兵十万，少不敌众，问叔父求一计如何？（谢安云）谢玄，今国家用人之际，我今举你为帅，去破符坚，你道是少不敌众，想汉朝三分之时，吴国周瑜，领水兵三万，同诸葛亮用计，与曹操战于赤壁之间，使曹操一百万大军，直杀的片甲不归，那个岂不是少不敌众？你问老父求计，你也说的是，令人将纸笔来！（做写"退"字科，云）谢玄，你见么？（正末云）你儿见。（谢安云）我说与你：凡治众如治少，分数是也；三军之众，亦可敌也。我与你这个字，便是破符坚之计。你自己参详去，莫要误了我围棋。（正末做接字科，唱）

【骂玉郎】亲门"退"字参详去，待教我自省会莫踌躇，他强我弱休畏惧。我如今论进攻，要退兵，知天数。

【感皇恩】呀，谩矜夸志卷江湖，便如您智在棋局。能通变识行藏，观势要分胜败，知进退紧追逐。（王坦之云）将军，令叔写此一字，全在将军妙算。"夫未战者多算胜，少算不胜，何况于无算？"

（正末唱）这里面防危虑险，更那堪损益盈虚，能挑战，善料敌，有神术。

【采茶歌】我这里用机谋，在须臾，这个字可正是要分胜败定赢输。得意何须多计策，算来不索下功夫。

（谢安云）谢玄，你岂不知孙武子兵书曰："兵乃国之大事，死生之地，存亡之道，不可不察也。"今圣人选将用兵，以安社稷，抚养军民，全在于尔。今设此计，何须多言，你自己三思去，莫要误了我围棋也。（正末云）经有五事较之："一曰道，二曰天，三曰地，四曰将，五曰法。道者令民与上同意，可与之死，可与之生，而不危矣。"凡此五者，为将者莫不闻乎？放心也。（唱）

【尾声】仿学那关云长斩将三通鼓，蜀诸葛排兵八阵图。到来日陈旌旗列士卒，统干戈御战车，将江山社稷扶，定番邦尽剿除。我务要战退了秦苻坚百万的这征夫，托赖着济世宽仁圣明主。（下）

（谢安云）谢玄去了也。相公，你才见么？这棋中之意，进退之节，老夫虽然不语，谢玄观棋得计，他已是参透了也。此一去必然成其大功也。（王坦之云）老丞相，小官与相公围此一盘棋，小将军解此棋意，自然有个主意也。（谢安云）相公不嫌絮烦，听老夫慢慢的说一遍。（王坦之云）老丞相，这棋中幽微之趣，可得闻乎？（谢安云）夫围棋者，乃运天地之机，造化阴阳之像，此棋尧王所制，以为悦豫之戏。棋盘有四角，按四时春夏秋冬。上有方圆动静，方者为盘，圆者为子，动者为阳，静者为阴。棋有一十九路。（王坦之云）老相公，是那一十九路？（谢安云）是一天、二地、三才、四时、五行、六律、七星、八方、九州、十干、十一冬、十二支、十三闰、十四相、十五望、十六松、十七生、十八却、十九朔。外有五盘小棋势。（王坦之云）是那五盘小棋势？（谢安云）是小巧势，小妙势，小角势，小机势，小屯势。棋盘有三百六十路，按一年三百六十日。又有二十四盘大棋势。（王坦之云）老丞相，是那二十四盘大棋势？（谢安云）是独飞天鹅势，大海求鱼势，蛟龙竞宝势，蝴蝶绕园势，锦鲤化龙势，双鹤朝圣势，黄河九曲势，华岳三峰势，寒灰发焰势，枯木重荣势，彩凤翻身势，游鱼脱网势，虎护山峪势，两狼斗虎势，七熊争霸势，六出岐山势。七擒七纵势，九败章邯势，对面千里势，兔守三穴势，野马跳涧势，批亢捣虚势，三战吕布势，十面埋伏势。若论下棋者，一安详，二布置，三用机，四舍弃，五温习，六究理，七自见，八知彼，九从心，十远意。远不可太疏，疏则易断；近不可太促，促则势微。欲下一子，先观满盘，从初至末，着着当先。追杀兮不可太过，妙算兮恭心却战，认真兮弃少就多。初间布置张罗，次后往来规措。攒三聚五死难移，角盘曲四休疑误。内外相连，周回四顾。士大夫智量相瞒，小儿曹推棋抹路。有眼杀无入，问君知不知？河临海岸浅，山势有高低。各寻智中智，斗搜机内机。只因一着错，输了半盘棋。若论下棋者，气清意美，生智添机。须观紧慢，要见迟疾。外静内动，身定心逸。喜中稳怒，安旦藏危。省语者高，强语者低。自强者败，本分者宜。赢了的似那天声之乐，无故生欢；讴歌小令，鼓腹忻然；巧言相戏，冷语相挽；精神抖擞，语话谦谦。输了的似那无丧之痛，嗟叹哀怜；速速的胆战，紧紧的眉攒；双关里胡撞，死眼里胡填；打劫处胡纽，虎口里胡钻。棋乃尧王制，相传到至今。手谈消郁闷，遣兴度光阴。舍命往前撞，亡生向里寻。怀恨生嫉妒，低首漫沉吟。常存斟酒意，莫使下棋心。似那遍地野田争种土，周天躔度旋添星。诗曰：数着残棋用意深，包藏天地在其中。用智施谋生妙算，局中已有定乾坤。（王坦之云）老相公，闲中道德，静里乾妣。《易》曰："危者安其位也，亡者保其存也，乱者有其治也。是故君子安而不忘危，存而不忘亡，治而不忘乱。""穷则变，变则通，通则久。"老丞相已知其中进退之幽微，识赢输之奥妙，却正是数着残棋江月晓，一声长笑海天秋。国手神机动着高，闲中道理任逍遥。静观棋势除烦恼，久坐忘归不惮劳。小官乱道，丞相勿哂也。（谢安云）相公说的是。安排酒肴，管待相公。（王坦之云）棋局已就，不必饮酒，小官告回。（谢安云）相公慢去。（王坦之云）到来日一同与老丞相复命。出的这门来，小官不敢久停久往，将马来，见大人走一遭去。状貌堂堂大丈夫，胸中造化运机谋。棋中决胜通天地，高才杰士

出皇都。（下）

（谢安云）王坦之去了也。老夫到来日，一同见圣人复命去。老夫想，谢玄必解吾棋中之意，必然破了苻坚也。我雅量宽舒且放怀，神机妙策已安排。谢玄领兵擒秦将，班师得胜赴朝来。（下）

楔子

（蒋神领鬼力上云）英才壮貌显威灵，玉帝钦差受敕封。钟山有感为神后，护佑乾坤万里清。吾神乃生前蒋子文是也。广陵人氏。在生为汉朝秣陵都尉，因盗至钟山，某尽搏击之，上帝为吾神正直无私，以此命我为本境土神之位，以福尔下民，消灾除障。后吴主封吾神为中都侯，加印绶，立庙在于钟山，因改为蒋山，表其灵异。晋时苏峻作乱，列营于吾神山前，兵势甚重，祈祷吾神，阴助苏峻；临阵之间，将贼子坠马斩首。今因秦将苻坚，领雄兵百万，入寇为害，吾神举意助晋。闻知晋朝举谢玄为帅，若到吾神庙中祈祷呵，吾神自有个主意。谢玄这早晚敢待来也。（净扮庙官上云）官滑司吏瘦，神灵庙主肥。有人来烧纸，则抢大公鸡。小官庙官的便是。我这神道千灵万圣，求风得雨，求雨可刮风。今日扫的庙宇干净，看有甚么人来？

（谢石领卒子上云）耿耿文官扶宇宙，桓桓武将定乾抽。远征近治全忠信，尽是安邦社稷臣。某乃谢石是也，今为征讨副帅之职。某深通三略，善晓上韬；奉宣敕领将驱兵，作元戎铺谋定计。忠肝秉正，义胆除邪；施勇略智胜雄师，建功劳战敌猛将，知敌数识其胜败。孙子曰：凡为将者，"将听吾计，用之必胜。"今有秦公苻坚，下将战书来，奈俺相持。今奉命为征讨副元帅，谢玄为都统大帅，刘牢之为前部先锋，桓伊、谢琰为左右二哨，统领十万精兵，与秦寇拒敌。今有兵在钟山安营，小校营门首觑者，若元帅来时，报复我知道。（刘牢之上云）逢山开道威风胜，遇水叠桥气势雄。英才谋略先锋将，敢战苻坚第一名。某乃前部先锋刘牢之是也，每回临阵，无不成功；寸铁在手，万夫不当之勇。今因秦兵百万入寇，圣人的命，着谢玄为破虏大元帅，谢石为征讨副帅。元帅将令，着大兵先至钟山安营，会合众将，听令而行。元帅呼唤，须索走一遭去。可早来到也。报复去，道有先锋刘牢之来了也。（卒子云）理会的。（报科云）喏！报的元帅得知，有刘牢之来了也。（谢石云）道有请。（卒子云）理会的。有请！（见科）（刘牢之云）元帅，某来了也。（谢石云）一壁有者。

（桓伊上云）威镇家邦四海清，文韬武略显英雄。全凭智勇安天下，统领雄师百万兵。某乃桓伊是也，今有苻坚作乱，元帅呼唤，不知有甚事，须索走一遭去。可早来到也。小校报复去，道有桓伊来了也。（卒子云）理会的。（报科。云）喏！报的元帅得知，有桓伊来了也。（谢石云）道有请。（卒子云）理会的。有请！（见科）（桓伊云）元帅，某来了也。（谢石云）一壁有者。（谢琰上云）威风赳赳志昂昂，身材凛凛貌堂堂。天下豪杰闻吾怕，英雄四海把名扬。吾乃谢琰是也，今有元帅呼唤，不知有甚事，须索走一遭去。可早来到也。小校报复去，道有谢琰在于门首。（卒子云）理会的。（报科云）喏！报的元帅得知，有谢琰来了也。（谢石云）道有请。（卒子云）理会的。有请！（见科）

（谢琰云）元帅，某来了也。（谢石云）您众将一壁有者，等元帅来时，有商议的事。小校辕门首觑者，元帅来时，报复我知道。

（正末上云）某谢玄是也，因秦兵入寇，奉圣人的命，加某为破秦大将军，征西都元帅之职，统领雄兵十万，征伐贼寇。今大兵出城，见在钟山安营，则等某的将令，便索起营。可早来到也．小校报复去，有谢玄来了也。（卒子云）理会的。喏！报的大人得知，有谢元帅来了也。（众将接见科）（谢石云）元帅，今苻坚领兵入寇，有秦将梁成攻寿阳，将欲克之。有尚书朱序，言说秦兵百万，未曾来全，今乘众军未集，宜速击之，合从所言。各听元帅将令而行。（正末云）此处有蒋神之庙，您跟着某行香去来！（谢石云）众将都跟着元帅走一遭去。（众做走科）（谢石云）可早来到也。元帅请！

（庙官云）大人每来了，请请请！小道接迟休怪。（众跪科）（正末云）今太元八年，岁次癸未，七月上旬朔，破秦大将军谢玄等，拈香祷告圣前：因为秦兵百万，入寇为害，有叔父谢安，保举挂印，领兵十万，前去拒敌。伏望神灵阴助成功，沿鉴是幸！（正末同众拜科）（谢石云）今众将皆全，听元帅将令行兵。（正末同众将出庙科）

（正末云）大小三军，听吾将令！今因秦兵犯边，奉圣人的命，加某为帅，领兵十万，征伐贼寇。您众将各当奋勇，若破符坚之后，都着您建节封侯；若误慢军情者，依军令必当斩首！（众将云）得令！（正末唱）

【正官】【端正好】我奉朝内帝王宣，持阃外将军令，统貔貅齐出石城，今日个破西秦要把中原定。我则待兴晋室，拒秦兵，望神圣，显威灵，分胜败，见输赢；则要奏凯歌，齐得胜，敲金镫。（下）

（谢石云）刘牢之，你为前部先锋，率精兵五千，先生新安县白石山洛涧栅，拒敌秦兵。桓伊、谢琰为左右二哨，则要您得胜回辽。看计行兵，然后某与元帅、统大势雄兵，便来接应也。（桓伊云）得令！奉元帅的将令，到来日两阵交锋用智能，今番大战定输赢。挟人捉将千般勇，武艺精熟敢战争。忘生舍死行忠孝，赤心报国辅朝廷。为将行兵周吕望，扶持社稷永兴隆！（下）

（谢琰云）得令！奉元帅将令，与符坚相持厮杀，走一遭去。大小三军，听吾将令！到来日雄兵猛将列西东，杀气腾腾罩碧空。枪刀灿烂如银练，征尘缭乱马蹄横。挟人捉将垓心内，扬威耀武阵云中。英雄慷慨忠良将，夺取今番第一功！（下）

（刘牢之云）奉元帅将令，领五千人马，与秦兵交战，走一遭去。大小三军，听吾将令！三通鼓罢，拔寨起营。凛凛威风七尺躯，胸中韬略用机谋。匣藏宝剑龙文敕，帐前军将锦模糊。英雄勇将持兵刃，智按当年八阵图。忠心辅助安天下，杀的那百万贼兵拱手伏！（下）（谢石云）众将去了也。某与元帅统领大军，剿除秦兵，走一遭去。忠正常怀报国心，英雄慷慨显威风。全凭智勇安天下，杀退秦兵建大功！（下）

（庙官云）大人去了也。小道无甚事，捣蒜吃羊头去也。我做道官爱清幽，一生哈答度春秋。捣下青蒜酺下酒，柳蒸狗肉烂羊头。（下）

（蒋神云）祸福无门，惟人自招。今日符坚领兵入寇，今拜谢玄为帅，统兵拒敌，来吾神庙中焚香祷告。吾乃护国之神，理合相助，率领本部神兵，前去寿春八公山中，退贼苻坚，上报圣人享祭之恩，下答苍生虔诚之意。为苻坚入寇兴师，股肱臣怀忠秉正。能举荐大将谢玄，运筹策棋中得令。显威灵神兵扶助，施谋略旗开得胜。满山川草木为兵，方显这破苻坚蒋神灵应。（下）

《蒋神灵应》杂剧原题《破苻坚蒋神灵应》，即《录鬼簿》中的"谢玄破苻坚"。末本。出场人物：正末——王猛（第一折）、谢玄（第二、三、四折）；冲末——苻坚；外——桓冲、王坦之；净——梁成、慕容垂；谢安、谢石、蒋神等。

此剧共四折。剧情大意是：东晋时期，前秦苻坚统一北方，帅百万大军攻打东晋，其弟苻融谏阻不听。第一折：前秦苻坚得汉人王猛为军师，自信有雄兵百万，欲进犯东晋；第二折：前秦战书下到，东晋朝野震动。谢安之侄谢玄广有韬略，受命破敌。楔子：战前，谢玄到蒋神庙祷告祈求神灵保佑。第三折：苻坚兵与谢玄对阵，谢玄与苻坚相约，如秦兵退过淝水，晋便议降。苻坚中计，依言而行。秦兵渡河之际，晋军突然攻击，蒋神将八公山上草木尽化为兵，助谢玄大破秦军，这就是中国历史上有名的淝水之战；第四折：东晋以少胜多，桓冲奉命为谢玄诸将庆功。

其中第二折，有一大段写谢安下围棋，向其侄谢玄暗示战争打法，有"只因一着错，输了半盘棋"的话。"一着"，下棋时走一步，意谓下棋时关键性的一着下错了，会造成全盘皆输的局面。比喻对全局有决定意义的问题或步骤处理不当而招致整个失败。

1936年12月，毛泽东在他的《中国革命战争的战略问题》一文中说："如果全局和各阶段的关照有了重要的缺点或错误，那个战争是一定要失败的。说'一着不慎，满盘皆输'乃是说的带全局性的，即对全局有决定意义的一着，而不是那种带局部性的即对全局无决定意义的一着。下棋如此，战争也是如此。"（《毛泽东选集》，第一卷，人民出版社1991年版，第175页）毛泽东引用此剧中的话"只因一着错，输了半盘棋"，加以改造，不仅更精练，而且意蕴更丰富。

8、金仁杰【追韩信】 第三折

金仁杰（？—1329，字志甫，杭州人，元杂剧家。生年不详，卒于元文宗天历二年（1329）。曾做过管理钱谷的小官吏。与钟嗣成交往，二十年如一日。天历元年（1328）冬，授建康崇宁务官。二年正月到任，三月，其子即护枢归。仁杰工作曲，《太和正音谱》评其为"如西山爽风"。所作杂剧凡七种，为《西湖梦》《追韩信》《蔡琰还汉》《东窗事犯》（非孔文卿作）《韩太师》《鼎锅谏》《抱子设朝》。仅存《追韩信》一剧，余今全佚。

末本。出场人物：正末——韩信（第一、二、三折），吕马童（第四折）；卜儿——漂母；驾——刘邦、项羽、萧何；净——樊哙。

【追韩信】第三折的原文是：

（驾上，云了）（萧何云了）（樊哙上，云了）（正末上，开）不想今日，得见官里面皮。

【中吕】【粉蝶儿】手摘星辰，脚平踏禹门潮信。吐虹霓于丈丝纶。钓五国，平天下，怎教鱼龙一混。早则得志羽扇纶巾，再不践长途客身难进。

【醉春风】昨日看青山绿水剑光昏，今朝见白马红缨彩色新。便做一宵官里梦贤人，也似这般准，准。三省吾身，五陵年少，端的一言难尽。

（做探萧何，礼了）今日得见官里，谢丞相一人而已。

【石榴花】昨日恰正动羁怀千里践红尘，单骑欲私奔。若不是朝中宰相自劳神。把飘零客身，引入贤门。若不是丞相追回沙，这其间趁西风人远天涯近。则见众公卿步履殷勤，摆列着中半张銮驾迎韩信。这的是天子重贤臣。

（做见驾，驾发下科）

【斗鹌鹑】臣迭不得舞蹈扬尘。（驾云了）嗨，好豁达开基至尊，

这一遍不弱如文王临渭滨。（驾云了）量这个夯铁之夫小可人。怎做这社稷臣。为我王纳谏如流，因此上丞相奏准。（做回驾科）

【剔银灯】臣昨日做了个夜度昭关伍员，不若如有国难投孙膑。今日又个曾驱兵领将排着军阵，不刺，怎消得我工这般捧毂推轮。量这个提牌将，执戟人，霎时间官封一品。

【蔓菁菜】陛下，我亲挂了元戎印，久巳后我王掌十万卫锦乾坤。恁时节须小本，你看我尽节存忠立功勋，单注着楚霸王大军尽。

（樊哙云了）众军拿下者！既为元帅，军有常刑，推转者。（驾上云了）且留下者。（云）我王万岁万岁万万岁！想古往今来，多少功臣名将，谁不出于贫寒碌碌之中，听微臣说咱。

【十二月】伊尹曾耕于有莘，子牙曾守定丝纶，傅说在岩前板筑，夫子在陈蔡清贫。（等净云了）你休笑这做元帅的原是庶人，道丞相也是个黎民。

【尧民歌】我从来将相出寒门。（驾云了）咱王是一朝天子一朝臣。（驾云了）息怒波豁达大度圣明君。（净云了）噤声波低头切肉大将军。（净云了）休卖弄花唇，你不曾把枪刀剑戟抡，我只见你杀狗处持刀刃。（净云了）（驾上，云了）霸王酒不饮三。色不侵二。有喑呜叱咤之威，举鼎拔山之力。人有疾病之苦，泣涕衣食而饮。陛下不知。霸王却有几庄儿不及我王处。（等驾云了）

【上小楼】他不合烧阿房三十六宫，杀降兵二十万人。先到咸阳，不依前言，自号为君。赶故主，杀子婴，诛绝斩尽。更杀义帝江心中打家难奔。

【幺】把长安封与佞臣，将彭城改作内门。这的是他不得天时，失了地利，恶了秦民。匹掳掠民才，弑君杀父，言而无信。及至他封官时惜爵刊印。

（驾上，云了）我王错矣！豁达大度，纳谏如流，为忏宗而罢刑肉，灭强秦而罢城旦。有功虽仇必赏，有过虽亲必诛。霸王为名征，我主施仁义呵。

【耍孩儿】这楚重瞳能有十年运，（驾云了）占十分消磨六分。

臣一观乾象甚分明，（驾云了）我王帝星朗朗超群。（驾云了）他时来力举千斤鼎，直熬得运去无功自杀身。（驾云了）陛下问安邦策何时定，臣算着五年灭楚，小可如三载亡秦。

【幺】恁般一个秦家基业人，客尽东愁甚末刘项不分。登时间一统做汉乾坤，笑谈间席卷三秦。败齐破赵无虚谬，灭楚兴刘有定准。（驾云了）请我王休心困，荐微臣的是朝中宰相，拿霸主的全在阃外将军。

【三煞】臣教子房散了楚军，周勃领着汉兵。臣教郦商引铁骑八方四面相随趁，臣教王陵作先锋九里山前明排着阵：臣教灌婴为合后十面埋伏暗摆着军，臣教樊哙去山尖顶上磨旗作军户眼目，看阵势调遣军人。

【二煞】得胜也臣教人梁王在后面赶，诈败也臣教儿江工在前面引。把楚重瞳赚入长蛇阵，恁时节喑呜叱咤难开口。便举鼎拔山怎脱身。臣教吕马童紧紧地相逗趁，（等驾云了）不妨事。他那里知心故友，子是个取命的凶神。

（驾云了）相持处用着一人，孤舟短棹，直临江岸，扮作渔公。楚重瞳杀的怕撞阵冲军，走的慌心忙意紧，行至乌江，无处投奔，来叫渔公。

【尾】只说道渡人不渡马，（驾云了）他待渡马时便不说渡人。（驾云了）这的是一朝马死黄金尽，那时节有家难奔，有国难投，急不得已，羞扯龙泉自去刎。（下）

《追韩信》，全名《萧何月下追韩信》，共四折。末本。出场人物：正末——韩信（第一、二、三折）、吕马童（第四折）；卜儿——漂母；驾——刘邦、项羽、萧何；净——樊哙。

第一折：大雪天，韩信在淮阴市上乞食，受到妇女的奚落，又遇恶少仗剑相欺，使韩信受胯下之辱。后遇漂母，方以一饭相赠。第二折：韩信初投楚霸王项羽，因不得意，改投汉王刘邦，也不被重视，决意东归。萧何月下追来，将韩信劝回汉营。第三折：刘邦筑坛拜韩信为大将，韩信对刘邦分析双方的形势，作出最后击败项羽的决策。第四折：吕马童向刘邦报告项羽兵败乌江而自杀的情形。韩信因功受赏。第三折中刘邦拜韩信为大将，怕人不服，萧何讲论自古将相出寒门的道理，说"咱王是一朝天子一朝臣"的话，表示刘邦对韩信的信任。"朝"，朝代。"天子"，皇帝。中国封建社会的最高统治者。比喻一个朝代更迭后，皇帝换了，朝中的大臣也随着更换了。实际上这是一条任人唯亲的干部路线。

我们共产党人主张任人唯贤。1964年毛泽东在《培养无产阶级的革命接班人》一文中用了这一词语："所谓团结大多数，包括从前反对过自己反对错了的人，不管他是哪个山头的，不要记仇，不要'一朝天子一朝臣'。"（1967年12月人民出版社出版的《毛主席论教育革命》）任人唯贤是我们共产党人一贯的干部路线，培养接班人当然应该贯彻执行。

9、李寿卿【伍员吹箫】 第三折

李寿卿，太原人，曾任将仕郎，后除县丞，元代杂剧作家。生卒年不详，仅知与纪君祥、郑廷玉同时。作有杂剧十种，今存《伍员吹箫》《度柳翠》两种。《月明和尚度柳翠》一剧在《元曲选》等刊本中均未题作者，疑即李寿卿《月明三度临歧柳》。另《庄子叹骷髅》仅存残曲。

元朝钟嗣成的《录鬼簿》云："将仕郎，除县丞。"明朱权的《太和正音普·古今群英乐府格势》将其列于元杂剧作家一百八十七人中的第四位，其曰："李寿卿之词，如洞天春晓。其词雍容典雅，变化幽玄，造语不凡，非神仙中人，孰能致此？"贾仲明为其所作的【凌波仙】吊词谓其"播阎浮，四百州，姓名香，赢得青楼"，说明他的剧作在当时广为流传，到了青楼艺人们的尊敬。

【伍员吹箫】第三折原文是：

（净扮老人、丑扮里正同上）（老人诗云）段段田苗接远村，醉来携手弄儿孙。虽然只得刨锄力，托赖天公雨露恩。老汉是这丹阳县老人便是。喜遇连年清平无事，多收米麦，广种桑麻，俺庄农们好生快活。我这丹阳县中有个牛王庙儿，秋收之后，这一村疃人家轮流着祭赛这牛王社。近年来但到迎神送神时节，不知是那里来的一个大汉，常来打搅，俺每只等吃酒，他便吹箫，好歹也要吃得醉饱了才去。今日他又来呵，我可怎了？（里正云）老社长，你放心，今年赛社，该是我做社头，我如今多叫些庄家后生，等那个吹箫的人来，我着些后生打将出去，偏不与他酒吃，与他一个没兴头，已后便不来了，可好么？（老人云）你说得是，你请将众人来计较。（里正云）我是唤当村里后生咱。无路子，沙三，伴哥，牛表，牛筋，你每一齐的都来。（无路子上，云）来也，来也。（诗云）虽然本事只如此，跌打相争可也不怕死，众人不识我名姓，则叫我做无路子。自家无路子的便是。这几个都是俺这当村疃里后生，我一生脊力过人，专打的是好汉，正在家中闲坐，有社长呼唤，俺见去来。（无路子同众见科，云）老的也，呼唤俺来，有何事干？（老人云）众庄家都来了，老的也，你吩咐他。（里正云）无路子，今年赛牛王社，我做社头，每年家迎送神道呵，有那别处来的一条大汉，拿着管箫，知他吹些甚，好歹要吃得醉饱了才去，被他打搅得慌。今年再来，你众人拿住打上一顿，抢将出去，俺便关了门，自自在在的吃酒。你则管里打，打死了呵，你便偿命。（无路子云）老的，我则道你叫我做甚么，你则怕吹箫的那个人搅了赛社，等他来时，着我打的他去。老的你放心，休道是一个吹箫的，便是十个，我都与你赶他出去。（老人云）无路子，你若赶退了他呵，我身上包管你一醉。（无路子云）老的放心，等他来呵，我把那弟子孩儿鼻子都打塌了他的。（众云）俺众人撮哺着，你打那厮。（里正云）说的有理，俺每慢慢的祭赛波。

（正末吹箫上，云）自从私出樊城，初投郑国，颇奈郑子产无礼，被某一把火烧了邮亭，到于吴国，几次借兵，争奈吴王有事不允，流落于此，靠着吹箫度日，经今十八年光景，可早老了也。（诗云）当年策马度昭关，未报冤仇甚日还。世人只认吹箫客，那知我一天豪气半生闲。（唱）

【中吕】【粉蝶儿】何日西归，困天涯一身客寄，恨无端岁月如驰。都是些傲穷民、趋富汉，不放我同欢同会，空走到十数筵席，有那个堪相酬对。

【醉春风】我如今白发滞他乡，青春离故国，凭短篴一曲觅衣食，常好是耻、耻！这一座村坊，兀的班人物，遭逢着怎般时势。

（云）兀那里赛牛王社儿，我去吹一曲，讨一钟酒吃咱。（正末见老人科，云）老者，支揖哩。（老人云）这厮又来了也，可怎生是好？小后生每，着气力抢他出去。（无路子云）这厮没廉耻，真个来了，快与我出去，不要讨打吃。（做推正末科）（正末云）我吹一曲讨一钟酒吃，有甚么不是处？（无路子云）这厮好说着不听，后生们撮哺着，我将他抢出去。（做咱。（做见正末科，云）好一条大汉，可怎生被这一伙人欺侮他。咄！这厮每休得无礼。（做打众人科）抢科）（外扮专诸醉冲上，云）自家专诸的便是。我向东庄里赛牛王社，与众兄弟每吃几杯酒去来。兀的一簇人为甚么这等吵闹，我分开这人试看（无路子云）我每近不得他，你众人跟着我走了罢。（同下）（正末唱）

【石榴花】我则见满街人各散东西，一个个吃得醉如泥。（专诸怒科，云）这厮有好汉要打的出来，我和你做个对手。（旦儿换卜儿衣服拿拄杖上，云）专诸，你又来了也，待打谁那？（专诸怕科，云）不敢，不敢。（正末唱）这妇人必定是那人妻，摄伏尽虎威。（专诸做跪科，云）是专诸一时间燥暴，再不敢了也。（正末唱）他磕扑的跪在街基，他将这条过头拄杖眕眕的，又不知要怎地施为。（专诸做悲科，云）这个是母亲遗下的训教，是专诸的不是了也。（旦儿云）专诸，你回过背来。（专诸做回背科）（正末唱）他喝一声疾快忙回背。（旦儿打科，云）一十，二十，三十。（正末唱）不歇手连打到二三十。（专诸云）我专诸再不敢惹事了也（正末唱）

【斗鹌鹑】这汉空有个男子襟怀，哎，那妇人也无个夫妻的道理。（旦儿云）你与我快家去。（专诸云）是，我就还家去也。（专诸跟旦儿走科）（正末云）我道是个好男子来。（唱）原来是怕媳妇的乔人，吓良民、吓良民的泼皮。我和你相识后争如不相识，我待来且慢只。我问他个辫两分星，说一段从头的至尾。

（旦儿云）专诸，你家里来。（专诸云）是，我来到这房门首也，我入的这门来。（旦儿做脱衣衫放拄杖跪科，云）你休怪我，这个是母亲的遗言，非干贱妾之事。（专诸云）大嫂请起，这原是俺母亲遗留下的教训，我怎好怪的你？（正末云）可是蹊跷，怎么那妇人到得家里，脱下衣服，放了拄杖，却又跪着这大汉？也不知他口里说个甚的，我一时难解，我且唤他一声，请相见咱。（做咳嗽科）里面有人么？（专诸做见正末科，云）君子请家里坐。（正末云）恰才若不是大哥打散了这伙庄家，着小人好生没意思。（专诸云）君子，你这等一个人，可被那厮欺负，我好是不平也。（正末云）大哥，恰才那个姐姐是你甚么人？（专诸云）你问他做甚么？（正末云）大哥，你为何这等怕他？（专诸云）不瞒君子说，他是我的浑家田氏。（正末云）我不是你这里人，不知此处的乡风，与俺那里全然各别。（专诸云）你原来不是俺这丹阳人。我不是浑家，怕为我平生性子燥暴，路见不平，便与人厮打，常惹下事来。有母亲临亡时遗言，我但惹事呵，着我这浑家身穿母亲衣服，手拿桩拄杖，我若见了这两桩儿，便是见我母亲一般，我因此上害怕。（诗云）君子问我因何故，路见不平拔刀助。衣服拄杖母亲留，怎做专诸怕媳妇。（正末背科，云）若得此人助我一臂之力，愁甚冤仇不报，则除这般。正是踏破铁鞋无觅处，得来全不费功夫。大哥，你肯和咱做一个朋友么？（做拜科）（专诸做回避科，云）君子，请起，请起。（正末唱）

【迎仙客】哥哥请受礼，莫疑惑久闻名在先，可惜不认得。（专诸云）量小人有何德能，敢劳君子相顾。（正末唱）哥哥你便恕生面，你兄弟可少拜识。（专诸云）是我和你从不曾相识，你可怎生拜我做弟兄？敢问君子姓甚名谁？（正末唱）你问我姓甚名谁，（专诸云）未知君子多大年纪？

（正末云）你兄弟拜德不拜寿。（唱）可不道四海皆兄弟。（专诸云）我看你身材凛凛、相貌堂堂，想不是个沦落的君子，你端的姓甚名谁？（正末云）你问我姓甚名谁，我乃楚国伍员是也。（专诸云）敢是做盟府的那伍员?(正末云)则我便是。(专诸云)某闻将军大名久矣。听知得临潼会上,挂白金剑为盟府,有十大功勋,名播天下,为何今日流落于此?(正末云)大哥不知,想当初秦穆公在临潼会上,设一会名曰斗宝,驱十七国诸侯都来赴会,某文欺百里奚,武胜秦姬辇,拳打蒯聩,脚踢卞庄,挂白金剑为盟府,戏举千斤之鼎,手劫秦王,亲送关外。(专诸云)将军真乃世之虎将也。(正末唱)

【快活三】向人前论武艺,(正末扯箫科)(专诸云)可是一管箫。(正末唱)犹兀自说兵机。(专诸云)若不是将军呵,众诸侯怎能勾出的这潼关也。(正末唱)我也曾把千钧宝鼎手中提,才保的众诸侯离秦地。

(专诸云)你是楚国大将,今日在这丹阳县吹箫度日,可是为着何来?(正末唱)

【朝天子】哥哥你岂知、岂知我就里,再休来说起那临潼会。(专诸云)你端的为甚么来?(正末唱)多劳你问及、问及我今日,兀的不屈沈杀英雄辈。(专诸云)敢是将军与甚么人争竞来?(正末唱)我则为那费贼、费贼的妒嫉。(专诸云)哦,是那费无忌了。虽然他百般谗谮,难道将军有如此大功,楚王也不做主咱?(正末唱)更和那楚平公也好下得。(专诸云)将军的父亲也可做甚么官位?(正末唱)俺父亲正当着谏议,谏不从斩讫。(专诸云)一个谏不从,两个谏。(正末云)俺哥也曾谏来,争奈一个谏,一个死,两个谏,两个死。(唱)赤紧的俺父亲先做了傍州例。

(专诸云)既有父兄之仇,此恨非轻,你寻几个贤士,同去破楚,可不好那!(正末云)我岂不要,争奈你这里无有贤士。(专诸云)俺这里可怎生无有贤士?你在那里寻过来?(正末云)我走樊城时倒也曾见两个贤士,只可惜都死了。(专诸云)可是那两个贤士?(正末唱)

【上小楼】有一个渔翁,只为着一时意气,自刎了六阳的那首级。有一个浣纱女,脚踹着清波,手抱着顽石,扑冬的身跳在江里,那老的是男子,便当仁不避,只可惜了那十三四女流之辈。

（专诸云）将军不知，俺这里也有贤士哩。（正末云）谁是贤士？（专诸云）则我便是贤士。（正末云）既然你是贤士，你敢同我破楚去么？（专诸云）我敢去。将军若不弃呵，我情愿与你同报楚仇。万死不避。（正末云）你可休番悔也。（专诸云）大丈夫一言既出，驷马难追，岂有番悔之理！（正末云）你道定者。（专诸云）我去则去，未曾和我浑家说知。（旦儿冲上，云）专诸，你要那里去？（专诸云）大嫂不知，此人乃是楚将伍员，和我拜做弟兄，他有父兄之仇未报，说我这丹阳县无有贤士，我百岁死有何迟，三岁死有何早，则怕死而无名。我欲要与他同去破楚，你的意下如何？（旦儿云）专诸，他有冤仇，干你甚事？你又要拿出那两桩儿来么？（专诸云）说的是，家有贤妻，男儿不遭横事。（正末云）哥哥，你莫不番悔么？（专诸云）将军休怪，我去不得了也。（正末唱）

【满庭芳】你承当了怎推？（云）你恰才不说来？（专诸云）我说甚么？（正末唱）可不道一言既出，驷马难追。（专诸云）我说便说，争奈有些儿去不得哩。（正末唱）原来你这般贪生怕死无仁义。（云）你去的么？（专诸云）我去不得。（正末云）你立着，我坐着。（做推专诸科）（唱）你则将八拜礼还席。（专诸云）嗨，我则道我是好汉，这人又好汉，我直拜你一百拜。（正末唱）枉教你顶天立地，空教你带眼安眉。刚一味胡支对，则向你媳妇跟前受制。（专诸云）非是我怕媳妇，只为我母亲的遗言，有那两桩儿在他手里，不敢违拗。（正末唱）使不着你佯孝顺假慈悲。

（专诸云）罢、罢、罢，大丈夫一言如白染，早则怕死而无名，便我母亲再生，料也阻不的我。大嫂，你岂不闻父母在，不许友以死。今我母亲不在了，我如今为个好朋友舍死报仇，岂为不孝？大嫂，我意已决，好也要去，歹也要去。将军，争奈妻子着他安身何处？（旦儿云）专诸，你坚意要去，既做了贤士，怎还做得孝子？罢、罢、罢，我叫你去的放心。（做取剑自刎科）（诗云）盟府投吴待借兵，男儿意气许同行。红尘未显专诸迹，青史先标田氏名。（下）（专诸云）呀，浑家自刎了。将军，则被你送了俺一家儿也。（正末云）大哥，

我和你破楚报仇去来。（专诸云）罢、罢、罢，则今日便索同你报仇去，若不破楚，我誓不还吴也。（正末唱）

【尾声】不索我言，不索我言；全在你，全在你。但想起父兄仇，便急的我肝肠碎。（带云）有一日拿住费无忌呵，（唱）直着那厮摘胆剜心，做俺祭卓儿上的礼！（同下）

楔子

（外扮楚昭公引卒子上，云）某乃楚昭公是也。自从秦穆公临潼斗宝之后，有伍员立下十大功劳。俺父平公，加他为三保大将军，樊城太守。有少傅费无忌，暗用谗言，将其父伍奢并兄伍尚三百口家属，都杀坏了，又着他儿子费得雄赚那伍员去，被伍员识破，私出樊城，投于吴国。如今借起十万精兵，侵伐俺国。俺自将揣将寡兵微，难以抵敌，这都是费无忌结下的冤仇，致此祸患。不免唤他出来，着他与伍员交锋去。令人，与我唤将费无忌来者。（卒子云）费无忌安在？（费无忌上，诗云）当时得意还年少，今日看看老来到。见说子胥将报仇，可知连日眼睛跳。自家费无忌。自从伍员私出樊城，今经十八年光景也。他投于吴国，借起十万兵来，要与楚国赌战。主公呼唤，多咱为这事来。令人报复去，道有费无忌来了也。（卒子报科，云）费无忌到。（楚昭公云）着他过来。（卒子云）着过去。（费无忌见科，云）主公唤费无忌，有何事商议？（楚昭公云）费无忌，今有伍员背楚投吴，借起十万精兵，要破俺国，单搦你费无忌出马交锋。我今拨你三万人马，与伍员交战去。则要你小心在意，成功而回。（费无忌云）我费无忌后生时交锋出马，甚是去的，如今年纪老了，一向贪自在惯受用的人，怎么还到的阵面上去，做赌头的买卖？主公，别差一个精壮的去，饶我这老头儿罢。（楚昭公云）这祸元是你做下的，你不去可着谁去？（举剑科）若不去，先杀你这老匹夫，军前号令。（费无忌云）主公不要性急，我费无忌就去，则今日点起三万人马，与伍子胥厮杀去来。（诗云）众军听我传将令，要与伍员相比并。当初杀他亲父兄，今朝丢了老性命。（下）

（楚昭公云）费无忌去了也。我与二公子旋亲到将台上面，看他与伍员决胜去来。（下）

（费无忌引卒子上，云）自家费无忌，奉主公的命，领着三万人马，与伍子胥决战。大小三军，摆开阵势。远远地尘土起处，敢是吴兵来也？（正末跹马儿上，云）某伍员自到吴国，借起十万精兵，来攻楚国，擒拿费无忌。大小三军，摆布得严整者。（费无忌云）来将何人？（正末云）某乃伍员是也。你是谁来？（费无忌云）你就不认的我老叔哩，我是费无忌。（正末云）兀那奸贼，疾忙下马受死，我父兄之仇，今日必报也。（费无忌云）你在我老叔跟前探空靴，撒响屁，说这等大话，你敢和我厮杀么？（正末云）这厮好无礼也。操鼓来。（做战科）（唱）

【仙吕】【赏花时】他跃马当先拚厮杀，不由我忿气横生怒转加。这厮只会暗地里弄奸猾，今日呵使不着心粗胆大。（费无忌云）我敌不得你，逃命，走、走、走。（下）（正末云）这厮走那里去？（唱）我则待探手儿把你活擒拿。

（做费无忌走、正末追科）（专诸冲上，云）拿住。（做拿费无忌科）（正末云）费无忌早拿住了也。大小三军，即便杀入郢城。只可惜楚平公已死，可将他坟墓掘开，取出尸首，待我亲鞭三百，以报父兄之仇。（诗云）早拿住贼臣无忌，再掘开平王坟地，与尸首三百钢鞭，才雪我胸头怨气。（同下）

元初杂剧作家李寿卿的《伍员吹箫》杂剧取材于史传和民间传说。情节结构方式与《赵氏孤儿》杂剧基本相同。通过主人公伍子胥形象的塑造来表达作家英雄落魄的悲慨和对快意恩仇的豪侠人生的向往，是一部复仇剧。

《伍员吹箫》是一部悲剧作品。全名《说专诸伍员吹箫》。内容写伍子胥历尽辛苦为父兄报仇。全剧四折，一楔子。此剧为末本。出场人物：正末——伍员；冲末——费无忌；净——费得雄；外——芈建、养由基、间丘亮、吴王、子产、专诸；旦——浣纱女；丑——间丘亮之子。

第一折：春秋时，楚平王纵容奸臣费无忌将宰相伍奢满门抄斩，又派其子费得雄诱骗在外的伍奢之子伍员入朝。伍员事先得到公子芈建的消息，痛打费得雄，与芈建外逃；第二折：神箭手养由基奉命追杀伍员，但咬掉箭锋射伍，让他逃生而去。伍员逃到郑国，不料郑子产有加害之心，公子芈建死于乱军之中，伍员只身投奔吴国，路遇浣纱女和归隐作渔夫的昔楚国上大夫闾丘亮。二人赠伍员饭食，帮伍员脱险。为不泄露伍员去向，二人先后自尽。第三折：伍员流落吴国十八年，吹箫度日。后结识好汉专诸，专诸愿助他复仇，但又因亡母遗言照顾妻室而难以出行，其妻为成就丈夫贤士之名而取剑自刎。楔子：伍员向吴王借兵伐楚，活捉了费无忌，将已死的楚平王从墓中挖出，鞭尸三百。第四折：伍员斩了费无忌，又将伐郑以报仇，子产请闾丘亮之子前去为郑国求情。闾子向伍员讲述其父勿动刀兵以恤生民的遗言，并欲自刎劝伍员罢兵，伍员为报答其父救命之恩而允诺，遂重赏闾丘亮之子和赡养浣纱女之母终身。杂剧在人物形象塑造上产生了严重的缺陷，影响了表达效果。曲词刚健质朴，趋于本色。

在此剧第三折中，伍员说："若得此人助我一臂之力，愁甚冤仇不报？""臂"，胳膊，指不大的力量。常与"助"连用，表示从旁帮点忙。

1958年9月2日，毛泽东同巴西记者马罗金独特列夫人谈话时说："马：'我们希望中国帮助我们工业化。'毛：'只要你们愿意，我们没有不愿意的。所有亚洲、非洲、拉丁美洲的国家要我们助一臂之力，我们都是愿意的。'"（《争取民族独立，破除对西方的迷信》，《毛泽东外交文选》，中央文献出版社、世界知识出版社1994年版，第337页）毛泽东借此剧第三折中的"助我一臂之力"一语，表示我们对第三世界国家的无私援助的国际主义精神。

10、石君宝《秋胡戏妻》 第三折

石君宝，姓石，名德玉，字君宝，女真族，平阳（今山西临汾）人，元代戏曲家。元世祖至元十三年（1276）逝世，享年85岁。以写家庭、爱情剧见长。著有杂剧 10 种,现仅存 3 种:《鲁大夫秋胡戏妻》《李亚仙花酒曲江池》《诸宫调风月紫云亭》,另 7 种皆佚。《太和正音谱》评其词"如罗浮梅雪"。近人孙楷第的《元曲家考略》考出石君宝为女真族,姓石,名德信,字君宝,可备一说。

《秋胡戏妻》第三折原文是:

(秋胡冠带上,云)小官秋胡是也。自当军去,见了元帅,道我通文达武,甚是见喜,在他麾下,累立奇功,官加中大夫之职。小官诉说,离家十年,有老母在堂,久缺侍养,乞赐给假还家。谢得鲁昭公可怜,赐小官黄金一饼,以充膳母之资。如今衣锦荣归,见母亲走一遭去。(诗云)想当日哭啼啼远去从军,今日个笑吟吟荣转家门。捧着这赤资资黄金奉母,安慰了我那娇滴滴年少夫人。(下)

(卜儿上,云)老身秋胡的母亲。自从孩儿去了,音信皆无。前日又吃我亲家气了一场,多亏我媳妇儿有那贞烈的心,不肯嫁人,若是他肯了呵,老身可着谁人侍养?媳妇儿今日早桑园里采桑去了,想他这等勤劳,也则为我老人家来,只愿的我死后依旧做他媳妇,也似这般侍养他,方才报的他也。天气困人,我且去歇息咱。(下)

(正旦提桑篮上,云)采桑去波。(唱)

【中吕】【粉蝶儿】自从我嫁的秋胡,入门来不成一个活路,莫不我五行中合见这鳏寡孤独?受饥寒,捱冻馁,义被我爷娘家欺负。早则是生计萧疏,更值着没收成歉年时序。

【醉春风】俺只见野树一天云,错认做江村三月雨。也不知是谁人激恼那天公,着俺庄家每受的来苦,苦。说甚么万种恩情,刚只是一宵缱绻,早分开了百年夫妇。

(云)可来到桑园里也。(唱)

【普天乐】放下我这采桑篮,我拣着这鲜桑树。只见那浓阴冉冉,翠锦哎模糊。冲开他这叶底烟,荡散了些梢头露。(做采桑科,唱)我本是摘茧缫丝庄家妇,倒做了个拈花弄柳的人物。我只怕俺的蚕饥,那里管采的叶败,攀的枝枯?

（云）我这一会儿热了也，脱下我这衣服来，我试晾一晾咱。（做晾衣服科）（秋胡换便衣上，云）小官秋胡，来到这里，离着我家不远，我更改了这衣服。兀的不是我家桑园？这桑树都长成了也。我近前去，这桑园门怎么开着？我试看咱。（做见正旦科，云）一个好女人也！背身儿立着，不见他那面皮，则见他那后影儿；白的是那脖颈，黑的是那头发。可怎生得他回头，我看他一看，可也好那！哦，待我着四句诗嘲拨他，他必然回头也。（做吟科，诗云）二八谁家女，提篮去采桑。罗衣挂枝上，风动满园香。可怎么不听的？待我再吟？（又吟科）（正旦回身取衣服做见，云）我在这里采桑，他是何人，却走到园子里面来，着我穿衣服不迭？（秋胡做揖科，云）小娘子，支揖。（正旦惊，还礼科，唱）

【满庭芳】我慌还一个庄家万福。（秋胡云）不敢，小娘子。（正旦唱）他不是闲游的浪子，多敢是一个取应的名儒。我见他便躬着身，插着手，陪言语。你既读那孔圣之书，（秋胡云）小娘子，有凉浆儿，觅些与小生吃波。（正旦唱）我是个采桑养蚕妇女，休猜做锄田送饭村姑。（秋胡云）这里也无人，小娘子，你近前来，我与你做个女婿，怕做甚么？（正旦怒科，唱）他酪子里丢抹娘一句，怎人模人样，做出这等不君子，待何如？

（秋胡云）小娘子，左右这里无人，我央及你咱。力田不如见少年，采桑不如嫁贵郎，你随顺了我罢。（正旦云）这厮好无礼也！（唱）

【上小楼】你待要谐比翼，你也曾听杜宇，他那里口口声声，撺掇先生不如归去。（秋胡云）你须是养蚕的女人，怎么比那杜宇？（正旦唱）你道是不比，俺那养蚕处好将伊留住；则俺那蚕老了，到那里怎生发付？

（秋胡背云）不动一动手也不中。（做扯正旦科，云）小娘子，你随顺了我罢。（正旦做推科，云）靠后！（唱）

【十二月】兀的是谁家一个匹夫，畅好是胆大心粗，眼脑儿涎涎邓邓，手脚儿扯扯也那捽捽。（秋胡云）你飞也飞不出这桑园门去。（正旦唱）是他便拦住我还家去路，我则索大叫波高呼。

（做叫科，云）沙三、王留、伴哥儿，都来也波！（秋胡云）小娘子休要叫！（正旦唱）

【尧民歌】桑园里只待强逼做欢娱，吓的我手儿脚儿滴羞蹀躞战笃速。他便相偎相抱扯衣服，一来一往当拦住。当也波初，则道是峨冠士大夫，原来是个不晓事的乔男女。

（秋胡背云）且慢者，这女子不肯，怎生是了？我随身有一饼黄金，是鲁君赐与我侍养老母的，母亲可也不知。常言道，财动人心，我把这一饼黄金，与了这女子，他好歹随顺了我。（做取砌末，见正旦科，云）兀那小娘子，你肯随顺了我，我与你这饼黄金。（正旦背云）这弟子孩儿无礼也！他如今将出一饼黄金来，我则除是恁般。兀那厮，你早说有黄金不的？你过这壁儿来，我过那壁儿看人去。（秋胡云）他肯了也。你看人去。（正旦做出门科，云）兀那禽兽，你听者！可不道男子见其金，易其过；女子见其金，不敢坏其志。那禽兽见人不肯，将出黄金来，你道黄金这般好用的！（唱）

【耍孩儿】可不道书中有女颜如玉。（秋胡云）呀！倒吃了他一个酱瓜儿！（正旦唱）你将着金，要买人犹云殢雨，却不道黄金散尽为收书。哎，你个富家郎，惯使珍珠，倚仗着囊中有钞多声势，岂不闻财上分明大丈夫，不由咱生嗔怒。我骂你个沐猴冠冕、牛马襟裾！

（秋胡云）小娘子，你不肯，我跟你家里去，成就这门亲事。可不好也！（正旦唱）

【二煞】俺那牛屋里怎成得美眷姻？鸦窠里怎生着鸾凤雏？蚕茧纸难写姻缘簿，短桑科长不出连枝树，沤麻坑养不活比目鱼，辘轴上也打不出那连环玉。似你这伤风败俗，怕不的地灭天诛！

（秋胡云）小娘子，休这等说。你若还不肯呵，我如今一不做二不休，拚的打死你也。（正旦云）你要打谁？（秋胡云）我打你。（正旦唱）

【三煞】你瞅我一瞅，黥了你那额颅；扯我一扯，削了你那手足；你汤我一汤，拷了你那腰截骨；掐我一掐，我着你三千里外该流递；搂我一搂，我着你十字阶头便上木驴。哎，吃万剐的遭刑律。我又不曾掀了你家坟墓，我又不曾杀了你家眷属！（秋胡云）这婆娘好

无礼也！你不肯便罢了，怎么这般骂我？（正旦提桑篮科，唱）

【尾煞】这厮睁着眼，觑我骂那死尸；腆着脸，着我咒他上祖。谁着你桑园里戏弄人家良人妇！便跳出你那七代先灵，也做不的主！（下）

（秋胡云）我吃他骂了这一顿。我将着这饼黄金，回家侍养老母去也。（诗云）一见了美貌娉婷，不由的我便动情。用言语将他调戏，倒被他骂我七代先灵。（下）

《秋胡戏妻》是石君宝代表作，全名《鲁大夫秋胡戏妻》，末本，共四折。故事本出自刘向《列女传》，但作了很大改造。第一折：军户秋胡娶罗梅英为妻，新婚三天，即被迫从军；第二折：秋胡离家十年，其妻梅英采桑度日，奉养公婆。罗梅英之父罗大户欠李大户四十石粮食，李大户以此要挟罗梅英改嫁于他，被罗梅英断然拒绝；第三折：十年后，秋胡衣锦还乡，路经桑园，调戏已不相识的妻子，被梅英痛加斥责。第四折：梅英回家后，得知此人即是丈夫秋胡，立即要求离异，宁肯长街讨饭，也不屑一顾冠帔官诰。由于婆婆说情，并以死相挟，她才勉强认了秋胡。

剧情紧凑明快，语言生动，尤其是写出了富有反抗精神、性格泼辣的农村少妇梅英，是元杂剧中不可多得的成功形象。此剧在戏剧发展史上有一定地位，京剧《桑园会》，即渊源于此。

第三折中，当秋胡调戏罗梅英时，罗梅英说："你待要谐比翼，你也曾听杜宇，他那里口口声声，撺掇先生不如归去。""谐比翼"，即比翼双飞，成为夫妻之意。杜宇，即杜鹃，杜鹃的叫声如"不如归去"，是罗梅英拒绝秋胡的无理要求，要他赶快走。

1940年2月20日，毛泽东在《新民主主义的宪政》一文中说："孙先生死了十五年了，他主张的国民会议至今没有开。天天闹训政，把时间糊里糊涂地闹掉，把一个最短时间，变成了最长时间，还口口声声假托孙先生。孙先生在天之灵，真不知怎么责备这些不肖子孙呢？"（《毛泽东选集》，第二卷，人民出版社1991年版，第725页）毛泽东引用此剧中"口口声声"一语，批判了国民党反动派所谓"宪政"的虚伪，可谓一针见血。

11、秦简夫《东堂老》 第一折

　　秦简夫，大都（今北京）人，元代戏曲作家。生卒年与生平事迹均不详。成书于元至顺年间的《录鬼簿》说他："见在都下擅名，近岁来杭。"可知他先在北方成名，后移居杭州。著有杂剧 5 种。现存作品有《东堂老劝破家子弟》《陶母剪发待宾》《孝义士赵礼让肥》三种，均以表现家庭伦理为主题。另有《天寿太子邢台记》和《玉溪馆》两种，已佚。其作品风格敦朴自然，与郑廷玉相近。朱权评其词曲如"峭壁孤松"（《太和正音谱》）。秦简夫为元杂剧末期之剧作者，为元代中期以后，追随关汉卿脚步，文辞本色之剧人，有别于王实甫、白朴、马致远等诗人杂剧作家之各逞词才的作风，力求剧本结构紧凑。代表作《东堂老》。

　　《东堂老》第一折的原文是：

　　　　（丑扮卖茶上，诗云）茶迎三岛客，汤送五湖宾；不将可口味，难近使钱人。小可是卖茶的。今日烧得这镟锅儿热了，看有甚么人来。（净扮柳隆卿、胡子传上）（柳隆卿诗云）不养蚕桑不种田，全凭马扁度流年。（胡子传诗云）为甚侵晨奔到晚，几个忙忙少我钱。（柳隆卿云）自家柳隆卿，兄弟胡子传。我两个不会做甚么营生买卖，全凭这张嘴抹过日子。在城有一个赵小哥扬州奴，自从和俺两个拜为兄弟，他的勾当，都凭我两个，他无我两个，茶也不吃，饭也不吃。俺两个若不是他呵，也都是饿死的。（胡子传云）哥，则我老婆的裤子，也是他的；哥的网儿，也是他的。（柳隆卿云）哎哟！坏了我的头也。（胡子传云）哥，我们两个吃穿衣饭，那一件儿不是他的。我这几日不曾见他，就弄得我手里都焦干了。哥，咱茶房里寻他去，若寻见他，酒也有，肉也有。吃不了的，还包了家去，与我浑家吃哩。（柳隆卿做见卖茶的科，云）兄弟说得是。卖茶的，赵小哥曾来么？（卖茶云）赵小哥不曾来哩。（柳隆卿云）你与我看着。等他来时，对俺两个说。俺两个且不吃茶哩。（卖茶云）理会的。赵小哥早来了。

（扬州奴上，诗云）四肢八脉则带俏，五脏六腑却无才。村入骨头挑不出，俏从胎里带将来。自家扬州奴的便是。人口顺多唤我做赵小哥。自从我父亲亡化了，过日月好疾也．可早十年光景。把那家缘过活，金银珠翠，古董玩器，田产物业，孳畜牛羊，油磨房，解典库，丫鬟奴仆，典尽卖绝，都使得无了也。我平日间使惯了的手，吃惯了的口，一二日不使得几十个银子呵，也过不去。我结交了两个兄弟，一个是柳隆卿，一个是胡子传，他两个是我的心腹朋友，我一句话还不曾说出来，他早知道，都是提着头便知尾的，着我怎么不敬他。我父亲说的，我到底不依。但他两个说的，合着我的心，趁着我的意，恰便经也似听他。这两日不见他，平日里则在那茶房里厮等，我如今到茶房里问一声去。（做见科）

（卖茶云）赵小哥，你来了也，有人在茶房里坐着，正等你来哩。二位，赵小哥来了也。（胡子传云）来了来了，我和你一个做好，一个做歹，你出去。（柳隆卿云）兄弟。你出去。（胡子传云）哥，你出去。（柳隆卿做见科，云）哥，你在那里来，俺等了你一早起了。（扬州奴云）哥，这两日你也不来望我一眼。（柳隆卿云）胡子传也在这里。（扬州奴云）我自过去。（见科，云）哥，唱喏咱。（胡子传不采科）（柳隆卿云）小哥来了。（胡子传云）那个小哥？（柳隆卿云）赵小哥。（胡子传云）他老子在那里做官来？他也是小哥！诈官的该徒，我根前歪充，叫总甲来，绑了这弟子孩儿。（扬州奴云）好没分晓，敢是吃早酒来。（柳隆卿云）俺等了一早起，没有吃饭哩。（扬州奴云）不曾吃饭哩，你可不早说，谁是你肚里蚘虫。与你一个银子，自家买饭吃去。（做与砌末科）（胡子传云）看茶与小哥吃。你可这般嫩，就当不得了。（扬州奴云）哥，不是我嫩，还是你的脸皮忒老了些。（柳隆卿云）这里有一门亲事，俺要作成你。（扬州奴云）哥，感承你两个的好意。我如今不比往日，把那家缘过活，都做筛子喂驴，漏豆了。止则有这两件儿衣服，妆点着门面，我强做人哩，你作成别人去罢。（胡子传云）我说来么，你可不依我，这死狗扶不上墙的。（扬州奴云）哥，不是扶不上，我腰里货不硬挣哩。（柳隆卿云）呸！你说你无钱，那一所房子，是披着天王甲，换不得钱的？（扬州奴云）哎哟！你那里是我兄弟，你就是我老子，紧关里谁肯提我这一句。是阿！我无钱使，卖房子便有钱使。哥，则一件，这房子，我父亲在时只番番瓦，就使了一百锭。如今谁肯出这般大价钱。（胡子传云）当要一千锭，只要五百锭；当要五百锭，则要二百五十绽。人都抢着买了。（扬州奴云）说的是。当要一千锭，则要五百锭；当要五百绽，则要二百五十锭。人都抢着买，可不磨扇坠着手哩。哥也，则一件。争奈隔壁李家叔叔有些难说话。成不得！成不得！（胡子传云）李家叔叔不肯呵，胁肢里扎上一指头便了。（扬州奴云）是阿，他不肯，胁肢里扎上一指头便了。如今便卖这房子，也要个起功局、立帐子的人。（柳隆卿云）我便起功局。（胡子传云）我便立帐子。（扬州奴云）哦！你起功局，你立帐子。卖了房子，我可在那里住？（柳隆卿云）我家里有一个破驴棚。（扬州奴云）你家里有个破驴棚，但得不漏，潜下身子，便也罢。可把甚么做饭吃？（胡子传云）我家里有一个破沙锅、两个破碗和两双折箸，我都送与你，尽勾了你的也。（扬州奴云）好弟兄，这房子当要一千锭，则要五百锭；当要五百锭，则要二百五十锭。人见价钱少，就都抢着买。李家叔叔不肯呵，胁肢里扎他一指头便了。你替我立帐子，你替我起功局。你家有间破驴棚，你家有个破沙锅，你家有两个破碗、两双折箸，我尽勾受用快活。不着你两个歹弟子孩儿，也送不了我的命。（同下）（正末同卜儿、小末尼上）（正末云）老夫李茂卿的便是。不想我老友直如此先见，道："我死之后，不肖子必败吾家。"今日果应其言。恋酒迷花，无数年光景，家业一扫无遗。便好道知子莫过父，信有之也。（唱）

【仙吕】【点绛唇】原是祖父的窠巢，谁承望子孙不肖，剔腾了。想着这半世勤劳，也枉做下千年调。

【混江龙】我劝咱人便休生奸狡，则恐怕命中无福也难消。大古来前生注定，谁许你今世贪饕，那一个积趱的运穷呵君子拙。那一个享用的家富也小儿骄。（带云）我想这钱财，也非容易博来的。也非容易博来的。（唱）作买卖，恣虚嚣；开田地，广锄刨；断河泊，截渔樵；凿山洞，取煤烧。则他那经营处，恨不的占尽了利名场，全不想到头时，刚落得个邯郸道。都是些喧檐燕雀，巢苇的这鹡鸰。

（旦儿上云）自家翠哥的便是。自从公公亡化过了，扬州奴将家缘家计都使得罄尽，如今又要卖那一所房子哩。我去告诉那东堂叔叔咱。这便是他家了，不免径入。（作见科，正末云）媳妇儿，你来做甚么？（旦儿云）自从公公亡化之后，扬州奴将家缘家计都使尽了，他如今又要卖那一所房子，翠哥一径的禀知叔叔来。（正末云）我知道了也。等那贼生来时，我自有个主意。（扬州奴同二净上）（柳隆卿云）赵小哥，上紧着干，迟便不济也。（扬州奴云）转弯抹角，可早来到李家门首。哥，则一件，我如今过去，便不敢提这卖房子，这老儿可有些兜搭，难说话；慢慢的远打周遭和他说。你两个且休过来。（做见唱喏科，云）叔叔、婶子，拜揖。（见旦儿瞅科）你来怎的，敢是你要告我那？（正末云）扬州奴，你来怎的？（扬州奴云）我媳妇来见叔叔，我怕他年纪小，失了体面。（二净入见正末，施礼拜科）（正末怒科，云）这两个是什么人

（二净云）俺们都是读半鉴书的秀才，不比那伙光棍。（正末怒科，云）你来俺家有何事？（柳隆卿云）好意与他唱喏，倒恼起来，好没趣。（扬州奴云）是您孩儿的相识朋友，一个是柳隆卿，一个是胡子传。（正末云）我认的甚么柳隆卿、胡子传，引着他们来见我！扬州奴！（唱）

【油葫芦】你和这狗党狐朋两个厮趁着。（云）扬州奴你多大年纪也？（扬州奴云）您孩儿三十岁了。（正末云）嗺声！（唱）又不是年纪小，怎生来一桩桩好事不曾学！（带云）可也怪不的你来。（唱）你正是那内无老父尊兄道，却又外无良友严师教。（云）扬州奴，你有的叫化也。（扬州奴云）如何？且相左手，您孩儿便不到的哩。（正末唱）你把家私来荡散了，将女儿冻饿倒。我也还望你有个醉还醒、迷还悟、梦还觉；划地的可只与这等两个做知交。

（扬州奴云）这柳隆卿、胡子传，是您孩儿的好朋友。（正末云）扬州奴。（唱）

剧曲

201

【天下乐】哎，儿也，可道是人伴着贤良心那智转高。（带云）扬州奴，你只瞒了别人，却瞒不过老夫。（唱）你曾出的胎也波胞，你娘将你那绷藉包，你娘将那酥蜜食养活得偌大小。（带云）你父亲也只为你不务家业，忧病而死。（唱）先气得个娘命夭，后并的你那父死了。（带石）好也啰！好也啰！（唱）你可什么养子防备老！

（扬州奴云）叔叔，这两个人你休看得他轻，可都是读半鉴书的。（正末云）扬州奴，你平日间所行的勾当，我一桩桩的说，你则休赖。（扬州奴云）叔叔，您孩儿平日间敬的可是那一等人，不敬的可是那一等人，叔叔，你说与孩儿听咱。（正末唱）

【哪吒令】你见一个新旦色下城呵，（带云）贼丑生，你便道：请波！请波！（唱）连忙的紧邀。你见一个良人妇叩门呵，（带云）你便道：疾波！疾波！（唱）你便降阶儿的接着。你见一个好秀才上门呵，（带云）你便道：家里没啰！家里没啰！（唱）你抽身儿躲了。你傲的是攀蟾折桂，你敬的是闭月羞花貌，甚么是那晏平仲善与人交。

【鹊踏枝】你则待要爱纤腰，可便似柔条。不离了舞榭歌台，不俫，更那月夕花朝。想当日个按六幺，舞霓裳未了，猛回头烛灭香消。

（云）扬州奴，你久以后有的叫化也。（扬州奴云）如何？且相右手，您孩儿不到的叫化哩。（正末唱）

【寄生草】我为甚叮咛劝、叮咛道，你有祸根、有祸苗。你抛撇了这丑妇家中宝，挑踢着美女家生哨。哎，儿也！这的是你白作下穷汉家私暴。只思量倚檀槽听唱一曲桂枝香，你少不的撒摇捶学打几句莲花落。

【六幺序】那里面藏圈套，都是些绵中刺、笑里刀，那一个出得他捆打挝揉，止不过帐底鲛绡，酒畔羊羔，赚人的玉软香娇。半席地恰便似八百里梁山泊，抵多少月黑风高。那泼烟花专等你个腌材料，快准备着五千船盐引，十万担茶挑。

【幺篇】你把他门限儿踅着，消息儿汤着；那里面又没官僚，又没王条，又没公曹，又没囚牢；到的来金谷也那富饶，早半合儿断送了。直教你无计能逃，有路难超。搜剔尽皮格也那翎毛，浑身遍体星星开剥，尽着他炙煿烹炮。那虔婆一对刚牙爪，遮莫你手轻脚疾，敢可也做了骨化形销。

（云）扬州奴，你来怎的？（扬州奴云）叔叔，您孩儿无事也不敢来，今日一径的来告禀叔叔知道。自从俺父亲亡过，十年光景，只在家里死丕丕的闲坐，那钱物则有出去的，无有进来的；便好道"坐吃山空，立吃地陷"；又道是"家有千贯，不如日进分文"。您孩儿想来，原是旧商贾人家，如今待要合人做些买卖去，争奈乏本。您孩儿想来，家中并无甚值钱的物件，止有这一所宅子，还卖的五六百锭。等我卖了做本钱。您孩儿各扎邦便觅个合子钱儿。（正禾云）哦！你将那油磨房、解典库，金银珠翠．田产物业，都将来典尽卖绝了。止有这所栖身宅子。又要卖。你卖波，我买。（扬州奴云）既然叔叔要，把这房子东廊西舍、前堂后阁、门窗户闼，上下也点看一看，才好定价。（正末云）也不索看。（唱）

【一半儿】问甚么东廊西舍是旧椽橑，（扬州奴云）前厅和后阁，都是新翻瓦的。（正末唱）问甚么那后阁前堂都是新盖造。（扬州奴云）既然叔叔要呵，你侄儿填定价钱五百锭，莫不忒多了些么？（正末唱）不是你歹叔叔嫌你索的来忒价高。（扬州奴云）叔叔，这钱钞几时有？（正末云）这许多钱钞，也一时办不迭？（唱）多半月，少十朝。（扬州奴云）叔叔，这项货紧，则怕着人买将去了。（正末云）你要五百锭．我先将二百五十锭交付你。（唱）我将这五百锭做一半儿赊来一半儿交。

（云）小大哥，你去取的来。（小末做取钞科，云）父亲，二百五锭在此。（正末付旦，扬州奴做夺科，云）拿来，你那嘴脸，是掌财的？（做递与二净科，云）哥，你两人拿着。（正末云）你把这钞使完了时，再没宅子好卖了，你自去想咱。（扬州奴云）是。您孩儿商量做买卖，各扎邦便觅合子钱。（背云）哥，这二百五十锭，尽勾了。先去买十只大羊，五果五菜，响糖狮子，我那丈母与他一张独桌儿，你们都是鸳鸯客，把那桌子与我一字儿摆开着。（柳隆卿云）随你摆布。（正末做听科，云）扬州奴，你做甚么来？（扬州奴云）没。您孩儿商议做买卖哩。拿这钞去，置买各项货物，都要堆在桌子上，做一字儿摆开，着那过来过往的人见了，称赞道，好一个大本钱的客人，也有些光彩。您孩儿这一遭做买卖，各扎邦便觅一个合子钱哩。（正末云）好儿，你着志者！（扬州奴云）嗨！几乎被那老子听见了。哥，吃罢那头汤，天道暄热，都把那帽笠去了，把那衣服松一松，将那四下的吊窗都与我推开了。（正末云）扬州奴，你说甚的？（扬州奴云）没。您孩儿商量做买卖，到那榻房里，不要黑地里交与他钞；黑地里交钞，着人瞒过了。常言道："吃明不吃暗。"你把吊窗与我推开，您孩儿商量做买卖，各扎邦便觅一个合子钱，（正末云）好儿也，不枉了。（扬州奴云）老儿去了也。哥，下了那分饭，临散也，你把住那楼胡梯门。你便执壶，我便把盏，再吃个上马的钟儿。着我那大姐宜时景，带舞带唱华严的那海会。（正末云）扬州奴，你怎的说？（扬州奴云）没。（正末云）你看这厮！（唱）

【赚煞】你将这连天的宅憎嫌小，负郭的田还不好。一张纸从头儿卖了。不知久后栖身何处着，只守着那奈风霜破顶的砖窑。哎！儿也，心下自量度，则你这夜夜朝朝，可甚的买卖归来汗未消。出脱了些奇珍异宝，花费了些精银响钞。哎！儿也，怎生把邓通钱，刚博得一个乞化的许由瓢？（下）

（扬州奴云）哥，早些安排齐整着，可来回我的话。（下）

《东堂老》，全名《东堂老劝破家子弟》。末本。共四折，一个楔子。出场人物：正末——东堂老；冲末——赵国器；净——扬州奴；旦儿——翠哥。

剧情是这样的：楔子：扬州李实，人称东堂老子，受好友赵国器临终嘱托，照管其子扬州奴。第一折：赵死后，扬州奴被坏人引诱，嫖妓败家。东堂老屡教不听。第二折：扬州奴卖房后，又与无赖厮混，饮酒作乐。东堂老赶到酒店教训，扬州奴依然执迷不悟。第三折：扬州奴荡尽家产，沦为乞丐。一日，到东堂老家乞食，东堂老发觉扬州奴已有悔意。第四折：东堂老生辰，请来乡邻和扬州奴夫妇，当众公布了扬州奴父亲临死前立下的文书。原来赵国器将五百锭银子寄存东堂老处，嘱待儿子贫困时再拿出来。东堂老数年间用此银暗中买下扬州奴所败家产，现在尽行归还，使之恢复家业。浪子终于回头，人们都称赞东堂老的美德。

作品刻画了东堂老受人之托、忠人之事的善良诚实品德，对不肖子、帮闲的描绘也较真实生动。排场工致，结构严谨，在元代后期杂剧作品中是较出色的一部。《东堂老》第一次正面塑造了李实这样诚恳可信的商人形象。

此折中写扬州奴媳妇得知扬州奴要卖最后一所房子，去找东堂老子李实，"转弯抹角，可早来到李家门首。""转弯抹角"，抹角，挨墙角绕过。意谓沿着弯弯曲曲的路走。也比喻说话、办事绕绕弯子，不直截了当。这是写扬州奴媳妇所走路线的曲折。

1945 年 4 月 24 日，毛泽东在《论联合政府》一文中用了这一成语："说也奇怪，有些中国资产阶级代言人不敢正面地提出发展资本主义的主张，而要转弯抹角地来说这个问题。"（《毛泽东选集》，第三卷，人民出版社1991 年版，第 1060 页）用得恰到好处。

12、孟汉卿《魔合罗》　第三折

孟汉卿（曹本《录鬼簿》记为"益汉卿"），亳州（今安徽亳州）人，元代戏曲作家。生平事迹不详。约当元世祖至元年前后在世。工曲，所著杂剧仅《魔合罗》一种，叙元代张鼎勘案故事，人称不亚于《龙图公案》。《太和正音谱》尝评其词曲，将其列入杰作之中，认为"词势非笔舌可能拟，真词林之英杰！"贾仲明亦尝写有挽词赞其曰："己斋老叟播声名，表字相同亦汉卿。《魔合罗》一段题张鼎，运节意脉精，有黄钟商调新声。喧燕赵，响玉音，广做多行。"将其径直与关汉卿相提并论，可见后人对他的推戴。

《魔合罗》第三折原文是：

（外扮府尹引张千上，诗云）滥官肥马紫丝缰，猾吏春衫簌地长。稼穑不知谁坏却，可教风雨损农桑。老夫完颜女直人氏。完颜者姓王，普察姓李。老夫自幼读书，后来习武，为俺祖父多有功勋，因此上子孙累辈承袭，为官为将。这河南府官浊吏弊，往往陷害良民。圣人亲笔点差老夫为府尹，因老夫除邪秉正，敕赐势剑金牌，先斩后奏。老夫上任三个日头，今日升厅，坐起早衙。怎生不见掌案当该司吏？（张千云）当该司吏，大人呼唤。（令史上，云）来了，来了。

（见科）（府尹云）你是司吏？（令史云）小的是。（府尹云）兀那厮，你听者，圣人为你这河南府官浊吏弊，敕赐老夫势剑金牌，先斩后奏。若你那文卷有半点差错，着势剑金牌先斩你那驴头。有合金押的文书，拿来我金押。（令史云）有、有、有！就把一宗文卷大人看。（府尹看科，云）这是那一起？（令史云）这是刘玉娘药死亲夫，招状是实，则要大人判个斩字。（府尹云）刘玉娘因奸药死丈夫，这是犯十恶的罪，为何前官手里不就结绝了？（令史云）则等大人来到。（府尹云）待报的囚人在那里？（令史云）见在死囚牢中。（府尹云）取来我再审问。（令史云）张千，去牢中提出刘玉娘来。（张千云）理会的。

（旦上，云）哥哥唤我做甚么？（张千云）你见大人去。（令史云）兀那妇人，如今新官到任，问你，休说甚么，你若胡说了，我就打死你。张千，押上厅去。（张千云）犯妇当面。（旦跪科）（府尹云）则这个是那待报的女囚？（令史云）则他便是。（府尹云）兀那女囚，你是刘玉娘？你怎生因奸药死丈夫？恐怕前官枉错了，你有不尽的言语，从实说来，我与你做主咱。（旦云）小妇人无有词因。（府尹云）既他囚人口里无有词因，则管问他怎么？将笔来我判个斩字，押出市曹杀坏了者。（张千押旦出科）（旦云）天也，谁人与我做主也呵？

（正末扮张鼎上，云）自家姓张名鼎，字平叔，在这河南府做着个六案都孔目，掌管六房事务。奉相公台旨，教我劝农已回。今日升厅坐衙，有几宗合金押的文书，相公行金押去。我想这为吏的扭曲作直，舞文弄法，只这管笔上，送了多少人也呵。（唱）

【商调】【集贤宾】这些时曹司里有些勾当，我这里因金押离了司房。我如今身耽受公私利害，笔尖注生死存亡。详察这生分女作歹为非，更和这忤逆男随波逐浪。我可又奉官人委付将六案掌，有公事怎敢仓皇。则听的咚咚传击鼓，偌偌报揎箱。

【逍遥乐】我则抬头观望，官长升厅，静悄悄有如听讲。我索整顿了衣裳，正行中举目参详。见雄纠纠公人如虎狼，推拥着个得罪的婆娘。则见他愁眉泪眼，带锁披枷，莫不是竞土争桑？

（云）则见禀墙外，一个待报的犯妇，不知为甚么，好是凄惨也呵。（唱）

【金菊香】我则见湿浸浸血污了旧衣裳，多应是磣可可的身耽着新棒疮，更那堪死囚枷压伏的驼了脊梁。他把这粉颈舒长，伤心处泪汪汪。

（云）你看那受刑的妇人，必然冤枉，带着枷锁，眼泪不住点儿流下。古人云："存乎人者莫良于眸子，眸子不能掩其恶。"又云："观其言而察其行，审其罪而定其政。"（唱）

【醋葫芦】我孜孜的觑了一会，明明的观了半晌，我见他不平中把心事暗包藏。婆娘家怎生遭这般冤屈纲，偏惹得带枷吃棒，休、休、休道不的自己枉着忙。

【幺篇】我这里慢慢的转过两廊，迟迟的行至禀堂。他那里哭啼啼口内诉衷肠，我待两三番推阻不问当。（张千云）刘玉娘，你告这个孔目哥哥，他与你做主。（旦扯住正末衣科，云）哥哥救我咱。（正末唱）他紧拽定衣服不放，不由咱不与你做商量。

（云）张千，把那妇人唤至跟前，我问他。（张千云）刘玉娘近前来。（旦跪科）（正末云）兀那妇人，说你那词因我听咱。（旦诉词，云）哥哥停嗔息怒，听妾身从头分诉。李德昌本为躲灾，贩南昌多有钱物。他来到庙中困歇，不承望感的病促。到家中七窍内迸流鲜血，知他是怎生服毒。进入门当下身亡，慌的我去叫小叔叔。他道我暗地里养着奸夫，将毒药药的亲夫身故。不明白拖到官司，吃棍棒打拷无数。我是个妇人家怎熬这六问三推，葫芦提屈画了招状。我须是李德昌绾角儿夫妻，怎下的胡行乱做。小叔叔李文道暗使计谋，我委实的衔冤负屈。（正末云）兀那妇人，我替你相公行说去。说准呵你休欢喜，说不准呵休烦恼。张千，且留人者。（张千云）理会的。

（末见科，云）大人，小人是张鼎，替大人下乡劝农已回。听的大人升厅坐衙，有几宗合金押文书，请相公金押。（府尹云）这个便是六案都孔目张鼎。这人是个能吏，有什么合禀的事你说。（正末递文书科）（府尹云）这是甚么文书？（正末唱）

【金菊香】这的是打家劫盗勘完的赃，这个是犯界茶盐取定的详，这公事正该咱一地方。这个是新下到的符样，这个是官差纳送远仓粮。

（府尹云）这宗是什么文卷？（正末唱）

【醋葫芦】这的是沿河道便盖桥，这的是随州城新置仓。这的是王首和那陈立赖人田庄，这的是张千殴打李万伤。（带云）怕官人不信呵，（唱）勾将来对词供状，这的是王阿张数次骂街坊。

（府尹云）再无了文卷也？（正末云）相公，再无了。（府尹云）都着有司发落去。张鼎，与你十个免帖，放你十日休假。假满之后，再来办事。（正末云）谢了相公。（做出门科）（张千云）孔目哥哥，这件事曾说来么？（正末云）我可忘了也。（唱）

【幺篇】又不是公事忙，不由咱心绪穰。若有那大公事失误了惹下灾殃，这些儿事务你早记想，早难道贵人多忘。张千呵，且教他暂时停待莫慌张。（云）我只禀事，忘了。我再向大人行说去。（张千云）哥哥可怜见，与他说一声。

（正末再见科）（府尹云）张鼎，你又来说甚么？（正末云）大人，恰才出的衙门，只见禀墙外有个受刑妇人，在那里声冤叫屈。知道的是他贪生怕死，不知道的则道俺衙门中错断了公事。相公试寻思波。（府尹云）这桩事是前官断定，萧令史该房。（正末云）萧令史，我须是六案都孔目，这是人命重事，怎生不教我知道？（令史云）你下乡劝农去了，难道你一年不回，我则管等着你？（正末云）将状子来我看。（令史云）你看状子。（正末看科，云）供状人刘玉娘，见年三十五岁，系河南府在城录事司当差民户。有夫李德昌，将带资本课银一十锭，贩南昌买卖。前去一年，并无音信。至七月内，有不知姓名男子一个来寄信，说夫李德昌在五道将军庙中染病，不能动止。五娘听言，慌速雇了头口，直至城南庙中，扶策到家，入门气绝，七窍进流鲜血。玉娘即时报与小叔叔李文道，有小叔叔说玉娘与奸夫同谋，合毒药药杀丈夫。所供是实，并无虚捏。相公，这状子不中使。（令史云）买不的东西，可知不中使。（正末云）四下里无墙壁。（令史云）相公在露天坐衙哩。（正末云）上面都是窟笼。（令史云）都是老鼠咬破的。（正末云）相公不信呵，听张鼎慢慢说一遍。（府尹云）你说我听。（正末云）"供状人刘玉娘年三十五岁，系河南府在城录事司当差民户。有夫李德昌，将带资本课银一十锭，贩南昌买卖。"这十锭银可是官收了？苦主收了？（令史云）不曾收。（正末云）这个也罢。"前去一年，并无音信。于七月内，有不知姓名男子前来寄信。"相公。这寄信人多大年纪？曾勾到官不曾？（令史云）不曾勾他。（正末云）这个不曾勾到官，怎么问得？又道："夫主李德昌在五道将军庙中染病，不能动止。玉娘听说，慌速雇了头口，到于城南庙中，扶策到家，入门气绝，七窍进流鲜血。玉娘即时报与小叔叔李文道。小叔叔说玉娘与奸夫同谋。"相公，这奸夫姓张姓李姓赵姓王？曾勾到官不曾？（令史云）若无奸夫，就是我。（正末云）"合毒药药杀丈夫。"相公，这毒药在谁家合来？这服药好歹有个着落。（令史云）若无人合这药，也就是我。（正末云）相公，你想波，银子又无，寄信人又无，奸夫又无，合毒药又无，谋合人又无。这一行人都无，可怎生便杀了这妇人？（府尹云）萧令史，张鼎说这文案不中使。（令史云）张孔目，你也多管，干你甚么事？（萧令史，我与你说。人命事关天关地，非同小可。古人去："系狱之囚，日胜三秋。外则身苦，内则心忧。或笞或杖，或徒或流，掌刑君子，当以审求。赏罚国之大柄，喜怒人之常情。勿因喜而增赏，勿以怒而加刑。喜而增赏，犹恐追悔。怒而加刑，人命何辜？"这的是霜降始知节妇苦，雪飞方表窦娥冤。（唱）

【幺篇】早是这为官的性忒刚，则你这为吏的见不长，则这一桩公事总荒唐。那寄信人怎好不细防，更少这奸夫招状。（带云）相公，你想波。（唱）可怎生葫芦提推拥他亡云阳？

（令史云）大人，张鼎骂你葫芦提也。（府尹云）张鼎，是谁葫芦提？（令史云）张鼎说，大人葫芦提。（府尹云）张鼎，是谁葫芦提？（正末跪科）小人怎敢！（府尹云）张鼎，这刘玉娘因奸杀夫，是前官断定的文案，差错是萧令史该管，你怎生说老夫葫芦提？我理任三日，就说我葫芦提，这以前须不是我在这里为官。兀那厮，近前来，这桩事就吩咐与你，三日便要问成。问不成呵，我不道的饶了你哩。哎！（词云）你个无端的贼吏奸猾，将老夫一谜里欺压。刘玉娘因奸杀夫，须则是前官问罢。你道是文卷差迟，你道是其中有诈。合毒药是李四张三？养奸夫是赵二王大？寄信人何姓何名？谋合人或多或寡？不由俺官长施行，则随你曹司掌把。你对谁行大叫高呼，公然的没些惧怕。我吩咐你这宗文卷，更限着三日严假。则要你审问推详，使不着舞文弄法。你问的成呵，我与你写表章，骑驿马，呈都省，奏圣人，重重的赐赏封官。问不成呵，将你个赛随何，欺陆贾、挺曹司、翻旧案，赤瓦不刺海狲猢头，尝我那明晃晃的势剑铜铡。（下）

（令史云）左右你的头硬，便试一试铜铡，也不妨事。（诗云）得好休时不肯休。偏要立限当官决死囚。正是是非只为多开口，烦恼皆因强出头。（下）

（正末云）张鼎，这是你的不是了也。（唱）

【后庭花】揽这场不分明的腌勾当，今日将平人来无事讲。你早则得福也萧司吏，则被你送了人也刘玉娘。我这里自斟量，则俺那官人要个明降。这杀人的要见伤，做贼的要见赃，犯奸的要见双，一行人怎问当？

【双雁儿】多则是没来山葫芦提打关防，待推辞早承向。眼见得三日时光如反掌，教我待不慌来怎个慌？待不忙来怎不忙？

（云）张千，将刘玉娘下在死囚牢中去。（张千云）理会的。（正末唱）

【浪里来煞】那刘五娘罪责虚，萧令史口诤强。我把那衔冤负屈

是非场，离家枉死李德昌，知他来怎生身丧？我直教平人无事罪人偿。（下）

《魔合罗》，全名《张孔目智勘魔合罗》。末本。出场人物：正末——李德昌（楔子、第一、二折）；张鼎：（第三、四折）；冲末——李彦实；净——李文道；旦——刘玉娘；外——高山、府尹、县令、令史等。

共四折，一个楔子。楔子：写李德昌辞别妻子刘玉娘、叔父李彦实、堂弟李文道外出经商。第一折：李德昌经商获利，归家途中遭雨，病倒在古庙中，便求在庙中躲雨的卖魔合罗（泥塑娃娃）的小贩高山给妻子刘玉娘送信。第二折：高山送信时先遇李德昌的弟弟李文道，李文道忙到庙内毒死了哥哥，抢走财物。等刘玉娘得到高山口信，赶到庙中时，李德昌已经说不出话来，归家即死、李文道反诬玉娘谋杀亲夫，逼嫂为妻。玉娘不从，事涉官府，令史受贿，屈打成招，竟被昏庸的知县屈判死罪。第三折：府尹复审此案，维持原判，刘玉娘向孔目张鼎哭诉冤情，六案都孔目张鼎察知其中有蹊跷，建议复查此案，府尹限他三日内审清。第四折：张鼎询问玉娘，得知卖魔合罗者送信之事，又从其送给玉娘孩子一只魔合罗底座得知此人名叫高山。张查访高山，问出他送信给刘玉娘前先向李文道传过口信，又探知李文道一直窥视玉娘，锁定李文道是凶手。于是传讯李彦实和李文道，设计使李文道供出真相，终于昭雪了冤案。玉娘被释，凶手受惩罚，张鼎受赏加官。作品暴露了封建家庭的矛盾和元代吏治的腐败，成功地塑造了张鼎这一正直、干练的人物形象。第四折：张鼎智审魔合罗，从一个线索剥茧抽丝，终使案情大白，收到很好的戏剧效果。送信老人高山善良、固执、诙谐的性格描写得也很成功。

第三折中，写六案都孔目张鼎向受贿的萧令史询问玉娘一案情况，萧令史威胁他说："我与你说。人命事关天关地，非同小可。""小可"，微小。"非同小可"，不同于一般小事，形容事情重要或情况严重，不可以轻视。

1939 年毛泽东在《必须制裁反动派》引用了"非同小可"这一成语："这些反动派，他们是准备投降的，所以恭恭敬敬地执行了日本人和汪精卫的命令，先把最坚决的抗日分子杀死。这件事非同小可，我们一定要反对，我们一定要抗议！"（《毛泽东选集》，第二卷，人民出版社1991年版，第575—576页）毛泽东把反动派杀死抗日分子，是攸关抗日的大事。

13、杨显之《酷寒亭》 第四折

杨显之，生平事迹不详，大都（今北京）人，元曲前期重要作家。约元泰定帝年（1324—1328）前后在世。杨氏为极善修改他人作品，故《录鬼簿》称其与"关汉卿莫逆交，凡有文辞，与公较之，号'杨补丁'是也"。杨氏除与关汉卿交往颇深之外，贾仲明吊词又云他和当时的元曲家、翰林学士王元鼎相交甚密，王元鼎以师叔敬称之。同时他和元代著名艺人顺时秀亦有交往。顺时秀与王元鼎属情人关系，故顺时秀顺称杨氏为伯父。杨氏杂剧在元曲中亦有重要地位，其一生今知作有杂剧八种：《刘泉进瓜》《黑旋风乔断案》《丑驸马射金钱》《临江驿潇湘夜雨》《郑孔目风雪酷寒亭》《蒲鲁忽刘屠大拜门》《大报冤两世辨刘屠》《借通县跳神师婆旦》等，仅有《临江驿》《酷寒亭》两种存世。此二剧皆元曲中杰作，其中《临江驿》是元曲中仅有的一部以男子负心为题材的剧作。作品多取材现实生活和民间故事，关目动人，语言晓畅，本色之中偶有华丽，其杂剧艺术上亦见特色。明朱权的《太和正音谱》评其词"如瑶台夜月"，言杨氏杂剧曲词典雅，却又清新自然。大概是杨氏善于为人修改曲作，又年高望重，杂剧也有成绩，使杨显之终能在曲坛颇负盛名，即《录鬼簿》所云："环宇知名"，"名扬天下"。

《酷寒亭》第四折原文是：

（李尹引张千上，云）小官李公弼，现任郑州府尹。今日升厅，坐起早衙。张千，喝撺厢。（张千云）在衙人马平安。抬书案。（孔目上跪科）（李尹云）兀的不是孔目郑嵩？你告甚么？（孔目云）小人去京师攒造文书回来，撞见奸夫在妻子房内。我蹞门进去，奸夫走脱，小人将妻子杀了，今来出首。（李尹云）郑嵩，你怎做的执法人？拿奸要双，拿贼要赃。走了奸夫，你可杀了媳妇，做的个无故杀妻妾。该杖八十，迭配远恶军州。张千，拿下去打着者。（张千云）小人行杖。（高成云）今日该我当日，我行杖。（高成打科，云）六十，七十，八十。（孔目云）那行杖的可是高成，则被他打杀我也。（李尹云）与他脸上刺了字，迭配沙门岛。张千，着一个能行快走的解子，便解将去。（高成云）小人解去。（李尹云）只今日就行。（高成押出门科）（孔目云）我和你有什么冤仇？你打的我这般狠？（高成云）你今日这井可也落在吊桶里么？（孔目云）天那，有谁人救我也？（同下）

（李尹云）今日无事且转厅。（诗云）非我不怜他，他罪原非小。姑免赴云阳，且配沙门岛。（下）

（正末扮宋彬引喽啰上，诗云）虎着痛箭难舒爪，鱼遭密网怎翻身。运去剑诛无义汉，时来金赠有恩人。自家护桥龙宋彬。自从解出郑州，到的半路，被我扭开枷锁，打死了解子，就在这山中落草为寇。好是快活也可。（唱）

【沉醉东风】兄弟每满满的休推莫侧，直吃的醉醺醺东倒西歪。把猪肉来烧，羊羔来宰。你可便莫得迟捱，直吃到梨花月上来。酒少呵，您哥哥再买。

【双调】【新水令】我如今向槽房连瓮掇将来，偿还了我弟兄每口债。酒斟着醇糯醅，脍切着鲤鱼胎。今口开怀，直吃的沉醉出山寨。

（云）小喽啰斟酒来。（喽啰进酒科，云）哥哥满饮一杯。（正末唱）

（云）嗨！我几乎忘了。我当初犯罪之时，若不是郑孔目哥哥救我性命，岂有今日？近来闻得俺哥哥也犯了罪，迭配沙门岛去。我想这等远恶军州，莫说到得那里，只在路上少不得是死的。古人有言：有恩不报，非丈夫也。小喽啰，撤了酒者。（唱）

【落梅风】只管里贪恋着酒如泉，可顿忘了他恩似海。万一个在中途被人谋害，可不乾着了当初救命来。则问你护桥龙宋彬安在？

（云）我如今点起五百名喽啰。直到郑州地面。若是俺哥哥解在中途，正好迎着，一同回还山寨。若是未经解出，拼的劫牢，定要救俺哥哥者。（做上路科）（倈儿上云）俺两个僧住、赛娘便是。俺父亲迭配沙门岛，如今在酷寒亭上，俺叫化些残羹剩饭，与他充饥去。（做见喽啰拿住科）（正末云）这两个叫化小孩儿是谁家的？（倈儿跪科，云）俺是郑孔目的孩儿赛娘、僧住。将军可怜见波。（正末唱）

【乔牌儿】俺这里见孩儿添惊怪，破衣服怎遮盖？冻的他两只手似冬凌块，谁救你爹爹脱杻械。

（倈儿云）我叫化些残茶剩饭，与俺父亲吃。（正末云）你父亲在那里？（倈儿云）俺父亲因拿奸夫，杀了淫妇，被官司问遣迭配沙门岛去，如今在酷寒亭上哩。（正末云）小喽啰跟了我，就到酷寒亭上，救俺哥哥走一遭去。（同下）

（高成押孔目上科）（孔目云）哥哥且慢行者，我两个孩儿寻觅些茶饭去了。我在那酷寒亭上等一等，避过这雪，慢慢的再行将去。（高成云）你这两个小业种，少不得先结果了他，方才慢慢的处置你。既是雪大，且避过了这雪再走。（正末引喽啰同倈儿上）（唱）

【川拨棹】这两个小婴孩，引三军何处来？赤紧的云锁冰崖，风敛阴霾，雪洒尘埃。则半合儿早粉画楼台，玉砌衢街。俺军中也做了银妆甲铠，俺哥哥在酷寒亭怕不活冻煞。

（云）兀的不是俺哥哥！小喽啰，休教走了解子，且打开哥哥的枷锁者。（做解科）（唱）

【七弟兄】莫猜，快来，把枷锁疾忙开。将哥哥左右相扶策，在鬼门关夺转得这冻形骸，向酷寒亭展脚输腰拜。

（孔目云）兀的不吓杀我也。壮士，你是谁？（正末云）哥哥，则我就是护桥龙宋彬。（唱）

【梅花酒】咱两个自间隔，为杀了裙钗，揽下非灾，不得明白。沙门岛程途怎地捱？酷寒亭风雪如何奈？从别离三二腮。

（孔目云）兄弟，你救我咱，则这解子高成，便是奸夫。（高成云）我死也。（正末云）小喽啰，将这奸夫与我绑了，替哥哥报仇。

（高成云）不干我事。我吃长斋的，肯做这勾当？（孔目云）兄弟，教我怎生是好？（正末云）哥哥休慌，同两个孩儿权到山寨上住几日，再作计较。（唱）

【鸳鸯煞】从今后深仇积恨都消解，且到我荒山草寨权停待。畅道是本姓难移，三更不改，做一场白日胸襟，轰雷气概。将这厮吃剑乔材，任逃走向天涯外，我也少不得手到拿来，则做死羊儿般吊着宰。

（云）小喽啰，把那厮先绑上山去，就安排果卓，请哥哥到寨中做庆喜筵席，将那厮万剐凌迟，以报冤恨者。（词云）今天下事势方多，四下里竞起干戈。其大者攻城略地，小可的各有巢窠。非是我甘心为盗，故意来啜赚哥哥。眼见得这场做作，官司里怎好兜罗？且共我同归草寨，徐观看事势如何？肯容他高成走脱，早拿来绑缚山坡。先下手挑筋剔骨，慢慢的再剖胸窝。也等他现报在眼，才把你仇恨消磨。待几时风尘宁静，我和你招安去未是蹉跎。

题目　后尧婆淫乱辱门庭　泼奸夫狙诈占风情
正名　护桥龙邂逅荒山道　郑孔目风雪酷寒亭

《酷寒亭》，全名《正孔目风雪酷寒亭》。末本。共四折，一个楔子。出场人物：正末——赵用（第一、二折）；张保（第三折）、宋彬（第四折）；外：郑嵩；旦——郑妻；搽旦——萧娥；净——高成。

剧情是这样的：楔子：护桥龙宋彬打死人命，得到孔目郑嵩救护，免死充军，由此感激而拜郑嵩为兄。第一折：郑嵩迷恋妓女萧娥，友人赵用谎称郑妻死去，把郑嵩骗回家，萧娥随后而来，郑妻一气而死。郑嵩正为妻治丧，却奉命出差，把一双儿女拜托给萧娥。第二折：萧娥虐待前妻子女，赵用知道后大骂她一场。第三折：郑嵩办完公事回来，从酒家张宝口中知道萧娥虐待子女，与人通奸。回家捉奸时，奸夫高成逃脱。郑杀死萧娥，到官府自首。第四折：郑嵩由高成押送发配沙门岛。途中，已做了绿林头领的宋彬下山搭救，捉了高成，宋、郑同上山寨。

第四折中宋彬搭救郑嵩时的唱词："从今后深仇积恨都消解，且到我荒山草寨权停待。""深仇积恨"，指极深极大的仇恨。恨，仇恨、怨恨。

1949 年 8 月 14 日，毛泽东在《丢掉幻想，准备斗争》一文中用了这一成语："中国是处在大革命中，全中国热气腾腾，有良好的条件去争取和团结一切对人民革命事业尚无深仇大恨、但有错误思想的人。"（《毛泽东选集》，第四卷，人民出版社 1991 年版，第 1489 页）毛泽东运用这一成语时，改"积恨"为"大恨"，更加贴切，意蕴更丰富。

14、李潜夫

（1）《灰阑记》　第一折

李潜夫，字行道，又字行甫，约元世祖至元（约 1279）前后在世，绛州（当时绛州治所在今山西新绛东北，属晋宁路，即平阳）人，元代杂曲作家。李潜夫为元曲平阳七大家之一。贾仲明著的《录鬼簿》中，称他为"绛州高隐"，朱权誉之为"词林之英杰"（《太和正音谱》）。从作品风格上看，他是属于元代前期的豪放派杂剧作家。他一生未仕，隐居乡间。整天掩门读书写作，寄情于青山绿水，过着恬淡清苦的生活。他精心编写的杂剧《包待制智勘灰阑记》，颂扬了包公铁面无私、智谋果断的精神。剧作仅留此一种。海外有多种译本。1933 年《灰阑记》被选入《世界戏剧》一书。由英国伦敦阿普尔顿出版公司出版。德国现代戏剧家布莱希特的《高加索灰阑记》即根据李潜夫的原作改编而成。

《灰阑记》第一折原文是：

（搽旦上，诗云）我这嘴脸实是欠，人人赞我能娇艳；只用一盆净水洗下来，倒也开的胭脂花粉店。妾身是马员外的大浑家。俺员外娶得一个妇人叫作什么张海棠。他跟前添了个小厮儿，长成五岁了也。我瞒着员外，这里有个赵令史，他是风流人物，又生得驴子般一头大行货。我与他有些不怜悧的勾当。我一心只要所算了我这员外，好与赵令史永远做夫妻。今日员外不在家，我早使人唤他去了，这早晚敢待来也。

（净扮赵令史上，诗云）我做令史只图醉，又要他人老婆睡；毕竟心中爱者谁，则除脸上花花做一对。自家姓赵，在这郑州衙门做个令史。州里人见我有些才干，送我两个表德，一个叫作"赵皮鞋"，一个叫作"赵哈达"。这里有个夫人，她是马均卿员外的大娘子。那一日马员外请我吃酒，偶然看见他大娘子，这嘴脸可可是天生一对，地产一双。都这等花花儿的，甚是有趣，害得我眼里梦里，只是想慕着他；岂知他也看上了我。背后瞒着员外，与我做些不怜悧的勾当。今日他使人唤我，不知有甚事，须索去走一遭。来到此间，径自过去。大嫂，你唤我有何计议？（搽旦云）我唤你来，不为别事，想俺两个偷偷摸摸，到底不是个了期。我一心要合服毒药，谋杀了马员外，俺两个做永远夫妻，可不好么？（赵令史云）你那里是我搭识的表子，只当是我的娘。难到你有此心，我倒没此意？这毒药我已备下多时也。（做取药付搽旦科云）兀的不是毒药！我交付与你，我自到衙门中办事去也。（下）

（搽旦云）赵令史去了也，我切把这毒药藏在一处，只等觑个空便，才好下手。呀！我争些儿忘了，今儿却是孩儿的生日，教人请员外来，和他到各寺院烧香，佛面上贴金，走一遭去来。（下）

（正旦上云）妾身张海棠，自从嫁了马员外，可早五年光景。俺母亲也亡化了，连哥哥也不知那里，至今没个消耗。我眼前所生孩儿，叫作寿郎。自生下这个孩儿了，就在那蓐草之上，则在姐姐跟前抬举，如今长成五岁了也。今日是我孩儿的生日，员外和姐姐领着孩儿，到那各寺院烧香，佛面上贴金去了。下次小的每，安排下茶饭，等员外姐姐来家食用。张海棠也！自从嫁了员外，好耳根清净也呵。（唱）

【仙侣点绛唇】月户云窗，绣帏罗帐，谁承望，我如今弃贱从良，拜辞了这鸣珂巷。

【混江龙】毕罢了浅斟低唱，撇下了数行莺燕占排场。不是我攀高接贵，由他每说短论长。再不去卖笑追欢风月馆，再不去迎新送旧翠红乡。我可也再不怕官司勾唤，再不要门户承当，再不放宾朋出入，再不见邻里推抢，再不愁家私营运，再不管世事商量。每日价喜滋滋一双情愿两相投，直睡到暖融融三竿日影在纱窗上；伴着个有疼热的夫主，更送着个会板障的亲娘。

（云）怎么这早晚，员外姐姐还不回来？我出门前看波。（张林上，诗云）腹中晓尽世间事，命里不如天下人。我张林自从和妹子唱叫了一场，出门去寻俺舅子，谁想他跟着一个什么经略相公种师道，到延安府去了。一来投不着主，二来又染了一场冻天行的病证，不要说盘缠使尽，连身上的衣服也点卖尽了。走回家来，母亲也亡化了，居房也没了，教我怎么好！闻得妹子嫁了马员外；那员外是好家什，他肯看顾亲眷，要抬举我舅子，有何难处。我如今一径的去投托他，问他借些盘缠使用。可早来到马家门首了，可可的我妹子正在门前，待我去相见咱。妹子祗揖。（正旦见云）我道是谁，原来是哥哥。我看你容颜肥胖，倒宜出外。（张林云）妹子，你可早头一句话儿也！（正旦云）哥哥，你敢替母做七来，起坟来，还是吊孝来？（张林云）妹子，你不见我吃的，则看我穿的。自家的嘴也养不过，有什么东西与母亲做七起坟那！（正旦云）哥哥，俺母亲亡化，一应送终的衣衾棺椁之费，那些儿不亏了马员外来。（张林云）妹子，这虽是马员外把我母亲发送，还是多亏了你，我知道了也。（正旦唱）

【油葫芦】自丧了亲爷撇下个娘，偏你敢不姓张，怎教咱辱门败户的妹子去承当。（张林云）妹子，不必敲打我了。我也知道，多多的亏了你也。（正旦唱）到今日你便安排着这一句甜话儿来寻访？（张林云）妹子，我今日特来投托你。怎做下这一个冷脸儿那？（正旦唱）也不是俺做下的这一个冷脸儿难亲傍，想当日你怒烘烘的挺一身，急煎煎的走四方。（张林云）妹子，这旧话也休提了。（正旦唱）我则道你怎生发迹身荣旺，怎还穿着这蓝蓝缕缕旧衣裳。（张林云）妹子，我和你是一个父母生的兄妹，你哥哥便有甚的不是，你也将就些儿，不要记怨了。（正旦唱）

【天下乐】哥哥也，你便有甚脸今朝到我行听说罢这衷也波肠？（张林云）妹子也，我也是出于无奈，特特投奔你来。没奈何，不论多少，赍发些盘缠使用，等我好去。（正旦唱）口声声道是无奈何，哥哥也，你既无钱呵，怎生走汴梁？（张林云；）妹子，你也不必多说了。你不赍发我，教那个赍发我？（正旦唱）你今日投奔我个小妹子，只要我赍发你个大兄长。（带云）你不道来，（唱）可不道是"男儿当自强"。（张林云）妹子，你不曾忘了一句儿也？打落的我够了，你则是赍发我去者。（正旦云）哥哥不知，俺这衣服头面，都是马员外与姐姐的，我怎做的主好与人？除这些有甚的盘缠好赍发的你？哥哥，你则回去了吧，休来这门首也。（做不理，入门科）妹子，你好狠也！你是我同胞亲妹子，我也投奔着你，一文盘缠也不与我，倒花白了我这许多。我如今也不回去，只在这门首等着，待他马员外来，或者有些面情也不见得。

　　（搽旦上云）我是马员外的大浑家，领着孩儿烧香，我先回来了。呀！怎么我家解典当库门首，立着个叫化头！你在此有什么勾当？（张林云）姐姐休骂，小人是张海棠的哥哥，来寻我妹子的。（搽旦云）原来你是张海棠的哥哥，这等是舅舅了，你可认的我么？（张林云）小人不认的那壁姐姐。（搽旦云）则我便是马员外的大浑家。（张林云）我小人眼拙不认的，大娘子是必休怪。（做揖科）（搽旦云）你要寻你妹子怎么？（张林云）说也惶恐，因为贫难，无以度日，要寻我妹子，讨些盘缠使用。（搽旦云）他与你多少？（张林云）他道家私里外，都是大娘子掌把着哩，自做不得主，一些没有。（搽旦云）舅舅不知，自从你妹子到我家来，添了一个孩儿，如今也五岁了，这是你的外甥。现今我家大小家私，都着他掌把，我是没儿子的。（做敲胸科云）一些也没分了，你是张海棠的哥哥，便是我亲哥哥一般。我如今过去，问他讨些盘缠与你，若有呵，你也休欢喜；若无呵，你也休烦恼，只看你的造化。你且在门首待者。（张林云）小人知道，好一个贤惠的夫人也。

　　（正旦见搽旦云）姐姐，你先回来了，劳动着姐姐哩。（搽旦云）海棠，门首立着的是什么人？（正旦云）是海棠的哥哥。（搽旦云）哦，原来是你的哥哥。他来这里做什么？（正旦云）他问妹子讨些盘缠使用。（搽旦云）你便与他些不得。（正旦云）我这衣服头面，都是员外与姐姐给我的，教我可什么与他？（搽旦云）这衣服头面与你，就是你的了，便与你哥哥也无妨。（正旦云）姐姐，敢不中么？躺员外查起我这衣服头面，教我说甚的那？（搽旦云）员外查时，我替你说，还再做些与你。快解下来，送与你哥哥去罢。（正旦做解下科云）既是姐姐许了，我便脱下这衣服，除下这头面，与我哥哥去。（搽旦云）怕我拿了你的？将来，待我送他去。

（做取砌末出见科云）舅舅，则为你这盘缠，连我也替你脑起来。那知道你家妹子，这般个狠人，放着许多衣服头面，一些儿不肯与你，只当剐他身上的肉一般，这几件衣服、几件头面，是我爹娘陪嫁我的，送与舅舅，权做些儿盘缠使用，舅舅，你则休嫌轻道少者。（张林收科云）多谢大娘子，小人结草衔环，此恩必当重报。（做谢科，搽旦回礼云）舅舅，员外不在家，不好留的你茶饭，休怪也。（下）

（张林云）我则道这衣服头面，是我妹子的，那知是他大娘子的，你是我一父母所生的亲妹子，我讨些盘缠使用，并无一文，倒花白我一场。这大娘子我与他是各自世人，赍发我衣服头面。我想他家中大妻小妇，必有争差，少不得要告状打官司的。我如今将这头面，兑换些银两，买个窝儿，做开封府公人去。妹子，你常拣吉地上行，吉地上坐，休要咱两个轴头儿厮抹着。若告到官中，撞见我时，我一杖子起你一层皮哩。

（搽旦见正旦科云）海棠，你这衣服头面，给你哥哥去了也。（正旦谢云）索是生受姐姐来。只怕员外回时，若问起呵，望姐姐与我方便一声。（搽旦云）不妨事，放着我哩。（正旦下）（搽旦云）海棠也，你哥哥将那衣服头面去，怕不喜欢，只是员外问起时，我倒替你愁哩。

（马员外引倈儿上云）我马均卿，自从娶了张海棠，添了这个孩儿，叫作寿郎，可早五岁也。今日是寿郎的生日，到各寺院烧香去。见子孙娘娘庙，有倾颓去处，舍些钱钞，与他修理，因此又耽搁了一会，可早来到门前首也。（搽旦同正旦迎科）（正旦云）员外回来了，

索是辛苦也，我去取茶来者。（下）

（马员外云）大嫂，那海棠的衣服头面，怎生都不见了那？（搽旦云）员外不问，我也不好说。你因为他生了个孩儿，十分的宠用着他，谁想他在你背后，养着奸夫，常常做这不怜悧的勾当。今日我和员外烧香去了，他把这衣服头面，都与奸夫拿去。正要另寻什么衣服头面，胡乱遮掩，被我先回来撞破了。是我不许他再穿衣服，重戴头面，只等员外回来，自家整理。这须不是我护他，是他自做出来的。（马员外云）原来海棠将衣服头面与奸夫去了，可知道来，他是风尘中人，有这等事。兀的不气煞我也！

（做唤正旦、打科云）我打你这不良的贱人！（搽旦撺调科云）云外打的好，似这等辱门败户的贱人，娶她何用？则该打死他罢。（正旦云）我这衣服头面，本不肯与俺哥哥将去，都是他再三撺掇我来。谁想到员外跟前，又说我与了奸夫，着我有口难分。这都是张海棠自家不是了也。（唱）

【那吒令】我当初自伤，别无甚忖量，别无甚忖量，将他来个不防，将他来个不防，可送咱这场。俺越打的手脚儿慌，他越逞着言辞儿谤。端的个狠毒，世上无双。

（马员外气科云）你是生儿子的，做这等没廉耻的事，兀的不气煞我也！（搽旦云）员外，你气怎的？只是打杀他便了帐也。（正旦唱）

【鹊踏枝】普天下有的婆娘，谁不待占些独强。几曾见这狗行狼心，搅肚蛆肠！（带云）你养着奸夫，倒看我这屈辱事也。（唱）倒屈陷我腌臜勾当，（带云）也怪不得他赃埋我来，（唱）也只是我不合自小为娼。

（搽旦云）可知道你这贱人旧性复发，把衣服头面与奸夫去，瞒着夫主，做这等勾当哩。（正旦唱）

【寄生草】便是那狠毒的桑新妇，也不是你这个七世的娘，倒说我实心儿主意瞒家长。（搽旦云）谁着你背地里养着奸夫？还强嘴那！（正旦唱）他道我共奸夫背地常来往，他道我会支吾对面舌头强，不争将滥名儿揣在我跟前，姐姐也，便是将个屎盆套住他头上。

（马员外做不快科云）则被这小贼人直气煞我也。大嫂，怎生这一会，我身子甚是不快？你可煎一碗热汤儿我吃。（搽旦云）这都是海棠的小贼人，气出员外病来。海棠，你快些去，热热的煎碗汤来与员外吃。（正旦云）理会的。（唱）

【后庭花】恰才我脊梁上揸了棍棒，又索去厨房中煎碗热汤。一任他男子汉多心硬，大刚来则是俺这婆娘每不气长。（做下，捧汤上云）姐姐，兀的不是汤。（搽旦云）拿汤来，我试尝咱。（做尝科云）还少些盐醋，快去取来。（正旦应下）（搽旦云）前日这一副毒药，待我取将来，倾在这汤儿里。（做倾药科云）海棠，快来，（正旦上，唱）怎这般忔慌张，连催盐酱？（云）姐姐，兀的不是盐酱？（搽旦做调汤科云）海棠，你将去。（正旦云）姐姐，你将去波，怕员外见了我越气也。（搽旦云）你不去，员外又道你脑着他里。（下）（正旦云）理会得。员外，你吃口汤儿波。（员外做接吃科）（正旦唱）则见他闷沉沉等半晌，苦恹恹口内尝。（员外做死科）（正旦惊云）员外，你放精细者。（唱）为甚的黄甘甘改了面上，白邓邓丢了眼光？

【青哥儿】呀！唬得我胆飞魂丧，不由不两泪千行，眼见的四体难收一命亡。撇下了多少房廊、几处田庄、两个婆娘、五岁儿郎。从今后无挓无靠，母子每守孤孀，孩儿也，你将个谁依仗。

（正旦哭云）姐姐，员外死了也。（搽旦哭上云）我的员外也，忍下的就撇了我去也！海棠，你这小贼人，适才员外是个好好的，怎生吃你这一口汤，便会死了？这不是你药死的，是那个弄死的？（正旦云）这汤你也尝过来，偏是你不药死，则药死员外？（做哭科云）天那，不苦痛煞我也！（搽旦云）下次小的每，那里与我高原选地，破木造棺，把员外埋殡了者。（做家僮上，抬员外下科，搽旦云）海棠，你这小贼人，则等送了员外出去，我慢慢的摆布你，看你好在我家里过的那。（正旦哭云）姐姐，员外死了，这家私大小，我都不要，单则容我领了孩儿去罢。（搽旦云）孩儿是那个养的？（正旦云）是我养的。（搽旦云）你养的，怎不自家乳哺了？一向在我身边，煨干避湿，咽苦吐甜，费了多少辛勤，在手掌儿上抬举长大的，你就来认我养的孩儿,这等好容易!你养了奸夫,合毒药谋杀了员外,更待干罢。你要官休,还是要私休?(正旦云)怎生是官休,怎生是私休?(搽旦云)你要私休,将一应家财房廊屋舍带孩儿都与了我,只把这个光身子走出门去;你要官休呵,你药死亲夫,好小的罪名儿!我和你见官去。(正旦云)我原不曾药死亲夫,怕做什么,情愿与你见官。(搽旦云)明有关防,你不怕告官,我就拿你去。(正旦云)我不怕,告官去,告官去!(唱)

【赚煞】切休问你真实,休问咱虚谎,现放着剃胎头收生的老娘,则问他谁是亲娘,谁是继养?(搽旦云)我是孩儿的亲亲的亲娘,这孩儿是我的亲亲的亲儿,是娘的心肝,娘的肚子,娘的脚后跟,那一个不知道的。(正旦唱)怎瞒得过看生见长的街坊。(搽旦云)你合毒药,谋杀员外,也是我赃埋你的?(正旦云)这毒药呵,(唱)你平日里预收藏,暗暗的倾下羹汤。(搽旦云)明明是你下这毒药在汤儿里,怎懒得我,怕你不去偿命。(正旦唱)这的是谁药死亲夫,可要将性命偿。你畅好是不良,送的人来冤枉,则普天下大浑家,那里有你这片歹心肠。(下)

(搽旦云)如何,中了俺的计也,眼见的这家私大小带孩儿,都是我的。(做沉吟科云)事要三思,免劳后悔。你也合寻思波:这孩儿本等不是我养的,他要问剃胎头收生的老娘,和那看生见长的一起街坊邻舍做证见,若到官呵,他每不向我,可不干着这一番。我想来,人的黑眼珠子,见这白银子,没个不要的。则除预先安顿下他。见人头,与他一个银子,就都向着我了。则是衙门官吏,也要安置停当。怎得赵令史到来,和他商量告状的事,可也好那。(赵令史上云)才说姓赵,姓赵便到。我赵令史。数日不曾去望马大娘子,心里痒痒的,好生想他,只是丢不下。如今到他门首,他家没主人了,怕作什的,径自入去。(见搽旦科云)大娘子,只被你想杀我也。(搽旦云)赵令史,你不知道马员外被我药死了也,如今和海棠两个打官司,要争这家缘家什,连这小厮。你可去衙门打点,把官司上下,布置停当,趁你手里,完成这桩事,我要和你做长远夫妻也。(赵令史云)这个容易，只是那小厮，原不是你养的，你要他怎的？不如与他去的干净。（搽旦云）你也枉做令史，这样不知事的，我若把小厮与了海棠，到底马家子孙，要来争这马家的家什，我一分也动他不得了。他无过是指着收生老娘，和街坊邻里做证见，我已都用银子买转了。这衙门以外的事，不要你费心，你只替我打点衙门里头的事便了。（赵令史云）大娘子说的是，这等，你早些来告状，我自到衙门打点去也。（下）

（搽旦云：）赵令史去了，则今日我封锁了房门，结扭了海棠告状去走一遭。（词云：）常言道："人无害虎心，虎有伤人意。"我说道："人见老虎谁敢汤，虎不伤人吃个屁。"

《灰阑记》，全名《包待制智勘灰阑记》。旦本。出场人物：正旦——张海棠；老旦——刘氏；冲末——张林；副末——马员外、包待制；净——赵令史；俫——寿郎；搽旦——马员外妻。

剧情是这样的：楔子：张海棠迫于贫困沦为妓女，弟张林感到羞耻，自己又无法养活母亲，便离家出走。后海棠嫁于马员外为妾。第一折：五年后，海棠生有一子，名寿郎。张林落魄而归，求助于海棠，海棠不敢动用家财资助弟弟。马员外之妻与奸夫赵令史知道此事，心生一计，要海棠将首饰给他转送张林，见到张临时却说海棠不肯相助，这首饰是自己所赠，以挑拨张家兄妹关系。接着又告诉马员外，说海棠把首饰给了奸夫，使海棠被员外痛打一顿。员外病，其妻乘机毒死员外，嫁祸海棠。逼海棠抛家别子，只身出门。第二折：海棠向官府告状，马妻奸夫赵令史买通街坊四邻，证明海棠之子为大妇生，妄图霸占马家全部财产。郑州太守苏顺，不听海棠分辩，完全听信于赵令史，将海棠严刑拷打，造成冤狱。第三折：海棠被押送开封府定案，路遇已做了开封府五衙都首领的张林，兄妹交谈后，张林知道事情的前因后果。恰赵令史与马妻尾随而来，探询买通的差人是否在路上害死海棠。张林欲将二人抓获，却被解差放脱而去。第四折：开封府包拯在查看卷案时，发现其中冤屈。包拯复审时，他采用了一个极聪明的办法，命人用石灰于庭阶中画一个栏（阑通栏，即圈），将孩子放置其中，各拉一只手，宣称谁将孩子拽出来了，谁即为生母。妾张氏不忍用力拽扯，大浑家马氏则将孩子用力拉出。包公据此判定张氏为寿郎生母。包拯严审赵令史，赵供出真情，有罪者被惩，海棠母子团圆。《灰阑记》揭露了元代社会的黑暗、官场的腐败，而且与其他包公戏里对包拯形象的塑造完全两样：既描写了包拯的富于正义感和高度的智慧，又写了他是一个具有浓厚人间烟火味的人。没有把包拯神秘化、神话化。包拯的形象也很朴实、亲切而感人。

此剧第一折中，马员外之妻与奸夫赵令史，为了做长久的夫妻，决意合毒药害死马员外，说："我唤你来，不为别事，想俺两个偷偷摸摸，到底不是个了期。我一心要合服毒药，谋杀了马员外，俺两个做永远夫妻，可不好么？"其中"偷偷摸摸"一词，形容瞒着人做事，不敢让人知道。

1945年4月24日，毛泽东在《论联合政府》一文中用了这一成语："国民党主要统治集团现在所谓'召开国民大会'和'政治解决'的烟幕之下，偷偷摸摸地进行其内战的准备工作。"揭穿了国民党反动派坚决打内战的鬼蜮伎俩。

（2）《灰阑记》 第二折

《灰阑记》第二折的原文是：

（净扮孤引祗从上云）小官郑州太守苏顺是也。（诗云）虽则居官。律令不晓。但要白银。官事便了。可恶这郑州百姓。欺侮我罢软。与我起个绰号。都叫我做模棱手。因此我这苏模棱的名。传播远近。我想近来官府尽有精明的。作威作福。却也坏了多少人家。似我这苏模棱。暗暗的不知保全了无数世人。怎么晓得。今日坐起蚤衙。左右。与我抬放告牌出去。（祗从云）理会的。（搽旦扯正旦俫儿上云）我和你见官去来。冤屈也。（正旦云）你且放手者。（唱）

【商调集贤宾】火匹匹把衣服紧搋着。（搽旦云）你药死亲夫。该死罪的。我放了你。倒等你逃走去了。（正旦唱）你道我该死罪怎生逃。（带云）张海棠也。（唱）我则道嫁良人十成九稳。今日个越不见末尾三稍。则我这负屈的有口难言。赤紧的原告人见世生苗。

这一场没揣的罪名除非天地表。（搽旦云）可知道你药死了亲夫。自有个天理神明鉴察。（正旦唱）我将这虚空中神灵来祷告。便做道男儿无显迹。可难道天理不昭昭。（搽旦云）小贱人。这里是开封府门首了。你若经官发落。这绷扒吊拷。要桩桩儿捱过。不如认了私休。也还好收拾哩。（正旦云）便打杀我也说不得。我情愿和你见官去。（唱）

【逍遥乐】你道是经官发落。怎的支吾这场棒拷。我则道人命事须要个归着。怎肯把药死亲夫罪屈招。平白地落人圈套。拚守着七贞九烈。怕甚么六问三推。一任他万打千敲。

（搽旦叫云）冤屈也。（孤云）什么人在衙门首叫冤屈。左右。与我拿过来。（祗从拿进科云）当面。（搽旦正旦俫儿跪见科）（孤云）那个是原告。（搽旦云）小妇人是原告。（孤云）这等。原告跪在这壁。被告跪在那壁去。（各跪开科）（孤云）唤原告上来。你说你那个词因。等我与你做主。（搽旦云）小妇人是马均卿员外的大浑家。（孤做惊起云）这等。夫人请起。（祗从云）他是告状的。相公怎么请他起来。（孤云）他说是马员外的大夫人。（祗从云）不是什么员外。俺们这里有几贯钱的人。都称他做员外。无过是个土财主。没品职的。（孤云）这等着他跪了。你说词因上来。（搽旦云）这个叫作张海棠。是员外娶的个不中人。（祗从喝科云）嗯。敢是个中人。（搽旦云）正是个中人。他背地里养着奸夫。同谋设计。合毒药药杀了丈夫。强夺我所生的孩儿。又混赖我家私。告大人与小妇人做主咱。（孤云）这妇人会说话。想是个久惯打官司的。口里必力不剌说上许多。我一些也不懂的。快去请外郎出来。（祗从云）外郎有请。（赵令史上云）我赵令史。正在司房里攒造文书。相公呼唤我。必是有告状的。又断不下来。请我去帮他哩。（做见科云）相公。你整理甚么事不下来。（孤云）令史。有一起告状的在这里。（赵令史云）待我问他。兀那妇人告甚么。（搽旦云）告张海棠药杀亲夫，强夺我孩儿。混赖我家私。可怜见与我做主咱。（赵令史云）拿过那张海棠来，你怎生药杀亲夫。快快从实招来。若不招呵。左右。与我选下大棍子者。（正旦唱）

【梧叶儿】厅阶下。膝跪着。听贱妾说根苗。（赵令史云）你说。你说。（正旦唱）狼虎般排着祗从。神鬼般设着六曹。（赵令史云）你药杀亲夫。这是十恶大罪哩。（正旦唱）若妾身犯下分毫。相公也我情愿吃那杀丈夫的绷扒吊拷。

（赵令史云）你当初是什么人家的女子？怎生嫁与那马员外来？你说与我听波。（正旦唱）

【山坡羊】念妾身求食卖笑。本也是旧家风调。则为俺穷滴滴子母每无依靠。捱今宵，到明朝。谢的个马均卿一见投他好。下钱财将妾身娶做小。他莺燕交。咱成就了。

（赵令史云）原来是个娼妓出身。便也不是个好的了。你既然马员外娶到家。可曾生得一男半女么？（正旦唱）

【金菊香】我与他生男长女受劬劳。（赵令史云）你家里有什么人？也还往来么？（正旦唱）俺哥哥因为少吃无穿来投托。曾被我赶离门恰和他两个厮撞着。（赵令史云）是你的哥哥。便和他厮见，也不妨事。（正旦云）俺姐姐道，海棠，既是你哥哥来投递你时，你便没银子，何不解下这衣服头面，与他做盘缠使用去？（赵令史云）这般说也是他好意。（正旦云）我信了他。将这些衣服头面与哥哥去了。等的员外回来。问道海棠的衣服头面。为何不见？他便道，瞒着员外，都与奸夫了也。（唱）岂知他有两面三刀，向夫主厮搬调。

（搽旦云）哎哟。我是这郑州城里第一个贤惠的。倒说我两面三刀。我搬调你甚的来。（赵令史云）这都小事。我不问你。只问你为何药死了亲夫，强夺他孩儿，混赖他家私？——的招来。（正旦唱）

【醋葫芦】俺男儿气中了。丕地倒。醒来时俺姐姐自扶着。（带云）他道，海棠，员外要汤吃，你去煎来。（唱）煎的一碗热汤来又道是盐酱少。（带云）他赚的我取盐酱去呵。（唱）谁承望闇倾着毒药。（带云）员外才把这汤吃不的一两口，就死了也。相公，你试寻思波，（唱）怎便登时间火焚了尸首葬在荒郊。

（赵令史云）这毒药明明是你的了。你怎么又要强夺他孩儿，混赖他家私。有何理说？（正旦云）这孩儿原是我养的。相公，你只唤那收生的刘四婶，剃胎头的张大嫂，并邻里街坊问时，便有分晓。（赵令史云）这个也说的是。左右。快去拘唤那老娘街坊来者。（孤做票臂科）（祗从出唤云）老娘街坊人等，衙门中唤你哩。（二净扮街坊二丑扮老娘上净云）常言道，得人钱财，与人消灾。如今马员外的大娘子，告下来了，唤我们做证见哩。这孩儿本不是大娘子养的。我们得过他银子。则说是他养的。你们不要怕打，说的不明白。（净丑等云）这个知道。（做随祗从入跪科云）当面。（赵令史云）你是街坊么？这孩儿是谁养的，（二净云）那马员外是个财主。小的每平日也不往来。五年前因他大娘子养了个儿子。小的们街坊邻里，各人三分银子与他贺喜。那员外也请小的每吃满月酒。看见倒生的一个好娃娃。以后每年儿子生日，那员外同着大娘子，领了儿子到各寺院烧香去。这是一城人都看见的，也不只是小的们这几个（赵令史云）这等明明是他大娘子养的了。（正旦云）相公，这街坊都是他用钱买转了的，听不得他说话。（二净云）我每买不转的，都是倾心吐胆说真实的话。若有半句说谎，你嘴上害碗大的疔疮。（正旦唱）

【幺篇】现放着收生的刘四婶，剃胎头的张大嫂。俺孩儿未经满月蚤问道我十数遭。今日个浪包娄到公庭混赖着您街坊每常好是不合天道，得这些口含钱直恁般使的坚牢。

（云）相公，则问这两个老娘。他须知道。（赵令史云）兀那老娘，这个孩儿是谁养的？（刘丑云）我老娘收生，一日至少也收七个八个，这等年深岁久的事，那里记得。（赵令史云）这孩儿只得五岁，也不为久远。你只说实是谁养的。（刘丑云）待我想来。那一日产房里，关得黑洞洞的，也不看见人的嘴脸。但是我手里摸去，那产门像是大娘子的。（赵令史云）嗯。张老娘你说。（张丑云）这一日他家接我去与小厮剃胎头。是大娘子抱在怀里。则见他白松松两只料袋也似的大妳妳，必定是养儿子的。纔有这妳食，岂不是大娘子养的。（正旦云）你两个老娘，怎么都这般向着他也。（唱）

【幺篇】老娘也，那收生时我将你悄促促的唤到卧房。你将我慢腾腾的扶上褥草。老娘也那剃头时堂前香烛是谁烧？你两个都不为年纪老，怎么的便这般没颠没倒，对官司不分个真假辨个清浊？

（赵令史云）何如，两个老娘，都说大娘子养的，可不是你强夺他的孩儿了。（正旦云）相公，街坊老娘，都是得过他钱买转了的。这孩儿虽则五岁，也省的人事了。你则问我孩儿咱。（搽旦扯俫儿云）你说我是亲娘。他是奶子。（俫儿云）这个是我亲娘。你是我妳子。（正旦云）可又来，我的乖乖儿哝。（唱）

【幺篇】哎，儿也，则你那心儿里自想度。自暗约，见您娘苦恹恹皮肉上捱着荆条，则你那出胞胎便将人事晓。须记的您娘亲三年乳抱。怎禁这桑新妇当面闹抄抄。

（赵令史云）这孩子的话，也不足信，还以众人为主。只一个孩儿，还要强夺他的。这混赖家私，一发不消说了。你快把药杀亲夫一事招了者。（正旦云）这药杀亲夫，并不干我事。（赵令史云）这顽皮贼骨，不打不招。左右，与我采下去，着实打呀。（祗从做打正旦发昏科）（搽旦云）打的好。打的好。打杀了可不干我事。（赵令史云）他要诈死，左右，与我采起来。（祗从做采科）（正旦做醒云）哎哟，天那，（唱）

【后庭花】我则见飕飕的棍棒拷。烘烘的脊背上着扑扑的精神乱。悠悠的魂魄消。他每紧搊住我头梢（祗从云）喂。快招了者，不强似这等受苦。（正旦唱）则听的耳边厢大呼小叫。似这般恶令史肯恕饶狠公人显懆暴。（赵令史云）你招，那奸夫是谁？（孤云）他又不肯招。待我权认了罢，（正旦唱）被官司强逼着，指奸夫要下落。

【双雁儿】我向那鬼门关寻觅到有两三遭。您这般顺人情，有甚好？则我这脓血临身要还报。有钱的容易了，无钱的怎打熬。

（赵令史云）左右再与我打着者。（正旦云）我也是好人家儿女，怎捱得这般打拷。只得屈招了罢。相公，是妾身药杀了丈夫，强夺他孩儿，混赖他家私来。天那，兀的不屈杀我也。（赵令史云）我屈千屈万，缠屈的你一个儿哩。既是招了，左右，着那张海棠画了字，上了长枷，点两个解子，押送开封府定罪去。（孤云）左右，将那新做的九斤半的大枷与他带。（祗从云）理会的。（做上枷科）（祗从云）犯人上枷。（正旦云）天那。（唱）

【浪里来煞】则您那官吏每忒狠毒，将我这百姓每忒凌虐。葫芦提点纸将我罪名招，我这里哭啼啼告天天又高。几时节盼的个清官来到。（赵令史云）掌嘴。我这衙门里问事，真个官清法正，件件依条律的，还有那个清官清如我老爷的。（正旦哭科唱）则我这泼残生怎熬出这个死囚牢。（同祇从下）

（赵令史云）这事问成了也，干证人都着宁家去。原告保候，听开封府回文发落。（众叩头同下）（赵令史云）我问了一日事，肚里饥了。回家吃饭去也。（下）（孤云）这一桩虽则问成了。我想起来，我是官人，倒不由我断。要打要放，都凭赵令史做起。我是个傻厮那。（诗云）今后断事我不嗔，也不管他原告事虚真，答杖徒流凭你问，只要得的钱财做两分分。（下）

《包待制智赚灰阑记》，亦作《包待制智勘灰阑记》，简名《灰阑记》《灰栏记》。旦本。出场人物：正旦——张海棠；老旦——刘氏；冲末——张林；副末——马员外、包待制；净——赵令史；徕——寿郎；搽旦——马员外妻。

第二折中当收生婆刘氏被问寿郎是谁所生时，她说："我老娘收生，一日至少也收七个八个，这等年深岁久的事，那里记得。""年深岁久"，亦作"年深日久"，"深"，久远，形容时间久远。

1930年5月，毛泽东在《寻乌调查》中说："寻乌地主把田批与农民通通要写'贷'字，没有不写的。……因为若不写'贷'字，一则怕农民不照额交租，打起官司来无凭据，二则怕年深日久农民吞没地主的田地。贷字只写农民交地主，地主不写交农民。"（《毛泽东文集》，第二卷，人民出版社1993年版，第205页）毛泽东在运用"年深岁久"这一成语时，改"岁久"为"日久"，更加通俗明白。

15、乔吉《扬州梦》 第四折

《扬州梦》第四折的原文是：

（牛太守上，诗云）为政维扬不足称，刚余操守若冰清。一生不得逢迎力，却被心知也见憎。老夫牛僧孺是也。叨守扬州，三年任满，赴京考绩。老夫探望杜翰林数次，不肯放参。我想来，在扬州之时，请他饮酒，出家乐歌唱，曾着他来，与张好好四目相视，不得说话，他心怀此恨，所以嗔怪。扬州有一个白文礼，是老夫的治民，其家巨富，屡次对老夫诉说此事，要将好好配与杜牧之为夫人，成就此一桩美事。他如今也随老夫来到京师，今日在金字馆中，安排宴会，若杜牧之来时，老夫自有主意。（下）

（白文礼引随从上，云）小生白文礼，昔在扬州与杜牧之送行，他只想牛太守家那女子，央小生说合，成此亲事。如今牛太守任满回京，小生特随他来，已将前事达知太守。今日在金字馆中，安排筵席，请杜翰林、牛太守，务要完成了这门亲事。小的每，门首看者，杜翰林来时，报复我知道。

（正末上，云）小官杜牧之。自离扬州，经今三载，牛太守望我数次，不曾放参，今日白员外请赴宴，须索走一遭去。想昨宵沉醉，今日又索扶头也。（唱）

【双调】【新水令】我向这酒葫芦着淹不曾醒，但说着花胡同我可早愿随鞭镫。今日个酒香金字馆，花重锦官城，不恋富贵峥嵘，则待谈笑平生。不望白马红缨，伴着象板银筝，似这淮南郡山水有名姓。（云）左右报复去，道杜牧之到了也。（随从报科，云）杜翰林来了也。（白文礼云）道有请。

（正末做见科，云）量小官有何德能，着员外置酒张筵，何以克当！（白文礼云）蔬食薄味，不成管待，请相公欢饮几杯。（正末唱）

【沉醉东风】休想道惟吾独醒屈平，则待学众人皆醉刘伶。浇消了湖海愁，洗涤下风云兴，怕辜负月朗风清，因此上落魄江湖载酒行，糊涂了黄粱梦境。（云）员外，今日席上，再有何人？（白文礼云）请牛太守去了，这早晚敢待来也。

（牛太守上，云）老夫牛僧孺，今日白文礼在金字馆设席相请，左右报复去，道牛太守来了也。（随从报科，云）太守老爹来了也。（白文礼云）道有请。（牛太守做见科，与正末云）老夫相访数次，不蒙放参，只是某缘分浅薄也。（正末云）小官连日事冗，有失迎接，叔父勿罪。来日小官设席请罪，就屈员外同席，未知允否？（白文礼云）今日且饮过小生这一席，来日同赴盛宴，务要吹弹歌舞、开怀畅饮也。（正末唱）

【水仙子】喜的是楚腰纤细掌中擎，爱的是一派笙歌醉后听。哎，你个孟尝君妒色独强性，靠损了春风软玉屏，戏金钗早吓掉了冠缨。杜牧之难折证，牛僧孺不志诚，都一般行浊言清。

（牛太守云）休题旧话了，今日员外设席，则请饮酒。（正末云）酒虽要饮，事也要知。小官三年前曾央白员外诉说一事，未知叔父允否？（白文礼云）太守大人，小生曾言将好好小姐配与杜翰林，尊意如何？（牛太守云）既然牧之心顺，着好好过来相见，就与牧之为夫人。好好那里？

（旦上，云）妾身张好好。老爹呼唤，我自过去。（见科，云）老爹唤你孩儿，有何吩咐？（牛太守云）有杜牧之要娶你做夫人，则今日正是好日辰，等酒筵散后，就过门成亲，了此宿缘也。（正末云）多谢叔父。

（张府尹上，云）小官张尚之，先任豫章太守，今升为京兆府尹。因张好好与了牛太守为义女，长大成人，今聘与杜牧之为夫人。某奉圣人的命，因牧之贪花恋酒，本当谪罚，姑念他才识过人，不拘细行，赦其罪责。如今小官亲来传示与他，早来到了。左右，报复去，道有京兆府尹下马也。（随从报科，云）有新任府尹老爷下马也。（正末云）道有请。

（张府尹见科）（正末云）呀，张相公来了。（牛太守云）京兆相公，别来无恙？（张府尹云）牛相公乃是父执，何故同众位在此？（牛太守云）因白员外相招在此。（张府尹云）小官因牧之放情花酒，奉朝命本当谪罚，小官保奏，赦其无罪。（正末云）多谢大人！（唱）

【雁儿落】我则道玉阶前花弄影，原来是金殿上传宣令。本为个牛僧孺门一下人，倒做了杜牧之心头病。

（张府尹见旦科云）这不是我张好好么？因何在此？（正末唱）

【得胜令】则疑是天上许飞琼，原来是足下女娉婷。你栽下竹引丹山凤，笼着花藏金谷莺，都诉出实情。（白文礼云）学士，你不拜丈人，还等甚么？（正末唱）我做下强项令肩膀硬，今日个完成，将这个俊娇娥手内擎。

（张府尹云）嗨，牧之，因你贪恋花酒，所以朝廷要见你之罪哩。（正末唱）

【甜水令】我不合带酒簪花，沾红惹绿，疏狂情性，这几件罪我招承。你不合打凤牢龙，翻云覆雨，陷入坑阱，咱两个口说无凭。

（张府尹云）早是小官与学士同窗共业，先奏过赦罪，不然，御史台岂肯饶人？（正末唱）

【折桂令】见放着御史台不顺人情，谁着你调鼍子画阁兰堂，搋包儿锦阵花营。既然是太守相容，俺朋友间有甚差争？摆着一对种花手似河阳县令，裹着一顶漉酒巾学五柳先生。既能勾鸾凤和鸣，桃李春荣，赢得青楼薄幸之名。

（张府尹云）牧之，你听我说。（词云）太守家张好好丰姿秀整，引惹得杜牧之心悬意耿。若不是白员外千里通诚，焉能勾结良缘夫为纲领？从今日早罢了酒病诗魔，把一觉十年间扬州梦醒，才显得翰林院台阁文章，终不负麒麟阁上书名画影。（正末唱）

【鸳鸯煞】从今后立功名写入麒麟影，结牡萝配亡菱花镜。准备着载月兰舟，煦夜花灯。畅道朋友同行，尚则怕衣衫不整。毕罢了雪月风花，医可了游荡疏扛病。今小个两眼惺惺，唤的个一枕南柯梦初醒。

　　题目　张好好花月洞房春
　　正名　杜牧之诗酒扬州梦

杜牧的《樊川文集》卷一收有《张好好诗》一首，其序云："牧大和三年，佐故吏部沈公江西幕，好好年十三，始以喜歌来乐籍中。后一岁，公移镇宣城，复置好好于宣城籍中。……后二岁，于洛阳东城重睹好好，感旧伤怀，故题诗赠之。"剧情本此。又杜牧有《遣怀》诗："落魄江湖载酒行，楚腰纤细掌中轻。十年一觉扬州梦，赢得青楼薄幸名。"剧名本此。《天一阁》存目，此剧题目、正名是"李梦娥花月洞房春、杜牧之诗酒扬州梦"，据此，《扬州梦》女主角应是李梦娥，然而后人却改为张好好，其原因很可能是后人据杜牧《张好好诗》而将其原名恢复。传杜牧此事者除此本《扬州梦》外，还有清人黄之隽的《扬州梦》杂剧和嵇永仁的《扬州梦》传奇，今均存。

全名《杜牧之诗酒扬州梦》，简名《扬州梦》。末本。出场人物：正末——杜牧；旦——张好好；冲末——张尚之；外——牛僧孺、白文礼。

剧情是这样的：楔子：翰林侍读杜牧因公到豫章，将欲回京，友人张尚之太守设宴钱行，令歌妓张好好歌舞侑酒，杜牧赠物赋诗以谢好好。第一折：三年后，杜牧因公到扬州，拜见太守牛僧孺。牛太守使义女劝酒，原来却是张好好。二人眉目传情，牛以为杜牧酒后疏狂。第二折：杜牧到翠云楼玩要解闷，梦与好好相会。醒后，百无聊赖，无法排遣思念之情。第三折：杜牧将离扬州，请富户白文礼说合，劝牛僧孺把张好好嫁给他。第四折：三年后，牛太守任满赴京，白文礼一同前往。文礼设宴，邀请杜牧、牛僧孺。适逢张尚之升为京兆尹，也来相会。宴会上，牛太守把好好许给杜牧。杜牧娶得好好，了却相思，"把一觉十年间扬州梦醒"。

此折中杜牧对张尚之唱的："我不合带酒簪花，沾红惹绿，疏狂情性，这几件罪我招承。你不合打凤牢龙，翻云覆雨，陷入坑阱，咱两个口说无凭。""咱两个"，指杜牧和张尚之。意谓只用口说，事过境迁，还不能当为凭据。凭，凭据。

1955年12月21日，毛泽东在同泰国庵蓬等人谈话时说："泰国有华侨，加入你们国籍的，就算泰国人了，没有加入泰国籍的才是中国人。要不华侨很多，人家会害怕。我们国外华侨的共产党组织也取消了，以消除华侨所在国政府的怀疑，使大家互相信任。我们究竟是否说的一套、做的一套，那你们也可以看。口说无凭，你们以后还可以看事实。看的时间久了，就看清楚了。"（《我们的愿望是使中泰两国人民友好》，《毛泽东外交文选》，中央文献出版社、世界知识出版社1994年版，第230页）毛泽东借用"空口无凭"这一成语，说明我们对华侨不承认双中国籍这一重要原则，要经得起事实的检验。

16、郑廷玉《看钱奴》 第二折

郑廷玉（亦作庭玉），彰德（今河南安阳）人，元杂剧作家。生卒年月不详。元钟嗣成的《录鬼簿》把他列入"前辈已死名公才人，有所编传奇行于世者"类，名次排在关汉卿、高文秀之后，位居第三。在其名下，共著录杂剧二十三种。郑廷玉究竟创作并流传下来多少杂剧，历来说法不一。诸本著录或收录的流传下来的剧本共有六种，它们是《楚昭公疏者下船》《包待制智勘后庭花》《布袋和尚忍字记》《看钱奴买冤家债主》《宋上皇御断金凤钗》《崔府君断冤家债主》。其中《宋上皇御断金凤钗》《崔府君断冤家债主》两种的著作权有异议。郑廷玉是元代前期的一位高产杂剧作家。他熟悉社会生活，洞察人情世态，作品题材广泛，艺术技巧高超，语言生动、质朴，表现的思想内容也比较复杂，从不同的角度和侧面，对元代的社会生活、市井百态进行了广泛、深刻的描摹和反映，既有对当时社会的黑暗腐朽和丑恶现象的无情揭露和鞭挞，又有对美好幸福生活的热烈追求与憧憬，具有相当高的认识价值与审美价值。郑廷玉着力于艺术形象的塑造，人物有血有肉、栩栩如生、个性鲜明、富于立体感，既注意使人物性格特征在发展变化中充分展示，又充分展示人物性格特征的发展变化，对人的良知与高尚品德进行热情讴歌。总之，郑廷玉杂剧的思想内容是健康或基本健康的，艺术方面也熠熠闪光，是中国古代戏曲宝库中的一笔宝贵财富。

《看钱奴》第二折的原文是：

（外扮陈德甫上，诗云）耕牛无宿料，仓鼠有余粮，万事分已定，浮生空自忙。小可姓陈，双名德甫，乃本处曹州曹南人氏。幼年间攻习诗书，颇亲文墨，不幸父母双亡，家道艰难，因此将儒业废弃，与人家做个门馆先生，度其日月。此处有一人是贾老员外，有万贯家财，鸦飞不过的田产物业。油磨坊、解典库、金银珠翠、绫罗缎疋，不知其数。他是个巨富的财主。这里可也无人，一了他一贫如洗，专与人家挑土筑墙，和泥托坯，担水运浆，做坌工生活，常是吃了早起的，无那晚夕的，人都叫他做穷贾儿，也不知他福分生在那里，这几年间暴富起来，做下泼天也似家私。只是那员外虽然做个财主，争奈一文也不使，半文也不用；别人的东西恨不得攀手夺将来，自己东西舍不的与人，若与人呵，就心疼杀了也。小可今日正在他家坐馆，这馆也不是教学的馆，无过在他解典库里上些帐目。那员外空有家私，寸男尺女皆无。数次家常驻与小可说："街市上但遇着卖的，或男或女，寻一个来与我两口儿喂眼。"小可已曾吩咐了店小二，着他打听着，但有呵便报我知道。今日无甚事，到解典库中看看去。（下）

（净扮店小二上，诗云）酒店门前三尺布，人来人往图主顾。做下好酒一百缸，倒有九十九缸似头醋。自家店小二的便是。俺这酒店是贾员外的。他家有个门馆先生，叫作陈德甫，三五日来算一遭帐。今日下着这般大雪，我做了一缸新酒，不从养过不敢卖，待我供养上三杯酒。（做供酒科，云）招财利市土地，俺这酒一缸胜似一缸。俺将这酒帘儿挂上，看有甚么人来。

（正末周荣祖领旦儿、俫儿上，云）小生周荣祖，嫡亲的三口儿家属，浑家张氏，孩儿长寿。自应举去后，命运未通，功名不遂，这也罢了！岂知到的家来，事事不如意，连我祖遗家财，埋在墙下的，都被人盗去。从此衣食艰难，只得领了三口儿去洛阳探亲，图他救济；偏生这等时运，不遇而回。正值暮冬天道，下着连日大雪，这途路上好苦楚也呵！（旦儿云）秀才，似这等大风大雪，俺每行动些儿。（俫儿云）爹爹，冻饿杀我也。（正末唱）

【正官】【端正好】赤紧的路难通，俺可也家何在？休道是乾坤

老山也头白。似这等冻云万里无边界，肯分的俺三口儿离乡外。（带云）大嫂，你看好大雪也。（唱）

【滚绣球】是谁人碾琼瑶往下筛，是谁人剪冰花迷眼界？恰便似玉琢成六街三陌，恰便似粉妆就殿阁楼台。（带云）似这雪呵，（唱）便有那韩退之蓝关前冷怎当，便有那孟浩然驴背上也跌下来。（带云）似这雪呵，（唱）便有那溪中禁回他子猷访戴，则俺这三口儿兀的不冻倒尘埃。（做寒战科，带云）勿勿勿！（唱）眼见的一家受尽了千般苦，可甚么十谒朱门九不开，委实难捱。（旦儿云）秀才，似这般风又大，雪又紧，俺且去那里避一避，可也好也。（正末云）大嫂，俺到那酒务儿里避雪去来。

（做见科云）哥哥支揖。（店小二云）请家里坐吃酒去。秀才，你那里人氏？（正末云）哥哥们，我那得那钱来买酒吃！小生是个穷秀才，三口儿探亲去来，不想遇着一天大雪，身上无衣，肚里无食，一径的来这里避一避儿。哥哥，怎生可怜见咱。（店小二云）那一个顶着房子走哩。你们且进来避一避儿。（正末做同进科云）大嫂，你看这雪越下的紧了也。（唱）

【倘秀才】饿的我肚里饥失魂丧魄，冻的我身上冷无颜落色。这雪呵，偏向俺穷汉身边乱洒来。（带云）大嫂，（唱）你看雪深埋脚面，风紧透人怀。我忙将这孩儿的手揣。（店小二做叹科云）你看这三口儿，身上无衣，肚里无食；偌大的风雪，到俺店中避避。那里不是积福处，我早晨间供养的利市酒三钟儿，我与那秀才钟吃。兀那秀才，俺与你钟酒吃。（正末云）哥哥，我那里得那钱钞来买酒吃！（店小二云）俺不要你钱钞。我见你身上单寒，与你钟酒吃。（正末云）哥哥说不要小生钱，则这等与我钟酒吃，多谢了哥哥。（做吃酒科云）好酒也。（唱）

【滚绣球】见哥哥酒斟着磁盏台，香浓也胜琥珀。哥哥也你莫不道小人现钱多卖，问甚么新酿茅柴。（带云）这酒呵，（唱）赛中山宿酝开，笑兰陵高价抬，不枉了唤做那凤城春色。（带云）我饮一杯呵，（唱）恰便似重添上一件绵帛。（云）这雪呵，（唱）似千团柳絮随风舞。（带云）我恰才咽下这杯酒去呵，（唱）可又早两朵桃花上脸来，便觉的和气开怀。

（旦儿云）秀才，恰才谁与你酒吃来？（正末云）是那卖酒的哥哥，见我身上单寒，可怜见我，与了我钟酒吃。（旦儿云）我这一会儿身上寒冷不过，你怎生问那卖酒的讨一钟酒儿与我吃，可也好也。（正末云）大嫂，羞人答答的，教我怎生问他讨酒吃。（做对店小二揖科云）哥哥，我那浑家问我那里吃酒来，我便道："卖酒的哥哥见我身上单寒，与了我钟酒儿吃。"他便道："我身上冷不过，怎生再讨得半钟酒儿吃，可也好也。"

（店小二云）你娘子也要钟酒吃，来来来，俺舍这钟酒儿与你娘子吃罢。（正末云）多谢了哥哥。大嫂，我讨了一钟酒来，你吃，你吃。（俫儿云）爹爹，我也要吃一钟。（正末云）儿也，你着我怎生问他讨那！（又做揖科云）哥哥，我那孩儿道："爹爹，你那里得这酒与奶奶吃来？"我便道："那卖酒的哥哥又与了我一钟儿吃。"我那孩儿便道："怎生再讨的一钟儿我吃，可也好也。"（店小二云）这等，你一发搬在俺家中住罢。（正末云）哥哥，那里不是积福处！（店小二云）来来来，俺再与你这一钟儿酒。（正末云）多谢了哥哥。孩儿，你吃，你吃。（店小二云）比及你这等贫呵，把这小的儿与了人家可不好？（正末云）我怕不肯？但未知我那浑家心里何如。（店小二云）你和你那娘子商量去。（正末云）大嫂，恰才那卖酒的哥哥道："似你这等饥寒，将你那孩儿与了人可不好？"（旦儿云）若与了人，则也强似冻饿死了。只要那一份人家养的活，便与他去罢。（正末做见店小二云）哥哥，俺浑家肯把这个小的与了人家也。（店小二云）秀才，你真个要与人？（正末云）是，与了人罢。（店小二云）我这里有个财主要，我如今领你去。（正末云）他家里有儿子么？（店小二云）他家儿女并没一个儿哩。（正末唱）

【倘秀才】卖与个有儿女的是孩儿命衰，卖与个无子嗣的是孩儿大采，撞着个有道理的爹娘呵是孩儿修福来。（带云）哥哥，（唱）你救孩儿一身苦，强似把万僧斋。越显的你个哥哥敬客。（店小二云）

既是这等，你两口儿则在这里，我叫那买孩儿的人来。

（做向古门叫科云）陈先生在家么？（陈德甫上，云）店小二，你唤我做甚么？（店小二云）你前日吩咐我的事，如今有个秀才，要卖他小的，你看去。（陈德甫云）在那里？（店小二云）则这个便是。（陈德甫做看科云）是一个有福的孩儿也。

（正末云）先生支揖。（陈德甫云）君子恕罪。敢问秀才那里人氏？姓甚名谁，因何就肯卖了这孩儿？（正末云）小生曹州人氏，姓周名荣祖，字伯成。因家业凋零，无钱使用，将自己亲儿情愿过房与人为儿。先生，你可作成小生咱。（陈德甫云）兀那君子，我不要这孩儿，这里有个贾老员外，他寸男尺女皆无，若是要了你这孩儿，他有泼天也似家缘家计，久后都是你这孩儿的。你跟将我来。（正末云）不知在那里住，我跟将哥哥去。（携旦儿同俫儿下）（店小二云）他三口儿跟的陈先生去了也。待我收拾了铺面，也到员外家看看去。（下）

（贾仁同卜儿上云）兀的不富贵杀我也。常言道人有七贫八富，信有之也。自家贾老员外的便是，这里也无人。自从与那一份人家打墙，刨出一石槽金银来，那主人家也不知道，都被我悄悄的搬运家来，盖起这房廊、屋舍、解典库、粉房、磨房、油房，做的生意就如水也似长将起来。我如今旱路上有田，水路上有船，人头上有钱。那一个是叫我做穷贾儿，皆以员外呼之。但是一件，自从有这家私，聚的个浑家也有好几年了，争奈寸男尺女皆无，空有那鸦飞不过的田产，教把那一个承领！（做叹科）我平昔间一文也不使，半文也不用，我可不知怎能生来这么悭吝苦克。期待有人问我要一贯钞呵，哎呀，就如同挑我一条筋相似。如今又有一等人叫我做悭贾儿，这也不必提起。我这解内库里有一个门馆先生，叫作陈德甫，他替我家收钱举债。我数番家吩咐他，或儿或女寻一个来，与我两口儿喂眼。（卜儿云）员外，你既吩咐了他，必然访得来也。（贾仁云）今日下着偌大的雪，天气有些寒冷，下次小的每，少少的酾些热酒儿来，则撕只水鸡腿儿来，我与婆婆吃一钟波。

（陈德甫同正末、旦儿、俫儿上，云）秀才，你且在门首等着。

我先过去与员外说知。（做见科，贾仁云）陈德甫，我数番家吩咐你，教你寻一个小的，怎这般不会干事！（陈德甫云）员外，且喜有一个小的哩。（贾仁云）有在那里？（陈德甫云）现在门首。（贾仁云）他是个甚么人？（陈德甫云）他是个穷秀才。（贾仁云）秀才便罢了，甚么穷秀才！（陈德甫云）这个员外，有那个富的来卖儿女那！（贾仁云）你教他过来我看。（陈德甫出云）兀那秀才，你过去把体面见员外者。

（正末做揖科云）先生，你须是多与我些钱钞。（陈德甫云）你要的他多少？这事都在我身上。（正末云）大嫂，你看着孩儿，我见员外去也。

（做入见科云）员外支揖。（贾仁云）兀那秀才，你那里人氏，姓甚名谁？（正末云）小生曹州人氏，姓周名荣祖，字伯成。（贾仁云）住了。我两个眼睛里偏生见不的这穷厮。陈德甫，你且着他靠后些，饿鼠子满屋飞哩。（陈德甫云）秀才，你依着员外靠后些。他那有钱的是这等性儿。

（正末做出科云）大嫂，俺这穷的好不气长也！（贾仁云）陈德甫，咱要买他小的，也索要立一纸文书。（陈德甫云）你打个稿儿。（贾仁云）我说与你写。立文书人周秀才，因为无钱使用，口食不敷，难以度日，情愿将自己亲儿某人，年几岁，卖与财主贾老员外为儿。（陈德甫云）谁不知你有钱，只叫员外勾了，又要那财主两字做甚么？（贾仁云）陈德甫，是你抬举我哩？我不是财主，难道叫我穷汉？（陈德甫云）是是是，财主财主。（贾仁云）那文书后头写道，当日三面言定，付价多少，立约之后，两家不许反悔。若有反悔之人，罚宝钞一千贯与不悔之人使用。恐后无凭，立此文书，永远为照。（陈德甫云）是了，反悔之人罚宝钞一千贯。他这正钱可是多少？（贾仁云）这个你莫要管我。我是个财主，他要的多少，我指甲里弹出来的，他可也吃不了。（陈德甫云）是是是，我与那秀才说去。

（做出科云）秀才，员外着你立一纸文书哩。（正末云）哥哥，可怎生写那？（陈德甫云）他与你个稿儿：今有过路周秀才，因为无钱使用，将自己亲儿，年方几岁，情愿卖与财主贾老员外为儿。（正末云）先生，这财主两字也不消的上文书。（陈德甫云）他要这样写，你就写了罢。（正末云）便依着写。（陈德甫云）这文书不打紧，有一件要紧，他说后面写着，如有反悔之人，罚宝钞一千贯与不反悔之人。（正末云）先生，那反悔的罚宝钞一千贯，我这正钱可是多少？（陈德甫云）知他是多少。秀才，你则放心，愉才他也曾说来，他说："我是个巨富的财主，要的多少。"他指甲里弹出来的，着你吃不了哩。（正末云）先生说的是，将纸笔来。（旦儿云）秀才，咱这恩养钱可曾议定多少？你且慢写着。（正末云）大嫂，恰才先生不说来，他是个巨富的财主，他那指甲里弹出来的，俺每也吃不了，则管里问他多少怎的。（唱）

【滚绣球】我这里急急的研了墨浓，便待要轻轻的下了笔划。（俫儿云）爹爹，你写甚么哩？（正末云）我儿也，我写的是借钱的文书。（俫儿云）我知道了也。你在那酒店里商量，你敢要卖了我也！（正末唱）呀！儿也，这是我不得已无如之奈。（俫儿做哭科云）可知道无奈，则是活便一处活，死便一处死，怎下的卖了我也！（正末哭云）呀！儿也，想着俺子父的情呵！（唱）可着我班管难抬。这孩儿是爷精髓结就胎，是他娘肠肚摘下来。今日将俺这子父情可都撇在九霄云外，则俺这三口儿生挖扎两外分开。（旦儿云）怎下的撇了我这亲儿，兀的不痛杀我也！（正末哭唱）做娘的伤心惨惨刀剜腹，做爹的滴血簌簌泪满腮，恰便是郭巨般活把儿埋。

（做写科云）这文书写就了也。（陈德甫云）周秀才，你休烦恼，我将这文书与员外看去。

（做入科云）员外，他写了文书也。你看。（贾仁云）将来我看，今有立文书人周秀才，因为无钱使用，口食不敷，难以度日，情愿将自己亲儿长寿，年七岁，卖与财主贾老员外为儿。写的好，写的好。陈德甫，你则叫那小的过来，我看看咱。（陈德甫云）我领过那孩儿来与员外看。（见正末云）秀才，员外要看你那孩儿哩。（正末云）儿也，你如今过去。他问你姓甚么，你说我姓贾。（俫儿云）我姓周。

（正末云）姓贾。（俫儿云）便打杀我也则姓周。（正末哭科云）儿也！（陈德甫云）我领这孩儿过去，员外，你看好个孩儿也。

（贾仁云）这小的是好一个孩儿也。我的儿也，你今日到我家里，那街上人问你姓甚么，你便道我姓贾。（俫儿云）我姓周。（贾仁云）姓贾。（俫儿云）我姓周。（做打科云）这弟子孩儿养成杀也不坚。婆婆，你问他。（卜儿云）好儿也，明日与你做花花袄子穿。有人问你姓甚么？你道我姓贾。（旦儿云）便做大红袍与我穿，我也则是姓周。（旦儿打科云）这弟子孩儿养杀也不坚的。（陈德甫云）他父母不曾去哩，可怎么便下的打他！（旦儿叫科云）爹爹，他每打杀我也！（正末做听科云）我那儿怎生这等叫？他可敢打俺孩儿也！（唱）

【倘秀才】俺儿也差着一个字千般的见责。（云）那员外好狠也！（唱）那员外伸着五个指十分的便捆，打的他连耳通红半壁腮。说又不敢高声语，哭又不敢放声来，他则是偷将那泪揩。把孩儿姓字从今陈德甫，你好没分晓！他因为无饭的养活儿子，才卖与我。如今要在我家吃饭，我不问他要恩养钱，他倒问我要恩养钱？（陈德甫云）好说。他也辛辛苦苦养这小的，与了员外为儿，专等员外与他些恩养钱，做盘缠回家去也。（贾仁云）陈德甫，他若不肯，便是反悔之人，你将这小的还他去，教他罚一千贯宝钞来与我。（陈德甫云）怎么倒与你一千贯钞！员外，你则与他些恩养钱去。（贾仁云）陈德甫，那秀才敢不要，都是你捣鬼？（陈德甫云）怎么是我捣鬼？（贾仁云）陈德甫，看你的面皮，待我与他些。下次小的每开库。（陈德甫云）好了。员外开库哩。周秀才，你这一场富贵不小也。（贾仁云）拿来。你兜着，你兜着。（陈德甫云）我兜着。与他多少？（贾仁云）与他一贯钞。（陈德甫云）他这等一个孩儿，怎么与他一贯钞？忒少。（贾仁云）一贯钞上面有许多的宝字，你休看的轻了。你便不打紧，我便似挑我一条筋哩！倒是挑我一条筋也熬了，要打发出这一贯钞，更觉艰难。你则与他去，他是个读书的人，他有个要不要也不见的。（陈德甫云）我便依着你，且拿与他去。

（做出见科云）秀才你休慌，安排茶饭哩。这个是员外打发你的一

贯钞。（旦儿云）我几盆儿水洗的孩儿偌大，可怎生与我一贯钞！便买个泥娃娃儿，也买不的。（正末云）想我这孩儿呵，（唱）

【滚绣球】也曾有三年乳十月胎，似珍珠掌上抬；甚工夫养得他偌大，须不是半路里抬的婴孩。（做叹科唱）我虽是穷秀才，他觑人忒小哉！那些个公平买卖，量这一贯钞值甚钱财！（带云）员外，你的意思我也猜着你了。（陈德甫云）你猜着甚的？（正末唱）他道我贪他香饵终吞钩，我则道留下青山怕没柴，拼的个搠笔巡街。（旦儿云）还了我孩儿，我们去罢。

（陈德甫云）你且慢些，我见员外去。（正末云）天色晚也，休斗小生耍。（陈德甫入科云）员外，还你这钞。（贾仁云）陈德甫，我说他不要么。（陈德甫云）他嫌少，他说买个泥娃娃儿也买不的。（贾仁云）那泥娃娃儿会吃饭么？（陈德甫云）员外，不是这等说，那个养儿女的算饭钱来？（贾仁云）陈德甫，也着你做人哩。常言道："有钱不买张口货。"因他养活不过，方才卖与人。我不要他还饭钱也勾了，倒要我的宝钞？我想来，都是你背地里调唆他。我则问你怎么与他钞来？（陈德甫云）我说："员外与你钞。"（贾仁云）可知他不要哩，你轻看我这钞了。我教与你，你把这钞高高的抬着，道："兀那穷秀才，贾老员外与你宝钞一贯。"（陈德甫云）抬的高杀，也则是一贯钞。员外，你则快些打发他去罢。（贾仁云）罢罢罢！小的每开库，再拿一贯钞来与他。（做与钞科）（德德甫云）员外，你问他买甚么东西哩，一贯一贯添。（贾仁云）我则是两贯，再也没的添了。（陈德甫云）我且拿与他去。

（做出见科云）秀才，你放心，员外安排茶饭哩。秀才，那头里是一贯钞，如今又添你一贯钞。（正末云）先生，可怎生只与我两贯，我几盆儿水洗的孩儿偌大，先生休斗小生耍。（陈德甫云）嗨！这都是领来的不是了！我再见员外去。

（做入科云）员外，他不肯。（贾仁云）不要闲说，白纸上写着黑字儿哩："若有反悔之人，罚宝钞一千贯与不悔之人使用。"这便是他反悔，着他拿一千贯钞来。（陈德甫云）他有一千贯时，可便不卖这小的了！（贾仁云）哦！陈德甫，你是有钱的！你买么？快领了去，着他罚一千贯钞来与我。（陈德甫云）员外，你添也不添？（贾仁云）不添。（陈德甫云）你真个不添？（贾仁云）真个不添。（陈德甫云）员外，你又不肯添，那秀才又不肯去，人中间做人也难。便好道："君子成人之美，不成人之恶。"罢罢罢！员外，我在你家两个月，该与我两贯饭钱，我如今问员外支过，凑着你这两贯，四贯，打发那秀才回去。（贾仁云）哦！要支你的饭钱，凑上四贯钱，打发那穷秀才去，这小的还是我的。陈德甫，你原来是个好人。可则一件，你那文簿上写的明白，道陈德甫先借过两个月饭钱，计两贯。（陈德甫云）我写的明白了。

（做出见科云）来来来。秀才，你可休怪。员外是个悭吝苦克的人，他说一贯也不添。我问他支过两月的馆钱，凑成四贯钞，送与秀才。这的是我替他出了两贯哩。秀才休怪。（正末云）这等，可不难为了你？（陈德甫云）秀才，你久后则休忘了我陈德甫。（正末云）贾员外则与我两贯钱，这两贯是先生替他出的。这等呵，倒是先生费发了小生也。（唱）

【倘秀才】如今这有钱的度量呵、做不的三江也那四海，便爱用呵，多不到十年五载。我骂你个勒掯穷民的狠员外。或是有人家典缎匹，或是有人家当镮钗，你则待加一倍放解。（贾仁做出瞧科云）这穷厮还不去哩！（正末唱）

【赛鸿秋】快离了他这公孙弘东阁门程外。（旦儿云）秀才，俺今日撇下了孩儿，不知何日再得相见也？（正末云）大嫂，去罢。（唱）再休想汉孔融北海开尊府。（陈德甫云）秀才，这两贯钞是我与你的。（正末云）先生此恩，异日必当重报。（唱）多谢你范尧夫肯付舟中麦，（带云）那员外呵，（唱）怎不学庞居士豫放来生债。（贾仁做揪住怒科云）这厮骂我，好无礼也。（正末唱）他他他则待（掐）破我三思台。（贾仁做推正末科云）你这穷弟子孩儿，还不走哩。（正末唱）他他他可便搣破我天灵盖。（贾仁云）下次小的每，呼狗来咬这穷弟子孩儿。（正末做怕科云）大嫂，我与你去罢。（唱）走走走早跳出了齐孙膑这一座连环寨。

（陈德甫云）秀才休怪，你慢慢的去，休和他一般见识。（旦儿云）秀才，俺行动些儿波。（正末唱）

【随煞】别人家便当的一周年下架容赎解，（带云）这员外呵，（唱）他巴到那五个月还钱本利该。纳了利从头儿再取索，还了钱文书上厮混赖。似这等无仁义愚浊的却有财，偏着俺有德行聪明的嚼虀菜；这八个字穷通怎的排，则除非天打算日头儿轮到来。发背疔疮是你这富汉的灾，禁口伤寒着你这有钱的害。有一日贼打劫火烧了您院宅，有一日人连累抄没了旧钱债。恁时节合着锅无钱买米柴，忍饥饿街头做乞丐，这才是你家破人亡见天败。（贾仁云）你这穷弟子孩儿，还不走哩。（正末云）员外，（唱）你还这等苦克瞒心骂我来，直待要犯了法遭了刑你可便恁时节改。（同旦儿下）

（贾仁云：）陈德甫，那厮去了也。他去则去，敢有些怪我？（陈德甫云：）可知哩。（贾仁云：）陈德甫，生受你。本待要安排一杯酒致谢，我可也忙，不得工夫。后堂中盒子里有一个烧饼，送与你吃茶罢。（同下）

《看钱奴》，简名又作《冤家债主》，全名《看钱奴冤家债主》。共四折，一个楔子。末本。出场人物：正末——周荣祖（楔子、第二、三、四折）；增幅神（第一折）；旦儿——张氏；净——贾仁；外——东岳庙神、陈德甫；俫儿——周长寿。

剧情是这样的：楔子：曹州周荣祖携妻儿赴京应举，将祖上的财产埋在后院墙下。第一折：穷汉贾仁在东岳庙求神致富，神念上天"不生无禄之人"，遂将周家福力暂借给他二十年。第二折：穷汉贾仁平时以挑土筑墙为生，偶然挖到周荣祖家藏在墙下的祖产而致富，却无儿无女。周荣祖应举不利，祖财被盗，投亲不遇，甚为贫困。贾仁命坐馆先生陈德甫替他买一个儿子，恰巧风雪之中周荣祖夫妇走投无路，情愿将儿子长寿卖给他作义子，忍痛立下卖子字据，只得到了很少的一点钱。第三折：二十年后，长寿长大成人，贾仁吝啬成性，财富越聚越多，此时却重病在身，长寿去东岳庙烧香，与乞讨至东岳庙中的周荣祖夫妇相遇，却不知相认。第四折：周荣祖老伴害急心疼，求药得遇陈德甫。其时贾仁已死，由陈德甫向长寿说明实情，荣祖夫妇遂与亲子长寿相认，一家人才得以重聚。检点贾家银两，发现均印有"周奉记"，周家祖产最终物归原主。这反映了郑庭玉对于金钱来源与分配的思索。在中国古代十大喜剧中，《看钱奴》是唯一的一部以讽刺艺术为主来描写人情世态的剧作，也是中国现存的第一部讽刺喜剧，在戏曲史上占有重要的地位。

此剧第二折，周荣祖的两句唱词云："饿的我肚里饥失魂丧魄，冻的我身上冷无颜落色。"魂、魄，旧时指人身离开形体能存在的精神为魂，依附形体而显现的精神为魄。亦作"失魂落魄""丧魂失魄"，形容惊慌或恐惧到了极点。

1945年8月16日，毛泽东在《评蒋介石发言人的谈话》一文中说："在中国，有这样一个人，他叛变了孙中山的三民主义和1927年的大革命。他将中国人民推了十年内战的血海，因而引来了日本帝国主义的侵略。然后，他失魂落魄地拔步便跑，率领一群人，从黑龙江一直退到贵州省。"（《毛泽东选集》，第四卷，人民出版社1991年版，第1149页）毛泽东在这里用"丧魂落魄"这一成语，严厉地批判了抗日战争初期蒋介石的逃跑主义。

17、纪君祥《赵氏孤儿》　第二折

纪君祥，名一作纪天祥，大都（今北京）人，元代杂剧、戏曲作家。字、号、生平及生卒年均不详，约元世祖至元年间在世，与李寿卿、郑廷玉同时。作有杂剧6种，现存《赵氏孤儿》一种及《陈文图悟道松阴梦》仅存曲词一折残。

《赵氏孤儿》第二折的原文是：

（屠岸贾领卒子上云）事不关心，关心者乱。某屠岸贾只为公主生下一个小的，唤做赵氏孤儿，我差下将军韩厥把住府门，搜检奸细；一面张挂榜文，若有掩藏赵氏孤儿者，全家处斩，九族不留。怕那赵氏孤儿会飞上天去？怎么这早晚还不见送到孤儿，使我放心不下。令人，与我门外觑者。（卒子报科云）报元帅，祸事到了也。（屠岸贾云）祸从何来？（卒子云）公主在府中将裙带自缢而死。把府门的韩厥将军，也自刎身亡了也。（屠岸贾云）韩厥为何自刎了？必然走了赵氏孤儿，怎生是好？眉头一皱，计上心来。我如今不免诈传灵公的命，把晋国内但是半岁之下、一月之上新添的小厮，都与我拘刷将来，见一个剁三剑，其中必然有赵氏孤儿，可不除了我这腹心之害？令人，与我张挂榜文，着普国内但是半岁之下、一月之上，新添的小厮，都拘刷到我帅府中来听令，违者全家处斩，九族不留。（诗云）我拘刷尽普国婴孩，料孤儿没处藏埋；一任他金枝玉叶，难逃我剑下之灾。（下）

（正末扮公孙杵臼，领家童上云）老夫公孙杵臼是也，在晋灵公位下为中大夫之职，只因年纪高大，见屠岸贾专权，老夫掌不得王事，罢职归农。苦庄三顷地，扶手一张锄，住在这吕吕太平庄上。往常我夜眠斗帐听寒角，如今斜倚柴门数雁行。倒大来悠哉也呵。（唱）

【南吕·一枝花】兀的不屈沉杀大丈夫，损坏了真梁栋。被那些腌脏屠狗辈，欺负俺慷慨钓鳌翁。正遇着不道的灵公，偏贼子加恩宠，着贤人受困穷。若不是急流中将脚步抽回，险些儿闹市里把头皮断送。

【梁州第七】他，他，他在元帅府扬威出那耀勇，我，我，我在太平庄罢职归农，再休想鹓班豹尾相随从。他如今官高一品，位极三公，户封八县，禄享千钟，见不平处有眼如朦，听咒骂处有耳如聋。他，他，他，只将那会谄谀的着列鼎重裀，害忠良的便加官请奉，耗国家的都叙爵论功。他，他，他，只贪着目前受用，全不省爬的高来可也跌的来肿，怎如俺守田园学耕种，早晚跳出伤人饿虎丛，倒大来从容。

（程婴，云）程婴，你好慌也；小舍人，你好险也；屠岸贾，你也狠也。我程婴虽然担着个死，撞出城来，闻的那屠岸贾见说走了赵氏孤儿，要将晋国内半岁之下、一月之上小孩儿每，都拘摄到元帅府里。不问是孤儿不是孤儿，他一个个亲手剁做三段。我将的这小舍人送到那厢去？好，有了。我想吕吕太平庄上公孙杵臼，他与赵盾是一殿之臣，最相交厚。他如今罢职归农。那老宰辅是个忠直的人，那里堪可掩藏。我如今来到庄上，就在这芭棚下，放下这药箱。小舍人，你且权时歇息咱，我见了公孙杵臼便来看你。家童报复去，道有程婴求见。（家童报科云）有程婴在于门首。（正末云）道有请。（家童云）请进。（正末见科云）程婴，你来有何事？（程婴云）在下见老宰辅在这太平庄上，特来相访。（正末云）自从我罢官之后，众宰辅好么？（程婴云）嗨，这不比老宰辅这官时节。如今屠岸贾专权，较往常都不同了也！（正末云）也该着众宰辅每劝谏、劝谏。（程婴云）老宰辅，这等贼臣自古有之。便是那唐虞之世，也还有四凶哩。（正末唱）

【隔尾】你道是古来多被奸臣弄，便是圣世何尝没四凶，谁似这万人恨千人嫌一个重？他不廉不公、不孝不忠，单只会把赵盾全家杀的个绝了种！

（程婴云）老宰辅，幸得皇天有眼，赵氏还未绝种哩。（正末云）他家满门良贱三百余口，诛尽杀绝，便是驸马也被三般朝典短刀自刎了，公主也将裙带缢死了，还有什么种在那里？（程婴云）那前项的事，老宰辅都已知道，不必说了。近日公主囚禁府中，生下一子，唤做孤儿，这不是赵家是那家的种？但恐屠岸贾得知，又要杀坏。若杀了这一个小的，可不将赵家真绝了种也！（正末云）如今这孤儿却在那里，不知可有人救的出来么？（程婴云）老宰辅既有这点见怜之意，在下不敢不实说。公主临亡时，将这孤儿交付与了程婴，着好生照觑他，待到成人长大，与父母报仇雪恨。我程婴抱的这孤儿出门，被韩厥将军要拿的去报与屠岸贾，是程婴数说了一场，那韩厥将军放我出了府门，自刎而亡。如今将的这孤儿无处掩藏，我特来投奔老宰辅。我想宰辅与赵盾元是一殿之臣，必然交厚，怎生可怜见救这个孤儿咱！（正末云）那孤儿今在何处？（程婴云）现在芭棚下哩。（正末云）休惊唬着孤儿！你快抱的来！（程婴取箱开看科云）谢天地，小舍人还睡着哩。（正末接科）（唱）

【牧羊关】这孩儿未生时绝了亲戚，怀着时灭了祖宗，便长成人也则是少吉多凶。他父亲斩首在云阳，他娘呵死在冷宫，那里是有血腥的白衣相？则是个无恩念的黑头虫。（程婴云）赵氏一家全靠着这小舍人，要他报仇哩。（正末唱）你道他是个报父母的真男子；我道来则是个妨爷娘的小业种！

（程婴云）老宰辅不知，那屠岸贾为走了赵氏孤儿，晋国内小的都拘刷交垭，要伤害性命。老宰辅，我如今将赵氏孤儿偷藏在老宰辅跟前，一者报赵驸马平日优待之恩，二者要救晋国小儿之命。念程婴年已四旬有五，所生一子，未经满月。待假装作赵氏孤儿，等老宰辅告首与屠岸贾去，只说程婴藏着孤儿。把俺父子二人，一处身死；老宰辅慢慢的抬举的孤儿成人长大，与他父母报仇，可不好也。（正末云）程婴，你如今多大年纪了？（程婴云）在下四十五岁了。（正末云）这小的算着二十年呵，方报的父母仇恨。你再着二十年，也只是六十五岁。我再着二十年呵，可不九十岁了，其时存亡未知，怎么还与赵家报的仇？程婴，你肯舍的你孩儿，到将来交付与我，你自首告屠岸贾处，说道太平庄上公孙杵臼藏着赵氏孤儿。那屠岸贾领兵校来拿住，我和你亲儿一处而死。你将的赵氏孤儿抬举成人，与他父母报仇，方才是个长策。（程婴云）老宰辅，是则是，怎么难为的你老宰辅？你则将我的孩儿假装作赵氏孤儿，报与屠岸贾去，等俺父子二人一处而死罢。（正末云）程婴，我一言已定，再不必多疑了。（唱）

【红芍药】须二十年酬报的主人公，恁时节才称心胸，只怕我迟疾死后一场空。（程婴云）老宰辅，你精神还强健哩！（正末唱）我精神比往日难同，闪下这小孩童怎见功？你急切里老不的形容，正好替赵家出力做先锋。（带云）程婴，你只依着我便了。（唱）我委实的捱不彻暮鼓晨钟！

剧曲

249

（程婴云）老宰辅，你好好的在家，我程婴不识进退，平白地将着这愁布袋连累你老宰辅，以此放心不下。（正末云）你说那里话？我是七十岁的人，死是常事，也不争这早晚。（唱）

【菩萨梁州】向这傀偏棚中，鼓角搬弄，只当做场短梦。猛回头早老尽英雄。有恩不报怎相逢，见义不为非为勇，（程婴云）老宰辅既应承了，休要失信。（正末唱）言而无信言何用！（程婴云）老宰辅，你若存的赵氏孤儿，当名标青史，万古流芳。（正末唱）也不索把咱来厮陪奉，大丈夫何愁一命终，况兼我白发鬅松。

（程婴云）老宰辅，还有一件：若是屠岸贾拿住老宰辅，你怎熬的这三推六问，少不得指攀我程婴下来。俺父子两个死是分内，只可惜赵氏孤儿，终归一死，可不把你老宰辅干累了也？（正末云）程婴，你也说的是。我想那屠岸贾与赵驸马呵，（唱）

【三煞】这两家做下敌头重，但要访的孤儿有影踪，必然把太平庄上兵围拥，铁桶般密不通风。（云）那屠岸贾拿住了我，高声喝道：老匹夫，岂不见三日前出下榜文，偏是你藏下赵氏孤儿，与俺作对！请波，请波！（唱）则说老匹夫请先入瓮，也须知榜揭处天都动；偏你这罢职归田一老农，公然敢剔蝎撩蜂。

【二煞】他把绷扒吊拷般般用，情节根由细细穷；那其间枯发皮朽骨难禁痛，少不得从实攀供，可知道你个程婴怕恐。（带云）程婴，你放心者。（唱）我从来一诺千金重，便将我送上刀山与剑锋，断不做有始无终！

（云）程婴，你则放心前去，抬举的这孤儿成人长大，与他父母报仇雪恨。老夫一死，何足道哉！（唱）

【煞尾】凭着赵家枝叶千年永，晋国山河百二雄。显耀英才统军众，威压诸邦尽伏拱；遍拜公卿诉苦衷。祸难当初起下官，可怜三百口亲丁饮剑锋；刚留得孤苦伶仃一小童。巴到今朝袭父封，提起冤仇泪如涌，要请甚旗牌下九重，早拿出奸臣帅府中，断首分骸祭祖宗，九族全诛不宽纵。怎时节才不负你冒死存孤报主公，便是我也甘心儿葬近要离路傍冢！（下）

（程婴云）事势急了，我依旧将这孤儿抱的我家去，将我的孩儿送到太平庄上来。（诗云）甘将自己亲生子，偷换他家赵氏孤，这本程婴义分应该得，只可惜遗累公孙老大夫。（下）

《赵氏孤儿》，全名《冤报冤赵氏孤儿》或《赵氏孤儿大报仇》，末本。共四折，一个楔子。剧本中说的故事见于《左传》，《史记》但二者所涉及的人物出入较大。《赵氏孤儿》所敷演的剧情，主要取材于《史记》。出场人物：正末——韩厥（第一折）、公孙杵臼（第二、三折）、赵孤（第四、五折）；外末——程婴；冲末——赵朔；净——屠岸贾；外——魏绛；正旦——公主。

剧情是这样的：楔子：晋灵公时，武臣屠岸贾与文臣赵盾不和，设计陷害赵盾，在灵公面前指责赵盾为奸臣。赵盾全家三百余口因此被满门抄斩，仅有其子驸马赵朔与公主得以幸免。后屠岸贾又假传灵公之命，迫使赵朔自杀。赵朔遗命，孤儿长大，定要为赵家报仇。第一折：公主被囚禁于府内，生下一子，后托付于赵家门客程婴，亦自缢而死。程婴将婴儿放在药箱里，负责看守的将军韩厥同情赵家，放走程婴与赵氏孤儿后亦自刎。第二折：程婴携婴儿投奔赵盾老友公孙杵臼。此时屠岸贾急欲斩草除根，为搜出孤儿便假传灵公之命，要将全国半岁以下一月以上的婴儿杀绝。程婴与公孙杵臼商议，决定献出自己亲生儿子以保全赵家血脉。第三折：后程婴便向屠岸贾告发公孙杵臼私藏赵氏孤儿，屠岸贾信以为真，派人搜出婴儿，掷在地上，又刺了几剑，程婴见亲子惨死，忍痛不语。公孙杵臼大骂屠岸贾后触阶而死。屠岸贾心事已了，便收程婴为门客，将其子程勃（实为赵氏孤儿）当作义子，又取名屠成。第四折：二十年后，赵氏孤儿长大成人，程婴将当年赵家的惨剧和搜孤救孤的经过画成图卷，告诉实情。赵氏孤儿悲愤不已，发誓报仇。第五折：此时灵公已死，悼公在位，在大臣魏绛的帮助下，程勃将屠岸贾专权横行、残害忠良之事禀明，悼公便命他捉拿屠岸贾并杀其全家。赵家大仇得报，赵氏孤儿恢复本姓，被赐名赵武。

这是一部优秀的悲剧，人物形象鲜明生动，戏剧冲突扣人心弦，气氛激越慷慨，鞭挞了阴险残暴行为，歌颂了崇高正义精神。剧中虽有封建宗法色彩，但不掩其光辉。《赵氏孤儿》在戏剧发展史上影响很大，历来有不少剧种改编上演。到了18、19世纪，更有英、法等多种译本，登上欧洲戏剧舞台，受到世界瞩目。

此折中得知赵氏孤儿被人转移出宫，说了一番话："韩厥为何自刎了？必然走了赵氏孤儿，怎生是好？眉头一皱，计上心来。我如今不免诈传灵公的命，把晋国内但是半岁之下、一月之上新添的小厮，都与我拘刷将来，见一个剁三剑，其中必然有赵氏孤儿，可不除了我这腹心之害？令人，与我张挂榜文，着晋国内但是半岁之下、一月之上，新添的小厮，都拘刷到我帅府中来听令，违者全家处斩，九族不留。"其中"眉头一皱，计上心来"，形容人一经思考，马上就想出办法。这是说屠岸贾坏点子多，狠毒。

1937年7月，毛泽东在《实践论》中说："《三国演义》上所谓'眉头一皱，计上心来'，我们普通说话所谓'让我想一想'，就是人在脑子中运用概念以作判断和推理的工夫。这是认识的第二阶段。"（《毛泽东选集》，第一卷，人民出版社1991年版，第287页）毛泽东在这里用这一成语，讲解认识论问题。只是将这一成语的出处记成了《三国演义》。

18、无名氏《合同文字》 第四折

《合同文字》第四折的原文是：

> （张千排衙上，云：）在衙人马平安，抬书案。（包待制上，诗云：）冬冬衙鼓响公吏两边排；阎王生死殿，冬月吓魂台。老夫包拯，自十日前西延边赏军回来，打西关里过，有一火告状的是刘安住。老夫将一行人都下到开封府南衙牢里，只是不问，你道为何？只为刘安住告的那词因上说道，十五年前，在潞州高平县下马村张秉彝家住来，以此老夫十日不问。我已曾差人将张秉彝取到了也。张千，

将安住一起，都与我拿上厅来者。

（正末同众上）（正末唱）

【双调新水令】只俺这小人不解大人机，把带伤人倒监了十日，干连人不问及，被抢人尽勾提。暗暗猜疑，怎参透就中意。

（张千云）当面。（众跪科）（包待制云）一行人都有么？（张千云）禀爷，都有了也。（包待制云）刘安住，这个是你的谁？（正末云）是俺伯娘来。（包待制云）谁拿了你的合同文书来？（正末云）俺伯娘拿了来。（包待制云）那伯娘是您亲的么？（正末云）是俺亲的。（包待制云）兀那婆子，这个是你亲侄儿不是？（搽旦云）这不俺亲侄儿，他要混赖俺家私哩。（包待制云）您拿了他文书，如今可在那里？（搽旦云）并不曾见什么文书，若见了我就害眼疼。（包待制云）兀那刘天祥，这个是你亲侄儿么？（刘天祥云）俺那侄儿，是三岁离家的，连我也不认的。婆婆说道不是。（包待制云）这老儿好葫芦提！怎生婆婆说不是就不是？兀那李社长，端的他是亲不是亲？（社长云）这个是他亲伯父亲伯娘，这婆子打破他头，我是他亲丈人，怎么不是亲的？（包待制云）兀那刘天祥，你怎么说？（刘天祥云）婆婆说不是，多咱不是。（包待制云）既然这老儿和刘安住不是亲呵，刘安住，你与我拣一根大棒子，拿下那老儿，着实打者。（正末唱；）

【乔牌儿】他是个老人家多背晦，大人须有才智，外人行白打了犹当罪，可不俺关亲人决分义。

（包待制云）你只打着他，问一个谁是谁非，便好定罪也。（正末唱）

【挂玉钩】相公道谁是谁非便知的。（包待制做怒科云）兀那刘安住，你却怎生不着实打者？（正末唱）俺父亲尚兀是他亲兄弟，却教俺乱棒胡敲忍下的！也要想个人心天理终难昧。我须是他亲子侄，又不争甚家私什。我本为行孝而来，可怎么生愆而归。

（包待制诗云）老夫低首自评论，就中曲直岂难分。为甚侄儿不将伯父打，可知亲着原来则是亲。无那小厮，我着你打那老儿，你左来右去，只是不肯打。张千取枷来，将那小厮枷了者。（做枷正末科）（正末唱）

【雁儿落】他荆条棍并不曾汤着皮，我荷叶枷倒替他耽将罪，稳放着后尧婆放在一壁，急的那李社长难支对。

【得胜令】呀！这是我独自落便宜，好着我半晌是呆痴。俺只道正直萧丞相，原来是疯魔的党太尉。堪悲，屈沉杀刘天瑞；谁知，可怎了葫芦提包待制。

（包待制云）张千，将刘安住下在死囚牢里去。你近前来，（打耳暗科）（张千云）理会的。（张千做枷正末下）（包待制云）这小厮明明要混赖你这家私，是个假的。（搽旦云）大人见的是，他那里是我亲侄儿刘安住。（张千云）禀爷，那刘安住下在牢里发起病来，有八九分重哩。（包待制云）天有不测风云，人有旦夕祸福。那小厮恰才无病，怎生下在牢里就有病？张千，你再去看来。（张千又报云）病重九分也。（包待制云）你再看去。（张千又报云）刘安住太阳穴被他物所伤，现有青紫痕可验，是个破伤风的病症，死了也。（搽旦云）死了，谢天地。（包待制云）怎了了这桩事？如今倒做了人命，事越重了也。兀那婆子，你与刘安住关亲么？（搽旦云）俺不亲。（包待制云）你若是亲呵，你是大，他是小，休道死了一个刘安住，便死了十个，则是误杀子孙不偿命，则罚些铜纳赎；若是不亲呵，道不的杀人偿命，欠债还钱。他是各自世人，你不认他罢了，却拿着什么器杖打破他头，做了破伤风身死，律上说，殴打平人，因而致死者抵命。张千将枷来，枷了这婆子，替刘安住偿命去。（搽旦慌科云）假若有些关系，可饶的么？（包待制云）是亲便不偿命。（搽旦云）这等，他须是俺亲侄儿哩。（包待制云）兀那婆子，刘安住活时你说不是，刘安住死了，可就说是，这官府倒由得你那，记说是亲侄儿有什么显证？（搽旦云）大人，现有合同文书在此。（包待制词云）这小厮本说的丁一确二，这婆子生扭做差三错四；我用的个小小机关，早赚出合同文字。兀那婆子，合同文书有一样两张，只这一张，怎做的合同文字？（搽旦云）大人，这里还有一张。（包待制云）既然合同文字有了也，你买个棺材葬埋刘安住去罢。（搽旦叩头科云）索是谢了大人。（包待制云）张千，将刘安住尸首抬在当面，教他看去。（张千领正末上）（搽旦见科云）呀！他原来不曾死。他是假的，不是刘安住。
（包待制云）刘安住，被我赚出这合同文书来了也。（正末云）若非
青天老爷，兀的不屈杀小人也！（包待制云）刘安住，你欢喜么？（正
末云）可知欢喜哩。（包待制云）我更着你大欢喜哩。张千，司房中
唤出那张秉彝来者（张秉彝上，见正末悲科）（正末唱）

【甜水令】若只为认祖归宗，迟眠早起，登山涉水，甫能勾到庭
帷。又谁知伯母无情，十分猜忌，百般驱逼，直恁的命运低微。

【折桂令】定道是死别生离，与俺那再养爹娘，永没个相见之
期。幸遇清官，高台明镜，费尽心机，赚出了合同的一张文契，才许
我埋葬的这两把儿骨殖。今日个父子相依，恩义无亏，早则不迷失了
百世宗支，俺可也敢忘昧了你这十载提携。

（包待制云）这一桩公事都完备了也。一行人跪着，听我老夫下
断。（词云）圣天子抚世安民，尤加意孝子顺孙。张秉彝本处县令，
妻并赠贤德夫人；李社长赏银百两，着女夫择日成婚；刘安住力行孝
道，赐进士冠带荣身；将父母祖茔安葬，立碑碣显耀幽魂；刘天祥朦
胧有罪，念年老仍做耆民；妻杨氏本当重谴，姑准赎铜罚千斤；其赘
婿元非瓜葛，限即时逐出刘门；更揭榜通行晓谕，明示的王法无亲。
（众谢科）（正末唱）

【水仙子】把白襕衫换了绿罗衣，抵多少一举成名天下知。为什
么皇恩不弃孤寒辈，似高天雨露垂，生和死共戴荣辉。虽然是张秉彝
十分仁德，李社长一生信义，也何如俺伯父家有仙妻。

　　题目　刘安住归认祖代宗亲
　　正名　包龙图智赚合同文字

　　《包待制智赚合同文字》，简称《合同文字》。末本。出场人物：正
末——刘天瑞（楔子、第一折）、刘安住（第二、三、四折）；冲末——刘
天祥；搽旦——刘天祥妻；二旦——刘天瑞妻；包待制。
　　该剧演包拯巧断合同文字一案的故事。共四折，一个楔子。楔子：汴
梁刘家有兄弟二人天祥与天瑞。时遇灾荒，天瑞携妻及子安住逃荒，并与

剧
曲

兄嫂立下合同文字两张，各执一份。第一折：天瑞在山西潞州高平县夫妻双亡，留子与友张秉彝收养，将合同文字交他保管，以待安住长大后回家认取祖产。第二折：十五年后，安住长成十八岁时，张秉彝告知其身份，令将父母骨殖带回故乡安葬，并交给他合同文字。第三折：安住回到家乡，先遇伯母杨氏，交出合同文字，说明自己确是侄儿。天祥回家，问起此事，杨氏因仅有一女，祖产将必由安住继承，遂讹赖未见文书，不承认他是侄儿。安住无奈，在天祥门前啼哭，恰遇当时立文书时证人李社长经过，李原是安住幼时定亲的岳父，遂一同往开封府向包待制告状。包将一行人带回开封府。第四折：包待制传张秉彝前来问明安住以往生活情况，包拯传天祥及其妻杨氏，二人均不认安住。包拯又令安住棒打刘天祥，安住不忍伤及伯父。包拯确认安住是天祥亲侄，遂设计将安住打入牢中，谎称安住头被杨氏打破得破伤风而死，向杨氏声言："如是亲戚，则无须偿命反之则必须偿命。"杨氏便以两张合同文字证明安住是自己亲侄。包拯命安住与张秉彝出证，案情大白。杨氏罚铜千斤，安住因力行孝道，赐进士冠带。合同，指两人或几人之间、两方或多方当事人之间在办理某事时，为了确定各自的权利和义务而订立的各自遵守的条文。语出《周礼·秋官·朝士》"凡有责者，有判书以治则听"。

此折中说"天有不测风云，人有旦夕祸福。那小厮恰才无病，怎生下在牢里就有病？张千，你再去看来"，"天有不测风云，人有旦夕祸福"。不测，料想不到。"旦夕"，早晚，指人的祸福像天气一样变化无常，难以预料。

1958年12月1日，毛泽东在《关于帝国主义和一切反动派是不是真老虎的问题》一文中说："每一个人都是忧患与生俱来。学生们怕考试，儿童怕父母有偏爱，三灾八难，五痨七伤，发烧四十一度，以及'天有不测风云，人有旦夕祸福'之类，不可胜数。"（《毛泽东文集》，第七卷，人民出版社1999年版，第456页）毛泽东在这里引用"天有不测风云，人有旦夕祸福"一语，旨在说明帝国主义是真老虎，又是纸老虎，我们在战略上藐视它，在战术上重视它，使它从真老虎变成纸老虎，人类就可以避免意想不到的灾难。

19、无名氏《盆儿鬼》 第二折

《盆儿鬼》第二折的原文是：

（净同搽旦上，诗云）为人本分作经营，淡饭粗茶心自宁。平生莫做亏心事，半夜敲门不吃惊。自家盆罐赵的便是。自从杀了那杨国用，虽然得他好几十两银子，这两日连梦颠倒，我在床上睡，可被他拖我到地上；我在地上睡，又被他抬我到床上。好生打不过，恐怕惹出些事故来。大嫂，你与我把这店门重重关上，只在家中静守他几日者。（搽旦云）理会的。

（做关门科）（正末扮窑神上，云）小圣乃窑神是也。

这盆罐赵做下这等违天害理的勾当，我如今去警戒他一番也呵。（唱）

【中吕】【粉蝶儿】行行里云雾笼合，来、来、来，先着这冷飕飕渗人风过，按唐巾将俺这角带频挪。则这个杀人贼，图财汉，常好是心粗胆大。我则道是血碌碌尸首堆垛，怎将他磣磕磕把盆儿捏做。

【醉春风】不争你捣骨旋烧灰，做的个当炉不避火。（带云）这厮好无礼也，（唱）似这般腥臊臭秽怎存活，兀的不薰扑杀我，我。着这厮吃我一会掀腾，遭我一会磨难，受我一会折挫。

（云）来到此处，是他门首。这厮关着门哩。（做推门科）（唱）

【迎仙客】我将这门去推，他那里紧关合，不邓邓按不住我这心上火。我如今，便向前忙问他，不由我语笑呵呵，蚤将这阔脚板把门踏破。

（做踏开门，净慌躲床下）（正末拿住搽旦科）

（搽旦叫云）神道，他躲在床底下哩。（正末唱）

【上小楼】做男儿的杀人放火，（带云）贼也，（唱）你不合便随风倒舵。怎知道被我来拽住衣服，揪住头稍，倒拽横拖。这都是你不合，自揽看这场弥天灾祸，（搽旦云）神道，这杀人事是盆罐赵做下的，并不干我事。（正末云）嗏声！（唱）也是你不合去杀人处一迎一和。

（你快拿这盆罐赵出来。（搽旦做叫科，云）盆罐赵，快出来，神道要和你说话哩。（叫三次科云）神道，盆罐赵害怕，只是不肯出来。（正末云）昨夜杨国用投宿之时，那厮先去睡了，你只去叫得一声，他便来了，今日如何叫他不出来？（搽旦云）你若有多少本钱，与我看一看，我也就去叫他出来。（正末云）嗻声！盆罐赵，你这许多本事，都到那里去了？这床底下是躲得过的？你若是不出来，我就连床砍做肉酱。

（净做出头窥科）（正末）（拽住头发拖出科）（唱）

【幺篇】我一只手拽着这厮腰，几番待撺下火。将这厮剜着眼珠，掐着喉咙，摘着心窝。（做净身上科）（唱）我且在，脊背上，端然稳坐，只问你杀平人怎生胡做？

（净云）你说是甚么神道？等我好香灯花果祭赛你波。（正末云）我就是你家瓦窑神。（净云）啐！我养着家生哨里，我一年二祭，好生供奉你，你不看觑我，反来折挫我，直恁的派赖。（正末云）你到今日，还是这等无礼。待我略用上些气力，将你来坐做一个柿饼儿。（净云）我小人知罪了，只望上圣饶过些儿咱。（正末放起净，净叩头科）（正末唱）

【满庭芳】却原来你也要饶些罪过，说甚的一年二祭，信口开河。谁着你烧窑人不卖当行货，倒学那打劫的偻㑩。是个会做作狠心大哥，更加着个会撺掇毒害虔婆。现如今死魂灵无着落，只待玎玎珰珰，兀的不做了庄子鼓盆歌。

（净云）上圣，你则是可怜见，饶过我者。（正末云）你既要饶，你快超度他生天，我便饶你。（净云）

上圣，你饶了我，则今日高原选地，破木造棺，请高僧高道，做水陆大醮，超度他生天，你意下如何？

（净、搽旦连叩头科）（正末云）盆罐赵，你夫妻两个听者。（唱）

【耍孩儿】嘱咐你夫妻每休做别生活，再不许去杀人也那放火。想人生总是一南柯，也须要福气消磨。则守着心田半寸非为少，便巴得分外千钱柱自多。天注定斟和酌，但保的家常大饭，又要如何。

【二煞】你背地里去劫夺人，也防人要侵害我。岂不怕神明报应无差错，休看的打家截道寻常事，你则想地狱天堂为甚么？运到也难逃躲，直待要高悬剑树，义下油锅。

（云）我想杨国用好苦也！盆罐赵，你夫妻两个好狠也！（唱）

【一煞】他、他、他，千般苦尽受过，才博得钞几何，怎知道到家来横惹这亡身祸。焰腾腾把骨殖加柴燎，克匝匝灰泥搅水和，烧的来影迹儿无些个。似这等逃灾避难，倒不如奔井投河。

（净、搽旦叩头科云）上圣，你若饶了我呵，我买香灯花果，好生祭赛你。（正末喝云）嗻声！（唱）

【尾煞】你先将那血痕儿扫拂的干，再将他死魂儿安顿的妥。这便是你消灾灭罪真功课，倒也强如花果香灯，兀良常常的祭赛我。（下）

（搽旦云）那神道去了，咱打开窑看咱。（净做打开窑科，云）呀，一窑的家火都走的无了也，则剩下一个盆儿。我试看咱，是甚么记号？（做拿盆看科云）呀，正是那一个骨屑。留在家里，恐怕惹出些无头祸来，不如摔碎他娘罢。（搽旦云）休摔碎了。有张撇老的问咱讨个夜盆儿，你留着与他，怕做甚么？

（净云）大嫂，你也说的是。待张撇老的来时，我把这盆儿送他，等他拿去做夜盆儿。有他那老鸡疤魔镇，也不怕他有甚么灵变。大嫂，我被窑神打搅了一夜不曾睡得，我看着这门都是重重关好的，咱和你歇息去来。（词云）我在这瓦窑居住，做些本分生涯。何曾明火执仗，无非赤手求财。有何神号鬼哭，怕甚上命官差。拚个闭门安坐，一任天降飞灾。（搽旦同下）

《盆儿鬼》，全名《玎玎珰珰盆儿鬼》。末本。共四折一个楔子。出场人物：正末——杨国用（楔子、第一折）、窑神（第二折）、张憋古（第三折）、杨国用鬼魂（第四折）；冲末——杨从善；净——盆罐赵；搽旦——撇枝秀；外——包待制；丑——店小二。

剧情是这样的：楔子：杨国用为躲百日血光之灾，外出做生意。第一折：杨国用获利而归，夜宿旅店，梦见强盗图财害命，醒来心有余悸。离家四十里时，投宿盆罐赵家。赵夫妇夺取钱财，害死杨国用，焚尸后将骨殖碾成粉，和上黄泥，做成盆儿一只。第二折：窑神痛恨赵夫妇心毒手狠，罚其超度杨国用。第三折：盆儿赵将骨殖做成的盆儿，送给张憋古，于是杨国用鬼魂随盆儿来到张家，百般驱之不去，最后说出冤情，请张憋古到开封府伸冤。张憋古担心到时不灵，敲之玎玎珰珰，盆儿果然说话。第四折：张憋古携盆儿到开封府，因门神阻拦，鬼魂不得入内。包拯祭门神户尉，放进鬼魂，将凶手捉拿归案，当堂对质，杨国用沉冤得以昭雪，凶手被惩。

此折中，盆儿赵对他的婆娘说："我在这瓦窑居住，做些本分生涯。何曾明火执仗，无非赤手求财。有何神号鬼哭，怕甚上命官差。拚个闭门安坐，一任天降飞灾。""明火执仗"，点着火把，拿着武器，原指公开抢劫，后多形容毫无顾忌地干坏事。明，明亮，点燃。仗，兵器。

1956年8月30日，毛泽东在《增强党的团结，继承党的传统》一文中说："我们选举王明路线和立三路线这两位代表人物是表示什么呢？这是表示我们对待这种犯思想错误的人，跟对待反革命分子和分裂派（像陈独秀、张国焘、高岗、饶漱石那些人）有区别。他们搞主观主义、宗派主义是明火执仗，敲锣打鼓，拿出自己的政治纲领来征服人家。（《毛泽东文集》，第七卷，人民出版社1999年版，第95页）在这里，毛泽东用"明火执仗"一词，说明王明和李立三两人推行错误路线是毫无忌惮的，是党内的路线斗争，但和搞阴谋诡计的陈独秀、张国焘等人有区别。

20、无名氏《谢金吾》 第四折

《谢金吾》第四折的原文是：

（殿头官领校尉上云）下官殿头官是也。今因杨景、焦赞，私下三关，擅杀谢金吾，圣人命王枢密监斩二人，可怎生不见回话？令人，朝门外觑者，若来时报俺知道。（王枢密上云）自家王枢密，奉圣人的命，亲为监斩官，建起法场，杀那杨景、焦赞两个，不想长国姑劫了法场。我今不敢隐讳，去见圣人，奏知此事。早已来到朝门内了也。（做见科云）大人可怜见，长国姑欺负杀我也。他又劫了法场，毁了圣旨。大人须与我转奏者。（殿头官云）既然这等，下官即当替你转达天听，不须烦恼。（正旦同杨景、焦赞上云）这厮每好无礼也呵。（唱）

【双调】【新水令】我须是真宗皇帝老姑姑，这贼呵谁根前你来我去。将皇亲厮毁谤，将大将厮亏图。我和你直叩青蒲，拣着那爱处做。

（正旦同杨景、焦赞见科）（殿头官云）长国姑，你怎么殴打王枢密，于礼不合么。（正旦云）大人听我说一遍波。（殿头官云）你是说，我听咱。（正旦唱）

【甜水令】只见那孩儿每闹闹嚷嚷、聒聒焦焦，簇捧着法场前去。（殿头官云）这法场上，你也不该去么。（正旦云）我是他亲丈母，怎不要去送碗长休饭，递杯儿永别酒那？（唱）我须是割不断的紧亲属，因此上熬一片痛苦心肠，忍一点凄惶眼泪，陪一句哀求言语，做杀卑伏。

（殿头官云）长国姑，你为女婿的情分，这般伏低做小，那王框密却怎么？（正旦唱）

【折桂令】那一个王枢密气昂昂腆着胸脯，纳腔妆幺，使尽些官府。他道我两家同坐，一人造反，九族全除。（带云）大人那，王枢密骂我来。（殿头官云）你是长国姑，他怎生的骂来？（正旦云）他骂俺先皇曾游关西五路，挺着脖子，拽伞车儿哩。（唱）他不合毁骂俺先皇上祖，也曾的把马推车。那厮不识来疏，不辨贤愚，一划的残害忠良，抵多少指斥銮舆。（殿头官云）杨景擅离信地，私下三关，焦赞杀死谢金吾家一十七口，都是他自犯出来罪过，须不是王枢密屈陷他的。（正旦唱）

【乔牌儿】便不合离边关到帝都，便不合将谢家十七口一时屠。则俺个官家怎不看功劳簿，纵有那弥天罪也准赎。

（殿头官云）长国姑，你说将功折罪也是。只可惜来迟了，被王枢密先奏过圣人，说你劫了法场，毁了诏书，殴辱大臣？龙颜大怒着哩。（正旦唱）

【水仙子】哎，他道俺劫法场擅放了御囚徒，又道俺恃皇亲毁诏书，又道俺殴大臣激的天颜怒。（殿头官云）长国姑，你也枉做一场，那杨景、焦赞，到底饶不得这死罪哩。（正旦唱）要鸣冤何处所，可不的屈杀无辜。既然是饶不的那孩儿命，我也便何颜号国姑，拚纳下这雪白头颅。

（做撞头科）（殿头官云）住、住、住，待我与你再奏官里，不要这等做性命着。（孟良拿番卒上云）自家孟良，早来到朝门之外。令人，报复去，道孟良到来，有紧急军情事。（校尉报科云）喏，报的大人得知，有孟良在于门外。（殿头官云）着他过来。（校尉云）着过去。（孟良做见科云）报的大人得知，孟良拿得一番军，他说是韩延寿的细作，稍书一封，送与王枢密的。我拿将来，要面见圣人，当朝勘问。烦大人即便转达。（殿头官云）拿过那厮来。（番子见跪科云）我是韩延寿差的，单要见王枢密来。（殿头官云）这等，显见的王枢密果有反叛之心。令人，拿下王枢密者。（校尉拿王枢密验科，报云）左脚板上，委实有贺驴儿三字。（正旦云）大人你才不说来？（殿头官云）我说甚么来？（正旦唱）

【侧砖儿】你道我平白地把得人，把得人来加凌辱，这公事眼看虚实定何如？撇起个瓦儿在半空里怎住？须不是我皇姑的厮赃诬。

【竹枝歌】你道他久在天朝不负初，你道我妄指他做番臣无证处，可怎生搜出那纸文书？反叛的是王枢密，细作是谢金吾。这两个无徒，今日里合天诛。（殿头官云）奉圣人的命，长国姑以下，都向阙跪者，听我下断。（词云）此桩事久屈无伸，到今日才得明分。谢金吾假传圣语，背地里嫉妒元勋。清风楼三朝敕建，拆毁做一片灰尘。更无端行凶逞势，跌损了佘太夫人。倚恃着东厅枢密，他本是叛国奸臣。通反书一时败露，枉十年金紫荣身。上木驴凌迟碎剐，显见的王法无亲。杨六郎合门忠孝，焦光赞侠气超群。皆是我天朝名将，加服色并赐麒麟。长国姑除邪去害，保忠良重镇关津。也论功增封食邑，共皇家万古长春。（众谢恩科）（正旦唱）

【清江引】谢得当今圣明主，不受奸臣误。把清风楼重建一层来，着杨六郎元镇三关去，直把宋江山扶持到万万古。

　　题目　杨六使私下瓦桥关

　　正名　谢金吾诈拆清风府

　　《谢金吾》，简称《清风府》，全名《谢金吾诈拆清风府》。共四折，一个楔子。

　　剧情是这样的：楔子：殿头官上场，介绍东厅枢密使王钦若请旨拓宽官道，圣旨云"拆到杨家清风无佞楼止"，故此为立标杆于街头。王钦若上场，自报字昭吉，时为景德元年（1004）。王本来身份是番邦萧太后派来的心腹，原名为"贺驴儿"，因通晓番汉语言文字被派到中原为细作，萧太后怕他在南朝富贵之后反悔，特在其左脚板下用朱砂刺上"贺驴儿"三字，并配上两行小字"宁反南朝，不背北番"。说到因有六郎杨景镇守瓦桥三关，萧太后连年不能取胜，唯有害死杨景，太后才能轻而易举地取得河北之地。唤来女婿衙内谢金吾密谋，使谢亲自督办，改诏书"拆到"为"拆倒"，以赚得六郎私下三关，就好治罪。

　　第一折：谢金吾下令强行拆毁清风无佞楼，佘太君出府门来阻拦，讲理不能，二人推推搡搡被谢金吾推倒，跌破了头，随后野蛮地拆毁楼阁并砸毁了先皇的御书匾额。临结束前太君还特意嘱咐院公给六郎下书，不要私下三关，候有圣旨方可回京。

　　第二折：杨景在边关得信，心急难熬，与岳胜和孟良商议，委托二人把守好三关，自己私下三关前去探母。焦赞拦在城门外，与六郎一同下三关回京探母。六郎悄悄回家探视母亲，佘太君听说六郎并无圣旨就回京来了，大惊失色，连连催促六郎即刻就回关去，以免奸贼陷害。六郎急忙告辞，但出了府门不久就被巡查军士逮住。

　　第三折：焦赞跟随六郎进京以后就失散了，打听到谢金吾的家门，乘夜潜入谢府，连杀其家十七口，并蘸血在粉壁上题下诗句：

　　多来少去关西汉，杀人放火曾经惯。一十七口谁杀来，六郎手下焦光赞。

　　焦赞出了谢府，也遇上了巡查军士亦被擒住。辽国元帅韩延寿差小军给王钦若送密信，却被边关把守的孟良擒住，搜出密信。然而，京城里王钦若以私离巡地之罪判六郎和焦赞被斩，行刑之前，六郎的岳母长国姑到法场拦刑，于是国姑与王枢密有一番激烈的辩论。最后长国姑无处讲理之际，吩咐自己的手下砸开枷锁救下六郎和焦赞，并要动手怒打王钦若。两边争执不下，厮打去见皇帝评理。

第四折：长国姑与王钦若上殿，虽然国姑嘴巧，王钦若屡被抢白，但王钦若告国姑劫了法场、毁了诏书、殴辱大臣等，仍然惹得真宗皇帝龙颜大怒。偏巧此时孟良赶到京城，献出番邦私通王钦若之密信，真宗看罢，吩咐当殿为王枢密脱靴，看到朱砂字。于是奸臣伏诛，忠良被赦，皆大欢喜。殿头官做断：

此桩事久屈无伸，到今日才得明分。谢金吾假传圣语，背地里嫉妒元勋。清风楼三朝勅建，拆毁做一片灰尘。更无端行凶逞势，跌损了佘太夫人。倚恃着东厅枢密，他本是叛国奸臣。通反书一时败露，枉十年金紫荣身。上木驴凌迟碎剐，显见的王法无亲。杨六郎合门忠孝，焦光赞侠气超群。皆是我天朝名将，加服色并赐麒麟。长国姑除邪去害，保忠良重镇关津。也论功增封食邑，共皇家万古长春。

第四折中殿头官判词云："长国姑除邪去害，保忠良重镇关津。也论功增封食邑，共皇家万古长春。""万古长春"，亦作"万古长青"。万古，千秋万代。永远像春天的草木那样苍翠，喻指永远存在，不会衰退。

1958年9月2日，《毛泽东等祝贺越南民主共和国成立十三周年的电报》中说："我们深信，越南人民为了祖国的独立、统一和建设而进行的伟大斗争一定会取得完全的胜利。祝中越两国人民之间的悠久的传统友谊万古长青。"（1958年9月2日《人民日报》）毛泽东在运用这一成语时，改"春"为"青"，形象更加鲜明，意蕴更加丰富。

21、无名氏《抱妆盒》 第二折

《抱妆盒》第二折的原文是：

（旦扮刘皇后上云）子童乃刘皇后是也。虽无绝色，幸掌中宫。奉九重之欢，享万年之福。近日闻得西宫李美人生下一子，我想他久后在天子跟前，可不夺了我的宠爱？则除是这般。寇承御那里？（旦儿扮寇承御上云）有。（做叩头科）（刘皇后云）寇承御，我问你，你吃的是谁的？（承御云）是娘娘的。（刘皇后云）你穿的是谁的？（承御云）是娘娘的。（刘皇后云）我东使着你，去么？（承御云）就东去。（刘皇后云）我西使着你，去么？（承御云）就西去。（刘皇后云）我不使你呢？（承御云）则守着娘娘立着。（刘皇后云）既然如此，你是我心腹之人。我有一件紧要的事，要你替我做去。（承御云）是那一件事？（刘皇后云）如今西宫李美人生下一子，你可到他宫中去，诈传万岁爷要看，诓出宫来，将那孩子或是裙刀儿刺死，或是拽带儿勒死，丢在金水桥河下。务要干成了这件事，来回我话者。（承御云）谨领懿旨。我出的这宫门，直至西宫，见李美人走一遭去来。（诗云）亲承懿旨到西宫，生死存亡掌握中。此个机关非小可，仗谁搭救小潜龙？（下）

（刘皇后云）寇承御此一去，必然与我干成这桩大事。那时教李美人失宠，发入冷宫之中，慢慢的害他性命，有何难处！（诗云）我本女菩萨，何尝不戒杀？则怕剪草带些根，萌芽依旧发。（下）

（承御抱太子上云）幸喜太子已诓出西宫了也。奉刘娘娘的懿旨，本待把裙刀将太子刺死，丢于金水桥河下。则见红光紫雾，罩定太子身上，怎敢下得手？天那！若宋朝不当乏嗣，得遇一个人来，同救太子性命，久后也显我这点忠心，可也好也。

（正末抱妆盒上云）自家陈琳的便是。万岁爷赐我这黄封妆盒，到后花园采办时新果品，去与南清宫八大王上寿。我虽是一个内官，

剧
曲

265

倒比那众文武有报国的忠心也呵。（唱）

【南吕】【一枝花】虽不比三台中玉佩臣，现掌些六院里金钗客。常则待鸡鸣宫禁启，簇捧着龙绕圣颜开。那里也将相之才，无过是随步辇君王爱，听传宣妃后差。管领他美滋滋八百胭娇，守定这艳亭亭三千粉黛。

【梁州第七】这的是大宋朝皇宫御阙，不弱似神仙岛阆苑蓬莱。俺则见郁巍巍龙楼凤阁新修盖。端的个金钉朱户，玉砌瑶阶。祥云瑞霭，紫雾香埃。晃得咱眼也难开，定不是人力安排。一划的织锦绣翡翠帘栊，朱红漆虬楼高槛，碧琉璃碾玉亭台。上命遣差，逐朝不离丹墀侧。几曾出禁门外，便不带穿宫入殿牌，但行处谁敢嫌猜！

（做望科，云）那金水桥边，背身儿立的，好似寇承御一般。等我叫他一声。寇承御！（承御做回身见科云）好也啰，陈公公，你来此怎么？（正末云）我奉万岁爷的命，赐我黄封妆盒，到后花园采办时新果品，与南清官八大王上寿。寇承御，你在此怎的？（承御云）我到此金水桥边闲耍戏哩。（正末云）呀，你在那里抱这小娃娃来？（承御云）那个是小娃娃，你看的他这等轻那！（正末云）你道我看轻了，他敢是太子？（承御云）不是太子是那个！（正末唱）

【隔尾】承御也你个中宫侍女休嗔怪，非是我内使陈琳私下来。（承御云）可知你不是私来的，我在此也没甚么不明白处。（正末唱）承御也怎只把巧语花言自遮盖，（承御云）我有甚遮盖，只是急切里想不出个计策来。（正末唱）哎，这其中有甚的计策。承御也不是我使乖，好也啰，只要您心平时可过的海。（承御做慌科）（正末云）承御，你慌甚么？别人家的娃娃，料在金水桥河下便了。（承御云）你道是别人家的哇哇娃娃？他是西宫李美人生的太子。（正末云）他是李美人生的太子？怎肯与你抱出宫来？（承御云）当日万岁爷听太史官之奏，三月十五日亲到御园打一金弹丸，着你传旨，教六宫妃嫔有拾的这弹者驾幸其宫。却是西宫李美人拾得，如今果生太子。这个你不记的来？你只看这太子胸前，正抱着那金弹丸哩。（正末做看科，惊云）是太子了！你只该奏上万岁爷去，你抱到这里可是为何？（承御云）为刘娘娘使那嫉妒的心肠，恐怕李美人久后夺了他的宠爱，着我诓太子出宫，把裙刀刺死，丢于金水桥河下。只见他红光紫雾罩定太子身上，明明是真命天子，以此不敢下手。我对天祷告，若宋朝不当乏嗣，遇一个忠心的人，与他同救太子性命。如今幸得撞见公公，怎生出个计策，同救这太子咱。（正末云）承御，你原来这等怕刘娘娘那？（承御云）可知怕哩。（正末云）你怕我也怕。可不道别人烦恼，不干自己。若干自己，则索回避。这个是你的勾当，我自采办果品去也。（做走科）（承御叫云）陈琳。（正末做回科云）你为何直呼我的名字？（承御云）我怎么不呼你的名字？我如今抱太子见刘娘娘去，他必然问我为何还是活的？我只说正待要下手，被陈琳拦住，要奏知万岁爷哩。（正末云）我的娘呵，只这一句话，可不是送了我也。（承御云）你休慌，只要与你商量个计策，同救太子咱。（正末背云）待我哄他咱。（回云）承御，我有一句话可敢说么？（承御云）你但说不妨。（正末云）那刘娘娘既着你来所算这太子呵，你则是依着他做。我替你看着人，你将太子刺死，丢在金水桥河内，也是一个净办。（承御云）陈公公，这事中也不中？（正末云）有甚么不中？（承御云）这等，你替我看人去，待我下手。（正末做看科）（承御做揭开妆盒，放太子科）（正末回顾，问云）太子在那里？（承御云）丢在河里了也。（正末做左看右看科云）怎么不见？（承御指妆盒科云）我丢在这盒儿里了也。（正末云）中也不中？（承御云）放着我哩！若有事呵，都在我身上，你放心者。（正末做开盒看科，唱）

【牧羊关】则索向盒中放，又不敢怀内揣，我正是杀人处钻出头来。刘娘娘你结下海样阔冤仇，陈琳也担着天来大利害。太子也你曲着腰难回转，蜷着腿怎舒开，则我这救主的空生受，太子也你可是成人不自在。

（寇承御向盒拜科）（唱）

【隔尾】太子也你比着那双龙紫阙争低矮，比着那五凤丹楼较匾窄，比着那一合乾坤少宽大。这的是潜龙世界，关系着皇朝后代，只愿的保护了江山万万载。

（承御云）陈公公，你不可久停久住。快把这妆盒送到八大王处，自有理会。你快去，你快去。（做回科）（正末扯住科云）承御，有一句话，要与你说的明白。我如今怕不救太子出宫去，有一日事犯出来呵，承御，你可休指攀我。（承御云）常言道："忠臣不怕死，怕死不忠臣。"我是保护潜龙掌命司。我怎肯指攀你来？若昧了前言呵，天不盖，地不载，日月不照临。陈公公，你快救太子出宫去，我自回刘娘娘话去也。（下）（正末云）你道忠臣不怕死，又道是保护潜龙掌命司。这两句话似经板儿印在我心上，我则牢记者。（做看科，云）呀，寇承御去了也。（做开盒看科，云）嗨，谁想寇承御是个三绺梳头两截穿衣女流之辈，倒有这片忠心。他把太子交付与我，回刘娘娘话去了，我也索行动些。（唱）

【牧羊关】我抱定这妆盒子，便是揣着个愁布袋，我未到宫门早忧的我这头白。盒子里藏的是储君，我肚皮里怀的是鬼胎。虽不见公庭上遭横祸。赤紧的盒子里隐飞灾。承御也你办着个喜融融笑脸儿回还去，却教我将着个碜磕磕恶头儿掇过来。

（做望科云）前面不有人来也，我且掩映在这垂杨树下咱，（刘皇后引宫女冲上云）休将我语同他语，未必他心似我心。那寇承御这小妮子，我差他干一件心腹事去，他去了大半日才来回话，说已停当了。我心中还信不过他，如今自往金水桥河边看去。有甚么动静，便见分晓。（做见科云）兀的垂杨那壁，不是陈琳？待我叫他一声。陈琳！（正末慌科云）是刘娘娘叫我，死也。（唱）

【贺新郎】则见他恶哏哏独自撞将来，太子也你在这七宝盒中，我陈琳早魂飞九霄云外。我嘱咐你个小储君盒子里权宁耐，你若是分毫儿挣趱，登时间粉碎了我尸骸。则被你威逼的我身先战，死撺的我脚难抬。恰便似狗探汤不敢望前迈。才动脚如临迫命府，行一步似上摄魂台。

【隔尾】我若是无妨碍，你可也无妨碍；我若是有患害，你可也有患害。只要得我命活，便留得你身在。（带云）那刘娘娘呵，（唱）偷觑他眼色，斟量了性格，太子也但得个尸首儿完全是大古里彩。（做放盒见科）（刘皇后云）陈琳，你那里去？（正末云）奴婢往后花园采办时新果品来。（刘皇后云）别无甚公事么？（正末云）别无甚公事。（刘皇后云）这等，你去罢。（正末做捧盒，急走科）（刘皇后云）你且转来。（正末回，放盒跪科云）娘娘有甚吩咐？（刘皇后云）这厮，我放你去，就如弩箭离弦，脚步儿可走的快，我叫你转来，就如毡上拖毛，脚步儿可这等慢，必定有些蹊跷。陈琳，我问你，东果园、西果园、南果园、北果园都有果品，你可是那一个园里采的？那果品是何名降？你对我从实说来。说的是，万事罢论；说的不是，我不道的饶了你哩！（正末云）娘娘停嗔息怒，听奴婢细说一遍咱。（唱）

【红芍药】御园中百卉斗争开，另巍巍将根脚儿培栽。则为这东君惜爱降甘泽，因此上结子成胎。（刘皇后云）你在那里摘将来的？（正末唱）恰便似娘肠肚摘将下来。（刘皇后云）甚么颜色？（正末唱）天生的颜色儿红白。（刘皇后云）为何要放在这个盒儿里？（正末唱）则为他不堪日炙与风筛，特赐这黄封盒内好藏埋。

（刘皇后云）待我猜来，莫不是石榴？（正末唱）

【菩萨梁州】石榴长在金阶，（刘皇后云）莫不是核桃？（正末唱）合逃出您宫外。（刘皇后云）莫不是梨儿？（正末唱）今宵离子后宰，（刘皇后云）莫不是李子？（正末唱）这玉皇李子苦尽甘来。也是他天然异种出群材，开时节不许游蜂采，摘时节则愿的君王戴。（刘皇后云）李子有甚好处，万岁爷倒喜着他，待我把这树都砍坏了者。（正末唱）娘娘也偏生你意儿歹，怎忍见片片残红点碧苔，陪伴他这古木崩崖。（刘皇后云）陈琳，那里听的你这巧言令色，则待我揭开盒儿，看个明白。果然没有夹带，我才放你出去。（正末云）这妆盒儿有甚夹带来。（唱）

【骂玉郎】我便是苏秦般嘴巧舌头快，我这里越分说他那里越疑猜，常言道脱空到底终须败。（刘皇后云）取盒儿过来，待我揭开看波。（正末用手按盒科云）娘娘，这盒盖开不的。上有黄封御笔，须和娘娘同到万岁爷跟前面说过时，方才敢开这盒盖你看。（刘皇后云）我管甚么黄封御笔，则等我揭开看看。（正末按住科，唱）可著

我怎刮划，怎刮划，要揭开，要揭开，妆盒盖！（刘皇后做怒科云）陈琳，你不揭开盒儿我看，要我自动手么？（正末唱）

【感皇恩】呀，见娘娘走向前唉，可不我陈琳呵这死罪应该。（刘皇后云）我只要辩个虚实，觑个真假，审个明白。（正末唱）他待要辩个虚实，觑个真假，审个明白。（寇承御慌上科云）请娘娘回去。圣驾幸中宫，要排筵宴哩。（刘皇后云）陈琳，恰好了你。若不是驾幸中宫，我肯就放了你出去？待明日这等果品满满的装一盒儿，送到我宫里来。（并下）（正末云）知道。（唱）见承御慌传圣旨，请娘娘疾便回来。道銮舆，在寝殿，要把御筵排。

（做捧盒科）（唱）

【采茶歌】一来是鬼神差，二来是搭救这小婴孩，谁想道滴溜溜九天飞下一纸赦书来。陈琳呵，则我似刀刃上偷全得蝼蚁命，太子也，你便似钓竿头活脱了巨鳌腮。

（云）适才被刘娘娘缠了这一会，不见太子作声，敢怕闷死了，待我打开盒盖看咱。（做跪揭看科，云）谢天地，太子方才睡觉，在盒儿里伸腰哩。（唱）

【二煞】小储君在盒子内多宽泰，则我这泼性命从针关里透出来。我这里忙趋疾走楚王宅，荡一缕尘埃。恨不得到这一座濯龙门侧，将两步为一蓦。（带云）我这一去见南清宫八大王呵，（唱）只要他做五颗神珠在掌上抬，我方才的放下心怀。

（云）且喜出宫了也，我大着胆行几步咱。（做走科）（唱）

【黄钟尾】从今后跳出了九重围子连环寨，脱离子十面埋伏大会垓。走蛟龙，投大海。纵彩凤，扬天外。小储君，好惊骇。刘皇后，肯耽待？便是蛇蝎心肠，不似般恁毒害！把一个太子提起来，望着那花斑石殿阶，哎！娘娘也你拾的个孩儿，敢可也落的价摔！（下）

《抱妆盒》，全称《金水桥陈琳抱妆盒》，无名氏撰。末本。共四折，一个楔子。出场人物：正末——陈琳，小末——太子；驾——宋真宗；正旦——李美人，旦——刘皇后，旦儿——寇承御；外——八大王。

剧本敷演穿宫内使陈琳和宫女寇承御救太子的故事。楔子：宋真宗无嗣，太史奏，帝如三月十五日往御园打一金丸，六宫中人拾得者即幸之，必得贤嗣。真宗打出金丸，为李美人所得。太监陈琳奏知，驾幸西宫。第二折：李美人为宋真宗生下太子，刘皇后心怀嫉妒，密遣宫女寇承御骗出太子，杀死后抛于金水桥下。适陈琳奉旨进御园摘果，寇告以皇后阴谋，并置太子于装盒内，恳求陈琳救出。刘皇后突然闯来，多方盘诘，幸未败露。陈林急忙出宫，把太子送至南清宫八大王处收养。第三折：十年后，八大王领太子朝见，正欲说出内情，刘后察觉，拉走真宗。事后刘皇后追问太子下落，令陈琳杖打寇承御，寇触阶而死。第四折：又过十年，真宗亡，太子（即宋仁宗）即位，陈琳告以往事，遂尊李美人为太后，陈琳、寇承御各有封赠。又念及先帝之德，方免治刘皇后之罪。剧本较深刻地揭露了封建社会宫廷斗争的险恶，也宣扬了忠君报主思想，论者谓曲辞亦本色爽快，对后世有较大影响。明传奇《金丸记》（或名《妆盒记》）和近代有些剧种的《狸猫换太子》，实为在此剧基础上的增损传唱。

此折中陈琳与寇承御刚商量好救太子之计，刘皇后突然而至，陈琳唱道："则见他恶狠狠独自撞将来，太子也你在这七宝盒中，我陈琳早魂飞九霄云外。"他，指刘皇后。"九霄云外"，九霄，古人认为天有九重，指天之极高处。形容无比高远，无影无踪。这是说，刘皇后突然而至，太子就在陈琳的包装盒中，因此吓得他魂都跑得无影无踪了。

1943年10月5日，毛泽东在《评国民党十一中全会和三届二次国民参政会》中用了这一成语："只要你们内战已开，你们就只能一心一意打内战，什么'一面抗战'必然抛到九霄云外，结果必然要同日本帝国主义订立无条件投降的条约，只能有一个'降'字方针。"（《毛泽东选集》，第三卷，人民出版社1991年版，第917页）毛泽东用"一面抗战"抛到"九霄云外"，揭露了国民党假抗战真投降的虚伪和骗人伎俩。

22、无名氏《举案齐眉》 第二折

《举案齐眉》第二折的原文是：

（梁鸿上云）小生梁鸿，自从老相公招过门来，七日光景也，并不曾见小姐面皮，则着梅香供茶送饭。今日若来时，我做意恼怒，着几句言语，他必然去与小姐说知。那小姐是读书的人，难道不来见我？梅香这早晚敢待来也。（正旦领梅香上云）妾身孟光，自从俺父亲将梁秀才招赘入门，七日光景，并不曾见面。今日父亲、母亲不在家，梅香，我和你书房中探望梁秀才去来。（梅香云）小姐，老相公知道，则怕不中么。（正旦云）若知道呵，有我哩，不妨事。（梅香云）这等，我随着小姐去来。（正旦唱）

【正宫】【端正好】又不是卓文君抚琴悲，又不是秦弄玉吹箫恨，为甚些家务事晓夜伤神。则为俺不峥嵘女婿相招进，可着我怎打叠闲愁闷。（云）我也听的有人说我哩。（梅香云）说小姐甚的来？（正旦唱）

【滚绣球】人都道孟德耀有议论，梁秀才甚气愤。这其间又不是女孩儿暗传芳讯，父亲呵，你瞒人怎瞒过空里灵神？道当初许了的亲，他不曾来谢肯，因此上无主意的爹娘失信。依着他则待要别选高门，依着我宁可乱铺着云鬓为贫妇，怎肯巧画蛾眉别嫁人，燕尔新婚？

（云）可早来到书房门首也。梅香，你过去，看他说甚么？（梅香做见科云）姐夫。（梁鸿做恼科）（梅香出门云）小姐，姐夫不言语，他好生的恼怒，不知为何。（正旦云）待我自过去咱。（做见科，云）秀才，你过门七日，谁与你递茶送饭那？（梁鸿做不语科）（正旦云）我早猜着你了也。（唱）

【笑歌赏】莫不是老嬷嬷欠供待得勤？莫不是小梅香有些的言词蠢？莫不是太夫人不曾与你相通问？莫不是妾身行做甚的多回避？莫不是老相公近新来有甚么别处分？你、你、你，只管里这等不邓邓含嗔忿。（梁鸿背叹科云）早知如此挂人心，悔不当初莫相识。（正旦唱）

【醉春风】你悔则悔咱须是百年恩，你恼则恼咱须是两意肯。又不曾强逼你结了婚姻，我当初将你来尽，尽。又不留五载十年，只不过三朝两门，便怎般万愁千恨！

（云）秀才，你不言语，我下跪问你咱。（做跪科云）秀才，过门七日矣！妾间不答一言，莫非责妾之罪乎？（梁鸿云）岂不闻素富贵行乎富贵，素贫贱行乎贫贱？我观尔非梁鸿之匹。你头戴珠翠，面施朱粉，身穿锦绣，恰似夫人一般。你试看我身上褴褛，衣服破碎，怎与你相称？依着我呵，去了衣服头面，穿戴布袄荆钗，那期间方才与你成其夫妇也。（正旦云）我则道为甚么来，这东西我已备之久矣，自今与你改换了衣服，则便了也。（梁鸿云）若改了妆，换了衣，这才是梁鸿之匹。（正旦换妆科，唱）

【石榴花】往常时画堂娇惯数年春，锦绣四时新，凌波罗袜不生尘。（梅香云）小姐，这是个甚么打扮？你当初嫁那富贵的，可不好来？（正旦唱）暗想着当初二人调弄精神，他指望官员、财主咱须顺，岂知我甘心的则嫁寒门。（梁鸿云）似小生这等衣衫褴褛，只怕你也心困哩。（正旦唱）你是我亲男儿岂怨身贫困？（梁鸿云）小姐，你当初何不嫁那富贵的来？（正旦唱）我怎肯将颜色嫁他人？

【斗鹌鹑】重整顿布袄荆钗，收拾起娇红腻粉。（梁鸿云）小生这几日好生伤感也。（正旦唱）你道是往日堪怜，到今日更亲。可不道一夜夫妻百夜恩？我见你便忒认真。须是在夫妇行殷勤，也要去爷娘行孝顺。（孟暗上云）隔墙须有耳，窗外岂无人？这小贱人无礼，瞒着老夫，引着梅香去书房中看梁鸿去了。兀的不气杀老夫也。我到那里就将他二人赶出去者。（做见科云）好大胆的小贱人也。（正旦唱）

【上小楼】又不是挑牙料唇，只待要寻争觅衅。（孟云）这小贱人辱没杀老夫也。（正旦唱）我有甚的败坏风俗、羞辱爷娘、玷累家门？你将这赤的金、白的银，饕餮都尽，又道是女孩儿背槽抛粪。

（孟云）你这等大胆，在我跟前，还敢回话哩（正旦唱）

【幺篇】这不是我言语村，须是你情性紧。我又不曾打骂家奴，欺负良人、抵触家尊。（孟云）小贱人将这头面衣服不穿不戴，可怎生这般打扮？（正旦唱）我收了这珠翠衣、锦绣裙，怕待饰蛾眉绿鬓，（云）

父亲，我孩儿不敢说，你也想波。（唱）和他那破襕衫怎生随趁？

（孟云）兀的不气煞我也。（正旦唱）

【十二月】父亲呵，你既然恁般发狠，怎教我不要半语支分？这秀才书读万卷，有一日笔扫千军。他须是黄阁宰臣，休猜做白屋穷民。

（孟云）我看这穷秀才，一千年不得发迹的。女生外向，怎教我不着恼？（正旦唱）

【尧民歌】你道是儒人今世不如人，只合斋盐岁月自甘贫。直等待凤凰池上听丝纶，宫袍赐出绿罗新。青也波云，男儿一致身，父亲呵，那些时你可便休来认。

（孟云）则今日便与我赶将出去！（正旦云）父亲，多共少也与您孩儿些奁房断送波。（孟云）一文也无，你便出去！（正旦云）秀才，如今父亲将俺赶出门去，如之奈何？（梁鸿云）常言道："好男不吃婚时饭，好女不穿嫁时衣。"小姐放心，小生若出去呵，挣的觅些盘缠，便上朝求官应举去也。（正旦唱）

【要孩儿】你看举头日远长安近，则把这读过的经书自温。当今天子重贤臣，大开着海也似的贤门。早遂了从龙从虎风云气，稳受些滋草滋花雨露恩。这是咱逢时运，父亲呵，休错认做蚌鸣井底、鹤立鸡群。（孟云）我观那梁鸿，则当是蓬蒿苫底尘土一般。（正旦唱）

【煞尾】你看他是蓬蒿草底尘，我觑他是麒麟阁上人。（云）则今日辞别了父亲出去，久以后不发迹，也不见父亲之面了。（唱）须有日御帘前高捧三台印。都省里安身正一品。（同下）

（孟云）他两个去了也，我想他此一去，必定往那皋伯通家庄儿上住。那秀才犹可，俺小姐富家生长的孩儿，如何受的这般苦楚？吩咐管家的嬷嬷，一日送三餐茶饭去，则与小姐食用，休要与梁鸿食用，久已后老夫自有个主意，嬷嬷那里？（嬷嬷上云）堂上一呼，阶下百诺。老身是孟老相公宅上嬷嬷的便是。老相公呼唤，须索见来。老相公呼唤老身有何吩咐。（孟云）我唤你来，不为别事，我今日将小姐和梁鸿两个都赶出去了。你近前来，可是怎般。（做打耳暗科）（嬷嬷云）理会的，老相公放心，都在我身上。老相公，他两口儿此一去虽然有些儿怪你，只怕久已后谢你也是迟了。我将着这衣服、宝钞、鞍马，不敢久停久住，直到皋大公家庄儿上探望小姐，走一遭去来。（下）（孟云）嬷嬷去了也，正是眼观旌捷旗，耳听好消息。（下）

《举案齐眉》，全名《孟德辉举案齐眉》。旦本。共四折。出场人物：正旦——孟光；末——梁鸿；外——孟府尹；老旦——王夫人。举案齐眉，送饭时把托盘举得跟眉毛一样高。后形容夫妻互相尊敬。《后汉书·梁鸿传》："为人赁舂，每归，妻为具食，不敢于鸿前仰视，举案齐眉。"夫妻相互尊敬，很有礼貌，很平等。

剧情是这样的：第一折：孟光与梁鸿由父母指腹为婚。梁鸿父母下世，身贫如洗。孟府尹欲悔婚，又不便直言，遂请来财主张小员外、官宦子弟马良甫和秀才梁鸿，由在帘后的孟光自选一个。孟光一意要嫁梁秀才，孟府尹只得将梁招过门来。但只让其读书，不让其与小姐见面。第二折：七天后，梁还未能见到小姐。孟广趁父母外出，探望梁鸿。梁请孟光改穿荆钗布裙，孟府尹见状，将梁鸿夫妇赶出家门。第三折：梁鸿夫妇以舂米为生，每日三餐，孟光举案齐眉，夫妻相敬恩爱有加。贫困中又受到张小员外、马舍人的羞辱。孟府嬷嬷受孟府尹之托，以自己的名义，赠梁鸿白银、鞍马，助其上京取应。第四折：梁鸿状元及第，除授县令。张小员外和马舍人前来谢罪。孟府尹夫妇亦来祝贺，梁鸿孟光执意不认。嬷嬷说明真相，原来是府尹故意相辱，逼其进取。汉帝因梁鸿甘贫守志、孟光举案齐眉，又加官赏赐。

此折中嬷嬷被差时说："堂上一呼，阶下百诺。老身是孟老相公宅上嬷嬷的便是。老相公呼唤，须索见来。老相公呼唤老身有何吩咐。""一呼百诺"，诺，应诺。呼唤一声，很多人答应，形容富豪权贵门第侍从很多，也用形容随声应和。这里是形容孟府尹声威之盛。一作"一呼百应"。

1927年3月，毛泽东在《湖南农民运动考察报告》说："原因：一是农会会员漫山遍野，梭镖短棍一呼百应，土匪无处藏踪。"（《毛泽东选集》，第一卷，人民出版社1991年版，第38页）毛泽东在这里说"一呼百应"，改"诺"为"应"，不仅更加通俗易懂，而且更加形象生动。

23、无名氏《隔江斗智》　第一折

《隔江斗智》第一折的原文是：

（冲末扮周瑜领卒子上，诗云）幼习兵书苦用功，鏖兵赤壁显威风。曹刘岂是无雄将，只俺周郎名振大江东。某姓周名瑜，字公瑾，庐江舒城人也，辅佐江东孙仲谋麾下为将。方今汉世之末，曹操专权，逼的刘、关、张弟兄三人弃樊城而走江夏。后来诸葛亮过江借兵，我主公助他水兵三万，拜某为元帅，黄盖为先锋，在三江夏口，只一把火烧的曹兵八十三万片甲不回，私奔华容小路而走。某使曹仁守南郡，叵耐刘备那厮，暗地夺取荆州。想他赤壁鏖兵，全仗我东吴力气，平白地他倒得了荆襄九郡，怎生干罢？某数次取索，被那癫夫诸葛亮识破计策。如今又生一计，可取荆州，等众将来时商议。令人！辕门外觑者，若众将来时，报复某知道。（卒子云）理会的！（净扮甘宁、丑扮凌统上）（甘宁云）某姓甘名宁，字兴霸，本贯江东人氏。这位将军，乃是凌统。在于吴王孙仲谋麾下。今日元帅呼唤，不知有甚事，须索走一遭去。令人报复去，道有甘宁、凌统来了也。（卒子报科，调度。（甘宁云）得令！（周瑜诗云）推结亲各解戈矛，因刘备与俺为仇。（甘宁诗云）诸葛亮虽然有计，则一阵立取荆州，（同下）

（外扮孙权领卒子上云）某姓孙名权，字仲谋。祖居江东人也。累辈汉臣，父亲孙坚，为长沙太守，自从征讨吕布之后，各占其地。某兄孙策，不幸为许贡降卒射死，传位于某，如今雄镇江东八十一郡。其想当日刘玄德被曹操追至江夏，孔明过江求救，某借与他水军三万，遣周瑜为帅，黄盖做先锋，赤壁大战，火烧曹兵八十三万，片甲不归。那荆州之地，却不原是俺江东的？却被刘玄德诡计暂借屯军，因而久据。周瑜数次取索，不能得这荆州，如之奈何？（鲁肃上云）才离江上，早到朝中。令人报复去，道有鲁肃来见。（卒子云）喏，报云）甘宁、凌统到！（周瑜云）着他过来。（甘宁、凌统做见科云）元帅，唤俺二将，有何事差遣？（周瑜云）您二将且一壁有者。令人，再去请将鲁子敬来。（卒子云）鲁大夫，元帅有请！（外扮鲁肃上，诗云）赤壁曾将百万烧，折戟沈沙铁未销。区区不劝周郎战，铜雀春深锁二乔。小官姓鲁名肃，字子敬。祖贯临淮郡人也。辅佐主公孙仲谋，官为中大夫之职。自因荆王刘表辞世，某过江去，遇着孔明，问俺借兵。俺主遣周瑜为帅，败曹孟德于赤壁之下。不意刘玄德乘机夺了荆襄九郡，只说暂借屯军，久据不还。俺元帅数次要取荆州，小官劝他且待兵戈稍定，再做商量，争奈元帅坚执不从。今日着人来请，想必又是这桩事了，须索走一遭去。可早来到辕门之外。令人，报复去，道有鲁肃来了也。（卒子报科云）鲁大夫到！（周瑜云）道有请。（卒子云）请进。

（鲁肃见科云）元帅呼唤鲁肃，有甚的事来？（周瑜云）大夫，今日请你来，不为别事。某数次取索荆州，被那癫夫诸葛亮气煞我也。某如今又寻思得一个计策，可取荆州。（鲁肃云）元帅，计将安出？（周瑜云）大夫，我想刘备在曹操阵中，折了某、糜二夫人，一向鳏居。有俺主公妹子孙安小姐，可配与刘备为婚。（做低语科云）俺如今要得孙、刘结亲，那里是真个结亲，则是取荆州之计。俺这里暗调人马，等他家不做准备，则说是送亲来的，乘机就夺了城门。这个是头一计，倘若不中，等刘备拜罢堂，着小姐暗里刺杀刘备，某然后大军直抵荆州，必能取胜。大夫，你道此计如何？（鲁肃云）元帅此计好则好，则怕瞒不过诸葛孔明。（周瑜云）大夫，你放心，那癫夫断然不能识破。你先去启过主公，说我这一计要孙、刘结亲，暗取荆州。某只在柴桑渡口等候回信，你可疾去早来。（鲁肃云）小官则今日便离了大营，禀知主公，走一遭去也。（下）（周瑜云）鲁子敬去了也。甘宁、凌统，你二将整点人马，只等鲁子敬来时，我自有的大王得知，有鲁肃要见。

（孙权云）鲁子敬来，必然有甚紧要的事，着他过来。（卒子云）着过去。（鲁肃见科）（孙权云）子敬此来，有何事商议？（鲁肃云）主公，鲁肃这一来则为周瑜累次要取荆州，多瞒不过那诸葛孔明，今又定了一计。想刘玄德在曹操阵中折了甘、糜二夫人，有主公的妹子孙安小姐，堪配刘备，与他结亲，其时暗带众将进城，乃是赚城之计。孔明虽有机谋，一定不知就里。如若不中，着孙安小姐过江时，周瑜另有计策。（孙权云）还有甚的第二计。（鲁肃做打耳喑科云）主公可是您的。（孙权云）虽然如此，这事我也做不的主。有老母在堂，请来计议定了，再与你说。你且回避咱。（鲁肃云）鲁肃且回避咱。（下）

（孙权云）令人，请出老夫人来者。（卒子云）老夫人，主公有请。（旦儿扮夫人领官娥上，诗云）自出长沙到石头，至今犹为长儿愁。不是仲谋能破敌，谁保江东数十州？老身孙权母亲是也。夫主孙坚，所生之子，长是孙策，次是孙权。有一幼女，是孙安小姐。孙策弃世，是老身主张传位于弟孙权，执掌江东八十一郡。今日请我老身，不知有甚事来，须索见他去咱。（卒子做报科云）大王，老夫人来了也，（孙权云）何不早说？我接待去。

（做接见科云）母亲，您孩儿接待不着，勿令见罪。（夫人云）仲谋你请老身来，有何事商议？（孙权云）母亲，有一件事。周瑜因数次取不得荆州，他如今定了一计。有我妹子长立成人，尚未许聘，适值刘玄德失了甘、糜二夫人，欲将妹子嫁他。孙、刘结亲，使诸葛亮不做准备，俺着军将跟随进城，就夺了他城门。此乃取荆州之计。您孩儿孙权不敢擅便，禀母亲得知。（夫人云）既然这等，就请妹子出来商议。令人，着梅香传报，请小姐出来者。（官娥云）梅香传报绣房中，请出小姐来。

（正旦扮小姐领搽旦梅香上）（正旦云）妾身乃孙安小姐是也。今日绣房中闲坐，有母亲在前厅上呼唤，不知为着甚事？梅香，俺见母亲去来。（梅香云）小姐也，你这几日，茶饭懒进，觉的清减了些，却是为何？（正旦云）梅香，你那里知道也呵。（唱）

【仙吕】【点绛唇】每日家枉费神思，怎言心事？则我这裙儿径，掩过腰肢，（梅香云）小姐这等瘦了，着梅香没处猜那。（正旦唱）何曾道半霎儿闲针指。

（梅香云）敢是梅香服侍不中小姐么？（正旦唱）

【混江龙】论你个梅香服侍，那些儿寒温饥饱不宜时？（梅香云）小姐芙蓉面、杨柳腰，这般标致，谁人近得？（正旦唱）你道我这面呵还赛过芙蓉艳色，这腰呵不弱似杨柳柔枝。有时节将彩线纂成新样谱，有时节向绿窗酬和古人诗。常则是嫔风作范、女诫为师。慵妆粉黛，净洗胭脂。兀那绣帘前几曾敢偷窥视？（梅香云）老夫人请哩，小姐行动些。（正旦唱）若不是堂前呼唤，我也怎轻出这厅上阶址？

（云）可早来到也，梅香，跟我见母亲去来。（见科云）母亲、哥哥万福。（梅香云）小姐正在绣房中，着梅香描出花样儿，听的老夫人呼唤，就来了也。（夫人云）孩儿，唤你出来，只因一件事，要与你计较。（正旦云）母亲，是甚的事？与孩儿说咱。（孙权云）母亲，唤将妹子出来，与他说了罢。（夫人做悲科，云）孩儿也，说着这事，使我不胜烦恼。因此，不好和你说得。（正旦云）哎，母亲，好偻幸人也呵。（唱）

【油葫芦】母亲你无语低头甚意儿？唤我来何处使？（云）梅香，老夫人烦恼，可是为何？（梅香云）你也不知道，我那里省得？（正旦唱）敢是那一个泼无知恼犯俺尊慈？（夫人云）孩儿，你哥哥将你许了人家也。（梅香云）就与我也寻一门儿亲波。（正旦唱）你把俺成婚作配何人氏？也则要门当户对该如此。（云）哥哥许了甚的人家来？（孙权云）妹子，将你许了人便罢了，不必问他。（正旦唱）端的是谁保亲？在几时？（孙权云）则在这一二日内，就要成这亲事哩。（正旦唱）为甚么慌慌速速成亲事？（孙权云）我则为荆州九郡，才想这个念头。（正旦唱）原来你图取荆州地免兴师！

（夫人云）孩儿，你哥哥要凭着你身上干大事哩。（正旦唱）

【天下乐】您则待暗结春风连理枝，我这里寻也波思，好着我难动止。（孙权云）妹子，你休得推托。你那生时年月，我已写的去了也。（正旦唱）赤紧的老萱堂将我年月时，早送与新婚家，怎再辞？哎，也须拣一个无相犯的好日子。

（云）哥哥，因甚么将我许了人也？（孙权云）妹子，你不知，听我说与你。如今要将你与刘玄德为夫人，俺那里是与他结亲，正意则要图他荆州。等你过门之日，俺这里暗暗的差拨名将，假称护送，乘势夺了城门。俺随后统着大兵，一鼓而下。岂不这桩大事都靠着你妹子身上？你再不要推辞了也。（正旦唱）

【鹊踏枝】只见你喜滋滋，把计谋施，也不和我通个商量，匹配雄雌。只就着这送亲的将士，稳情取赚城门不待移时。

【元和令】我这里劝哥哥要三思，怕瞒不过诸葛亮那军师。万一个被他识破有参差，可不把美人图干着使？（孙权做耳喑科云）妹子，若此计不成，又有一计。只等刘玄德拜罢堂，回到卧房里面，你平日侍婢们都是佩着刀剑的。你觑个方便。将他刺死，不怕荆州不归我国，这就是你的功劳。我当替你别选高门。重婚俊杰，也不误你一世。（正旦唱）哎，我只道你甚机谋节外会生枝，原来只要我转关儿将他阴刺死。

（云）哥哥，只怕此计不中么。（唱）

【后庭花】我本待诵雎鸠淑女诗，怎着我仗龙泉行剑客的事？你只怕耽误了周元帅在三江口，哎，怎不想断送我孙夫人一世儿？（孙权云）妹子，你则依着我做，我若不取了荆州，不为丈夫！（做怒科）（夫人云）孩儿，你哥哥恼了也，你只依着他罢。（正旦云）母亲，你孩儿知道，只凭哥哥自家做去便了。（唱）哥也你直恁的便怒嗤嗤，绰起了紫髯髭。我如今并不的推三阻四，任哥哥自主之，将母亲即拜辞，就佳期赴吉时，便新婚恰燕尔。

（孙权云）妹子既许了这亲，明日就着子敬说亲去，看刘备怎么回话？（正旦唱）

【青哥儿】哥也你道是明朝、明朝遣使，就问他讨个、讨个言词，不图他羊酒花红半缕丝。这壁是吴国娇姿，那壁是汉室亲支，情愿倒赔家私，送上门儿。香袅金狮，酒泛琼卮，抵多少笙歌引至画堂时，那其间才称了你平生志。

（夫人云）孩儿，你既然许了这门亲事，其中就里，也还要与哥哥仔细计议，休得后悔，我先回后堂去也。（诗云）匹配良姻自作保，早将亲事应承了。纵把荆州索取来，也须虑道耽误孩儿怎的好。

（下）（孙权云）妹子，你与母亲且回房中去，我就择个吉日，着鲁肃过江，题这门亲事去也。（梅香云）我就跟姐姐出嫁罢。（正旦云）哥哥，我知道了。（唱）

【赚煞】哥哥，哎，只怕你未解的腹中愁，早添上些心间事。从今后惹起干戈不止，怎靠得这不冠带的男儿某在斯。（梅香云）姐姐，常言道："姻缘姻缘，事非偶然。"这桩儿亲事，也是天缘注定哩。（正旦唱）这姻缘甚些天赐，且因而勉强从之，免的道外向大家有怨词。（孙权云）妹子，只要你小心在意，休走漏了消息也。（正旦云）哥哥，你妹子知道。（唱）虽则你图为造次，我可也聪明无二，怎肯把军情泄漏了一些儿？（下）

（孙权云）妹子回后堂去了。既然商量停当，令人，快请鲁子敬到来。（卒子云）鲁大夫有请！（鲁肃做见科云）主公议论的事体定了么？鲁肃便要回元帅的话去，他立等着哩。（孙权云）子敬，恰才禀了老母，连我妹子都依允了，便烦你做媒，过江说亲去。着周瑜预备军马，夺还荆州，岂不是万全之计也。（鲁肃云）既然商量停当，鲁肃便见元帅回他话者。（做下科）（孙权云）子敬，你且转来，我再叮嘱你几句。你见了刘玄德，只说我家妹子志气倜傥，容貌端庄，堪可匹配皇叔，做个夫人。自今孙、刘结亲，免动干戈，岂非两家之福？只等刘玄备依允了，我就择定吉日，亲送妹子，直到荆州界上。小心在意，疾去早来。（诗云）为荆州日夜劳神，不夺取誓不回军。（鲁肃诗云）周人瑾暗施巧计，故意使孙刘结亲。（同下）

《隔江斗智》，全名《两军师隔江斗智》。是一部围绕孙刘结亲而展开的周瑜与诸葛亮之间智斗的三国戏，《录鬼簿》《录鬼簿续编》《太和正音谱》均未著录，但全剧保存在臧晋叔编万历四十三年（1615）刊行的《元曲选》（特标明为"元撰"）及明末刊行的孟称舜编《酹江集》（特标明"元著"）中。

旦本。出场人物：正旦——孙安；冲末——周瑜；外——鲁肃、孙权、孔明、赵云、刘备；末——关羽、张飞；旦——老夫人；净——甘宁、刘封；丑——凌统。共四折。

剧情是这样的：第一折：为夺回荆州，周瑜设下美人计：把孙权的妹妹孙安嫁给刘备，送亲队伍乘机夺城；如此计不成，再由孙安小姐在洞房中刺杀刘备。孙小姐迫于兄长之命，只得依从。第二折：孔明察知周瑜用心，成亲之日，命张飞帅兵接夫人车马入城。孙夫人见刘备仪态非凡，心已倾慕，又见孔明足智多谋，关羽、张飞威武雄壮，埋怨周瑜无能夺取荆州，借一女子行此奸计，怨哥哥、母亲不顾刘备一死，决心宁息两国刀兵。第三折：周瑜两计不成，又在刘备与孙安回门时，将二人留在江东，迫使孔明交出荆州。孔明早有对策，命刘封送信给刘备，故意把信让孙权看见。信中说曹操起兵来攻打荆州，报赤壁之仇。孙权下令放刘备夫妇回荆州，想使刘备死于曹操之手。楔子：刘备夫妇急赴荆州途中，孙夫人斥退前来阻拦的甘宁、凌统，遇张飞接应后，夫妇换马赶路。周瑜截住车辆，车中却是张飞，周瑜气得昏死过去。第四折：诸葛亮设宴庆贺刘备返回荆州。

此折中周瑜道白："后来诸葛亮过江借兵，我主公助他水兵三万，拜某为元帅，黄盖为先锋，在三江夏口，只一把火烧得曹兵八十三万片甲不回，私奔华容小路而走。某使曹仁守南郡，叵耐刘备那厮，暗地夺取荆州。想他赤壁鏖兵，全仗我东吴力气，平白地他倒得了荆襄九郡，怎生干罢？"鏖，激战。泛指激烈的战斗。"赤壁鏖兵"，汉献帝建安十三年（208），曹操大军伐吴，孙权联合刘备军队联合抗曹，联军于赤壁用火攻大破曹兵的一次激战。

1957 年 1 月 27 日，毛泽东在《省市自治区党委是机会以上的讲话》中说："凡有学生闹事的学校，不要放假，硬是来它一场赤壁鏖兵。这有什么好处呢？就是把问题充分暴露出来，把是非搞清楚，使大家得到锻炼，是那些没有道理的人，那些坏人闹输。"毛泽东用"赤壁鏖兵"来形容 1957 年这场思想战线的大革命、大斗争，非常恰当。

24、《冯玉兰》 第四折

《冯玉兰》第四折的原文是：

（净扮清江浦驿官上，诗云）我做驿宰忒伶俐，吃辛吃苦都不气。接了使客转回来，闲向官厅调百戏。

自家是清江浦驿丞。打扫的这官厅干干净净，昨日报帖来说道，金御史老爷今日船到，须索迎接去。远远的望见，敢是金老爷来了也。（金御史引祗候、梢公上）（金御史诗云）有事关心直到明，早开头踏赴官厅。手持白简秋霜似，专与人间理不平。老夫金廷简。昨夜在江中提出冯玉兰诉冤一事，使老夫一夜不眠。今日行至清江浦，这是个官厅所在，那巡江官员人等，都在此处参见老夫，须索仔细体勘一个虚实。左右，将那口刀收拾好者！将冯玉兰且藏在船上，休得惊动了他。（祗候云）理会的。（梢公做使船科，云）船摆了岸上，将跳板撺下，请爷登岸。（金御史同祗候做上岸、入官厅科，云）左右，唤那驿官来。（祗候做唤科，云）驿官那里？（驿官慌云）有、有、有！（叩见科）（金御史云）兀那驿丞，你出去吩咐，但是沿江一带大小官员，都着入来参见。（驿官云）老爷，且请了下马饭，驿丞早安排了些胡椒鲜鱼汤，在此伺候。待吃过了，好慢慢的断事。（金御史云）嗐！我那在这些酒食？你快去吩咐着各官咱。（驿官云）这个老爷，真个清廉，你不吃便罢。我出的这门来，吩咐那官员每去。兀那听候的大小官员，都入公馆中来参见老爷。

都进去，都进去！（屠世雄同巡江官上）（屠世雄云）

小官屠世雄是也。同俺这巡江官员，参见御史大人去来。可早至公馆也。（做见跪科）（金御史云）别的官员且靠后，唤的沿江巡视官近前来。（众做向前跪科）

（金御史云）你便是巡江官？还有未到的么？（屠世雄云）大人在此，谁敢不到？都来了也。（金御云）既然来全了时，你众多的巡江官，必然各人有个分巡的地方。要你各人自供，报文状上来，等老夫好看咱。（屠世雄云）着俺们供报巡视地方，却是甚的主见？我只佯报个地方，将那黄芦荡不提起罢了。（众做报科）

（屠世雄做递状科）（金御史接看科，云）你看这沿江去处，都有巡视官，怎生黄芦荡无人巡视？那个所在，正是贼盗出没之处。那个是总理官员？左右，准备下大棒子者！（屠世雄慌科云）大人，只屠世雄便是总理的官。（金御史云）你既是总理的官，怎么缺了黄芦荡这一处？快快从实说来，但说的有些儿差池，我不道的饶了你也！（屠世雄云）这黄芦荡就是屠世雄时常屯扎的信地，因此不曾另拨巡视的官。（金御史云）

哦，原来你便是屠世雄？你那巡江官擒拿盗贼，必须要兵刃锋利，器仗鲜明，才得有功。左右，你与我一一点闸，再等老夫亲自看验，若少了一件呵，决无轻恕！（祇候做看科云）禀爷，小的每到各官船上，将他那随身带的物件等项都看了，件件齐备，不少一些。

（金御史云）左右，都将来我看咱。（众做搬衣甲、弓箭、腰刀，放在面前科）（驿官背云）这些巡江官，平日生事，如今可遇着魔头了。（金御史云）兀那一堆什物，是那个巡江官的？（屠世雄云）是屠世雄船上的。

（金御史云）将过来我看。（做看科云）住、住、住！

那一件却不是个刀鞘？左右，将那刀鞘过来。（祇候拿刀鞘递科）（金御史怒云）屠世雄，怎生这一口刀有鞘无刀，你敢戏弄我大臣么？我且问你，这口刀在那里？

各官员且回，止留下屠世雄者！（众巡江官拿物件下）

（屠世雄云）大人，这口刀因晚间在船上失落了，还不曾配就哩。（金御史云）是怎生失落了来？（屠世雄云）

因向船头点闸水军，一时不小心，吊在江中了也。（金御史云）这口刀失的有些缘故，不动刑法，如何肯招？左右，将这厮与我着力打着者！（祇候做打科）（屠世雄云）大人息怒，委是吊在江中，别无甚的情节。（金御史云）还不实说哩，左右，与我打着者！（做打科）

（金御史云）这口刀端的是有也是无？快快从实说来！

（屠世雄云）委实是吊在江中，便打死屠世雄呵，也无他说。（金御史做笑科云）这口杀人刀敢有么？（屠世雄云）委实没有。（金御史云）左右，便与我将的那口刀来者。（祗候取刀递与屠世雄科）（金御史云）左右，着那厮可认的是他的刀么？（祗候把刀插入鞘科）

（屠世雄惊云）不知这口刀，怎生得到大人手里来？

（金御史去）兀那厮，你在黄芦荡，夜间将冯太守父子、梅香、家童、梢公共六人，都被杀死在船上，怎生还推不知哩？（屠世雄云）屠世雄并无此事，敢是另有个天灾人祸，假称屠世雄的么？（金御史云）左右，与我船上唤的冯玉兰小姐来者！（祗候唤科云）冯玉兰小姐安在？（正旦上云）哥哥，是谁唤我哩！（祗候云）小姐，如今俺老爷与你拿着杀人贼了，在官厅上，唤你去与他对证哩。（正旦云）谢天地，谁想拿住贼汉了也！（唱）

【双调】【新水令】急忙忙盼不到接官厅，那一个杀人贼今番拿定。休道那人间无报应，方信是头上有神明。我看他着甚推称，只俺这大人呵清似水朗如镜。

（祗候云）小姐，上紧走动些，老爷坐着久等哩。

（做入官厅见科）（正旦见屠世雄怕科云）兀的不吓杀我也！（唱）

【驻马听】暗自凝睛，不由我不丧胆销魂忽地惊。（金御史云）兀那女子，你怕他怎的？（正旦唱）浑如痴挣，他是个图财致命杀人的精。（金御史云）左右，把那厮与我打着者！（祗候做打科）（正旦唱）这番推勘见分明，则你那夜来凶恶可也还侥幸。眼见的恶贯盈，今朝对了俺亲爷命。

（云）兀那贼汉，俺父亲和你往日无冤、近日无仇，止因同在黄芦荡湾船，敬意的设酒请你，出妻献子，将你为上宾相待。谁想你起这点毒害之心，将我父亲和兄弟、梅香等，都行杀死，又将俺母亲强夺的去了。今日可怎生遇着青天老爷，体察出来，将你拿住。兀那贼汉，将我的母亲送还了者！（金御史云）屠世雄，你怎生不回他一言？他那母亲今在何处？快快从实的说来！（屠世雄云）老爷可怜见，到如今着我甚的言语可回他也！（金御史云）他那母亲呢？（屠世雄云）老爷，他那母亲屠世雄实不知道。（金御史云）这厮无礼！到此际尚兀自不肯认哩。左右，与我打着者！

（祇候打科）（驿官云）这些巡江的官，来到馆驿里，把我不是打便是骂，要酒吃要肉吃，迟了些就打嘴巴拳。你今日可也为事来。你死！你死！牌子，着些力气打！打死了又不要偿命哩。（金御史云）咄！那里有你说处！兀那屠世雄，你将他那母亲藏在那里？（屠世雄云）老爷，屠世雄实不知道。（正旦云）兀那贼汉，将我母亲来！（唱）

【乔牌儿】你将俺一家儿性命倾，又抢了俺母亲呵忒施逞。（云）大人可怜见，须索追出俺母亲来。（屠世雄云）

我屠世雄并不曾抢他母亲。（正旦唱）眼睁睁现放着俺亲身证，（金御史云）屠世雄，你不实说呵，等甚么那？（正旦唱）还待要嘴巴巴不肯应。

（金御史云）这厮坚意的不肯认来，我想他抢着去，必然就藏在他船上。左右，领着这冯小姐，直到他船上高声的叫他，那为母的听见，是他那女孩儿声音，必然答应。你可小心在意，疾去早来！（祇候云）

理会的。小姐，我和你到他船上寻你母亲去来。（正旦云）祇候哥哥，他的船只知他在那里也？（祇候云）他这巡江官的船只，都在那壁厢湾着哩。你如今只沿岸边叫你那母亲咱。（正旦同祇候至船边叫科，云）偌多的船只，着我那里寻去也？母亲！母亲！（唱）

【雁儿落】我这里连声不住声，（带云）母亲！母亲！

（唱）可怎生应也无人应？（带云）母亲！母亲！（夫人上哭云）这是我玉兰孩儿的声气，待我叫他着。玉兰儿也，我在这里。（正旦唱）是那个贼船中叫小名，恰便似军帐里听严令。

（做应科）（夫人云）兀的不是我玉兰孩儿！（正旦忙扯住科）（夫人云）玉兰儿，你是人是鬼，好痛杀我也！（正旦唱）

【得胜令】呀，今日个相遇在江亭，莫非是死去再回生？

（祇候云）兀那小姐走动，老爷等着哩。（正旦唱）与俺这母亲重觑面，怎么俺兄弟爹爹也不见影？（云）母亲，那屠世雄拿了也。

（夫人云）他如今在那里？只怕问不倒他，终着他手。（正旦云）母亲，我和你同见大人去来。（唱）现如今审出了真情，那怕这逆贼偏头硬。疾忙的前行，只怕那清官专意等。

（做见御史跪科云）大人，则这个是俺母亲。

（金御史云）兀那女子，这个是你母亲么？（正旦云）

正是。（金御史云）在那里寻着来？（祇候云）禀爷，在屠世雄船上寻来的。（正旦云）兀那贼汉，你道是不曾抢俺母亲，如今在那个船上藏着哩？（唱）

【侧砖儿】你道我平白地把你来、把你来供攀定，只我这官司里世不曾经。俺冯家的娘亲怎倒着你屠家领？你可也自思省。

【竹枝哥】你倚着那巡江的威风敢横行，恶狠狠便待生逼俺娘亲为匹聘。兀的不是把河桥的孙飞虎抢莺莺。今日个大人呵做了白马将，我玉兰呵倒做了惠明僧。贼精，看你去那里逃生？

（金御史云）屠世雄，你如今招也是不招？（屠世雄回头问驿官科，云）驿官，我问你，若招了呵，得个甚么罪？（驿官云）也不打紧，杀了五六个人，值的甚么，便招了时，也只一个砍狗头的罪儿。（屠世雄云）罢、罢、罢！我当初睁着眼做，今日合着眼受。

杀他父子家人等，都是我来，我都招了也。（金御史云）屠世雄，这等的供状，怕你不招那！（正旦做拜谢金御史科，唱）

【水仙子】今日个从头一一尽招承，国法王条不顺情。也显的你有忠直无偏佞，赤心的将公事整，端的个播清风万载标名。若不是你金大人势剑铜铡，将贼徒分腰断颈，可不干着俺泣江舟这一段冤情。

（金御史云）你一行人听老夫下断！（词云）都则为你父亲除授泉州，黄芦荡暮夜停舟。巡江官相邀共饮，出妻子礼意绸缪。你母亲遭驱被掳，全家儿惹祸招忧。单撇下钢刀一口，积尸骸鲜血交流。老夫奉朝命江南巡抚，路途间访出情由。将贼徒问成死罪，登时决不待深秋。冯小姐虽能雪恨，奈余生无管无收。

请夫人同车载去，赴京都择配公侯。这的是金御史秋霜飞白简，才结末了冯玉兰夜月泣江舟。

题目　金御史清霜飞白简

正名　冯玉兰夜月泣江舟

《冯玉兰夜月泣江舟》，简名《冯玉兰》。作者不详，传为元人所撰。旦本。共四折。出场人物：正旦——冯玉兰；冲末——冯太守；旦儿——夫人；净——屠世雄；外——金御史。

剧情是写冯玉兰报仇故事。第一折：冯鸾除泉州知府，夫人和女儿玉兰乘船先行。半夜时玉兰梦被强人追杀，十分惊慌。第二折：冯太守随后上船。舟行长江，避风于黄芦荡，巡江官屠世雄相邀共饮。屠见夫人貌美，杀太守及随行人员，抢走夫人，只有十二岁女儿冯玉兰躲于船尾幸免于难。乱中，屠遗下刀一口。第三折：玉兰随船漂流，得遇都御史金圭巡抚江南官船，泣诉遭遇，并拾得刀一口。第四折：金御史到清江浦，在前来参拜的众巡官中，觉屠世雄可疑，查看兵器，发现屠有一无刀之鞘，正与冯舟上所拣之刀相合。屠贼抵赖，御史令玉兰对屠舟唤母，夫人果在其中。人证物证俱在，屠贼只得招供伏法。此剧内容单纯，结构精巧，用语亦本色自然。

此折中御史令玉兰指认屠世雄时，她唱道："暗自凝睛，不由我不丧胆销魂忽地惊。""丧胆落魄"，形容惊恐到了极点，如同失去魂魄一般一样。丧、落，消失。亦作"丧胆销魂"。

1933年，毛泽东在《新的形势与新的任务》一文中说："由于工农红军的坚强壮大和英勇善战，在东黄陂大胜利中，又得到了极大的补充，更加增强了自己，苏维埃得到了极大的巩固与发展，国民党的大部士兵根本动摇，不愿进攻红军，即国民党反革命军官亦大部丧胆落魄，讲到红军，就'谈虎色变'。"（《毛泽东军事文选》，中国人民解放军军事科学院编辑，外文出版社1963年版，第53页）毛泽东用"丧胆落魄"来形容国民党反动军官畏惧红军的情状，入木三分。

25、无名氏《千里独行》 楔子

《千里独行》楔子的原文是：

（冲末曹操同张文远上，开云）幼小曾将武艺攻，驰驱四海结英雄。自从扫灭风尘息，身居宰相禄千钟。某乃曹操，字孟德，沛国谯郡人也。幼年曾为典军校尉，因破黄巾贼有功，官封都尉。后因破吕布除四寇，累建奇功，谢圣恩可怜，官拜左丞之职。某手下军有百万，将有千员。近有刘、关、张无礼，我在圣人跟前保奏过，将他加官赐赏。他今不从某调，弟兄三人私奔，暗出许都，直至徐州，杀了徐州牧车胄，夺了徐州。更待干罢。我今奏过圣人，某亲自为帅，着夏侯惇为先锋，统领十万雄兵，直至徐州，擒拿刘、关、张，走一遭去。今朝一日统戈矛，野草闲花满地愁。拿住三人必杀坏，怎时方表报冤仇。（下）

（刘末同关末上）（刘末云）桑盖层层彻碧霞，织席编履作生涯。有人来问宗和祖，四百年前王气家。某姓刘名备，字玄德。二兄弟姓关名羽，字云长。三兄弟姓张名飞，字翼德。俺三人在桃园结义，曾对天盟誓，不求同日生，只愿同日死。俺弟兄三人，自破黄巾贼之后，某在德州平原县为理。不期有这徐州太守陶谦，请将俺弟兄三人到此，三让徐州。某在此后，有淮南袁术遣纪陵军兵，颇奈吕布无礼，他将俺徐州赚了。俺军屯于小沛，后被吕布围了小沛。其着兄弟张飞打此阵去。兄弟三出小沛，至许都问曹丞相借起十万军来，破了吕布。曹丞相领俺兄弟三人，见了圣人。不想圣人知某名姓，将兄弟三人，都封官赐赏，就在许都居住。某暗想曹操奸雄之人，某因此不从他调。俺兄弟三人，暗出许都，来到徐州。有徐州刺史车胄，不顺俺兄弟，云长袭了车胄，某在这徐州镇守。今日兄弟教场中去了，小校门首觑着，看有甚么人来。

（净扮张虎上云）朝为田舍郎，暮登张子房。出的齐化门，便是大黄庄。某姓字不巧，巧字不姓。打个吹盆，喑了个大甑。我是这徐州衙门将张虎的便是。我当初是这徐州太守陶谦的手将，今佐于玄德公手下。今日差某巡边境去来。谁想哨着曹丞相大势军兵，见在清风岭安营下寨，我不敢久停久住，报与玄德公知道。小校报复去，说道张虎巡边境回来见元帅。（卒子云）你则在这里。（卒子报科，云）喏。报元帅知道，有张虎巡边境回来见元帅。（关末云）哥哥，张虎巡边境回来见哥哥，必然有甚么话说。（刘末云）叫他过来。（卒子云）理会的。叫你过去。（张虎做见刘末科，云）元帅，祸事了也。（刘末云）张虎，祸从何来？（张虎云）今曹丞相领大势军马，见在清风岭安营下寨。（刘末云）是谁那般道？（张虎石）小人亲自哨着见来。（刘末云）兄弟，我道这曹贼必不舍，今日果然领兵来，如之奈何？（关末云）哥哥，不妨事，不比在那许都，是他的地面。今日这里，他领兵前来，料想不妨。等兄弟张飞来，再做商量。（刘末云）二兄弟道的是。一壁厢叫小校去教场中请的三将军来。（卒子云）理会的。（张飞上，云）泰山顶上刀磨缺，北海波中马饮枯。男儿三十不立名，枉作堂堂大丈夫。某姓张名飞，字翼德，涿州范阳人也。某与俺两个哥哥，在桃园结义，曾对天盟誓，一在三在，一亡三亡。俺自破吕布之后，圣人加某为车骑上将军。为因曹操奸雄，俺兄弟三人，离了许都，来到这徐州镇守。今日某正在教场中，听的小校来报。说道哥哥呼唤，不知有甚事，须索见哥哥去。来到也。小校报复去。（卒子云）喏！有三将军下马也。（刘末云）叫过来。（卒子云）理会的。将军有请。（张飞云）喏，哥哥，呼唤你兄弟有何事？（刘末云）兄弟，今有曹操统领十万军兵，在清风岭安营，离徐州不远，似此如之奈何？（张飞云）哥哥，不妨事。道不的个军至将敌，水来土堰？者么他那曹操，领多少军将来，你兄弟我和他相持厮杀去。（关末云）住、住，兄弟也，可不道将在谋而不在勇。俺如今假如多有些军兵，便可与他拒敌，俺如今兵微将少。怎生与他拒敌？（张飞云）哥哥，似起你这般说呵，俺如今不与他交锋，咱丢了徐州城，走了罢。（关末云）兄弟，不然如此说。我如今有一计。（张飞云）哥哥有何计？（关末云）咱如今分军在三处，哥哥领着三房头家小，并大小军将，守着这徐州；我领着五百校刀手，守着这下邳；兄弟你领着你那十八骑乌马长枪，守着这小沛。咱就是个阵势。（张飞云）哥哥，是个甚么职？（关末云）兄弟，唤做一字长蛇阵。假若那曹操的军兵，末围这小沛，哥哥这徐州军兵，我这下郡的军兵，都来救小沛；若围着下邳，这徐州、小沛兵，可来救这下邳；若是他围了这徐州城，我和你下邳、小沛的军兵，可来救这徐州。便比喻这徐州似个蛇身，俺这两处便如那蛇头蛇尾，似这般呵，方可与曹操拒敌。（刘末云）此计大妙。（张飞云）哥也，这计不好，是不是先折了腰。哥哥，我有一个阵。（刘末云）三兄弟，你有何阵势？（张飞云）哥哥，我这阵势唤做热奔阵。（刘末云）怎生唤做热奔阵？（张飞云）哥也，那曹操偌近远，领将军兵，来到这里，安营下寨，也正人困马乏也。我今夜晚间，领着军兵，直杀入曹营，寻着曹操杀了也。可不好？我杀他个措手不及，这个阵势何如？（张虎云）三将军，你这个阵，不如二将军的阵势好。（张飞云）我这阵，怎生不如俺二哥的阵？（张虎云）二将军的阵，是兵书里面择出来的。三将军，兵书里面，那里有个甚么热奔阵？三将军委实不好。（张飞云）这厮无礼，我的阵势不好？小校把这厮推出去。斩讫报来。（刘末、关末做劝科，云）兄弟息怒，俺未曾与曹操交锋，先杀了一员将，也做的个于军不利也，且饶他这遭。（张飞云）我若不是两个哥哥劝了呵，我杀了这个匹夫。把那厮拿过来，洗剥了打上四十，抢出去。（张虎云）颇奈这环眼汉无礼。我好意说他，倒打了我这四十。恰才若不是玄德公劝住了呵，争些儿被这环眼汉杀了。更待干罢！你度我为仇，我如今投奔曹丞相去，将这计策都说与曹丞相，着他做小准备。拿住环眼汉杀了，那期间便是我平生愿足。（下）

　　（关末云）兄弟，你依着我，咱分军三处好救应。（张飞云）二哥，我好也不离俺哥哥，歹也不离了哥哥。二哥，你自往下邳去，我与俺哥哥领着三房头家小，守着徐州。二哥哥，你不去罢，我和哥哥今夜晚间，领着军兵，直至曹营劫寨，走一遭去，我则杀他一个措手不及。二哥，你则去下邳城去。（刘末云）二兄弟，三兄弟也说的是。

剧
曲

291

俺兄弟两个共家小在这徐州城，你去保守着下邳。（关末云）既然兄弟坚意要去，兄弟，你则小心在意者。（张飞云）二哥，不是我不到的有失，你则守你那下邳。（关末云）哥哥与兄弟谨守徐州，关羽领着五百校刀手，往下邳去镇守去也。曹操兴师起大兵，三人各自逞英雄。张飞谨保徐州地，今朝独守下邳城。（下）（刘末云）二兄弟去了也。（张飞云）二哥去了也。哥也，咱今晚间，领着百十骑人马，偷营劫寨，走一遭去，杀他个措手不及！

（刘末做唤卒子请夫人科）（正、小旦上，石）妾身甘、糜二夫人的便是。正在后堂中，有主公呼唤，不知有甚事商议，须索见主公去。（见科）（正旦云）主公，呼唤俺有何事商议？（刘云前事科）（正旦云）主公，三叔叔这计策不甚好。主公，你休要去罢。（刘末云）计已定了，不妨事。（正旦云）主公，你去则去，则要你小心在意者。（唱）

【正宫】【端正好】我则怕他用心机，敢可兀的铺谋定计。我想这曹操是那智足奸雄，信着俺小叔莽戆多英勇。（带云）主公，哎！（唱）

你则合操士马教三军明堤备破曹兵，则怕他排队伍暗伏兵，则要你得胜也把他这干戈来定。

（刘末云）这般呵，咱留下些军兵，紧守着这徐州城，保着三房头家小，则今晚出城。大小三军，听吾将令：人人衔枚，马须勒嘴，勿得人语马嘶。则今夜晚间，偷营劫寨，走一遭去。（下）

（曹末上，云）某曹操是也。今领十万雄兵，来到这里，离徐州不远，清风岭安营下寨。小校唤将张文远来。（卒子云）理会的。（张辽上，云）笔头扫出千条计，腹内包藏七字书。小官姓张名辽，字文远。幼习儒业，颇看韬略之书。先曾在吕布之下为健将，后在于曹丞相手下为参谋。今因刘、关、张弟兄三人，不从俺丞相调，私奔暗出许都，来到这徐州，又杀了徐州刺史车胄，占了徐州。如今俺丞相统领十万雄兵，亲自为帅，与刘、关、张交锋，今日到此清风岭安营。丞相呼唤，不知有甚事，须索走一遭去。报复去，说道张辽来了也。（卒子云）理会的。喏！报的丞相知道，有张辽在辕门首。（曹末云）

叫他过来。（卒子云）理会的。叫你过去。（张辽做见科，云）丞相呼唤小官有何事？（曹末云）张文远，今日俺安营在此，离徐州不远。俺如今怎生定计，擒拿刘、关、张弟兄三人？特唤你来商议。（张辽云）丞相，俺如今见领十万雄兵，那刘、关、张兵微将少。俺如今将领军兵，围了那徐州城，觑他则是一鼓而下，有何难哉？（曹末云）你传与众将军，今日少歇，到明日起营。（张辽云）理会的。小校，辕门首觑着，看有甚么人来。

（张虎上，云）恨小非君子，无毒不丈夫。自家张虎的便是。颇奈张飞无礼，我好意的说他，倒打了我这四十，便待干罢！我如今投降曹丞相去，将他那个热奔阵，我说与曹丞相，教他做个准备，拿住这个匹夫。那其间报了冤仇，便是我平生愿足。可早来到也。（卒子云）那里来的？（张虎云）报复去，道徐州刘玄德手下小将张虎，特来投降。（卒子云）你则在这里。喏！我报的丞相知道，有徐州刘玄德手下小将张虎，见在辕门首，特来投降丞相。（曹末云）刘备手下小将来投降，必然有话说，教他过来，（卒子云）理会的。俺丞相叫你过去。（净见科）（曹末云）你是何人？（张虎云）小将是刘玄德手下张虎，特来投降。（曹末云）你为何来投降于某？（张虎云）丞相不知，俺刘玄德听的丞相领兵前来，聚俺众将商议，有二将军言道，我摆个一字长蛇阵，分三处，刘玄德守徐州，张飞守小沛，云长守下邳。若曹丞相军来呵，俺三下里军兵好救应，有张飞不肯依他。张飞言道：我摆了热奔阵。（曹末云）怎生唤做热奔阵？（张虎云）张飞言道，曹丞相军马，偌近远来到这里，人困马乏。他要今晚夜间，领兵来偷营劫寨。小将言道，三将军，你这计策，不如二将军计策，张飞怒了，要杀小将。玄德公劝了，打了我四十。小将因此上特来投降与丞相。（曹末云）张文远，那云长的计策是好。若刘备依着他呵，将军分三处，俺是难与他拒敌。（张辽石）丞相，云长的计虽然好，若不是这张虎来说呵，今晚张飞来偷营劫寨，俺是不做准备。（曹末云）张文远，这张虎也是个孝顺的人。兀那张虎，我如今着你去古城镇守。那里面粮多草广，我教你那里受用快活去，则今日便行。（张虎云）谢了丞相。今日不敢久停久住，便索往古城镇守去也。

（曹末云）张文远，今夜晚间，张飞来偷营劫寨，咱怎生做准备？（张辽云）丞相，容易。俺今夜倒下个空营，着悬羊击鼓，饿马提铃，将这十万军兵，四下里埋伏了。等张飞来入的营中，俺这里一声信炮响，四下里伏兵，尽举围上采，那其间方可拿得张飞。（曹末云）便传令与军将，都与我四下埋伏了者。我着那悬羊击鼓，饿马提铃，埋伏四面隐军兵，拿住张飞必杀坏，方显曹公智量能。（下）

（刘末同张飞领卒子上）（张飞云）来到这曹营也。这厮每都熟睡着也，待咱杀入去。哥哥，不中了也，劫着个空营也。（刘末云）咱倒干戈走。（曹末领卒子上云）大小三军围了者，休着走了刘备、张飞。（做调阵子科）（刘末、张飞做输科，慌走科）（同下）（曹末云）众将休着走了刘备、张飞，咱赶将去来。（下）（刘末慌上云）如之奈何！我不信二兄弟之言，今日果中曹操的计也。后面曹操赶至，乱军中又不见了兄弟张飞。来到这河边，罢、罢，我做个脱壳金蝉计。我将这衣甲头盔，放在这河边，若曹兵来见了呵，则道我跳在这河里也。我不问那里，寻兄弟张飞去也。（下）

（张辽上云）俺紧赶着刘备，又早不见了。兀的不是刘备衣甲头盔，放在河边，见俺追的近，他跳在这河里去也。将着这刘备衣甲头盔，丞相跟前献功去来。

（曹末云）某差张文远赶拿刘备、张飞去了，这早晚不见来。（张辽上云）某将这个刘备衣甲头盔，丞相跟前献功去也。报复去，道张辽回来了。（卒子云）喏，有张辽回来了也。（曹末云）着他过来。（卒子云）叫你过去。（做见科）（曹末云）张文远，刘备安在？（张辽云）丞相。张辽赶着那刘备到一河边，将他那衣甲头盔，都脱在洞边，刘备跳在河里去了。衣甲头盔，被张辽拿将来了。（曹末云）在那里？（张辽云）小校将的来。这的便是。（曹末云）正是刘备的衣甲头盔。刘备跳在河里，张飞不知所在，眼见都无了也。（张辽云）丞相，虽然这弟兄二人无了，如今还有二将军云长哩。此人寸铁入手，万夫不当之勇。（曹末云）俺如今怎生拿这云长？（张辽云）丞相，不可与他交锋，则可智取。（曹末云）怎生智取？（张辽云）丞相，如今关云长在下邳，他那家小都在徐州城中。刘备、张飞和他那些军校，都被俺杀的无了也。他那徐州城中家小，不知道无了刘备和张飞。俺厮杀了一夜，如今天明也，咱打着他的旗号，必然开门也。那其间咱把他那三房头家小，掳在营中，却去下邳城招安关云长去。这云长文武双全，他若肯降于丞相呵，可强似得徐州。（曹末云）张文远，你说的也是。我也有心待要这云长，说此人好生英雄。咱如今领百骑人马，打着刘备旗号，去徐州城，走一遭去。（下）

全名《关云长千里走单骑》。旦本。共四折，一个楔子。出场人物：正旦——甘夫人；贴旦——糜夫人；冲末——曹操；关末（关羽）；刘末（刘备）；净：张辽、张飞、张虎、蔡阳。

剧情是这样的：东汉末年，丞相曹操因刘备、关羽、张飞私出许都，占了徐州，曹操率十万大军讨伐。刘、关、张分兵驻守徐州、下邳、小沛，以拒曹兵。刘、张夜袭曹营，不料部下张虎投曹告密，二人大败，乱中失散。第一折：曹操打着刘军旗号赚了徐州，掳了甘、糜二夫人，往下邳要挟关羽投降。关羽为保全嫂嫂性命，提出降汉不降曹、与嫂嫂分院居住，一得刘备消息，便去寻找等三个条件，曹操允许，携关羽班师回许都。第二折：刘、张相遇，二人到下邳寻关羽，得知羽已降曹，遂向袁绍借兵与曹操交锋，却被关羽斩了颜良、文丑二员大将，刘、张逃出河北，占古城，守将张虎逃跑。关羽被封寿亭侯，曹操等设宴庆贺关羽斩将封爵。席间，张虎前来告刘、张占了古城，被关羽得知兄弟消息，曹操怒将张虎斩首。关羽佯醉回府，挂印封金，星夜护嫂嫂前往古城。第三折：曹操得知关羽出走，与张辽设计佯装送行，欲活捉关羽，被关羽、甘夫人识破，关羽等人往古城而去。第四折：关羽等到古城，刘、张不开城门，责备关羽背信弃义。甘夫人说明真相，恰曹军将领蔡阳率追兵至，关羽斩了蔡阳，刘、关、张和好如初。

在此折中张飞欲偷袭曹颖，对刘备说："哥也，咱今晚间，领着百十骑人马，偷营劫寨，走一遭去，杀他个措手不及！""措手不及"，措手，着手处置，意谓来不及处理。

1938 年，毛泽东在《论抗日游击战争的基本战术——袭击》一文中说：“出击时的动作，要迅速猛烈，要能打敌人一个‘措手不及’。很短促地将所有火器，一齐快放，跟着立即冲锋，迅速解决战斗。”（《毛泽东军事文选》，中国人民解放军军事科学院编辑，外文出版社 1963 年版，第 101 页）在这里毛泽东用“打敌人一个措手不及”，突出了奇袭的要义——乘敌不备，出其不意地打击敌人。这是很有见地的。

26、无名氏《陈州粜米》 第一折

《陈州粜米》第一折的原文是：

（小衙内同杨金吾引左右捧紫金锤上，诗云）我做衙内真个俏，不依公道则爱钞，有朝事发丢下头，拼着贴个大膏药。小官刘衙内的孩儿小衙内，同着这妹夫杨金吾两个，来到这陈州开仓粜米。父亲的言语，着俺二人粜米，本是五两银子一石，改做十两银子一石；斗里插上泥土糠秕，则还他个数儿；斗是八升小斗，秤是加三大秤。如若百姓们不服，可也不怕，放着有那钦赐的紫金锤哩。左右，与我唤将斗子来者。（左右云）本处斗子安在？

（二丑斗子上，诗云）我做斗子十多罗，觅些仓米养老婆；也非成担偷将去，只在斛里打鸡窝。俺两个是本处仓里的斗子，上司见我们本分老实，一颗米也不爱，所以积年只用俺两个。如今新除将两个仓官来，说道十分利害，不知叫我们做甚么？须索见他走一遭去。（做见科，云）相公，唤小人有何事？（小衙内云）你是斗子，我吩咐你：现有钦定价，是十两银子一石米，这个数内我们再克落一毫不得的；只除非把那斗秤私下换过了，斗是八升的小斗，秤是加三的大秤。我若得多的，你也得少的，我和你四六家分。（大斗子云）理会

的。正是这等，大人也总成俺两个斗子，图一个小富贵。如今开了这仓，看有甚么人来。

（杂扮籴米百姓三人同上，云）我每是这陈州的百姓，因为我这里亢旱了三年，六料不收，俺这百姓每好生的艰难。幸的天恩，特地差两员官来这里开仓卖米。听的上司说道，钦定米价是五两白银籴一石细米，如今又改做了十两一石，米里又插上泥土糠秕；出的是八升的小斗，入的又是加三的大秤。我们明知这个买卖难和他做，只是除了仓米，又没处籴米，教我们怎生饿得过！没奈何，只得各家凑了些银子，且买些米去救命。可早来到了也。

（大斗子云）你是那里的百姓？（百姓云）我每是这陈州百姓，特来买米的。（小衙内云）你两个仔细看银子，别样假的也还好看，单要防那"四堵墙"，休要着他哄了。（二斗子云）兀那百姓，你凑了多少银子来籴米？（百姓云）我众人则凑得二十两银子。（大斗子云）拿来上天平弹着。少少少，你这银子则十四两。（百姓云）我这银子还重着五钱哩。（小衙内云）这百姓每刁泼，拿那金锤来打他娘。（百姓云）老爷不要打，我每再添上些便了。（大斗子云）你趁早儿添上，我要和官四六家分哩。（百姓做添银科，云）又添上这六两。（二斗子云）这也还少些儿，将就他罢。（小衙内云）既然银子足了，打与他米去。（二斗子云）一斛，两斛，三斛，四斛。（小衙内云）休要量满了，把斛放趄着，打些鸡窝儿与他。（大斗子云）小人知道，手里赶着哩。（百姓云）这米则有一石六斗，内中又有泥土糠皮，春将来则勾一石多米。罢罢罢，也是俺这百姓的命该受这般磨灭。正是"医的眼前疮，剜却心头肉"。（同下）

（正末扮张憋古同孩儿小憋古上，诗云）穷民百补破衣裳，污吏春衫拂地长；稼穑不知谁坏却，可教风雨损农桑。老汉陈州人氏，姓张，人见我性儿不好，都唤我做张憋古。我有个孩儿张仁。为因这陈州缺少米粮，近日差的两个仓官来。传闻钦定的价是五两白银一石细米，着赈济俺一郡百姓；如今两个仓官改做十两银子一石细米，又使八升小斗，加三大秤。庄院里攒零合整，收拾的这几两银子籴米，走一遭去来。（小懒古云）父亲，则一件，你平日间是个性儿古懒的人，倘若到的那买米处，你休言语则便了也。（正末云）这是朝廷救民的德意，他假公济私，我怎肯和他干罢了也呵！（唱）

【仙吕】【点绛唇】则这官吏知情，外合里应，将穷民并。点纸连名，我可便直告到中书省。（小懒古云）父亲，咱遇着这等官府也说些甚么！（正末唱）

【混江龙】做的个上梁不正，只待要损人利己惹人憎。他若是将咱刁蹬，休道我不敢掀腾。柔软莫过溪涧水，到了不平地上也高声。他也故违了皇宣命，都是些吃仓廒的鼠耗，咂脓血的苍蝇。

（云）可早来到也。（做见斗子科）（大斗子云）兀那老子，你来籴米，将银子来我秤。（正末做递银子科，云）兀的不是银子。（大斗子做秤银子科，云）兀那老的，你这银子则八两。（正末云）十二两银子，则秤的八两，怎么少偌多？（小懒古云）哥，我这银子是十二两来，怎么则秤八两？你也放些心平着。（二斗子云）这厮放屁！秤上现秤八两，我吃了你一块儿那？（正末云）嗨！本是十二两银子，怎么秤做八两？（唱）

【油葫芦】则这攒典哥哥休强挺，你可敢教我亲自秤？（大斗子云）这老的好无分晓，你的银子本少，我怎好多秤了你的？只头上有天哩。（正末唱）今世人那个不聪明，我这里转一转，如上思乡岭；我这里步一步，似入琉璃井。（大斗子云）则这般秤，八两也还低哩。（正末唱）秤银子秤得高，（做量米科）（二斗子云）我量与你米，打个鸡窝，再？了些。（小懒古云）父亲，他那边又？了些米去了。（正末唱）哎！量米又量的不平。原来是八升喂小斗儿加三秤。只俺这银子短二两，怎不和他争？

（大斗子云）我这两个开仓的官，清耿耿不受民财，干剥剥则要生钞，与民做主哩。（正末云）你这官人是甚么官人？（二斗子云）你不认的，那两个便是仓官。（正末唱）

【天下乐】你比那开封府包龙图少四星。（大斗子云）兀那老子休要胡说，他两个是权豪势要的人，休要惹他。（正末唱）卖弄你那官清法正行，多要些也不到的担罪名。（二斗子云）这米还尖，再抓了些者。（小懒古云）父亲，他又撮了些去了。（正末唱）这壁厢去了半斗，那壁厢撮了几升，做的一个轻人来还自轻。（二斗子云）你挣着口袋，我量与你么。（正末云）你怎么量米哩？俺不是私自来籴米的。（大斗子云）你不是私自来籴米，我也是奉官差，不是私自来粜米的。（正末唱）

【金盏儿】你道你奉官行，我道你奉私行。俺看承的一合米关着八九个人的命，又不比山麋野鹿众人争。你正是饿狼口里夺脆骨，乞儿碗底觅残羹。我能可折升不折斗，你怎也图利不图名？

（大斗子云）这老子也无分晓，你怎么骂仓官？我告诉他去来。（大斗子做禀科）（小衙内云）你两个斗子，有甚么话说？（大斗子云）告的相公得知，一个老子来籴米，他的银子又少，他倒骂相公哩。（小衙内云）拿过那老子来。（正末做见科）（小衙内云）你这个虎刺孩作死也！你的银子又少，怎敢骂我？（正末云）你这两个害民的贼，于民有损，为国无益。（大斗子云）相公，你看小人不说谎，他是骂你来么？（小衙内云）这老匹夫无礼，将紫金锤来打那老匹夫。（做打正末科）（小懒古做揪头科，云）父亲精细者！我说甚么来？我着你休言语，你吃了这一金锤。父亲，眼见的无那活的人也！（杨金吾云）打的还轻，依着我性，则一下打出脑浆来，且着他包不成网儿。（正末做渐醒科）（唱）

【村里迓鼓】只见他金锤落处，恰便似轰雷着顶，打的来满身血迸，教我呵怎生扎挣。也不知打着的是脊梁，是脑袋，是肩井；但觉的剌牙般酸，剜心般痛，剔骨般疼。哎哟，天那！兀的不送了我也这条老命！

（云）我来买米，如何打我，（小衙内云）把你那性命则当根草，打甚不紧！是我打你来，随你那里告我去。（小懒古云）父亲也，似此怎了？（正末唱）

【元和令】则俺个籴米的有甚罪名？和你这粜米的也不干净。（小衙内云）是我打你来，没事没事，由你在那里告我。（正末唱）现放着徒流笞杖，做不严刑。却不道家家门外千丈坑，则他这得填平处且填平，你可也被人推更不轻。

（杨金吾云）俺两个清似水，白如面，在朝文武，谁不称赞我的？（正末唱）

【上马娇】哎，你个萝卜精，头上青。（小衙内云）看起来我是野菜，你怎么骂我做萝卜精？（正末唱）坐着个爱钞的寿官厅，面糊盆里专磨镜。（杨金吾云）俺两个至一清廉有名的。（正末唱）哎，还道你清，清赛玉壶冰。

（小衙内云）怕不是皆因我二人至清，满朝中臣宰举保将我来的。（正末唱）

【胜葫芦】都只待遥指空中雁做羹，那个肯为朝廷。（杨金吾云）你那老匹夫，把朝廷来压我哩。我不怕，我不怕。（正末唱）有一日受法餐刀正典刑，恁时节，钱财使罄。人亡家破，方悔道不廉能。（小衙内云）我见了那穷汉似眼中疔，肉中刺，我要害他，只当捏烂柿一般，值个甚的。（正末云）噤声！（唱）

【后庭花】你道穷民是眼内疔，佳人是颔下瘿。（带云）难道你家没王法的？（唱）便容你酒肉摊场吃，谁许你金银上秤秤？（云）孩儿，你也与我告去。（小憝古云）父亲，你看他这般权势，只怕告他不得么。（正末唱）儿也你快去告，不须惊。（小憝古云）父亲要告他，指谁做证见？（正末唱）只指着紫金锤专为照证。（小憝古云）父亲，证见便有了，却往那里告他去？（正末唱）投词院直至省，将冤屈叫几声，诉出咱这实情，怕没有公与卿，必然的要准行。（小憝古云）若是不准，再往那里告他？（正末唱）任从他贼丑生，百般家着智能。遍衙门告不成，也还要上登闻将怨鼓鸣。

【青哥儿】虽然是输赢输赢无定，也须知报应报应分明。难道紫金锤就好活打杀人性命？我便死在幽冥，决不忘情，待告神灵，拿到阶庭，取下诏承，偿俺残生，苦恨才平。若不沙，则我这双儿鹘鸰也似眼中睛，应不瞑。

（云）孩儿，眼见得我死了也，你与我告去。（小憝古云）您孩

儿知道。（正末云）这两个害民的贼，请了官家大俸大禄，不曾与天子分忧，倒来苦害俺这里百姓。天那！（唱）

【赚煞尾】做官的要了钱便糊涂，不要钱方清正。多似你这贪污的，枉把皇家禄清。（带云）你这害民的贼，也想一想差你开仓粜米，是为着何来？（唱）兀的赈济饥荒你也该自省，怎倒将我一锤儿打坏天灵？（小懒古云）父亲，我几时告去？（正末唱）则今日便登程，直到王京，常言道"厮杀无如父子兵"。拣一个清耿耿明朗朗官人每告整，和那害民的贼徒折证。（小懒古云）父亲。可是那一位大衙门告他去？（正末叹云）若要与我陈州百姓除了这害呵。（唱）则除是包龙图那个铁面没人情。（下）

（小懒古哭科，云）父亲亡逝已过，更待干罢。我料着陈州近不的他，我如今直至京师，拣那大大的衙门里告他去。（诗云）尽说开仓为救荒，反教老父一身亡。此生不是空桑出，不报冤仇不姓张。（下）

（小衙内云）斗子，那老子要告俺去。我算着就告到京师，放着我老子在哩。况那范学士是我老子的好朋友，休说打死一个，就打死十个，也则当五双。俺两个别无甚事，都去狗腿湾王粉头家里喝酒去来。一了说，仓廒府库，抹着便富，王粉头家。不误主顾。（下）

"待制"是宋朝的一种官职，即"学士"之类的名位。包待制，就是家喻户晓、妇孺皆知的包公。这出戏演的是包公到陈州除害救灾的一起公案。元杂剧，一位无名氏留下的这出好戏，却以别开生面的喜剧色彩令人耳目一新。这是一出公案戏，准确地说是一出公案世态喜剧。以喜剧的笔调写公案戏，给包青天的"铁面"上抹上一道喜剧的色彩，这出戏可说是独树一帜的。在元杂剧中，这出戏在喜剧艺术上的高度成就，我以为可以和关汉卿的大悲剧《窦娥冤》并驾齐驱。

《陈州粜米》，全名《包待制郴州粜米》。末本。共四折，一个楔子。出场人物：冲末——范仲淹；正末——张憨古（第一折）、包待制（第二、三、四折）；净——刘衙内、小衙内、杨金吾；搽旦——王芬莲；小憨古、张千等。

剧情是这样的：楔子：陈州亢旱三年，范仲淹等商量派人前往陈州赈灾放粮。刘衙内立军令状保举其子小衙内刘得中、女婿杨金吾前往救灾，私下嘱咐他们抬高米价，中饱私囊，并乞圣上赐紫金锤，以对付"顽民"。第一折：刘、杨二人借机抬高米价，参土杂糠，大秤称银，小斗量米，借机大肆搜刮。张憨古反抗，被小衙内用敕赐紫金锤打死。张子小憨古上告开封府。第二折：范仲淹等闻说小衙内、杨金吾在郴州贪赃枉法，有意请包待制前去查办，包本以年迈无意官场，因受小憨古告状，决意前往。第三折：包拯微服私访，在前往陈州路上，遇见刘、杨相好妓女王粉莲，包不露声色，为王牵驴，打听得紫金锤放在何处。小衙内因"牵驴老儿"用所赐酒食喂驴，将包待制吊在槐树上，被包随行张千巧言救下。第四折：包待制查明真相，将刘抓获，判以贪赃与私授紫金锤之罪，要小憨古亲手用锤打死小衙内，将杨金吾枭首示众。刘衙内知其子婿命将不保，向皇上请"赦活不赦死"的赦书，星夜赶到陈州，却正好赦了小憨古。此剧虽取材于宋代包拯的传说故事，但再现了元代贫苦百姓在天灾人祸交迫下的遭遇，也刻画出包拯刚直不阿、嫉恶如仇的性格特征以及他幽默风趣和平易近人的品格。包拯不是简单地作为铁面无私的伸冤者出现，而是一个有鲜明个性的、血肉丰满的艺术形象。总之，《陈州粜米》是元代包公戏的代表作。全剧人物刻画生动细腻，结构排场严谨精巧，剧情发展富于波澜，曲白相生，错落有致。

此折中张憨古去买米时，听说小衙内、杨金吾大秤收银、小斗量米，极其气愤地说："这是朝廷救民的德意，他假公济私，我怎肯和他干罢了也呵！""假公济私"，假，借。济，帮助。意谓借公家的名义或力量，谋取私人利益。这是张憨古对刘、杨二人一针见血的批判。

1941 年 4 月 28 日，毛泽东在修改《陕甘宁边区施政纲领》第八条时说："厉行廉洁政治，严惩公务人员之贪污行为，禁止任何公务人员假公济私之行为，共产党员有犯法者从重治罪。"（转引自《毛泽东年谱》(1893—1949)，中卷，人民出版社、中央文献出版社 1993 年版，第 291 页）毛泽东在这里主张"厉行廉洁政治"，把贪污和假公济私视为是同样的犯罪行为。

27、无名氏《争报恩》 第一折

《争报恩》第一折的原文是：

（徐宁薄蓝上，云）行不更名，坐不改姓，某宋江哥哥手下第十二个头领，金枪教手徐宁是也。俺宋江哥哥每一月差一个头领下山，去打探事情。头一个月差关胜下山，去了个月程期，不见上山。宋江哥哥又差某徐宁接应关胜去。到这权家店支家口，得了一场冻天行的证候，一卧不起，在那店小二哥家安下。房宿饭钱都欠了他的，将我赶将出来。白日里在那街市上讨饭吃，夜晚来在那大人家稍房里安下。天色晚了也，我掩上这门歇息咱。（做睡科）

（丁都管同搽旦上）（丁都管云）小奶奶，这里不是说话的所在，俺去稍房里说话。小奶奶，休大惊小怪的，我有个口号儿赤、赤、赤。（搽旦云）好丁都管，你跟的我稍房里去来。赤、赤、赤。（徐宁云）这个好似俺梁山上宋江哥哥的暗号，则怕着人来接应我。（正旦上云）这早晚王腊梅还不到房里歇息，多咱又和丁都管钩搭去了。那厮待瞒谁也呵！（唱）

【仙吕】【点绛唇】我这里着眼偷瞧，教人耻笑。（搽旦做扯净手、按脖子科，云）偌长的身子，则怕人看见。你低着腰，把那脚抬得轻着。这等的差法，也着人教你。赤、赤、赤。（正旦唱）怎觑那乔躯老，屈脊低腰，款那步轻抬脚。

【混江龙】有一日官人知道，将这一双儿泼男女怎耽饶。若知他暗行云雨，敢可也乱下风雹。那瓦罐儿少不的井上破，夜盆儿刷杀到头镙。妆体态，弄娇娆，共伴当，做知交，将家长，厮瞒着。可正是阎王不在家，着这伙业鬼由他闹。我今夜着他个火烧祆庙，水淹断了蓝桥。（下）

（搽旦云）来到了也，推开这门者。（做蓦过、徐宁绊倒科，云）是甚么绊我一脚丁都管，你关了门，等我点个灯来。3下这窗户上纸来，做个纸捻儿点着，我试看咱。有贼也！拿住贼了。唤俺姐姐去。

姐姐，你快出来，稍房里拿住一个贼了。（丁都管云）正是贼，拿绳子来绑了。（正旦上云）唤我做甚么（搽旦云）姐姐，俺稍房里拿住一个4脊梁不着的大汉，正是个贼。（正旦云）在那里（见科云）是一个好大汉也！丁都管，你做甚么这等闹（丁都管云）奶奶，您孩儿拿住个贼了。（正旦唱）

【油葫芦】你晌午后先吃了人一顿拷，怎又将他来扯拽着？（搽旦云）奶奶，你倒说的好，他是个贼，见了怎不拿住？（正旦唱）哎！你个贤妇也不索絮叨叨。则这一条大官道又不是梁山泊，则这一座小店儿又不是沙门岛。前面可也下着客人，后面是咱的老小。（丁都管云）您孩儿前后执料去，拿住这厮，正是个贼。（搽旦云）我现在稍房里拿住他，看他那贼鼻子，贼耳朵，贼脸贼骨头，可怎么还不是贼哩？（正旦唱）似倾下一布袋野雀般喳喳的叫，大古里是您人怨语声高。（丁都管云）嗨！拿住了贼，倒说不干我事。（搽旦云）我两个来这里收拾，一推开门，就拿住他，怎么不是贼？（丁都管云）这厮正是贼！（正旦云）且不问他是贼不是贼，我只是问你两个。（唱）

【天下乐】您做事可甚人不知鬼不觉他把这房也波门房门可早关闭了，你可便走将来轻将这门扇敲。（云）你到这稍房儿里去做甚么？（搽旦云）我在这里拌草料喂马来。（正旦唱）这里又无他那盛料盆，又无那喂马槽，妹子也，你可甚空房中来和草？（搽旦云）他在这里正是贼！（正旦云）你道他是贼，知他谁是贼！（唱）

【村里迓鼓】他又不曾杀人放火，他又不曾打家截道，他这般伏低也那做小，（搽旦云）姐姐，常言道：贼汉软如绵。休信他。（正旦唱）他可便紧叉手连忙陪笑。（搽旦云）他笑里有刀哩。正是贼。（正旦云）你道他是贼呵！（唱）他头顶又不、又不曾戴着红茜巾、白毡帽，他手里又不曾拿着粗檀棍、长朴刀，他身上又不穿着这香绵衲袄。（搽旦云）丁都管，拿绳子来，绑了送到官府中去来。（丁都管云）拿绳子来，绑得紧儿的，休等他挣脱了去。（正旦云）丁都管，你只放了他者。（唱）

【元和令】做甚道使绳子便绑缚　妹子也到官司要发落。（云）

我心里待要救那壮士，则除是这般。兀那壮士，你姓甚名谁？（徐宁云）我不是歹人，我是徐宁。（搽旦云）哦，徐宁正是贼。（正旦云）你敢是徐胜（徐宁云）呸！我是徐胜，是徐胜。（正旦唱）你那里没来由则把领头稍，哎！和人寻唱叫。则这徐宁、徐胜两个字相差较，妹子你莫耳朵背错听了。（云）你近前来，我自认你咱！（唱）

【上马娇】我这里观了相貌，觑了眼脑，不由我忿气怎生消！甚风儿今夜吹来到也是天对付，可教我和兄弟厮寻着。

【胜葫芦】兄弟，我是你姑舅姐姐李千娇，你见我怎生来不肯屈驴腰。（徐宁云）那壁厢是姐姐哩，受你兄弟两拜咱。（搽旦云）不中，他是徐宁哩！（正旦唱）喜得间别来身快乐，做甚买卖度的昏朝，敢则是靠些赌官博。（徐宁云）您兄弟争奈赤手空拳，不曾探望得姐姐，休怪您兄弟也！（正旦唱）

【幺篇】你道赤手空拳本利少，怕见我面情薄，往日家私甚过的好。敢则是十年五载，四分五落，直这般踢腾了些旧窝巢！（徐宁云）早则不曾冲撞着姐姐，姐姐休怪，受您兄弟两拜咱。（做拜科）（正旦背云）你那里人氏姓甚名谁（徐宁云）我是梁山泊宋江哥哥手下第十二个头领，金枪教手徐宁。你兄弟不是歹人那！（正旦云）原来和关胜一伙，都是梁山泊上好汉。救人须救彻。我有心救了关胜，怎好不救他。你今年多大年纪也（徐宁云）我二十五岁。（正旦云）你二十五岁，我大你一岁，我认义你做个兄弟如何？（徐宁云）休道是做兄弟，便笼驴把马，愿随鞭镫。敢问姐姐那里人氏　姓甚名谁　说与您兄弟知道波。（正旦回云）兄弟，你怎么忘了那？我是你姑舅姐姐李千娇，你姐夫是济州通判赵士谦，一双儿女金郎、玉姐，他是我相公的小夫人王腊梅，这是俺家里带过来的陪房丁都管。兄弟也，你怎么忘了？妹子，你和兄弟厮见咱。（搽旦云）我不认得，原来是你兄弟哩！你休怪，你休怪。你姊妹两个生得一般模样的，你看俺姐姐的鼻子和你的鼻子一般样的。（正旦云）丁都管，你来拜你舅舅咱。（丁都管云）不认得是舅舅，早是我不曾冲撞着舅舅，我着你老子放个缭头。（同搽旦虚下）

（正旦云）兄弟也，路途上厮见，无甚么与你。这一只金钗儿，倒换些钱钞，做盘缠去。（徐宁云）恰才姐姐救了我的性命，又认我做兄弟，又与我一只金钗儿做盘缠。姐夫赵通判，姐姐李千娇，两个孩儿金郎、玉姐，便是印板儿也似印在我这心上。则愿得姐姐长命富贵，若有些儿好歹，我少不得报答姐姐之恩。可不道：路遥知马力，日久见人心。（正旦唱）

【赚煞尾】我与你这金钗儿做盘缠，你去那银铺里自回倒，休得嫌多道少。你姐夫那做官处和兄弟厮撞着，这赍发休想是薄。你姐夫虽然他便权豪，向亲眷行怎肯妆么？你姐夫从来贫不忧愁富不骄。你可怜见我耽烦受恼，你可怜见我无依少靠。兄弟也你若是得工夫，频探望两三遭。（下）（徐宁云）徐宁，你好险也。恰才不是千娇姐姐，那里得这性命来。我徐宁紧记着：有恩的是千娇姐姐，有仇的是丁都管、王腊梅。（诗云）离了权家店，还俺大虫窝。见他吴学究，说与宋江哥。赍得黄金盛，重将宝剑磨。金赠千娇姐，剑斩泼娇娥。（下）（搽旦同丁都管上）（搽旦云）好造化也！恰好两处都吃不成酒，只不如靠着壁上，做些勾当，也消遣了这场儿高兴。去来，赤、赤、赤。（同下）

《争报恩》，又名《三虎下山》，全名《争报恩三虎下山》，元·无名氏撰。旦本。出场人物：正旦——李千娇；搽旦——王腊梅；净——丁都管；外——赵通判；关胜、徐宁、花荣；宋江、郑公弼、店小二等。

剧情演梁山好汉关胜、徐宁、花荣驱奸扶正的故事。共四折，一楔子。楔子：关胜、徐宁、花荣三人奉宋江之命先后下山探听官兵消息。赵通判之妾王腊梅与家人丁都管有奸情，被染病在身的关胜发现。王腊梅与丁都管欲告发关胜，幸亏赵妻李千娇得知关胜身份，认作义弟，赠金钗助其回山。第一折：徐宁下山，因用尽钱钞在客店稍房中暂息，被到稍房私会的王腊梅、丁都管当做窃贼拿住，李千娇替徐宁开释，又认作义弟，赠金钗放其回山。第二折：赵通判将家眷接往济州暂住。一日晚，花荣因避官兵追捕，躲入后花园李千娇房中，李也认花为义弟。正交谈中，被王腊梅发现，告通判说大妇人有奸，通判踢门而入，花荣砍伤其臂后逃去，通判将李千娇送官府治以奸杀亲夫罪，济州知府郑公弼将李屈打成招，判以极刑待斩。徐宁、花荣劫法场，将李千娇营救上山。第四折：梁山好汉将李千娇子女接上山寨，杀了腊梅和丁都管，使赵通判与李千娇夫妻团聚。

此折中徐宁撞见王腊梅与丁都管通奸欲告官，李千娇替他开释，又认作义弟时说："恰才姐姐救了我的性命，又认我做兄弟，又与我一只金钗儿做盘缠。姐夫赵通判，姐姐李千娇，两个孩儿金郎、玉姐，便是印板儿也似印在我这心上。则愿得姐姐长命富贵，若有些儿好歹，我少不得报答姐姐之恩。可不道：路遥知马力，日久见人心。""路遥知马力，日久见人心。"遥，远。意谓路途遥远才知道马的力气大小，时间长久了才能了解人心的好坏。这是说，徐宁表示日后要报李千娇的救命之恩。

1938 年，毛泽东在《论持久战》中讲到"游击战"时说："游击战没有正规战争那样迅速的成效和显著的名声，但是'路遥知马力，日久见人心'，在长久和残酷的战争中，游击战争将表现其很大的威力，实在是非同小可的事业。"（《毛泽东选集》，第一卷，人民出版社 1991 年版，第 500 页）毛泽东用这一成语，肯定游击战的威力经得起时间的考验。

28、无名氏《百花亭》　第三折

《百花亭》第三折的原文是：

（净扮高常彬上，诗云）两军旗鼓倒也好相当，单则三寸东西不易降。因此无心演习孙吴法，专在花柳丛中作战场。某姓高名邈，字常彬。原在京城做着个管城门的官，今升在陕西延安府经略相公麾下办事。

奉经略的令，将着十万贯钞，来这洛阳收买军需，分给沿边将士。到此月余，私将二万贯钞娶了个妇人，是上厅行首贺怜怜。权借这承天寺里住下，拨几个心腹牢子把守寺门，一个闲人也不许放他入来，只有梅香一人服侍。今日洛阳府官请我赴席，伴当每备马，我吃酒去也。（下）

剧
曲

（旦引盼儿上云）昨日央王小二将着一束寄与王郎，不知下落。今日那厮赴席去了，我在房中闷坐。盼儿门首觑者，等王郎来时，报复我知道。（盼儿云）理会的。

（正末提查梨条从古门叫上云）查梨条卖也！查梨条卖也！才离瓦市，恰出茶房，迅指转过翠红乡，回头便入莺花寨，须记的京城古本老郎传流。这果是家园制造，道地收来也。有福州府甜津津香喷喷红馥馥带浆儿新剥的圆眼荔枝，也有平江路酸溜溜凉荫荫美甘甘连叶儿整下的黄橙绿橘，也有松阳县软柔柔白璞璞蜜煎煎带粉儿压匾的凝霜柿饼，也有婺州府脆松松鲜润润明晃晃拌糖儿捏就的龙缠枣头，也有蜜和成糖制就细切的新建姜丝，也有日晒皱风吹干去壳的高邮菱米，也有黑的黑红的红魏郡收来的指顶大瓜子，也有酸不酸甜不甜宣城贩到的得法软梨条。俺也说不尽果品多般，略铺陈眼前数种。香闺绣阁风流的美女佳人，大厦高堂俏俏的郎君子弟，非夸大口，敢卖虚名，试尝管别，吃着再买。查梨条卖也！查梨条卖也！（做叹科云）王焕，这个是做子弟的下场头也呵！（唱）

【商调】【集贤宾】若论妆孤苦表俺端的夺了第一，（带云）说起风流王焕四个字呵。（唱）这洛阳郡有谁知？较文呵有贾马班扬藻思，较武呵有孙吴管乐神机。王焕也空学的文武双全，培养得才能兼备。指望待整乾坤定江山安社稷，辅皇家救困扶危。似恁的名标莺燕集，几时勾身到凤凰池？

【逍遥乐】若论着十八般武艺，弓弩枪牌，戈矛剑戟，鞭铜挝槌，将龙韬虎略温习。方信道风月无功三不归，唬的着俺不存不济。则为俺半生花酒，耽搁尽一世前程，枉受了十载驱驰。

（做叫科云）查梨条卖也！查梨条卖也！生长在京城古汴，从小里拜个名师，学成浪子家风习惯，花台伎俩。专服侍那些可喜知音的公子，更和那等聪明俊俏的佳人。假若是怨女旷夫，买吃了成双作对。

纵然他毒郎狠妓，但尝着助喜添欢。春兰秋菊益生津，金橘木瓜偏爽口。枝头乾分利阴阳，嘉庆子调和脏腑。

这枣头补虚平胃、止嗽清脾，吃两枚诸灾不犯。这柿饼滋喉润肺，解郁除焦，嚼一个百病都安。这荔枝红蠋烦养血，去秽生香，长安岁岁逢天使。这查梨条消痰化气，醒酒和中，帝城日日会王孙。查梨条卖也！查梨条卖也！（唱）

【挂金索】松阳柿全别，滋润能清肺。婺州枣为魁，细嚼堪平胃。嘉庆子家风，制度实奇美。枝头干流传，可口真佳味。（做叫科云）查梨条卖也！查梨条卖也！歌姬未起，客馆先知。查梨条卖也！查梨条卖也！一声叫入珠帘去，慌杀梳妆镜里人。（唱）

【山坡羊】梨条清致，金橘无对，荔枝圆眼多浇些蜜。这枣子要你早聚会，这梨条休着俺抛离。这柿饼要你事事都完备，这嘉庆这场嘉乐喜。荔枝，离也全在你，圆眼，圆也全在你。（做叫科云）查梨条卖也！查梨条卖也！俺那姐姐，知他在那里？入的这承天寺来，好是清幽也呵！（唱）

【梧叶儿】俺只见舍利塔侵云汉，罗汉堂煞整齐，人静悄景幽微。那孙飞虎声名大，小红娘识见低，闪的我张君瑞自惊疑，天也知他这普救寺莺莺在那里？

（盼儿云）俺姐姐着我在这门首等着俺姐夫，怎么这早晚还不见来？（正末做见科云）梅香姐，我来了也！（盼儿云）姐夫，你怎么这般模样了也？这是甚么打扮那？（正末唱）

【金菊香】木瓜心小帽儿齐抹着卧蚕眉，查梨条花篮在我手上提。细麻鞋紧绷轻护膝，白苎衫花手巾宽系着腰围。我也是能骑高价马，贯着及时衣。

（盼儿云）你快过来，见俺姐姐去。（正末见旦科云）姐姐，我来了也！（旦做悲科云）解元，我为你胭憔粉碎、玉减香消。你的这般模样，可怎生是了也？（正末云）姐姐，小生今日也则是出于不得已。（唱）

【醋葫芦】闻知你粉香残消素体，金钏松减玉肌。一天愁都是为他谁？不由我不行忘思食忘饱睡卧忘了梦寐。消磨尽五陵豪气，屈沉杀八面虎狼威。

（旦云）解元，我别得你几时，地这般模样，兀的不羞煞我

也！（正末唱）

【后庭花】熬煎的你愁似织，想念着我意似痴。因此上酝酿就蜂儿蜜，调和成燕子泥。费心机，恨不的钻天掘地。则图个得见你，生这般穷智识，做这般贼所为，妆这般乔样式。

【双雁儿】王焕也到如今犹兀自说兵机，得道也，夸经纪，东行不见西行利。为风月，担是非，惹英雄皆笑耻。

（旦云）大丈夫不以功名为念，几时是你那峥嵘发达的时节。（正末唱）

【青哥儿】有一日功成、功成名遂，那时节耀武、耀武扬威。云路鹏程九万里，气吐虹霓，志逞风雷。宫花飘曳，御酒淋漓。我不是斗筲之器，粪土这泥。则恐怕等闲间泄漏了春消息，因此上用脱壳金蝉计。

（旦云）解元，我为你朝烦暮恼，放心不下，你可知道么？（正末唱）

【醋葫芦】姐姐你烦恼除我知，我烦恼除你知。再休说坐儿不觉立儿饥，常言道海深须见底。各办着个真心实意，这的是有情谁怕隔年期。

（高净引祇从做醉上云）多饮了几杯酒，俺可醉了也。这是承天寺门首，左右，接了马者。（祇从云）牢坠镫。（高净云）梅香，你说去，我来家了也。（盼儿报云）姐姐，高将军来家也。（正末做慌科，唱）

【金菊香】唬的我手忙脚乱紧收拾，意急心慌没整理。（高净云）甚么人在此？好无礼也。（正末唱）可正是船到江心补漏迟，只着我魄散魂飞，（做叫科云）查梨条卖也！查梨条卖也！（唱）我则索向前来陪着笑卖查梨。（高净云）兀那厮！你在这里做甚么？左右拿过来！（祇从拿科）（喝云）跪着！（正末唱）

【醋葫芦】俺也是文齐福不齐，你正是官不威牙爪威。（高净云）兀那厮，敢来俺这里胡厮哄！（祇从喝科）（正末唱）只听的一声高叫若轰雷，（旦做慌科）（正末唱）唬的那黄莺儿怎敢向上林啼。抵多少惊回绿窗春睡早，难道爱月夜眠迟。（高净云）我不在家，你做甚么哩？（旦云）我恰才闷坐，正要剥果子吃些儿，你又撞将来搅我。（高净陪笑科，云）既然奶奶要剥果子儿吃，我怎敢搅了奶奶。我醉了也，我睡去也。你自在这里剥好的吃也，留着些儿等我醒来吃。（下）（旦云）解元，这厮领着西延边上经略的十万贯钞，来这洛阳买办军需。他将二万贯官钱娶了我，带我西延边上去。他的罪过不轻，盗使官钱，强夺人妻女，失误边关军务，都是该死的！解元，你休要挫了志气。如今延安府经略相公招募天下英雄豪杰，剿捕西夏。我想你文武双全，乘此机会，可往延安府投托经略麾下，建立功勋，以遂平生之志。

那时节告一纸状，说高常彬强夺人家妻女，他带我上边，若叫将出来，我诉说妾身原是王焕之妻。他盗使官钱娶我，失误边机，应得死罪。咱夫妻定有团圆之日也！解元，则要你着志着！（正末云）大姐放心！（唱）

【金菊香】凭着俺驱兵领将万人敌，稳情取一举成名天下知。俺怎肯做男儿有身空七尺，任他人夺去娇妻，将比翼两分飞。（旦云）那厮的罪犯非止一桩，你则谨记在心者。（正末唱）

【醋葫芦】这逆贼，好没礼。盗军资误军务失军期，他所犯那桩儿不是有条划的罪？还待向婆娘行孝当竭力，则著他得便宜翻做了落便宜。（旦云）解元，妾身止有这付金头面，钏镯俱全，与你做盘缠去。（正末云）如此多谢！（旦云）妾口占小词一首，调寄南乡子，赠君行色，休得见哂。（词云）勉强赠行装，愿尔长驱扫夏凉。威震雷霆传号令，轩昂，万里封侯相自当。功绩载纲常，恩庞朝端谁比方，衣锦归来携两袖天香，散作春风满洛阳。（正末云）姐姐放心，王焕此一去，必不落于人后。（唱）

【浪里来煞】则今朝别了玉人，多感承谢了盘费。（旦云）解元，你也姓王，那王魁也姓王，则愿你休似王魁，负了桂英者。（正末做悲科，唱）怎将我王焕比作王魁？我向西延边上建功为了宰职。你管取那五花诰夫人名位，则不要你个桂英化作一块望夫石。（同下）

《百花亭》，全名《逞风流王焕百花亭》。共四折，一楔子，末本。情节出南宋黄可道《风流王焕贺怜怜》戏文及宋话本《洛京王焕》。出场人物：正末——王焕；旦——贺怜怜；老旦——贺氏；净——高常彬；外——种师道。

剧情是这样的：第一折：汴梁书生王焕多才多艺、能文能武，人称"风流王焕"。清明春游，与上厅行首贺怜怜相遇于百花亭，两相爱慕。楔子：经人撮合，遂往贺家游宴，与怜怜约为夫妻，半载囊空鸨儿贺氏将钱财一空的王焕赶出，要把贺怜怜嫁给来洛办军需的西延边将高常彬为妾。第二折：贺怜怜移居承天寺，托卖查梨条的王小二带信，请王焕前来相见。第三折：王焕扮作卖查梨条的人，与贺怜怜相会。贺怜怜以首饰相赠，资助王焕投奔延安经略种师道从军。第四折：王焕以军功授西凉节度使。高因娶妾擅用公款犯罪，贺怜怜受牵连也被拘押到种师道军中。她说明自己本是王焕之妻，被高常彬以官钱强买。王焕班师回营，证实贺所言是实，种师道将高常彬治罪，并断怜怜归焕。元曹元用亦有南戏《百花亭》，仅存残曲一支。明王元寿《紫骝马》传奇，亦同一题材。《水浒传》中的节度使老将王焕，也被认为是这一王焕形象的搬用。

此折中王焕扮作卖查梨条的人到承天寺与贺怜怜相会时，唱道："姐姐你烦恼除我知，我烦恼除你知。再休说坐儿不觉立儿饥，常言道：海深须见底。各办着个真心实意，这的是有情谁怕隔年期。""真心实意"，诚恳，没有丝毫的虚伪，亦作"真心诚意"。这里是王焕对贺怜怜表达自己的心意。

1940年2月1日，毛泽东在《团结一切抗日力量，反对反共顽固派》一文中说："过去如果没有共产党、八路军，新四军和陕甘宁边区真心实意地出来主张停止内战一致抗日，那就无人发起抗日民族统一战线，无人领导和平解决西安事变，那就无从实现抗日。"（《毛泽东选集》，第二卷，人民出版社1991年版，第718页）毛泽东在这里用"真心实意"来说明共产党、八路军、新四军和陕甘宁边区人民"停止内战一致抗日"的主张。

29、无名氏《鸳鸯被》　第四折

《鸳鸯被》第四折的原文是：

　　（张瑞卿同正旦上，云）谁想在酒店中认了妹子。我问你咱，妹子，你端的少刘员外银子也不少？（正旦唱）

　　【双调】【新水令】这洛阳城刘员外他是个有钱贼，只要你还了时方才死心塌地。他促眉生巧计，开口讨便宜。总饶你泼骨顽皮，也少不得要还他本和利。

　　（张瑞卿云）妹子，俺父亲借他银子，须待俺父亲来还。你不肯嫁他，也由得你。（正旦唱）

　　【步步娇】只为那举债文书我画的有亲笔迹，因此上被强勒为妻室。这真心儿誓不移，情愿方打千敲受他磨到底。今日留得个一身归，谢哥哥肯救我亲生妹。

　　（张瑞卿云）妹子，你看些茶汤来我吃。（正旦云）理会的。（下）（张瑞卿云）我把这鸳鸯被儿铺在床上，我推吃酒去，他见这鸳鸯被自然知道了也。（做铺被科）（正旦捧茶汤上云）哥哥吃茶咱。（张瑞卿云）妹子，我如今吃酒去也。投至我回来，你将这被卧儿铺陈卞，则怕我醉了呵要歇息。你记者。（下）

　　（正旦云）。哥哥饮酒去了也，投至得哥哥回来，我与他铺下这床铺咱。（做铺床科）（唱）

　　【雁儿落】则也这行装特整齐，书舍无俗气。瑶琴壁上悬，宝剑床头立。

　　【得胜令】呀！我与你搭起绿罗衣，铺开紫藤席。绣枕头边放，香奁手内提。索甚么疑惑，这是我绣来的鸳鸯被；可不是蹊跷，谁承望这搭儿得见你？

　　（云）好是奇怪，这被儿原是绣来的，是我与张瑞卿来，可怎生得到俺哥哥手里？待他来家时，我试问他波。（张瑞卿做醉科上云）

我醉了也。妹子在那里？（正旦做扶末，云）哥哥有酒也，吃甚么茶饭？（张瑞卿云）妹子，甚么茶饭都吃不了，我醉了也。（正旦唱）

【沽美酒】则他这酸黄齑怎的吃，粗米饭充饥，怕哥哥害渴时冰调些凉蜜水。我玉英有句话儿敢题？（张瑞卿云）妹子有话，但说不妨。（正旦唱）问的我陪着笑卖查梨。（旦笑科）（张瑞卿云）你说便说，只管笑的？（正旦唱）

【太平令】若问哥哥休讳，这鸳鸯被委是谁的？（张瑞卿云）是我的妹子与我的。（正旦唱）除妹子别无甚妹子，除哥哥别无甚兄弟。我玉英呵世做的所为，这里，便跪膝，则鸳鸯被要知根搭底。

（张瑞卿云）这被儿你问他怎的？（正旦云）哥哥，这被儿原是我的来。（张瑞卿云）是便是，你认的我么？（正旦云）我不认的你。（张瑞卿云）则我便是张瑞卿！（正旦云）则被你杀我也！枉叫了你这三日哥哥！（张瑞卿云）我还你十日姐姐。我关上这门，我与你陪话咱。（饮酒科）（正旦云）张瑞卿，我今日与你相会，兀的不欢喜杀我也！

（刘员外上云）今日三日了，我到李家问亲事咱。可怎生关着这门？我踅开门来，好也！你两个做的好勾当！这个是我的老婆！（张瑞卿云）这个是我的老婆！（刘员外云）倒是你的老婆？你冒认亲兄，强赖人妻，我和你见官去来！（同下）

（李府尹引张千上）（诗云）三年待罪汉西京，重许衣冠返洛城。寄语待臣休望幸，早伸冤气到长平。老夫李彦实，被左司家奏劾不实，已远远的贬窜去了。着老夫仍为河南府尹，敕赐势剑金牌，一应贪官污吏，准许先斩后闻。如今来到洛阳地面。张千，是甚么人吵闹？与我拿将过来！（张千云）理会的！拿过来！（跪科）

（刘员外云）老爷可怜见，与小人做主咱。（李府尹云）兀的不是我女孩儿玉英？（正旦云）兀的不是我父亲？（李府尹云）你怎生在这里？（正旦云）父亲你去时间刘员外借了十个银子，本利该二十个银子，无的还他，他强逼我为妻。父亲与我做主咱！（李府尹云）这个是谁？（正旦云）父亲去家之后，您孩儿自许了亲事，与他为妻。

（张瑞卿云）小官是张瑞卿，新除本处县尹。（刘员外云）好也，你两个官官相为，我死也。（李府尹云）有这等事？张千，取大棒子过来，将刘员外先责四十，再送有司问罪。（张千打科）（正旦唱）

【锦上花】这厮倚恃钱财，虚张声势。硬保强媒，把咱凌逼。重则鞭笞，轻则骂詈。难道河有澄清，人无得意。

【幺篇】当时曾受亏，今日也还席。大小荆条，先决四十。再发有司，从公拟罪。钱呵通神，法难纵你。

（李府尹云）张瑞卿和老夫同到宅中。今日是个吉日良辰，与女孩儿永远为夫妻。一面杀羊造酒，做个庆喜的筵席。（做到宅，张瑞卿同正旦拜成礼科）（正旦唱）

【清江引】想人生百年能有几，要博个开颜日。父子共团圆，夫妇重和会，这便是出寻常天大的喜。

（李府尹诗云）贼徒唬吓结良缘，号令沉枷在市廛。欠钱索债虽常事，倚富欺贫岂有天？新婚今朝为令尹，老夫依旧得生旋。杀羊造酒排筵宴，夫荣妻贵喜团圆。

题目　金阊客解品凤凰箫

正名　玉清庵错送鸳鸯被

《鸳鸯被》，全名《玉清庵错送鸳鸯被》。旦本。共四折，一楔子。出场人物：正旦——李玉英；冲末——李府尹；净——刘员外；丑——道姑；外——张瑞卿。

剧情是这样的：楔子：洛阳府尹李彦实被左司弹劾，解赴京师问罪，临行前，托道姑向刘员外借银十两，刘蓄意要其女李玉英在契上画押。第一折：一年后，刘员外以索债要挟李玉英为妻，勒逼道姑前往说合。道姑谎称刘一表人才，玉英允了亲事。第二折：道姑约刘李二人晚上在庵内成就亲事。刘员外因故误了时间，庵中小道姑却将前来投宿的张瑞卿当作刘员外，张、李二人得成夫妻，李赠鸳鸯被以作信物，张次日上朝应试而去。第三折：刘员外将玉英娶回家中，逼为妻室，李死不顺从，被罚当垆卖酒。张瑞卿状元及第，除洛阳为理，在酒店中遇李玉英，二人已不相识。张问出李原来是自己妻子，假称自己是她二十几年未见的哥哥，替他还了所欠刘员外银两。

刘员外向玉英的"哥哥"请娶玉英为妻，张假许刘三日后来提亲。第四折：酒店中，张瑞卿取出鸳鸯被，与玉英夫妻相认。三日后，刘员外见张、李已结为夫妻，扯二人去官府告状，恰遇官复原职的李府尹，刘被送有司问罪，张、李夫妻团圆。

鸳鸯被，绣有鸳鸯的锦被。为夫妻共寝之用。《西京杂记》卷一："鸳鸯被，鸳鸯襦，鸳鸯褥。"唐刘希夷《晚春》："寒尽鸳鸯被，春生玳瑁床。"此折中李彦实复职洛阳有几句道白："老夫李彦实，被左司家奏劾不实，已远远地贬窜去了。着老夫仍为河南府尹，敕赐势剑金牌，一应贪官污吏，准许先斩后闻。""贪官污吏"，贪赃枉法的官吏。这是他要当清官的心声。

1927 年 3 月，毛泽东在《湖南农民运动考察报告》中说："一切帝国主义、军阀、贪官污吏、土豪劣绅，都将被他们葬入坟墓。"（《毛泽东选集》，第一卷，人民出版社 1991 年版，第 13 页）毛泽东在这里，把贪官污吏与帝国主义、军阀和土豪劣绅同等看待，都是农民运动打倒的对象。

（二）传　奇

1、王实甫《西厢记》

王实甫，名德信，大都（今北京市）人。生卒年不详。元代杂剧作家。钟嗣成《录鬼簿》将他列入"前辈已死名公才人"，"逢人只点头，见香饵莫吞钩，高抄起经纶大手"，可知王实甫早年曾经为官，宦途不无坎坷，晚年退隐。曲中又有"且喜的身登中寿"，"百年期六分甘到手"，可以推断他至少活到60岁。这首散曲又见于《雍熙乐府》，未署名。因此，学术界对它的作者是谁有不同看法。

王实甫所作杂剧，名目可考者共13种。今存有《崔莺莺待月西厢记》、《吕蒙正风雪破窑记》和《四大王歌舞丽春堂》3种。《中原音韵》曾把《西厢记》第一本第三折的曲文作为"定格"的范例标举。元末明初贾仲明的【凌波仙】吊曲说王实甫"作词章，风韵羡，士林中等辈伏低。新杂剧，旧传奇，西厢记，天下夺魁。"明初朱权《太和正音谱》誉王实甫词如"花间美人"，"极有佳句"，"铺叙委婉，深得骚人之趣"。可见，他的作品在元代和元明之际很为人所推重，《西厢记》其时已被称为杂剧之冠。他还有散曲作品。

毛泽东对西厢记十分熟，早在延安时期，他1941年写的《驳第三次"左"倾路线》一文中，就顺笔提到，金圣叹不愿意抹杀王实甫在《西厢记》中偶然写出的几句好话。

1962年12月，在一个周末晚会上，当时在中央办公厅秘书室工作的崔英见毛泽东正坐在沙发上休息，立即走过去，向毛泽东伸出了手，自我介绍说，我是新调来的，在秘书室工作。毛泽东问她叫什么名字。她告诉毛泽东，我叫崔英时，毛泽东微笑着对她说："那么你的爱人可能是姓张了？"问得崔英茫然不知所措，还没等她答话，毛泽东又面带笑容地问她："你读过《西厢记》吗？"崔英才恍然大悟，明白了毛泽东说她的爱人可能是姓张的来由。她告诉毛泽东，读过《西厢记》。毛泽东问："你读的是哪个版本？"崔英说是王实甫写的那本。毛泽东说："你应该再读读董解元写的《西厢记诸宫调》，那本写得好，文词写得美，文字精练细腻，读两遍不嫌多。"（崔英：《中南海的两次周末晚会》，《毛泽东读古书实录》，第 287 页，上海人民出版社 1994 年版。）

他对《西厢记》中两个小人物——红娘和惠明评价很高，曾用他们的形象来说明现实问题。

1958 年 5 月 8 日，毛泽东在中共八大二次会议上的讲话说，"红娘是一个有名的人物。"

1958 年 7 月 1 日，毛泽东批示有关同志为他找几本古典文学著作，其中有《西厢记》。

1962 年 8 月 5 日，毛泽东在一次谈话中，又举《西厢记》为例说明戏剧冲突在戏剧艺术中的重要作用。他说："《西厢记》中的老夫人代表封建势力，是对立面，有了老夫人，才有戏，不然光有莺莺、红娘、张生三个人打成一片，没有对立面还有什么戏呀！"

（1）《西厢记》第一本　张君瑞闹道场杂　楔子

《西厢记》第一本楔子的原文是：

（外扮老夫人上开）老身姓郑，夫主姓崔，官拜前朝相国，不幸因病告殂。只生得个小女，小字莺莺，年一十九岁，针指女工，诗词书算，无不能者。老相公在日，曾许下老身之侄——乃郑尚书之长子郑恒——为妻。因俺孩儿父丧未满，未得成合。又有个小妮子，是自幼服侍孩儿的，唤做红娘。一个小厮儿，唤做欢郎。先夫弃世之后，老身与女孩儿扶柩至博陵安葬；因路途有阻，不能得去。来到河中府，将这灵柩寄在普救寺内。这寺是先夫相国修造的，乃则天娘娘香火院，况兼法本长老又是俺相公剃度的和尚；因此俺就这西厢下一座宅子安下。一壁写书附京师去，唤郑恒来相扶回博陵去。我想先夫在日，食前方丈，从者数百，今日至亲则这三四口儿，好生的伤感人也呵！

【仙吕】【赏花时】夫主京师禄命终，子母孤孀途路穷；因此上旅榇在梵王宫。盼不到博陵旧冢，血泪洒杜鹃红。

今日暮春天气，好生困人，不免唤红娘出来吩咐他。红娘何在？（旦俫扮红见科）（夫人云）你看佛殿上没人烧香呵，和小姐散心耍一回去来。（红云）谨依严命。（夫人下）（红云）小姐有请。（正旦扮莺莺上）（红云）夫人着俺和姐姐佛殿上闲耍一回去来。（旦唱）

【幺篇】可正是人值残春蒲郡东，门掩重关萧寺中；花落水流红，闲愁万种，无语怨东风。（并下）

《西厢记》，全名《崔莺莺待月西厢记》。元王实甫作。写张生与崔莺莺这一对有情人冲破困阻终成眷属的故事。全剧共五本二十一折。剧情是：书生张君瑞在普救寺里偶遇已故崔相国之女莺莺，对她一见倾心，苦于无法接近。此时恰有孙飞虎听说莺莺美貌，率兵围住普救寺，要强娶莺莺为妻。崔老夫人情急之下听从莺莺主意，允诺如有人能够退兵，便将莺莺嫁他。张生喜出望外，修书请得故人白马将军杜确率兵前来解围，但事后崔老夫人绝口不提婚事，只让二人以兄妹相称。张生失望之极，幸有莺莺的丫环红娘从中帮忙，扶莺莺月夜烧香，听见张生弹琴诉说衷肠。后来莺莺听说张生病倒，让红娘去书房探望。张生相思难解，央求红娘替他从中传递消息。莺莺怜惜张生，终于鼓起勇气，也写诗回赠，后在红娘帮助下，二人瞒过崔老夫人，私下幽会并订了终身。老夫人知情后怒责红娘，但已无可挽回，便催张生进京应考。张生与莺莺依依而别，半年后得中状元。崔老夫人的侄儿郑恒本与莺莺有婚约，便趁张生还未返回之时谎报张生已被卫尚书招赘为婿，老夫人一气之下要将莺莺嫁给郑恒，幸好张生及时归来，有情人终成眷属。

楔子，戏剧中的引子。一般在篇首，用以点明、补充正文。元杂剧也有在本与本、折与折间使用的。这个楔子用在第一本开端，作为整剧的引子。它通过老夫人的宾白，介绍了主要人物老妇人、莺莺、欢郎以及婢女红娘，还有崔家与普济寺长老法本的关系。由于暂住寺中寂寞，莺莺在红娘陪伴下在寺中游春，便唱了（幺篇）这支曲子。"可正是人值残春蒲郡东，门掩重关萧寺中"，前二句叙事兼抒情，蒲东郡，即唐河中府，即今山西永济。萧寺，即佛寺。语出唐李绅《莺莺歌》："门掩重关萧寺中，芳草花时不曾出。"此用其语。梁武帝萧衍信佛，好造佛寺，后人因有称佛寺为萧寺的。后三句描写，写暮春景色，花落水中随水流而去，莺莺满腔闲愁无法排遣，埋怨恼人的东风把话吹落。是少女怀春的表现，为下面剧情的发展作了铺垫。

【幺篇】"可正是人值残春蒲郡东，门掩重关萧寺中；花落水流红，闲愁万种，无语怨东风。"这支曲子，毛泽东曾三次手书（《毛泽东手书选集·古诗词》(下)，北京出版社1996年版，第178—180页），说明他十分喜爱。

（2）《西厢记》第一本　张君瑞闹道场杂　第一折

《西厢记》第一本第一折的原文是：

（正末扮张生骑马引仆上开）小生姓张，名珙，字君瑞，本贯西洛人也，先人拜礼部尚书，不幸五旬之上，因病身亡。后一年丧母。小生书剑飘零，功名未遂，游于四方。即今贞元十七年二月上旬，唐德宗即位，欲往上朝取应，路经河中府过。蒲关上有一故人，姓杜名确，字君实，与小生同郡同学，当初为八拜之交。后弃文就武，遂得武举状元，官拜征西大元帅，统领十万大军，镇守着蒲关。小生就望哥哥一遭，却往京师求进。暗想小生萤窗雪案，刮垢磨光，学成满腹文章，尚在湖海飘零，何日得遂大志也呵！万金宝剑藏秋水，满马春愁压绣鞍。

【仙吕】【点绛唇】游艺中原，脚跟无线、如蓬转。望眼连天，日近长安远。

【混江龙】向《诗》《书》经传，蠹鱼似不出费钻研。将棘围守暖，把铁砚磨穿。投至得云路鹏程九万里，先受了雪窗萤火二十年。

才高难入俗人机，时乖不遂男儿愿。空雕虫篆刻，缀断简残编。行路之间，早到蒲津。这黄河有九曲，此正古河内之地，你看好形势也呵！

【油葫芦】九曲风涛何处显，只除是此地偏。这河带齐梁，分秦晋，隘幽燕；雪浪拍长空，天际秋云卷；竹索缆浮桥，水上苍龙偃；东西溃九州，南北串百川。归舟紧不紧如何见？却便似弩箭乍离弦。

【天下乐】只疑是银河落九天；渊泉、云外悬，入东洋不离此径穿。滋洛阳千种花，润梁园万顷田，也曾泛浮槎到日月边。话说间早到城中。这里一座店儿，琴童接下马者，店小二哥那里？（小二上云）自家是这状元店里小二哥。官人要下呵，俺这里有干净店房。（末云）头房里下，先撒和那马者！小二哥，你来，我问你：这里有甚么闲散心处？名山胜境，福地宝坊皆可。（小二云）俺这里有座寺，名曰普救寺，是则天皇后香火院，盖造非俗：琉璃殿相近青霄，舍利塔直侵云汉。南来北往，三教九流，过者无不瞻仰；则除那里可以君子游玩。（末云）琴童料持下晌午饭！俺到那里走一遭便回来也。（仆云）安排下饭，撒和了马，等哥哥回家。（下）（法聪上）小僧法聪，是这普救寺法本长老座下弟子。今日师父赴斋去了，着我在寺中，但有探长老的，便记着，待师父回来报知。山门下立地，看有甚么人来。（末上云）却早来到也。（见聪了，聪问云）客官从何来？（末云）小生西洛至此，闻上刹幽雅清爽，一来瞻仰佛像，二来拜谒长老。敢问长老在么？（聪云）俺师父不在寺中，贫僧弟子法聪的便是，请先生方丈拜茶。（末云）既然长老不在呵，不必吃茶；敢烦和尚相引，瞻仰一遭，幸甚！（聪云）小僧取钥匙，开了佛殿、钟楼、罗汉堂、香积厨、盘桓一会，师父敢待回来。（做看科）（末云）是盖造得好也呵！

【村里迓鼓】随喜了上方佛殿，早来到下方僧院。行过厨房近西、法堂此、钟楼前面。游了洞房，登了宝塔，将回廊绕遍。数了罗汉，参了菩萨，拜了圣贤。

（莺莺引红娘拈花枝上云）红娘，俺去佛殿上耍去来。（末做见科）呀！正撞着五百年前风流业冤。

【元和令】颠不刺的见了万千，似这般可喜娘的庞儿罕曾见。则着人眼花缭乱口难言，魂灵儿飞在半天。他那里尽人调戏軃着香肩，只将花笑拈。

【上马娇】这的是兜率宫，休猜做了离恨天。呀，谁想着寺里遇神仙！我见他宜嗔宜喜春风面，偏、宜贴翠花钿。

【胜葫芦】则见他宫样眉儿新月偃，斜侵入鬓边。（旦云）红娘，你觑：寂寂僧房人不到，满阶苔衬落花红。（末云）我死也！未语前先腼腆，樱桃红绽，玉粳白露，半晌恰方言。

【幺篇】恰便似呖呖莺声花外啭，行一步可人怜。解舞腰肢娇又软，千般袅娜，万般旖旎，似垂柳晚风前。

（红云）那壁有人，咱家去来。（旦回顾觑末下）（末云）和尚，恰怎么观音现来？（聪云）休胡说，这是河中府崔相国的小姐。（末云）世间有这等女子，岂非天姿国色乎？休说那模样儿，则那一对小脚儿，价值百镒之金。（聪云）偌远地，他在那壁，你在这壁，系着长裙儿，你便怎知他脚儿？（末云）法聪，来，来，来，你问我怎便知，你觑：

【后庭花】若不是衬残红，芳径软，怎显得步香尘底样儿浅。且休题眼角儿留情处，只这脚踪儿将心事传。慢俄延，投至到栊门儿前面，刚那了一步远。刚刚的打个照面，疯魔了张解元。似神仙归洞天，空馀下杨柳烟，只闻得鸟雀喧。

【柳叶儿】呀，门掩着梨花深院，粉墙儿高似青天。恨天，天不与人行方便，好着我难消遣，端的是怎留连。小姐呵，则被你兀的不引了人意马心猿？

（聪云）休惹事，河中开府的小姐去远了也。（末唱）

【寄生草】兰麝香仍在，佩环声渐远。东风摇曳垂杨线，游丝牵惹桃花片，珠帘掩映芙蓉面。你道是河中开府相公家，我道是南海水月观音现。"十年不识君王面，始信婵娟解误人。"小生便不往京师去应举也罢。（觑聪云）敢烦和尚对长老说知：有僧房借半间，早晚温习经史，胜如旅邸内冗杂，房金依例拜纳，小生明日自来也。

【赚煞】饿眼望将穿，馋口涎空咽，空着我透骨髓相思病染，怎当他临去秋波那一转！休道是小生，便是铁石人也意惹情牵。近庭轩，花柳争妍，日午当庭塔影圆。春光在眼前，争奈玉人不见，将一座梵王宫疑是武陵源。

《西厢记》的第一本第一折，有的明刊本另有标目，曰《佛殿奇逢》，清刊本标《惊艳》的也不少。曰奇曰惊，正好用两种不同的神态来说明当时的气氛，并突出了莺莺的形态之美。张生、莺莺在佛殿上的相遇，彼此都毫无思想准备，完全出乎意料。所以，对双方来说，都是一场奇遇。而莺莺的绝世姿容，又使得张生更多一层惊奇之感而倍加倾倒。

这一折一开始的五支曲子主要写张生的家世生平以及黄河蒲津渡口一带的山川景色，普救寺的建筑格局。可以说是人物介绍和故事的背景，包括时间、空间在内的介绍。第一支曲子【仙吕】【点绛唇】游艺，游憩于六艺之中，泛指学艺的修养。蓬转，蓬草随风转动，比喻人四处漂流。日近长安远，抬头看见太阳，觉得近；但抬头看不见长安，觉得远。后泛指离京遥远。典出《晋书·明帝纪》："帝幼而聪哲，为元帝所宠异。年数岁，尝坐置膝前。属长安使来，因问之曰：'汝谓日与长安孰近？'对曰：'长安近，不闻人从日边来，居然可知也。'元帝异之，明日，宴群僚，又问之，对曰：'日近。'元帝失色曰：'何乃异向者之言乎？'对曰：'举头则见日，不见长安。'"这支曲子交代了张生的行踪：要进京赶考。

【混江龙】一曲则长期下苦功钻研学业，志在必中。【油葫芦】一曲则描写河中府地势险要：这黄河穿过齐、梁两国，分开秦晋，成为阻挡幽燕的天然屏障，形势极其雄伟。眼前雪一般的浪花拍打着长空，好像天边的秋云在卷动；连接两岸的浮桥，用竹索揽着船只而成，好像一条苍龙卧在水面上。水流湍急，行船好像箭从弦上射出去一样。【天下乐】一曲继续写黄河惊涛：黄河与天相连，使人疑心它是从九天落下的银河；它的源头在云层之外，流入东海；他路过洛阳和梁园的时候，滋润着千种名花，万顷良田，它的上游与天河相通，传说还曾经泛着"浮槎"把张骞送到太阳和月亮上呢。这黄河是多雄伟呀！

从【元和令】开始，直到第一折结束，都是从张生口中层次分明地从各个不同角度描绘这个"风流业冤"的容貌之美、体态之美和风度之美，偶尔也对自然景色有所渲染，则都是为了衬托莺莺而写，都是为了衬托、创造欢乐愉快的气氛而写。

在【元和令】中，王实甫先只是从比较远的距离，让人们一睹莺莺"尽人调戏，弹着香肩，只将花笑拈"的神情，显得莺莺天真之极、自然之极、大方之极。决不能把"尽人调戏"理解成为莺莺让别人肆意侮辱而毫无反抗。只是说明她明知有人在欣赏她的姿容，她既没有因此而得意忘形，也没有因此忸怩作态，而是和平时一样，泰然处之。

【上马娇】中的"宜嗔宜喜春风面"也是神来之笔的佳句。说莺莺欢乐不美的问题，更主要写的是张生的激情，在他眼中，莺莺先时无刻不可爱也。这正如古人说西施心痛时双眉深锁别有一种美态一样。

"谁想着寺里遇神仙"，有三层意思：第一，在佛殿上遇到莺莺完全出乎意之外；第二，莺莺美艳出众，似非凡人所能及，因此誉之为神仙；第三，张生见到莺莺之后，自己有了无可言喻的幸福感，于是称莺莺为神仙。"兜率宫"是神仙居住之地，一以下曲文里提到"南海水月观音现"的观音菩萨，提到"武陵源"等仙境，也都是形容莺莺之美"宜嗔宜喜春风面"，是从正面看过去所得的印象，如何呢？所以还得加上一句"偏宜贴翠花钿"，侧面看过去也很美，贴上翠花钿这种面饰，是最合适不过了。可以说【元和令】和【上马娇】都是从比较远的距离观察、欣赏莺莺的美貌。而【胜葫芦】则把距离拉近了，仿佛电影中的特写镜头：先写了一笔修长而纤细的新月般的眉毛。刚才莺莺没有说话，所以只注意到她在自然自在地"只将花笑拈"。现在莺莺一开口说话，不知不觉多少有些腼腆。而她的口型、她的嘴唇上珠红的色泽，首先使张生感到确实像一颗樱桃一般小而可爱。接着也看到了莺莺洁白而整齐的一口牙齿。

【后庭花】一开始就写张生发现莺莺眼角里也流露出了一种蕴藏着的深情，所以张生认为莺莺的脚步之所以移动得如此缓慢，也是不愿很快离开的表现，也是莺莺给他张生的一种甚有好感的反应。这样想着，张生就像着了魔一般地兴奋、激动，定不下心来。但是，好景不常，"刚刚地打个照面"，莺莺就进门去也。对张生来说，就像"神仙归洞天"已经遥远了。他只能望着杨柳烟，听着鸟雀喧而惆怅万端了。

莺莺既然已经"似神仙归洞天"一般地进入了"梨花深院"了，而且门也掩了起来。因此【柳叶儿】写张生的失望和怨恨。挡着张生的是那一堵高似青天的粉墙。张生恨这一堵粉墙，也恨老天不与他提供方便。张生从理智上完全明白了"粉墙"与"天"都是无生命、无知觉、无爱憎，他之所以恨"粉墙"与"天"，实际上是恨封建礼教，是恨坚决奉行封建礼教的老夫人，使他不能和莺莺欢叙互相爱慕之情。张生不知如何是好，定不下心来。

既然莺莺已经到了张生视线之外，所以【寄生草】第一句的"兰康香仍在"，不写视觉而写嗅觉了，表明莺莺刚才还在这里盘桓过，香味还没有消散掉。"佩环声渐远"，则是诉诸听觉了，粉墙儿虽然高似青天终于没有把声音全部隔绝，还听到佩环叮当之声，但是愈来愈远了，人去得更远了。王实甫在张生看得到莺莺时，从视觉上狠下功夫，分别从远处、近处、正面、侧面，为莺莺塑造美丽的形象，在视线达不到之处，写张生在呼吸着莺莺刚才路过时遗留下来的兰麝之香，继而再写听觉，仿佛亲眼看到了莺莺走到梨花深院的深处去了。王实甫如此调动了一切艺术手法，塑造莺莺美丽形象，作者一下子捕捉住了张生这种近乎"疯魔"的精神状态而作准确的反映。第三句"珠帘掩映芙蓉面"，既有景物，也将莺莺纳入画面之中。张生认为此时此刻莺莺很可能已经到达悬挂珠帘的闺房，所谓"芙蓉面"，当是指像芙蓉般的莺莺的面孔也。结束时，继以上六支曲子已经三番四次将美艳的莺莺比喻为神仙之后，又一次再作这样的比喻，但不再抽象地喻之为神仙，而是径喻为最美的神仙，即观音菩萨。

【么篇】第一句从听觉上写莺莺声音之悦耳转变为写动态的莺莺。当然说话比到沉默已经是动作性更大得多。整个身躯都要活动起来的。体态又如何呢？"行一步可人怜"，仅仅走了一步娇媚而给人以善舞的感觉。至于用黄莺比喻清脆的语言，用迎风的垂柳比喻扭动的腰肢，很得体。

张生和莺莺这两个主人公，在第一折中都出场了，而且性格鲜明，给观众留下了深刻的印象。并且出色地描绘了九曲黄河的美好景色。

毛泽东曾手书过这一折中的【仙吕】【点绛唇】【混江龙】【油葫芦】

和【寄生草】等四支曲子［《毛泽东手书选集·古诗词》（下），北京出版社 1996 年版，第 181 页—194 页］，可见他对这一折戏曲主人公张生和莺莺两个青年产生了深刻印象，对普救寺所在地点的九曲黄河的美好景色很感兴趣，对此折的文辞之美极为激赏。

（3）《西厢记》第二本　崔莺莺夜听琴　第一折（节录）

《西厢记》第二本第一折的原文是：

【孙飞虎上开】自家姓孙，名彪，字飞虎，方今天下扰攘。因主将丁文雅失政，俺分统五千人马，镇守河桥，劫掳良民财物。近知先相国崔珏之女莺莺，眉黛青步鞓，莲脸生春，有倾国倾城之容，西子太真之颜，现在河中府普救寺借居。我心中想来：当今用武之际，主将尚然不正，我独廉何为？大小三军，听吾号令：人尽衔枚，马皆勒口，连夜进兵河中府！掳莺莺为妻，是我平生愿足。（下）（法本慌上）谁想孙飞虎将半万贼兵围住寺门，鸣锣击鼓，呐喊摇旗，欲掳莺莺小姐为妻。我今不敢违误，即索报知夫人走一遭（下）（夫人慌云）如此却怎了！俺同到小姐卧房里商量去。（下）（旦引红娘上去）自见了张生，神魂荡漾，情思不快，茶饭少进。早是离人伤感，况值暮春天道，好烦恼人也呵！

好句有情怜夜月，落花无语怨东风。

【仙吕】【八声甘州】恹恹瘦损，早是伤神，那值残春。罗衣宽褪，能消几度黄昏？风袅篆烟不卷帘，雨打梨花深闭门；无语凭阑干，目断行云。

【混江龙】落红成阵，风飘万点正愁人，池塘梦晓，阑槛辞春；蝶粉轻沾飞絮雪，燕泥香惹落花尘；系春心情短柳丝长，隔花阴人远天涯近。香消了六朝金粉，清减了三楚精神。

（红云）姐姐情思不快，我将被儿薰得香香的，睡些儿。……

《西厢记》第二本第一折，开头宾白写孙飞虎兵围普救寺，接下来莺莺有两支曲子。第一支【仙吕】【八声甘州】写莺莺与张生一见钟情，抛舍不下，又值残春天气，茶饭不思，饮食锐减，逐渐消瘦，连她穿的罗衣也显得宽大可以松动，好像有病一样，显得十分柔弱。"能消几度黄昏"系用典，赵令畤《清平乐》："断送一生憔悴，只消几个黄昏。""篆烟"，指香烟盘绕曲折，像篆文一样。"雨打梨花深闭门"，系用宋秦观《忆王孙》成句。"无语凭阑干"，五代孙光宪《临江仙》："含情无语，延伫倚栏杆。"大白天，点着熏香，帘子也不卷，百无聊赖，凭着栏杆，望天上云飞，连一句话也不说。很好地抒发了她的忧愁苦闷。

接着的【油葫芦】一曲，更进一步从环境的描写，借景抒情。其中"风飘万点正愁人"系用唐杜甫《落花》诗成句，"人远天涯近"是用宋朱淑真《生查子》成句。整支曲子是说，落花纷纷，被风一吹，万点飞花令人愁闷。池塘梦醒，阑干辞别春天；蝴蝶所采花粉轻轻地沾到白色的飞花上，燕子所叼的泥也染上落花的香气；长长的柳丝系念着莺莺萌动的春心，与张生隔着花荫显得很远而天涯却觉得很近，莺莺金粉香销，精神锐减。很好地抒发莺莺的春心萌动情态。

毛泽东曾手书过【仙吕】【八声甘州】和三次手书【混江龙】这两支曲子。[《毛泽东手书选集·古诗词》(下)，北京出版社 1996 年版，第 195—203 页] 可见他对这一折戏十分欣赏。

（4）《西厢记》第二本　崔莺莺夜听琴　第二折　楔子

《西厢记》第二本第二折楔子的原文是：

（夫人、洁同末上）（夫人云）此事如何？

（末云）小生有一计，先用着长老。

（洁云）老僧不会厮杀，请秀才别换一个。

（末云）休慌，不要你厮杀。你出去与贼汉说："夫人本待便将小姐出来，送与将军，奈有父丧在身。不争鸣击鼓，惊死小姐，也可惜了。将军若要做女婿呵，可按甲束兵，退一射之地。限三日功德圆满，脱了孝服，换上颜色衣服，鲂陪房奁，定将小姐送与将军。不争便送来，一来父孝在身，二来于君不利。"你去说去。（洁云）三日后如何？（末云）有计在后。（洁朝鬼门道叫科）请将军打话。

（飞虎引卒上云）快送莺莺出来。

（洁云）将军息怒！夫人使老僧来与将军说。（说如前了）

（飞虎云）既然如此，限你三日后。若不送来，我着你人人皆死，个个不存。你对夫人说去，怎的这般好性儿的女婿，教他招了者。（引卒下）

（洁云）贼兵退了也，三日后不送出去，便都是死的。

（末云）小子有一故人，姓杜名确，号为白马将军，现统十万大兵，镇守着蒲关。一封书去，此人必来救我。此间离蒲关四十五里，写了书呵，怎得人送去？

（洁云）若是白马将军肯来，何虑孙飞虎。俺这里有一个徒弟，唤作惠明，则是要吃酒厮打。若使央他去，定不肯去；须将言语激他，他便去。

（末唤云）有书寄与杜将军，谁敢去？谁敢去？

（惠明上云）我敢去！（唱）

【正宫】【端正好】不念《法华经》，不礼《梁皇忏》，彪了僧伽帽，袒下我这偏衫。杀人心逗起英雄胆，两只手将乌龙尾钢椽揝。

【滚绣球】非是我贪，不是我敢，知他怎生唤做打参，不踏步直杀出虎窟龙潭。非是我揣，不是我揽，这些时吃菜馒头委实口淡，五千人也不索炙煿煎熬。腔子里热血权消渴，肺腑内生心且解馋，有甚腌臜！

【叨叨令】浮沙羹、宽片粉添些杂糁，酸黄斋、烂豆腐休调啖，万余斤黑面从教暗，我将这五千人做一顿馒头馅。是必误了也么哥！休误了也么哥！包残余肉把青盐蘸。

（洁云）张秀才着你寄书去蒲关，你敢去么？（惠唱）

【倘秀才】你那里问小僧敢去也那不敢，我这里启大师用咱不用喳。你道是飞虎声名播斗南；那厮能淫欲，会贪婪，诚何以堪！

（末云）你是出家人，却怎不看经礼忏，只厮打为何？（惠唱）

【滚绣球】我经文也不会谈，逃禅也懒去参；戒刀头近新来钢蘸，铁棒上无半星儿土渍尘缄。别的都僧不僧、俗不俗，女不女、男不男，则会斋得饱也则去那僧房中胡浑，那里管焚烧了兜率也似伽蓝。则为那善文能武人千里，凭着这济困扶危书一缄，有勇无惭。

（末云）他倘若不放你过去如何？

（惠云）他不放我呵，你放心！

【白鹤子】着几个小沙弥把幢幡宝盖擎，壮行者将杆棒镬叉担，你排阵脚将众僧安，我撞钉子把贼兵来探。

【二】远的破开步将铁棒彯，近的顺手把戒刀钐；有小的提起来将脚尖踆，有大的扳下来把髑髅勘。

【一】瞅一瞅古都都翻了海波，滉一滉厮琅琅震动山岩；脚踏得赤力力地轴摇，手扳得忽剌剌天关撼。

【耍孩儿】我从来驳驳劣劣，世不曾忐忐忑忑，打熬成不厌天生敢。我从来斩钉截铁常居一，不似恁惹草拈花没掂三。劣性子人皆惨，舍着命提刀仗剑，更怕甚勒马停骖。

【二】我从来欺硬怕软，吃苦不甘，你休只因亲事胡扑掩。若是杜将军不把干戈退，张解元干将风月担，我将不志诚的言词赚。倘或纰缪，倒大羞惭。

（惠云）将书来，你等回音者。

【收尾】您与我助威风擂几声鼓，仗佛力呐一声喊。绣旗下遥见英雄俺，我教那半万贼兵吓唬破胆。（下）

（末云）老夫人长老都放心，此书到日，必有佳音。咱"眼观旌节旗，耳听好消息"。你看"一封书札逡巡至，半万雄兵咫尺来。"（并下）

（杜将军引卒子上开）林下晒衣嫌日淡，池中濯足恨鱼腥；花根本艳公卿子，虎体鹓斑将相孙。自家姓杜，名确，字君实，本贯西洛人也。自幼与君瑞同学儒业，后弃文就武。当年武举及第，官拜征西大将军，正授管军元帅，统领十万之众，镇守着蒲关。有人自河中来，听知君瑞兄弟在普救寺中，不来望我；着人去请，亦不肯来，不知主甚意？今闻丁文雅失政，不守国法，剽掠黎民；我为不知虚实，未敢造次兴师。孙子曰："凡用兵之法，将受命于君，合军聚众，圮地无舍，衢地交合，绝地无留；围地则谋，死地则战；途有所不由，军有所不击，城有所不攻，地有所不争，君命有所不受。故将通于九变之利者，知用兵矣。治兵不知九变之术，虽知五利，不能得人用矣。"吾之未疾进后征讨者，为不知地利浅深出没之故也。昨日探听去，不见回报。今日升帐，看有甚军情来，报我知道者！

（卒子引惠明和尚上开）（惠明云）我离了普救寺，一日至蒲关，见杜将军走一遭。（卒报科）

（将军云）着他过来！

（惠打问讯了云）贫僧是普救寺来的，今有孙飞虎作乱，将半万贼兵，围往寺门，欲劫故臣崔相国女为妻。有游客张君瑞，奉书令小僧拜投于麾下，欲求将军以解倒悬之危。

（将军云）将书过来！（惠投书了）

（将军拆书，念曰）珙顿首再拜大元帅将军契兄纛下：伏自洛中，拜违犀表，寒暄屡隔，积有岁月，仰德之私，铭刻如也。忆昔联床风雨，叹今彼各天涯；客况复生于肺腑，离愁无慰于羁怀。念贫处十年藜藿，走困他乡；羡威统百万貔貅，坐安边境。故知虎体食天禄，瞻天表，大德胜常；使贱子慕台颜，仰台翰，寸心为慰；辄禀：小弟辞家，欲诣帐下，以叙数载间阔之情；奈至河中府普救寺，忽值采薪之忧，不及径造。不期有贼将孙飞虎，领兵半万，欲劫故臣崔相国之女，实为迫切狼狈。小弟之命，亦在逡巡。万一朝廷知道，其罪何归？将军倘不弃旧交之情，兴一旅之师；上以报天子之恩，下以救苍生之急；使故相国虽在九泉，亦不泯将军之德。愿将军虎视去书，使小弟鹄观来旌。造次干渎，不胜惭愧！伏乞台照不宣！张珙再拜，二月十六日书。

（将军云）既然如此，和尚你行，我便来。

（惠明云）将军是必疾来者！

【仙吕】【赏花时】那厮掳掠黎民德行短，将军镇压边庭机变宽。他弥天罪有百千般。若将军不管，纵贼寇骋无端。

【幺篇】便是你坐视朝廷将帝主瞒。若是扫荡妖氛着百姓欢，干戈息，大功完。歌谣遍满，传名誉到金銮。

（将军云）虽无圣旨发兵，"将在军，君命有所不受。"大小三军，听吾将令：速点五千人马，人尽衔枚，马皆勒口。星夜起发，直至河中府普救寺救张生走一遭。

（飞虎引卒子上开）（将军引卒子骑竹马调阵，拿绑下）

（夫人、洁同末云）下书已两日，不见回音。

（末云）山门外呐喊摇旗，莫不是俺哥哥军至了。

（末见将军了）（引夫人拜了）（将军云）杜确有失防御，致令老夫人受惊，切忽见罪是幸！

（末拜将军了）自别兄长台颜，一向有失听教；今得一见，如拨云睹日。

（夫人云）老身子母，如将军所赐之命，将何补报？

（将军云）不敢，此乃职分之所当为。敢问贤弟，因甚不至戎帐？

（末云）小弟欲来，奈小疾偶作，不能动止，所以失敬，今见夫人受困，所言退得贼兵者，以小姐妻之，因此愚弟作书请吾兄。

（将军云）既然有此姻缘，可贺，可贺！

（夫人云）安排茶饭者！

（将军云）不索，尚有余党未尽，小官去捕了，却来望贤弟。左右那里，去斩孙飞虎去！（拿贼了）本欲斩首示众，具表奏闻，见丁文雅失守之罪；恐有未叛者，今将为首者各杖一百，余者尽归旧营去者！（孙飞虎谢了）（下）

（将军云）张生建退贼之策，夫人面许结亲；若不违前言，淑女可配君子也。

（夫人云）恐小女有辱君子。

（末云）请将军筵席者！

（将军云）我不吃筵席了，我回营去，异日却来庆贺。

（末云）不敢久留兄长，有劳台候。（将军望蒲关起发）

（众念云）马离普救敲金镫，人望蒲关唱凯歌。

（下）（夫人云）先生大恩，不敢忘也。自今先生休在寺里下，只着仆人寺内养马，足下来家内书院里安歇。我已收拾了，便搬来者。到明日略备草酌，着红娘来请，你是必来一会，别有商议。（下）

（末云）这事都在长老身上。

（问洁云）小子亲事未如何知？

（洁云）莺莺亲事拟定妻君。只因兵火至，引起雨云心。（下）

（末云）小子收拾行李去花园里去也。（下）

　　普救寺的火头僧人惠明，平日不理会佛门的斋戒清规，练就一身好武艺。当军阀孙飞虎带领大军围住普救寺，要抢夺莺莺为妻。当此危难之时，老妇人声言有谁解得危难，就许莺莺为妻。张生挺身而出，自告奋勇，致书友人白马将军杜确，请其带兵解围。这时关键就在于由谁把信送给白马将军。这个任务只有武艺高强能杀出包围之人才能胜任，而惠明当然是不二人选。从【正宫】【端正好】起共用了11支曲子，就是有名的"惠明下书"一段唱词。惠明下书只是全剧中的一个插曲，但却是整个故事情节发展不可或缺的环节；同时也借此塑造了一个性格鲜明、见义勇为的佛门侠士的形象。

　　开头【正宫】【端正好】数句唱词即画出了惠明不同一般俗僧的性格。他既不念经，也不做佛门的装束，更不守佛门的清规戒律，竟然"杀人心逗起英雄胆，两只手将乌龙尾钢椽揎"，人物神态已经浮现纸上。

　　【叨叨令】一曲进一步表现了惠明的"杀人心"和"英雄胆"。他要留下浮杀羹、宽片粉、酸黄齑、烂豆腐这些平素寡淡的食物，而要将孙飞虎的"五千人做一顿馒头馅"，"包残余的肉把青盐蘸"。吃人肉馒头和蘸咸人肉，这些当然都是夸张之词，却有强烈的艺术效果。

　　【滚绣球】是回答张生问话的一曲唱词，惠明看不起那些"僧不僧、俗不俗，女不女、男不男"四不像僧人，而要"只为那善文能武人千里，凭着这济困扶危书一缄，有勇无惭"，进一步揭示惠明济危解困、见义勇为的内心世界。

通过这几个重要唱段，刻画出惠明武艺高强，胆略过人，见义勇为，挺身而出，仗刀抢棍，杀出重围，把信顺利地送给杜确将军，搬来救兵，解了围困，实际上就成就了张生和崔莺莺的姻缘。

毛泽东1958年3月22日在成都会议上的讲话中说："孙飞虎围着普救寺，张生要找人送信请他的朋友白马将军来解围，可是无人敢去，于是开群众会议，这时慧明挺身而出，把信送了去，搬了兵，解了围。"因而赢得毛泽东的赞扬："惠明见义勇为，勇敢大胆，是个坚定之人，希望中国多出点惠明。"（陈晋主编：《毛泽东读书笔记解析》，广东人民出版社1996年版，第1347—1348页）语重心长，至今仍不失其教育意义。

1962年8月9日，毛泽东在一次讲话中说："'无冲突论'是不对的。如戏，总有一点别扭才有'戏'，《西厢记》中老夫人代表封建势力，是对立面，有了老夫人才有戏，不然光有莺莺、红娘、张生三个人打成一片，没有对立面，还有什么戏呀？"（董学文等：《毛泽东的文艺美学活动》，高等教育出版社1995年版，第217页）毛泽东又以此折戏曲为例子，批判了戏曲中的"无冲突论"的错误，阐明了一个重要的戏曲美学原则。

（5）《西厢记》第三本　张君瑞害相思　第二折

《西厢记》第三本第二折的原文是：

（旦上，云）红娘服侍老夫人不得空便，偌早晚敢待来也。起得早了些儿，困思上来，我再睡些儿咱。（睡科）

（红上，云）奉小姐言语去看张生，因服侍老夫人，未曾回小姐话去。不听得声音，敢又睡哩，我入去看一遭。

【中吕】【粉蝶儿】风静帘闲，透纱窗麝兰香散，启朱扉摇响双环。绛台高，金荷小，银釭犹灿。比及将暖帐轻弹，先揭起这梅红罗软帘偷看。

【醉春风】则见他钗軃玉斜横，髻偏云乱挽。日高犹自不明眸，畅好是懒、懒。

（旦做起身长叹科）

（红唱）半晌抬身，几回搔耳，一声长叹。

我待便将简帖儿与他，恐俺小姐有许多假处哩。我则将这简帖儿放在妆盒儿上，看他见了说什么。

（旦做照镜科，见帖看科）

（红唱）

【普天乐】晚妆残，乌云身单，轻匀了粉脸，乱挽起云鬟。将简帖儿拈，把妆盒儿按，开拆封皮孜孜看，颠来倒去不害心烦。

（旦怒叫）红娘！

（红做意云）呀，决撒了也！厌的早扢皱了黛眉。

（旦云）小贱人，不来怎么！

（红唱）忽的波低垂了粉颈，氲的呵改变了朱颜。

（旦云）小贱人，这东西那里将来的？我是相国的小姐，谁敢将这简帖来戏弄我，我几曾惯看这等东西？告过夫人，打下你个小贱人下截来。

（红云）小姐使将我去，他着我将来。我不识字，知他写着什么？

【快活三】分明是你过犯，没来由把我摧残；使别人颠倒恶心烦，你不惯，谁曾惯？

姐姐休闹，比及你对夫人说呵，我将这简帖儿去夫人行出首去来。

（旦做揪住科）我逗你耍来。

（红云）放手，看打下下截来。

（旦云）张生近日如何？

（红云）我则不说。

（旦云）好姐姐，你说与我听咱！

（红唱）

【朝天子】张生近间、面颜，瘦得来实难看。不思量茶饭，怕待动弹；晓夜将佳期盼，废寝忘餐。黄昏清旦，望东墙淹泪眼。

（旦云）请个好太医看他证候咱。

（红云）他证候吃药不济。病患、要安，则除是出几点风流汗。

（旦云）红娘，不看你面时，我将与老夫人看，看他有何面目见夫人？虽然我家亏他，只是兄妹之情，焉有外事。红娘，早是你口稳哩；若别人知呵，甚么模样。

（红云）你哄着谁哩，你把这个饿鬼弄得他七死八活，却要怎么？

【四边静】怕人家调犯，"早共晚夫人见些破绽，你我何安。"问甚么他遭危难？挣断得上竿，掇了梯儿看。

（旦云）将描笔儿过来，我写将去回他，着他下次休是这般。

（旦做写科）

（起身科，云）红娘，你将去说，"小姐看望先生，相待兄妹之礼如此，非有他意。再一遭儿是这般呵，必告夫人知道。"和你个小贼人都有话说。（旦掷书下）

（红唱）

【脱布衫】小孩儿家口没遮拦，一迷的将言语摧残。把似你使性子，休思量秀才，做多少好人家风范。（红做拾书科）

【小梁州】

他为你梦里成双觉后单，废寝忘餐。罗衣不奈五更寒，愁无限，寂寞泪阑干。

【幺篇】似这等辰勾空把佳期盼，我将这角门儿世不曾牢拴，则愿你做夫妻无危难。我向这筵席头上整扮，做一个缝了口的撮合山。

（红云）我若不去来，道我违拗他，那生又等我回报，我须索走一遭。（下）

（末上，云）那书倩红娘将去，未见回话。我这封书去，必定成事，这早晚敢待来也。

（红上，云）须索回张生话去。小姐，你性儿忒惯得娇了；有前日的心，那得今日的心来？

【石榴花】当日个晚妆楼上杏花残，犹自怯衣单，那一片听琴心清露月明间。昨日个向晚，不怕春寒，几乎险被"先生馔"，那其间岂不胡颜。为一个不酸不醋风魔汉，隔墙儿险化作了望夫山。

（斗鹌鹑）你用心儿拨雨撩云，我好意儿传书寄简，不肯搜自己狂为，则待要觅别人破绽。受艾焙权时忍这番，畅好是奸。"张生是兄妹之礼，焉敢如此！"对人前巧语花言；没人处便想张生，背地里愁眉泪眼。

（红见末科）

（末云）小娘子来了。擎天柱，大事如何了也？

（红云）不济事了，先生休傻。

（末云）小生简帖儿是一道会亲的符箓，则是小娘子不用心，故意如此。

（红云）我不用心？有天理，你那简帖儿好听！

【上小楼】这的是先生命悭，须不是红娘违慢。那简帖儿倒做了你的招状，他的勾头，我的公案。若不是觑面颜，厮顾盼，扭绕轻慢，先生受罪，礼之当然，贱妾何辜？争些儿把你娘拖犯。

【幺篇】从今后相会少，见面难。月暗西厢，凤去秦楼，云敛巫山。你也赸，我也赸；请先生休讪，早寻个酒阑人散。

（红云）只此再不必申诉足下肺腑，怕夫人寻，我回去也。

（末云）小娘子此一遭去，再着谁与小生分剖；必索做一个道理，方可救得小生一命。（末跪下揪住红科）

（红云）张先生是读书人，岂不知此意，其事可知矣。

【满庭芳】你休要呆里撒奸；你待要恩情美满，却教我骨肉摧残。老夫人手执着棍儿摩娑看，粗麻线怎透得针关。直待我挂着拐帮闲钻懒，缝合唇送暖偷寒。

待去呵，小姐性儿撮盐入火，消息儿踏着泛；待不去呵，

（末跪哭云）小生这一个性命，都在小娘子身上。

（红唱）禁不得你甜话儿热趱.好着我两下里做人难。我没来由分说；小姐回与你的书，你自看者。

（末接科，开读科）呀，有这场喜事，撮土焚香，三拜礼毕。早知小姐简至，理合远接，接待不及，勿令见罪！小娘子，和你也欢喜。

（红云）怎么？

（末云）小姐骂我都是假，书中之意，着我今夜花园里来，和他"哩也波哩也罗"哩。

（红云）你读书我听。

（末云）"待月西厢下，迎风户半开，隔墙花影动，疑是玉人来。"

（红云）怎见得他着你来？你解与我听咱。

（末云）"待月西厢下"，着我月上来；"迎风户半开"，他开门待我；"隔墙花影动，疑是玉人来"，着我跳过墙来。

（红笑云）他着你跳过墙来，你做下来，端的有此说么？

（末云）俺是个猜诗谜的社家，风流隋何，浪子陆贾，我那里有差的勾当。

（红云）你看我姐姐，在我行也使这般道儿。

【耍孩儿】几曾见寄书的颠倒瞒着鱼雁，小则小心肠儿转关。写着道西厢待月等得更阑，着你跳东墙"女"字边"干"。原来那诗句儿里包笼着三更枣，简帖儿里埋伏着九里山。他着紧处将人慢，您会云雨闹中取静，我寄音书忙里偷闲。

【四煞】纸光明玉板，字香喷麝兰，行儿边湮透非春汗？一缄情泪红犹湿，满纸春愁墨未干。从今后休疑难，放心波玉堂学士，稳情取金雀鸦鬟。

【三煞】他人行别样的亲，俺跟前取次看，更做道孟光接了梁鸿案。别人行甜言美语三冬暖，我跟前恶语伤人六月寒。我为头儿看：看你个离魂倩女，怎发付掷果潘安。

（末云）小生读书人，怎跳得那花园过也？

（红唱）

【二煞】隔墙花又低，迎风户半拴，偷香手段今番按。怕墙高怎把龙门跳，嫌花密难将仙桂攀。放心去，休辞惮；你若不去呵，望穿他盈盈秋水，蹙损他淡淡春山。

（末云）小生曾到那花园里，已经两遭，不见那好处；这一遭知他又怎么？

（红云）如今不比往常。

【煞尾】你虽是去了两遭，我敢道不如这番。你那隔墙酬和都胡侃，证果的是今番这一简。（红下）

（末云）万事自有分定，谁想小姐有此一场好处。小生是猜诗谜的社家，风流隋何，浪子陆贾，到那里扢扎帮便倒地。今日颓天百般的难得晚。天，你有万物于人，何故争此一日。疾下去波！读书继晷怕黄昏，不觉西沉强掩门；欲赴海棠花下约，太阳何苦又生根？（看天云）呀，才晌午也，再等等。（又看科）今日万般的难得下去也呵。碧天万里无云，空劳倦客身心；恨杀鲁阳贪战，不教红日西沉！呀，却早倒西也，再等一等咱。无端的三足乌，团团光烁烁；安得后羿弓，射此一轮落？谢天地！却早日下去也！呀，却早发擂也！呀，却早撞钟也！拽上书房门，到得那里，手挽着垂杨滴流扑跳过墙去。（下）

《西厢记》第三本第二折，即《闹简》一折。简，书信。写红娘探望张生病情回来带来了张生的一纸情书，红娘到小姐处，忽然改变了主意，没有立即出示信件，更不提"弹琴那人儿"，而是把简帖儿放在妆盒儿上，让小姐自己去发现。她用"背躬"向观众剖白自己的顾虑："恐俺小姐有许多假处"。她躲到旁边观察动静。不出所料，小姐果然作起假来："（旦怒斥）红娘！（红娘做意云）呀，决撒了也！"小姐"厌的早坆皱了黛眉。"（旦云）"小贱人，不来怎么（红唱）忽的波低垂了粉颈，氲的呵改变了朱颜。"我们从小姐看简书那"孜孜""颠来倒去"的劲和"厌的"发作"变了朱颜"相对照，会发现莺莺这是以攻为守假意为之。汤显祖说："三句递伺其发怒次第也，皱眉，将欲决撒也；垂颈，又踌躇也；变朱颜，则决撒矣。"王实甫真是妙笔生辉，写心理变化可谓细腻深刻。接下来（旦云）"小贱人，这东西那里将来的？我是相国的小姐，谁敢将这简帖来戏弄我，我几曾惯看这种东西？告过夫人，打下你个小贱人下截来"。莺莺发怒，声称要告诉老夫人，将这传书递简人的腿打折了。这表面上的虚张声势，被红娘看破了，于是以假攻假，很快化被动为主动："小姐将我去，他着我将来，我不识字知他写着什么？"并据理力争，"分明是你过犯，没来由把我摧残；使别人颠倒恶心烦，你不惯谁曾惯？"反守为攻，"姐姐休闹，比及你对夫人说呵，我将这简帖儿去夫人行出首去来"。（旦做揪住科）"我逗你耍来"。小姐看势头不妙，只好改口，红娘却不让步"放手，看打下下截来"。这表面上看莺莺好像"输了",她没斗过红娘,可实际胜利者仍是莺莺,因她试探成功了,红娘并没在老夫人那里说什么,认为红娘还是个不错的"信使"。红娘"我不识字"一言提醒了她,莺莺接着耍了个花招:写一首情诗要红娘传递,却说是一封绝情书。红娘埋怨小姐,担心张生,一路絮絮叨叨再来书房。当莺莺的小诗在张生嘴里变作"公开的情书"之后,红娘这一气非同小可:"几曾见寄书的颠倒瞒着鱼雁",热心的红娘决心撒手不管、冷眼旁观了:"看你个离魂倩女,怎发付掷果潘安。"红娘等着看一场好戏。

接着这场好戏便是三本三折,即《赖简》一折,写莺莺发出约会信,约张生"待月西厢下",等到月亮升起来的时候,花园相会。当然这是瞒着红娘做的,"我写将去回他,着他下次休是这般"。这一番作假,写出了这一名门闺秀处在热恋中的复杂心理活动。这一折可以说是莺莺作假最突出的地方,当张生按约定的时间地点"赫赫赤赤"来赴会时,莺莺却板起脸,满口封建说教的把张生训斥了一顿,"张生,你是何等人?我在这里烧香,你无故至此,若夫人闻知,有何理说!"并声张"有贼!"要"扯到老夫人那里去!"在红娘圆场下,这场"官司"才算了结,但莺莺还警告张生说:"先生虽有活人之恩,恩则当报。既为兄妹,何生此心?万一夫人知之,先生何以自安?今后再勿如此,若更为之,与足下决无干休,"莺莺冷不防变卦,把张生整的狼狈不堪,这次作假连精明的红娘也瞒过了,忠厚诚实的张生居然任其斥责,哑口无言。红娘推波助澜,也来训导张生,但只须细辨,红娘的话多处包含启发张生的言外之音:"你来这里有什么勾当?""黄夜来此何干?""谁着你黄夜入人家?"可惜张生启而不发,"想想湖山边,不记'西厢下'",在红娘面前夸下的海口一句也没兑现。红娘对这只"花木瓜"(中看不中用,同红娘对张生另一处奚落"银样蜡枪头"同意)也无可奈何,不无遗憾地唱道:"拍了迎风户半开,山障了隔墙花影动,绿惨了待月西厢下。"

张生挨训后,病情转重,莺莺当然知道张生的病源,她给张生开"药方"——"谨奉新诗可当媒","今宵端的云雨来"。表明了心计,并决定私奔张生。当她让红娘送这封信时,她又假意说是给张生治病的"药方"。

毛泽东曾手书过崔莺莺写给张生的情诗："待月西厢下，迎风户半开。隔墙花影动，疑是玉人来。"[《毛泽东手书选集·古诗词》（下），北京出版社1996年版，第204页] 这首情诗，张生看后是这样解释的："待月西厢下"，着我月上来；"迎风户半开"，他开门待我；"隔墙花影动，疑是玉人来"，着我跳过墙来。玉人，容貌美丽的人。《晋书.卫玠传》："〔玠〕年五岁，风神秀异……总角乘羊车入市，见者皆以为玉人，观之者倾都。"南朝宋刘义庆《世说新语·容止》："（裴楷）粗服乱头皆好，时人以为玉人。"后多用以称美丽的女子。也是对亲人或所爱者的爱称。此指张生简言之，就是莺莺叫张生深夜跳过花墙和她幽会，得遂云雨之欢。就是生米做成熟饭，造成既成事实，逼老夫人承认二人婚姻。《西厢记》全剧的主旨是"愿天下有情人终成眷属"，这是婚姻自主的表现，张生与莺莺私订终身，反抗封建婚姻所谓"父母之命，媒妁之言"，这次二人黉夜私自交媾，是关键一步，毛泽东书写这首情诗，是对二人自主婚姻的肯定。

（6）《西厢记》第四本　草桥店梦莺莺　第二折

《西厢记》第四本第二折的原文是：

（夫人引俫上云）这几日窃见莺莺语言恍惚，神思加倍，腰肢体态，比向日不同；莫不做下来了么？（俫云）前日晚夕，奶奶睡了，我见姐姐和红娘烧香，半晌不回来，我家去睡了。

（夫人云）这桩事都在红娘身上，唤红娘来！（俫唤红科）

（红云）哥哥唤我怎么？

（俫云）奶奶知道你和姐姐去花园里去，如今要打你哩。

（红云）呀！小姐，你带累我也！小哥哥，你先去，我便来也。

（红唤旦科）姐姐，事发了也，老夫人唤我哩，却怎了？

（旦云）好姐姐，遮盖咱！（红云）娘呵，你做的隐秀者，我道你做下来也。（旦念）月圆便有阴云蔽，花发须教急雨催。（红唱）

【越调】【斗鹌鹑】则着你夜去明来，倒有个天长地久；不争你握雨携云，常使我提心在口。你则合戴月披星，谁着你停眠整宿？老夫人心数多，情性刁；使不着我巧语花言，将没做有。

【紫花儿序】老夫人猜那穷酸做了新婚，小姐做了娇妻，这小贱人做了牵头。俺小姐这些时春山低翠，秋水凝眸，别样的都休，试把你裙带儿拴，纽门儿扣，比着你旧时肥瘦，出落得精神，别样的风流。

（旦云）红娘，你到那里小心回话者！（红云）我到夫人处，必问："这小贱人，

【金蕉叶】我着你但去处行监坐守，谁着你迤逗的胡行乱走？"若问着此一节呵如何诉休？你便索与他个"知情"的犯由。姐姐，你受责理当，我图甚么来？

【调笑令】你绣帏里效绸缪，倒凤颠鸾百事有。我在窗儿外几曾轻咳嗽，立苍苔将绣鞋儿冰透。今日个嫩皮肤倒将粗棍抽，姐姐呵，俺这通殷勤的着甚来由？

姐姐在这里等着，我过去。说过呵，休欢喜，说不过，休烦恼。（红见夫人科）

（夫人云）小贱人，为甚么不跪下！你知罪么？

（红跪云）红娘不知罪。

（夫人云）你故自口强哩。若实说呵，饶你；若不实说呵，我直打死你这个贱人！谁着你和小姐花园里去来？

（红云）不曾去，谁见来？

（夫人云）欢郎见你去来，尚故自推哩。（打科）

（红云）夫人休闲了手，且息怒停嗔，听红娘说。

【鬼三台】夜坐时停了针绣，共姐姐闲穷究，说张生哥哥病久。咱两个背着夫人，向书房问候。

（夫人云）问候呵，他说甚么？（红云）他说来，道"老夫人事已休，将恩变为仇，着小生半途喜变做忧"。他道："红娘你且先行，教小姐权时落后。"

（夫人云）他是个女孩儿家，着他落后怎么！（红唱）

【秃厮儿】我则道神针法灸，谁承望燕侣莺俦。他两个经今月余则是一处宿，何须你一一问缘由？

【圣药王】他每不识忧，不识愁，一双心意两下投。夫人得好休，便好休，这其间何必苦追求？常言道"女大不中留"。

（夫人云）这端事都是你个贱人。

（红云）非是张生小姐红娘之罪，乃夫人之过也。

（夫人云）这贱人倒指下我来，怎么是我之过？

（红云）信者人之根本，"人而无信，不知其可也。大车无輗，小车无軏，其何以行之哉"？当日军围普救，夫人所许退军者，以女妻之。张生非慕小姐颜色，岂肯区区建退军之策？兵退身安，夫人悔却前言，岂得不为失信乎？既然不肯成就其事，只合酬之以金帛，令张生舍此而去。却不当留请张生于书院，使怨女旷夫，各相早晚窥视，所以夫人有此一端。目下老夫人若不息其事，一来辱没相国家谱；二来张生日后名重天下，施恩于人，忍令反受其辱哉？使至官司，老夫人亦得治家不严之罪。官司若推其详，亦知老夫人背义而忘恩，岂得为贤哉？红娘不敢自专，乞望夫人台鉴：莫若恕其小过，成就大事，搁之以去其污，岂不为长便乎？

【麻郎儿】秀才是文章魁首，姐姐是仕女班头；一个通彻三教九流，一个晓尽描鸾刺绣。

【幺篇】世有、便休、罢手，大恩人怎做敌头？起白马将军故友，斩飞虎叛贼草寇。

【络丝娘】不争和张解元参辰卯酉，便是与崔相国出乖弄丑。到底干连着自己骨肉，夫人索穷究。

（夫人云）这小贱人也道得是。我不合养了这个不肖之女。待经官呵，玷辱家门。罢罢！

俺家无犯法之男，再婚之女，与了这厮罢。红娘唤那贱人来！

（红见旦云）且喜姐姐，那棍子则滴溜溜在我身上，吃我直说过了。我也怕不得许多，夫人如今唤你来，待成合亲事。

（旦云）羞人答答的，怎么见夫人？

（红云）娘根前有甚么羞？

【小桃红】当日个月明才上柳梢头，却早人约黄昏后。羞得我脑背后将牙儿衬着衫儿袖。猛凝眸，看时节则见鞋底尖儿瘦。一个恣情的不休，一个哑声儿厮觑。呸！那其间可怎生不害半星儿羞？

（旦见夫人科）（夫人云）莺莺，我怎生抬举你来，今日做这等的勾当；则是我的孽障，待怨谁的是！我待经官来，辱没了你父亲，这等不是俺相国人家的勾当。罢罢罢！谁似俺养女的不长进！红娘，书房里唤将那禽兽来！

（红唤末科）（末云）小娘子唤小生做甚么？

（红云）你的事发了也，如今夫人唤你来，将小姐配与你哩。小姐先招了也，你过去。

（末云）小生惶恐，如何见老夫人？当初谁在老夫人行说来？

（红云）休作小心，过去便了。

【幺篇】既然泄漏怎干休？是我相投首。俺家里陪酒陪茶倒攒就。你休愁，何须约定通媒媾？我弃了部署不收，你原来"苗而不秀"。呸！你是个银样镴枪头。

（末见夫人科）（夫人云）好秀才呵，岂不闻"非先王之德行不敢行"。我待送你去官司里去来，恐辱没俺家谱。我如今将莺莺与你为妻，只是俺三辈儿不招白衣女婿，你明日便上朝取应去。我与你养着媳妇，得官呵，来见我；驳落呵，休来见我。

（红云）张生早则喜也。

【东原乐】相思事，一笔勾，早则展放从前眉儿皱，美爱幽欢恰动头。既能够，张生，你觑兀的般可喜娘庞儿也要人消受。

（夫人云）明日收拾行装，安排果酒，请长老一同送张生到十里长亭去。（旦念）寄语西河堤畔柳，安排青眼送行人。（同夫人下）（红唱）

【收尾】来时节画堂箫鼓鸣春昼，列着一对儿鸾交凤友。那其间才受你说媒红，方吃你谢亲酒。（并下）

这一折，就是著名的"拷红"。"拷红"这场戏分为三个层次。第一层演崔张私自结合被老夫人识破，要找红娘来拷问，红娘与莺莺商量对付的办法。包括【斗鹌鹑】【紫花儿序】【金蕉叶】【调笑令】四支曲子。这场戏一开始就表现出红娘、莺莺的不同态度，一个要遮掩，一个要直说，表现了两人顾虑重重与快人快语的不同性格。

【斗鹌鹑】一曲既包含了红娘对莺莺善意的嘲弄，也表现了红娘对事态严重性的充分估计。红娘深知，老夫人心计多，情性厉害，使花言巧语搪塞，是没有用。

【紫花儿序】一曲，是红娘对老夫人心理的进一步估计。"出落的精神，别样的风流"，则从另一个侧面描画了沉浸在幸福爱情中的莺莺的美丽形象。

【金蕉叶】一曲，红娘模仿老夫人的嘴脸和声口，估计着老夫人将怎样拷问，自己怎样回答，为后面她对老夫人的拷打作预演，使观众忍俊不禁，有很好的舞台效果。

【调笑令】一曲，表现了莺莺、红娘在同一事件中截然不同的处境，反映了封建社会司空见惯的主奴之间的关系。正像俗话说的"老和尚偷馒头，小和尚打屁股"，红娘实际成了莺莺的替罪羊。

第二层是写红娘与老夫人的正面冲突，包括【鬼三台】【秃厮儿】【圣药王】【麻郎儿】【么篇】【络丝娘】六支曲子和其中的道白。红娘采取的是先让一步，而后列数事实，驳倒老夫人的策略。在老夫人气势汹汹，大兴问罪之师时，她以认罪的口气唱了【鬼三台】一曲。红娘模仿张生的声口，指责老夫人恩将仇报，这是她对老夫人列举的第一个事实。从这个事实看，莺、张的私自会合，都由老夫人赖婚引起，跟红娘无关。

红娘接着唱【秃厮儿】【圣药王】二曲明白告诉老妇人，我陪小姐去看张生的病，是想叫他针灸服药，想不到他们私自成亲，难解难分，双宿双栖已一个多月。这是列举的第二个事实。

以上三支曲子写红娘巧妙地把老夫人责问她的话头一步步引到莺莺、张生方面来，摆脱了自己的被动处境，又进一步奚落了老夫人。莺莺张生私自结合已一个多月，这个一向自以为治家严谨、大权在握的老夫人还被蒙在鼓里，把责任推到夫人身上，变守势为攻势。红娘说："非是张生、小姐、红娘之罪，乃夫人之过也。"那么，老夫人"过"在何处？红娘侃侃道来，指出老夫人的两条罪责：一是赖婚毁约的失信；二是"留张生于书院，使怨女旷夫，各相早晚窥视"的失策，叫老夫人推不得，赖不掉。然后她话锋一转，给老夫人提出一个息事宁人的策略：顺水推舟，成就张生莺莺的婚姻。这与"辱没相国家谱""治家不严""背义忘恩"三大罪责相比，反变成微不足道的"小事"了，老妇人是可以接受的。

紧接着【麻郎儿】【么篇】【络丝娘】三曲，一则说莺张二人郎才女貌、天成佳偶；二则说张生施恩在先，不可恩将仇报；三则指出若不息事宁人，不要"出乖弄丑"。老夫人权衡得失，不得不承认"这小贱人也道得是"，只好同意了莺张的结合。

后面第三大段的曲白是第三层，是高潮过后的两个余波：先是老夫人让红娘去叫莺莺来，准备把她许配给张生，莺莺羞愧得抬不起头来，说"羞人答答的怎么见母亲"，唱了【小桃红】一曲，催她去见夫人。接着老夫人又让红娘去叫张生来，红娘唱了【么篇】一曲，说自己"弃了部署不收"。她还嘲笑张生是中看不中用的"银样镴枪头"。通过红娘对莺张的善意嘲弄，引起观众会心的微笑，而红娘的舞台形象也就显得更加生动而丰满。把一个婢女的形象塑造得熠熠生辉。

最后【东原乐】【收尾】二曲，表达了红娘对一对即将分离的情侣的劝慰和祝福。在莺莺与张生的爱情中，红娘自己一无所求，她只是见义勇为、助人为乐而已。从结构上看，这二曲直贯《西厢记》全本的最后大团圆，而老夫人叫张生第二天就去上朝应考，虽是余波，却关联着全剧。

1961 年 12 月 27 日，在北京召开的中央工作会议上，毛泽东特意从《西厢记》里选出一段，批示道："印发各同志《西厢记》第二节。"印发与会者的第二折，即该剧第四本第二折，就是"拷红"一折。该折借剧中老妇人斥责红娘，结果反被红娘教训的故事，红娘以其机智、锐利和诙谐的对答，揭露了道貌岸然的老妇人冷酷、自私、出尔反尔的本性，表达自己敢于负责，勇于担当的政策策略思想，成为他进行政治思想工作的好教材，说明了他的教育意义。

（7）《西厢记》第四本　草桥店梦莺莺　第三折

《西厢记》第四本第三折的原文是：

（夫人、长老上，云）今日送张生赴京，十里长亭，安排下筵席。我和长老先行，不见张生小姐来到。

（旦、末、红同上，旦云）今日送张生上朝取应，早是离人伤感，况值那暮秋天气，好烦恼人也呵！"悲欢聚散一杯酒，南北东西万里程。"（旦唱）

【正官】【端正好】碧云天，黄花地，西风紧，北雁南飞。晓来谁染霜林醉？总是离人泪。

【滚绣球】恨相见得迟，怨归去得疾。柳丝长玉骢难系，恨不得倩疏林挂住斜晖。马儿迍迍的行，车儿快快的随，却告了相思回避，破题儿又早别离。听得一声"去也"，松了金钏；遥望见十里长亭，减了玉肌。此恨谁知！

（红云）姐姐今日怎么不打扮？（旦云）你那知我的心里呵！（旦唱）

【叨叨令】见安排着车儿、马儿，不由人熬熬煎煎的气；有甚么心情花儿、靥儿，打扮的娇娇滴滴的媚；准备着被儿、枕儿，则索昏昏沉沉的睡；从今后衫儿、袖儿，都揾做重重叠叠的泪。兀的不闷杀人也么哥！兀的不闷杀人也么哥！久已后书儿、信儿，索与我恓恓惶惶的寄。

（做到科）（见夫人科）（夫人云）张生和长老坐，小姐这壁坐，红娘将酒来。张生，你向前来，是自家亲眷，不要回避。俺今日将莺莺与你，到京师休辱没了俺孩儿，挣揣一个状元回来者。（末云）小生托夫人余荫，凭着胸中之才，视官如拾芥耳。（洁云）夫人主见不差，张生不是落后的人。（把酒了，坐）（旦长吁科）（旦唱）

【脱布衫】下西风黄叶纷飞，染寒烟衰草萋迷。酒席上斜签坐的，蹙愁眉死临侵地。（生唱）

【小梁州】我见他个泪汪汪不敢垂，恐怕人知；猛然见了把头低，长吁气，推整素罗衣。（旦唱）

【幺篇】虽然久后成佳配，奈时间怎不悲啼。意似痴，心如醉，昨宵今日，清减了小腰围。

（夫人云）小姐把盏者！（红递酒，旦把盏长吁科，云）张生，我手里吃一盏者。

【上小楼】合欢未已，离愁相继。想着俺前暮私情，昨夜成亲，今日别离。我谂知这几日相思滋味，却原来此别离情更增十倍。

【幺篇】年少呵轻远别，情薄呵易弃掷。全不想腿儿相挨，脸儿相偎，手儿相携。你与俺崔相国做女婿，妻荣夫贵，但得一个并头莲，煞强如状元及第。

（夫人云）红娘把盏者！（红把酒科）（旦唱）

【满庭芳】供食太急，须臾对面，顷刻别离。若不是酒席间子母每当回避，有心待与他举案齐眉。虽然是厮守得一时半刻，也合着俺夫妻每共桌而食。眼底空留意，寻思起就里，险化作望夫石。

（红云）姐姐不曾吃早饭，饮一口儿汤水。

（旦云）红娘，甚么汤水咽得下！（唱）

【快活三】将来的酒共食，尝着似土和泥。假若便是土和泥，也有些土气息，泥滋味。

【朝天子】暖融融玉醅，白泠泠似水，多半是相思泪。眼面前茶饭怕不待要吃，恨塞满愁肠胃。“蜗角虚名，蝇头微利”，拆鸳鸯在两下里。一个这壁，一个那壁，一递一声长吁气。

（夫人云）辆起车儿，俺先回去，小姐随后和红娘来。（下）（末辞洁科）（洁云）此一行别无话儿，贫僧准备买登科录看，做亲的茶饭少不了贫僧的。先生在意，鞍马上保重者！“从今经忏无心礼，专听春雷第一声。”（下）（旦唱）

【四边静】霎时间杯盘狼藉，车儿投东，马儿向西，两意徘徊，落日山横翠。知他今宵宿在那里？有梦也难寻觅。

（旦云）张生，此一行得官不得官，疾早便回来。（末云）小生这一去白夺一个状元。正是“青霄有路终须到，金榜无名誓不归”。（旦云）君行别无所赠，口占一绝，为君送行：“弃掷今何在，当时且自亲。还将旧来意，怜取眼前人。"（末云）小姐之意差矣，张珙更敢怜谁？谨赓一绝，以剖寸心："人生长远别，孰与最关亲？不遇知音者，谁怜长叹人？"（旦唱）

【耍孩儿】淋漓襟袖啼红泪，比司马青衫更湿。伯劳东去燕西飞，未登程先问归期。虽然眼底人千里，且尽生前酒一杯。未饮心先醉，眼中流血，心里成灰。（旦唱）

【五煞】到京师服水土，趁程途节饮食，顺时自保揣身体。荒村雨露宜眠早，野店风霜要起迟！鞍马秋风里，最难调护，最要扶持。（生唱）

【四煞】这忧愁诉与谁？相思只自知，老天不管人憔悴。泪添九曲黄河溢，恨压三峰华岳低。（旦唱）

到晚来闷把西楼倚，见了些夕阳古道，衰柳长堤。

【三煞】笑吟吟一处来，哭啼啼独自归。归家若到罗帏里，昨日个绣衾香暖留春住，今夜个翠被生寒有梦知。留恋你别无意，见据鞍上马，阁不住泪眼愁眉。我有句话儿嘱咐你。

（末云）小姐有甚么言语，敢不依从。（旦唱）

【二煞】你休忧"文齐福不齐"，我则怕你"停妻再娶妻"。休要"一春鱼雁无消息"！我这里"青鸾有信频须寄"，你则休"金榜无名誓不归"，此一节君须记，若见了那异乡花草，再休似此处栖迟。

（末云）再有谁似小姐的，小生又生此念？小姐放心。小生就此拜别。忍泪佯低面，含情半敛眉。（旦唱）不知魂已断，空有梦相随。（末下）（旦唱）

【一煞】青山隔送行，疏林不做美，淡烟暮霭相遮蔽。夕阳古道无人语，禾黍秋风听马嘶。我为甚么懒上车儿内，来时甚急，去后何迟？

（红云）夫人去好一会，姐姐，咱家去。（旦唱）

【收尾】四围山色中，一鞭残照里。遍人间烦恼填胸臆，量这些大小车儿如何载得起？

（旦、红下）（末云）仆童赶早行一程儿，早寻个宿处。泪随流水急，愁逐野云飞。（下）

这折戏通常被称作"长亭送别"的第四本第三折，是王实甫《西厢记》中最为脍炙人口的精彩片段之一。它在读者、观众面前展现的是一卷情景交融的别离图。这一折别离图由三个紧密衔接的画面组成：一、赴长亭途中；二、长亭别宴；三、长亭分别的十九支曲文，集中刻画了莺莺送行时的心绪。

起首【端正好】【滚绣球】【叨叨令】三支曲子，系莺莺赴长亭途中所唱。莺莺是怀着无可排遣的离愁别恨，前往长亭为张生送行的。莺莺一上场唱的第一支曲子【端正好】，便通过她对暮秋郊野景色的感受，抒发了这种痛苦压抑的心情。在这支曲子中，作者选取了几样带有季节特征的景物：蓝天的白云，萎积的黄花，南飞的大雁，如丹的枫叶，它们在凄紧的西风中融成一体，构成了寥廓萧瑟、令人黯然神伤的境界。"晓来"两句，使客观景色带上了浓重的主观色彩。"染""醉"二字，下得极有分量。前者不仅把外射的感受化为具有动态的心理过程，而且令离人的涟涟别泪，宛然如见。后者既写出了枫林的色彩，更赋予了在离愁的重压下不能自持的人的情态。这支曲子主要是采用了寓情于景的手法。

那么，接下来【滚绣球】便从正面刻画了莺莺与张生难以离舍的复杂内心世界。莺莺想到和张生经历了多少曲折痛苦才得以结合，不想刚摆脱了相思之苦，却又马上生生地被迫分离，心中充满怨恨又万般无奈。因此，她多么希望那长长的柳丝能够系住张生的马儿，多么希望那疏朗的树林能够挂住西沉的夕阳！然而，柳丝难系，斜晖无情。既然这些都是不可能实现的痴幻的意愿，那么，唯一的希望就只能是让张生乘骑的马儿走得再慢一点，自己乘坐的车子跟得更紧一点——使得两情依依的亲人能够靠得更近一点，相随的时间更长一点。然而，饯行之处的长亭已经映入眼帘，别离的时刻已经临近，人愁得顿时消瘦下来了，这种悲伤的心情有谁能理解？以上两支曲子都是莺莺的内心独白。

接下来由红娘问莺莺"今日怎么不打扮"而引出的第三支曲子【叨叨令】，则是以尽情倾诉、直抒胸臆的。莺莺先从眼前车马行色牵动愁肠说起，说明了沉重的别情压在心里，是无心打扮的原因。继而设想今后孤凄的生活情景：在了无情致的昏睡中和涕泪长流的悲愁中苦熬光阴。想到这里，不由得心痛欲碎，发出了"兀的不闷杀人也么哥"的无可奈何的悲叹。然而，别离已无法挽回，唯一可告慰的将只能是别后的鱼雁传书。于是，莺莺只得强抑悲痛，频频叮咛张生"久已后书儿、信儿，索与我凄凄惶惶的寄"。这支曲子用了一连串排比式的叠字句，每组之中，前句有两个带"儿"字的词，后句是双音词的重叠。确如前人所云："语中每叠二字，正是呜咽凄断说不出处。"它成功地突显出剧中人物回环往复的浓烈感情和掩抑泣诉的声气口吻。

车马到达十里长亭后，别宴开始了。早已"恨塞满愁肠胃"（【朝天子】）"甚么汤水咽得下！"（【快活三】）他的整个心都萦牵着"酒席上斜签着坐的，蹙愁眉死临侵地"（【脱布衫】）即将远行的亲人："我见他阁泪汪汪不敢垂，恐怕人知。猛然见了把头低，长吁气，推整素罗衣。"（【小梁州】）真是肝肠寸断，令人心碎！然而，当着长亭别宴主持者老夫人的面，他们不能互诉心曲，只能是"一个这壁，一个那壁，一递一声长吁气"。这部分共安排了九支曲子，集中刻画了郁积在莺莺心头的依恋、悲伤、怨愤的情思，同时也通过莺莺的眼和口，展示了同样经受着离愁煎熬的张生的情态。

饯别已毕，老夫人先行回程。作者通过配以宾白的七支曲子，再次展现了莺莺不胜悲戚、痛不欲生的感情潮汐和对张生的反复叮咛，无限体贴；另一方面，则先是曲折吐露继而和盘托出了与离愁别恨纠结在一起的深深忧虑，从而进一步袒露了莺莺的内心世界，把剧情推上高潮。此时此刻，莺莺该有多少肺腑之言要倾诉！然而，她那首作为临别赠言的"口占"绝句，所表达的却并不是她的真实心愿："弃掷今何在，当时且自亲。还将旧来意，怜取眼前人。"这是反语，是试探，也是"我只伯你停妻再娶妻"（【二煞】）的痛苦心情的曲折反映。"此一行得官不得官，疾早便回来"，才是她强烈的心声。莺莺的这种内心隐忧，早在她委身张生之日，就有过剖白（见第四本第一折）。这是污浊的现实投下的阴影。别离终于来临，张生带着莺莺的千叮咛、万嘱咐，上马走了。莺莺目送着张生渐行渐远的身影，愁绪万端，不忍避归。【一煞】【收尾】两支曲子，便刻画了莺莺的这种怅望情景和依依心情。"夕阳"一句，看似平易，含情极深。

日夕薄暮，本是当归之时，而今却挥袂远别，人何以堪！一个"古"字，不但平添了许多苍凉况味，而且把别离的凄苦之情推及古今，它包含着人物内心的许多"潜台词"，也启示着读者观众的丰富联想。"无人语"三字既道出了环境的寂静，更刻绘了莺莺"笑吟吟一处来，哭啼啼独自归"的孤独感和无处可诉的痛苦心理。"四围"两句，虽是淡淡景语，其实包含着无限情思。它使"长亭送别"留下了境界深远、意味无穷的余韵。

1975年，当时的北京大学中文系讲师芦获为毛泽东读了一段时间的书。一次，她给毛泽东读江淹的《恨赋》，为了解释其中的"溢"字，毛泽东就将《西厢记》中的原文背了一大段（杨建业：《在毛泽东身边读书——访北京大学中文系讲师芦获》，1978年12月29日《光明日报》）。

据查，江淹《恨赋》中只有一个，"溢"字，那段原文是："至如秦帝按剑，诸侯西驰。削平天下，同文共规，华山为城，紫渊为池。雄图既溢，武力未毕……"

毛泽东背《西厢记》中的原文，当是有"溢"字的又非常精彩的一段，那就是第四本第三折《长亭送别》中【四煞】："（生唱）这忧愁诉与谁？相思只自知，老天不管人憔悴。泪添九曲黄河溢，恨压三峰华岳低。（旦唱）到晚来闷把西楼倚，见了些夕阳古道，衰柳长堤。"

毛泽东还手书过这支曲子中"泪添九曲黄河溢，恨压三峰华岳低"二句［中央档案馆整理：《毛泽东手书选集·古诗词》（下），第205页，北京出版社1996年版］。

毛泽东对这一折非常熟悉，以至于从江淹《恨赋》中的"溢"字想到这一折中"泪添九曲黄河溢"的"溢"字，可见他对此折的熟悉和喜爱。

（8）《西厢记》第五本　张君瑞庆团圆　第三折

《西厢记》第五本第三折的原文是：

（净扮郑恒上，开，云）自家姓郑名恒，字伯常。先人拜礼部尚书，不幸早丧。后数年，又丧母。先人在时曾定下俺姑娘的女孩儿莺莺为妻；不想姑夫亡化，莺莺孝服未满，不曾成亲。俺姑娘将着这灵

剧
曲

351

椟，引着莺莺，回博陵下葬，为因路阻。不能得去。数月前写书来唤我同扶柩去；因家中无人，来得迟了。我离京师，来到河中府，打听得孙飞虎欲掳莺莺为妻，得一个张君瑞退了贼兵，俺姑娘许了他。我如今到这里，没这个消息，便好去见他。既有这个消息，我便撞将去呵，没意思。这一件事都在红娘身上，我着人去唤他。则说"哥哥从京师来，不敢来见姑娘，着红娘来下处来，有话去对姑娘行说去"。去的人好一会了，不见来。见姑娘和他有话说。（红上云）郑恒哥哥在下处，不来见夫人，却唤我说话。夫人着我来，看他说甚么。

（见净科）哥哥万福！夫人道哥哥来到呵，怎么不来家里来？（净云）我有甚颜色见姑娘？我唤你来的缘故是怎生？当日姑夫在时，曾许下这门亲事；我今番到这里，姑夫孝已满了，特地央及你去夫人行说知，拣一个吉日成合了这件事，好和小姐一答里下葬去。不争不成合，一答里路上难厮见。若说得肯呵，我重重的相谢你。（红云）这一节话再也休提，莺莺已与了别人了也。（净云）道不得"一马不跨双鞍"，可怎生父在时曾许了我，父丧之后，母倒悔亲？这个道理那里有？（红云）却非如此说。当日孙飞虎将半万贼兵来时，哥哥你在那里？若不是那生呵，那里得俺一家儿来？今日太平无事，却来争亲；倘被贼人掳去呵，哥哥如何去争？（净云）与了一个富家，也不枉了，却与了这个穷酸饿醋。偏我不如他？我仁者能仁、身里出身的根脚，又是亲上做亲，况兼他父命。（红云）他倒不如你，噤声！

【越调】【斗鹌鹑】卖弄你仁者能仁，倚仗你身世出身；至如你官上加官，也不合亲上做求。又不曾执羔雁邀媒，献币帛问肯。恰洗了尘，便待要过门；枉腌了他金屋银屏，枉污了他锦衾绣褥。

【紫花儿序】枉蠢了他梳云掠月。枉羞了他惜玉怜香，枉村了他殢雨尤云，当日三才始判，两仪初分；乾坤：清者为乾，浊者为坤，人在中间相混。君瑞是君子清贤，郑恒是小人浊民。

（净云）贼来怎地他一个人退得？都是胡说！（红云）我对你说。

【天净沙】看河桥飞虎将军，叛蒲东掳掠人民，半万贼屯合寺门，手横着霜刃，高叫道要莺莺做压寨夫人。

（净云）半万贼，他一个人济甚么事？（红云）贼围之甚迫，夫人慌了，和长老商议，拍手高叫："两廊不问僧俗，如退得贼兵的，便将莺莺与他为妻；"忽有游客张生，应声而前曰："我有退兵之策，何不问我？"夫人大喜，就问："其计何在？"生云；"我有一故人白马将军，现统十万之众，镇守蒲关。我修书一封，着人寄去，必来救我。"不想书至兵来，其困即解。

【小桃红】洛阳才子善属文，火急修书信。白马将军到时分，灭了烟尘。夫人小姐都心顺，则为他"威而不猛"，"言而有信"，因此上"不敢慢于人"。（净云）我自来未尝闻其名，知他会也不会。你这个小妮子，卖弄他偌多！（红云）便又骂我。

【金蕉叶】他凭着讲性理齐论鲁论，作词赋韩文柳文，他识道理为人敬人，掩家里有信行知恩报恩。

【调笑令】你值一分，他值百分，萤火焉能比月轮？高低远近都休论，我拆白道字辨与你个清浑。（净云）这小妮子省得甚么拆白道字，你拆与我听。（红唱）君瑞是个"肖"字这壁着个"立人"，你是个"木寸""马户""尸巾"。

（净云）木寸、马户、尸巾——你道我是个"村驴屌"。我祖代是相国之门，到不如你个白衣、饿夫、穷士！做官的则是做官。（红唱）

【秃厮儿】他凭师友，君子务本，你倚父兄，仗势欺人。斋盐日月不嫌贫，治百姓新传、传闻。

【圣药王】这厮乔议论，有向顺。你道是官人则合做官人，信口喷，不本分。你道穷民到老是穷民，却不道"将相出寒门"。

（净云）这桩事都是那长老秃驴弟子孩儿，我明日慢慢的和他说话。（红唱）

【麻郎儿】他出家儿慈悲为本，方便为门。横死眼不识好人，招祸口不知分寸。

（净云）这是姑夫的遗留，我拣日牵羊担酒上门去。看姑娘怎么发落我。（红唱）

【幺篇】讪筋，发村，使狠，甚的是软款温存。硬打捱强为眷姻，不睹事强谐秦晋。

（净云）姑娘若不肯，着二三十个伴当，抬上轿子，到下处脱了衣裳，赶将来还你一个婆娘（红唱）

【络丝娘】你须是郑相国嫡亲的舍人。须不是孙飞虎家生的莽军。乔嘴脸、腌躯老、死身分，少不得有家难奔。

（净云）兀的那小妮子，眼见得受了招安了也。我也不对你说，明日我要娶，我要娶。（红云）不嫁你，不嫁你。

【收尾】佳人有意郎君俊，我待不喝彩其实怎忍。（净云）你喝一声我听。（红笑云）你这般颏嘴脸，则好偷韩寿下风头香，傅何郎左壁厢粉。（下）

（净脱衣科，云）这妮子拟定都和那酸丁演撒，我明日自上门去。见俺姑娘，则做不知。我则道张生赘在卫尚书家，做了女婿。俺姑娘最听是非，他自小又爱我，必有话说。休说别个，则这一套衣服也冲动他。自小京师同住，惯会寻章摘句，姑夫许我成亲，谁敢将言相拒。我若放起刁来，且看莺莺那去？且将压善欺良意，权作尤去殢雨心。（下）

（夫人上，云）夜来郑恒至，不来见我，唤红娘去问亲事。据我的心则是与孩儿是；况兼相国在时已许下了，我便是违了先夫的言语。做我一个主家的不着，这厮每做下来。拟定则与郑恒，他有言语，怪他不得也。料持下酒者，今日他敢来见我也。

（净上，云）来到也，不索报复，自入去见夫人。

（拜夫人哭科）（夫人云）孩儿既来到这里，怎么不来见我？

（净云）小孩儿有甚嘴脸来见姑娘！

（夫人云）莺莺为孙飞虎一节，等你不来，无可解危，许张生也。

（净云）那个张生？敢便是状元。我在京师看榜来，年纪有二十四五岁，洛阳张珙，夸官游街三日。第二日头答正来到卫尚书家门首，尚书的小姐十八也，结着彩楼，在那御街上，则一球正打着他。我也骑着马看，险些打着我。他家粗使梅香十余人，把那张生横拖倒拽入去。他口叫道："我自有妻，我是崔相国家女婿。"那尚书有权势气象，那里听，则管拖将入去了。这个却才便是他本分，出于无奈。尚书说道："我女奉圣旨结彩楼，你着崔小姐做次妻。他是先奸后娶的，不应娶他。"闹动京师，因此认得他。

（夫人怒云）我道这秀才不中抬举，今日果然负了俺家。俺相国之家，世无与人做次妻之理。既然张生奉圣旨娶了妻，孩儿，你拣个吉日良辰，依着姑夫的言语，依旧入来做女婿者。

（净云）倘或张生有言语，怎生？

（夫人云）放着我哩，明日拣个吉日良辰，你便过门来。（下）

（净云）中了我的计策了，准备筵席、茶礼、花红，克日过门者。（下）

（洁上，云）老僧昨日买登科记看来，张生头名状元，授着河中府尹。谁想夫人没主张，又许了郑恒亲事。老夫人不肯去接，我将着肴馔直至十里长亭接官走一遭。（下）

（杜将军上，云）奉圣旨，着小官主兵蒲关，提调河中府事，上马管军，下马管民。谁想君瑞兄弟一举及第，正授河中府尹，不曾接得。眼见得在老夫人宅里下，拟定乘此机会成亲。小官牵羊担酒直至老夫人宅上，一来庆贺状元，二来就主亲，与兄弟成此大事。左右那里？将马来，到河中府走一遭。（下）

此本为旦末合本。出场人物：正旦——崔莺莺；正末——张生；旦俫——红娘；外——老夫人；净——法本长老、杜确及郑恒。

楔子：张生状元及第，修书寄送河中府。第一折：莺莺从信中知道张生考中状元，百感交集，寄书赠物，语重心长。第二折：张生奉旨入翰林院编修国史，思念莺莺成病，接到莺莺书信和赠物，不禁心驰神往。第三折：郑恒赶到普救寺，想挽回婚事，谎称张生中状元后已在京另结婚姻，老夫人中计，又将莺莺许给郑恒。第四折：张生授河中府尹，回到普救寺见莺莺，郑恒谎言被揭穿，羞愧自杀。张生、莺莺有情人终成眷属。

此折中红娘的唱词云："他凭师友，君子务本，你倚父兄，仗势欺人。"他、君子，指张生。你，指郑恒。务本，指张生靠读书做官；郑恒父亲是礼部尚书，所以说他"仗势欺人"。"仗势欺人"，倚仗权势欺压别人。这是红娘对郑恒的指责。

1948年4月1日，毛泽东在《在晋绥干部会议上的讲话》中说："他们说'再也不敢厉害了，再也不敢贪污了'，就是说，在我们的党和政府的组织内，过去存在着某种程度上的成分不纯或者作风不纯的严重现象，许多坏分子混入了党和政府的组织内，许多人发展了官僚主义的作风，仗势欺人，用强迫命令的方法去完成工作任务，因而引起群众不满，或者犯了贪污罪，或者侵占了群众的利益，这些情况，和过去一年的土地改革工作和整党工作，已经从根本上改变了。"（《毛泽东选集》，第四卷，人民出版社1991年版，第1306页）毛泽东讲话中所用"仗势欺人"一语，把混入党和政府内的坏分子，仗势欺人，破坏党群关系，作为一大危害，至今犹有教育意义。

2、无名氏《白兔记》十五出《投军》

此折的原文是：

【梁州序】（外扮岳节使上）掌握三军胆气雄，有千里威风。朝廷敕命守山东，咱不免行吾军令。马跨征鞍将挂袍，柳梢枝上月儿高。将军未挂封侯印，腰下常悬带血刀。自家姓岳名勋，官拜节度使之职。如今四方离乱，民遭涂炭，士民荒凉。朝廷有旨，着俺招军买马，积草聚粮。正是"君王有难思良将，人到中年忆子孙"。左右的，与我扯起招军旗。叫街坊上民庶，三百六十行做买卖的，愿投军者，旗下报名。（净、丑应介）

【水底鱼】买马招军，何年得太平？愿立旗下，做个头目人。

长官，我每投军的。（末禀介。外）着他进来。

（净、丑见跪介。外）汉子姓甚名谁？那里人氏？（净）

小人是王旺，山东人（外）有甚本事？（净）小人会使炮。（外）怎见得？（净）铜炮铁炮些儿大，未逢药线云里磨。百万军中无敌手，打死好汉千来个。（外）那个姓甚名谁？（丑）小人湖州人氏，叫我是张兴。（外）

　　有甚本事？（丑）晓得使弓。（外）怎见得？（丑）此弓实堪夸，猴猿精艺加。算来无用处，只好不楞不楞弹棉花。（外）左右的，与我将他籍贯年貌，都上了号簿。如今军充马足，把招军旗放下了罢。

　　【醉扶太平】（生上）闻说招军，智远慌忙来到。

　　长官，（净）两张张半。（生）我是投军的。（净）

　　禀老爷，辕门外一人投军。（外）方才咐吩你，军完马足，放下招军旗。违俺将令，斩讫报来。（净）爷爷，添来的寿，增来的福，有增无减。（外）令进来。（净）

　　为你险些儿去了吃饭的家火。（生）有累了。（净）投军的进来。（生进见外。跪介。外）汉子那里人氏？

　　【引军旗】（生）小人住在沙陀村里，自小习兵机。十八般武艺皆能会，愿立旗下听差使。（合）忽朝名挂在云台上，方知武艺精细。

　　【前腔】（外）听他说兵机，此汉真奇异。谙晓六韬三略法。那队少人？（净）都完了，长行队少人。（外）权时收拾在长行队。（合前）那汉子叫甚么名字？（生）小的姓刘。

　　（外）军中只叫刘健儿。长行队去，日间打草，夜间提铃喝号，只怕你受不得苦。（生）受得苦中苦，方为人上人。

　　英雄才貌实堪夸，喝号提铃度岁华。

　　正是学成文武艺，合当货与帝王家。

　　明王骥德的《曲律》："古戏如荆、刘、拜、杀等，传之凡二、三百年，至今不废。"荆、刘、拜、杀，即《荆钗记》《白兔记》《拜月亭记》《杀狗记》为明四大传奇。《白兔记》，全剧共 33 出。

　　剧情是这样的：五代时，沛县沙陀村人刘知远幼年丧父，随母改嫁，将继父家业花费至尽，被继父逐出家中，流落荒庙，后被同村富室李大公

剧曲

357

收留。李大公见刘知远有帝王之相，便将女儿李三娘嫁与刘知远，而李三娘的哥哥李洪一及其妻子却嫌贫爱富，坚决反对招赘刘知远。李大公不听，还是招赘了刘知远。不久李大公夫妻相继去世，李洪一夫妻便百般虐待刘知远及李三娘。两人设计，令刘知远去看瓜园，让瓜园中的瓜精害死知远。而刘知远战胜了瓜精，并得到了兵书和宝剑。刘知远知道家中已待不下去了，便告别了李三娘，去分州投军。初在岳节使麾下做一更夫，后岳节使也看出刘知远有帝王之相，便招赘知远为婿。后刘知远屡立战功，加官晋职，一直做到九州安抚。而李三娘在家受哥嫂折磨，白天到井边汲水，晚上在磨房推磨。因劳累过度，在磨房产下一子，因无剪刀，只好用嘴咬断脐带，故取名咬脐郎。兄嫂欲害死咬脐郎，将咬脐郎抛入荷池中，幸被家人窦公救起。李三娘为了逃避哥嫂的迫害，便托窦公将咬脐郎送到刘知远处抚养。十五年后，咬脐郎长大成人，刘知远命咬脐郎率兵回沙陀村探望生母。咬脐郎屯兵开元寺，一天出外打猎，因追赶一只白兔，与正在井边汲水的李三娘相遇。咬脐郎知道李三娘便是自己的生母后，便回去报知父亲。刘知远遂带领兵马回到沙陀村，与李三娘团聚。

其中第十五出《投军》中节度使岳勋说："自家姓岳，名勋，官拜节度使之职。如今四方离乱，民遭涂炭，士民荒凉。朝廷有旨，着俺招军买马，积草聚粮。正是"君王有难思良将，人到中年忆子孙。"左右的，与我扯起招军旗。"其中"招军买马"，亦作"招兵买马"。意谓组织、扩充军队。后泛指组织、扩大实力。

1929 年 12 月，毛泽东在《关于纠正党内的错误思想》一文"关于流寇思想"中说，扩大红军不走由扩大地方赤卫队、地方红军到扩大主力红军的路线，而要走"招兵买马""招降纳叛"的路线。(《毛泽东选集》，第一卷，人民出版社 1991 年版，第 94 页)毛泽东在这里用"招兵买马"一词，加了引号，表示否定，因为这样扩充红军，实际上是一种流寇主义的变现，应当肃清。

后　记

　　历经数月之久,《毛泽东读元曲》终于完成。因此题目无人写过,无复依傍,写起来特别艰苦。其中甘苦,正如俗话所说:如鱼饮水,冷暖自知。这是毛泽东写诗的感受和体会,其实,学术著作亦是如此。参加撰写初稿的尚有毕东民、毕国民、毕晓莹、毕英男、毕维翰、刘磊、孙瑾等。赘此数语,权作后记。

毕桂发

2023 年冬